KB245210

비정규직 노동자를 위한 노동법 해설

비정규직 노동자를 위한 노동법 해설

국립중앙도서관 출판시도서목록(CIP)

(비정규직 노동자를 위한) 노동법 해설 / 전국불안정노동철폐연대 법률위원회 지음
— 서울 : 잉걸, 2004
400 p. ; 22.5 cm — (전국불안정노동철폐연대가 만든 책 ; 1)

참고문헌수록
ISBN 89-89757-08-8 03330 : ₩13000

336-KDC4
344.01-DDC21   CIP2004001369

비정규직 노동자를 위한

노동법 해설

전국불안정노동철폐연대 법률위원회 지음

도서출판
잉걸
2004

비정규직 노동자를 위한 노동법 해설

펴낸날 2004년 8월 2일 초판 1쇄
        2009년 8월 3일 초판 2쇄

지은이 전국불안정노동철폐연대 법률위원회
펴낸이 김진수
펴낸곳 도서출판 **잉걸**
        등록 : 2001년 3월 29일 제15-511호
        주소 : (우 151-827) 서울시 관악구 봉천본동 949-5 201호
        전화 : 02) 884-3701
        전자우편 : ingle21@naver.com

ISBN 89-89757-08-8 03330
Printed in Seoul, Korea.

■ 책값은 뒤표지에 있습니다. 잘못 만들어진 책은 바꿔 드립니다.

발간의 글

미래로 향한 시간과 과거에 경험했던 시간들이 교차되며 멈칫거린다. 노동자의 노예적 삶을 끝장내고 노동자도 인간임을 선언하며 시작되었던 폭발적인 민주노조운동은 어느덧 20년을 향해 치닫고 있다.

노동자계급의 삶의 질을 향상시키기 위해 투쟁의 불기둥을 세우는 데 헌신했던 노동자들. 그들의 꿈과 희망은 무엇이었을까? 또 그 때의 그들은 지금 어디에 있는 것일까?

노동자 정치세력화와 노동해방의 원대한 포부를 자신의 임무로 여기며 불꽃같은 젊음을 세월에 묻었던 그들의 꿈은 정녕 물거품이 되고 말았는가?

노동자의 해방된 세상 건설을 위해 민주노조운동은 전체 노동자를 포괄하는 조직이 필요했다. 노동자들의 경제, 사회, 문화적 요구를 정치적으로 반영시키기 위한 진보적인 정당이 필요했다.

갑자기 시간은 멈추어 선다.

치열한 투쟁의 성과로 민주노총이 건설되고 민주노동당이 자기 위치를 확보하고 있다. 막연한 염원으로만 생각되었던 의회진출도 기정사실화되었다.

그럼에도 조직발전과 노동조건, 삶의 질이 나아지지 않는 것은 무엇 때문인가?

노동3권이 어떤 것인지 어떻게 확보해야 되는지 노동조합의 역할은 무엇인지 깨닫기 위해 간부, 활동가들은 노동법 해설을 뒤적인다.

노동조합다운 노동조합의 필요성을 한 사람씩 깨닫게 된다.

노동계급의 조직적 과제를 쟁취하기 위해 처절한 싸움이 일어나고 있다. 노동법 개악과 탄압에 대항하기 위한 전체 노동자들의 파업이 불기둥처럼 일어난다.

미래로 향한 시간이 째깍째깍 돌아간다.

국가경쟁력과 세계화 논리에 경제를 발전시킨다고 신자유주의 질서의 한가운데 파견법이란 것이 등장한다. 비정규직, 불안정노동이라는 이상한 괴물이 등장한다.

빛바랜 피사체로 여겼던 저임금과 장시간 노동이 쟁점이 된다. 비정규직, 불안정노동이라는 이상한 고용방식이 노동자 존재 자체를 부정하는 꼴로 나타난다.

암울했던 시기는 영혼 속에서조차 사라진 양, 보편적 가치에 대한 외면과 갈등의 면면들…….

순환하는 사이클에 순응하며, 같은 고통의 늪에서 노동자들의 해방이 아닌 절규가 계속된다.

불안정노동이라는 고용형태의 굴레가 억압과 고통은 물론 분할통치로 계급 내의 대립관계를 조장하며 노동자들의 숨통을 죄어오고 있다.

『비정규직 노동자를 위한 노동법 해설』이 긴 산고를 끝내고 세상에 등장했다. 현장을 중심에 놓고 오랜 기간 준비했으며, 많은 동지들이 기다린 책이다.

이 책이 단순히 비정규직 노동자뿐만 아니라 전체 노동자계급에게 비정규직의 제도적 상황을 이해시키려는 차원에서 만들어진 것은 아니다. 비정규노동자들의 절박한 문제들을 해결해야 한다는 의지, 더 나아가 해결할 수 있다는 자신감을 굳건히 다지는 데 이 책이 기여할 수만 있다면 더할 나위 없을 것이다.

따라서 고용형태별로 정리된 법제도에 대한 이해와 사회적 쟁점에 대한 인식을 높이고 결국은 노동자계급이 투쟁의 불기둥을 새롭게 세우는 데 이 책이 자그만 불씨가 되기를 기대한다. 차별철폐라는 막연한 구호가 아니라 비정규직 철폐투쟁의 힘찬 투쟁의 대오에 이 책이 하나의 디딤돌 역할을 하기를 기대한다.

과거의 그 때처럼, 신자유주의 구조조정에 대한 계급적 투쟁이 전개되지 않는 한 우리는 어떤 노동정책과 노동법 해설로도 우리 요구를 관철시키기는 어려울 것이라는 확신을 재확인하며 최초로 『비정규직 노동자를 위한 노동법 해설』을 떨리는 손, 벅찬 가슴을 누르며 내놓는다.

끝으로 이 책을 만드는 데 자신의 열정을 쏟아 부은 동지들께 노동자계급의 이름으로 고마움을 전하고 싶다.

전국불안정노동철폐연대 대표 양규헌

차 례

2부 간접고용

3부 특수고용

비정규직 노동자들의 앞길을 여는 등불이 되길

노동조합 활동을 하면서 참 많은 것을 알아야 한다는 걸 느낍니다. 그저 머리 싸매고 투쟁만 열심히 하면 된다고 생각했지만 현실은 그렇지 않았습니다. 투쟁을 잘하기 위해서도 역사, 정치, 경제, 문화 등 많은 것을 공부해야 합니다. 그중 어려운 것을 꼽으라면 법규를 들 수 있습니다. 하나하나 구체적인 사안을 파고들고 따지고 들어야 하는 것이 여간 번거롭고 힘든 일이 아닙니다.

법이라는 것이 자본가들에게 유리하게 만들어지고, 또 그들에게 유리한 방향으로 적용됩니다. 하지만 자본가들에게 유리하고 노동자의 목을 죄는 법의 테두리 안에 갇혀 당하고 있을 수만은 없습니다. 악법은 깨뜨려야 하고, 그러기 위해서라도 무엇이 어떻게 잘못되었는지 알아야 합니다.

비정규직은 사회에서 이중의 굴레를 지고 있습니다. 노동법의 범주도 마찬가지입니다. 교묘하고 다양한 형태로 착취구조를 확대재생산해내는 자본가들의 음모가 어떻게 구체화되어 나타나는지 이 책은 증언합니다.

총 3부로 나누어진 책의 구성을 보면, 1부는 기간제 고용에 대하여, 2부는 간접고용에 대하여, 그리고 3부는 특수고용에 대하여 그 사례와 판례를 다루고, 부당노동행위에 대한 대응 방안까지 나와 있습니다.

기간제 고용은 임시직, 계약직 등의 이름으로 불리고 있습니다. 평생직장은 고사하고 일정 기간이 지나면 다시 계약을 해야 하는 불안정한 노동형태입니다. 직접적인 고용형태에서 변형된 간접고용은 임금을 줄이는 것은 물론이고 노동자들의 단결마저도 가로막는 형태로 발전하고 있습니다. 특수고용 역시 노동자성을 인정하지 않고, 성과급제를 도입해 노동자들의 경쟁을 부추기고 있습니다. 이러한 모든 형태의 비정규직이 그 수가 더욱 늘어나고 다양화되고 있습니다. 이 책에는 여러 형태의 비정규 노동에 대해 상당부분 자세히 서술되어 있습니다.

이 책이 다루는 것은 단지 이론적인 문제만이 아닙니다. 실제로 더욱 비참해지는 비정규직 노동자들의 생활과 점차 확대되는 비정규 노동의 모습을 구체적으로 서술하고 있습니다. 이미 비정규직 노동자가 정규직 노동자의 수를 넘어서고 있습니다. 어떻게 비정규직이 확대되었고 그 과정에서 나타난 문제점들은 무엇인지, 어떤 투쟁들이 전개되었고 법원의 판결은 어떠했는지 등을 보면서 많은 것을 배울 수 있을 것입니다.

전태일 열사가 밤을 새워 공부했던 근로기준법을 생각해봅니다. 노동자들에게 법이라는 것이 얼마나 멀고 어려운 것입니까. 다행히 우리는 전태일 열사처럼 힘겹게 혼자 공부하는 것이 아니라, 좋은 교과서를 만나 비정규직과 관련된 노동법에 대해 함께 토론하고 배울 수 있게 되었습니다. 이 책이 노동자들의 앞길을 밝혀주는 등대와 같은 역할을 하길 바랍니다.

끝으로 이 책이 나오기까지 애쓰신 전국불안정노동철폐연대 동지들과 자문에 협조를 아끼지 않으신 여러 동지들께 감사의 말씀을 드립니다.

금속노조 현대자동차아산공장 사내하청지회장 홍영교

(전국비정규직노동조합대표자연대회의(준) 의장)

이 땅에서 비정규직의 문제가 본격적으로 제기된 것은 1997년 외환위기 이후다. 물론 그 이전에도 비정규직이 상당한 비율로 존재하였지만, 그 수와 비율이 비약적으로 증대하고 그로 인한 차별이 심각한 사회문제가 되어 이를 해결하기 위한 구체적인 운동이 시작된 것은 외환위기 이후라고 할 수 있다. 경제위기 극복과 경쟁력 강화를 절체절명의 과제로 내세우고 이를 위해 노동유연화가 필요하다는 주술적인 분위기에 의해 비정규직이 널리 확산되었던 것이다. 그러나 비정규직은 본질적으로 고용불안과 차별을 내포하고 있기 때문에 심각한 사회문제로 비화될 수밖에 없었던 것이다.

비정규직의 개념과 규모 및 비율에 대해서는 많은 논란이 있다. 그러나 법률적인 관점에서 보았을 때 비정규직 문제의 핵심은 근로기준법상의 해고 제한규정에 의한 보호를 받지 못한다는 점에 있다. 생산수단이나 기타 자본을 소유하지 못해 자신의 노동력을 제공하고 그 대가로 지급받는 임금에 의하여 생계를 유지할 수밖에 없는 노동자의 입장에서는 자신의 직장이 곧 생계의 원천인 것이다. 따라서 노동자에게 있어 고용안정은 곧 생존의 조건이 된다. 이러한 노동자와 사용자의 힘의 불균형성 및 노동자의 약자로서의 지위를 인정하여, 근로기준법은 민법의 계약자유원리를 수정하여 정당한 이유가 없는 한 사용자의 일방적 의사표시에 의한 해고를 제한하는 내용의 해고제한 규정을 둔 것이다. 그런데 비정규직은 이러한 보호를 받지 못하고 나아가 그러한 조항에 의한 보호를 받는 정규직과 비교하여 차별을 받는 것을 본질적인 내용으로 한다. 특수고용 노동자의 경우 근로기준법의 모든 조항을 적용받지 못하고, 파견노동자의 경우는 간접고용의 문제와 기간제의 문제가 중첩되어 있으며, 기간제 노동자들은 해고제한규정에 의한 보호를 받지 못함에 따라 고용불안과 차별을 받고 있다.

비정규직이 시급히 해결되어야 할 중대하고 심각한 사회문제인 까닭은 그것이 단순한 노동문제의 차원을 넘어서 사회정의의 문제, 인권의 문제, 나아가 사회통합을 위해 기본적으로 해결해야 할 문제이기 때문이다.

현재 한국에서의 비정규직은 정의의 관념에 반하는 것이라고 하지 않을 수 없다. 동일한 노동을 함에도 불구하고 단지 비정규직이라는 이유만으로 차별이 합리화된다는 것은 어느 모로 보더라도 정의롭지 못하다. 노동유연성 제고를 위해 비정규직을 확대하여야 한다고 주장하는 사람들에 대해 그들 자신이 그러한 차별대우를 받더라도 동일한 주장을 할 수 있을 것인지 반문하지 않을 수 없다. 아무리 경제발전을 위해 도움이 된다 하더라도 사회구성원의 다수를 차별하는 것을 정당화할 수는 없는 노릇이다.

비정규직은 고용불안으로 인해 노동기본권을 제대로 행사하지 못하고 또한 차별을 감수해야만 하기 때문에 심각한 인권침해를 당하고 있다. 특수고용 노동자의 경우 아예 노동기본권이 근본적으로 부정되고 있는 것이 현실이다. 인권은 21세기의 핵심적 가치의 하나이고, 민주주의가 발전할수록 그 중요성이 더욱 더 커지는 가치다. 고용불안과 차별 및 그로 인해 노동기본권을 형해(形骸)화하는 비정규직은 인권이라는 관점에서도 시급히 개선되어야 할 문제인 것이다.

참여정부는 출범하면서 대립적·투쟁적 노사관계를 극복한 사회통합적 노사관계를 모델로 제시했다. 그런데 비정규직이야말로 가장 대표적인 사회 분열적 현상이라고 하지 않을 수 없다. 따라서 사회통합적 노사관계를 이루기 위해 가장 먼저 해결해야 할 것은 사회분열적 현상인 비정규직 문제를 해결하는 것이다.

비정규직 문제는 법률의 개정을 통해 해결할 수 있는 부분도 있고, 법원의 융통성과 현실적합성 있는 법률해석을 통해 해결할 수 있는 부분도 있으며, 정부나 사용자의 의지에 의해서 해결할 수 있는 부분도 있다. 모든 사회문제가 그러하듯이 비정규직 문제의 해결도 법률적이고 제도적인 개선을 통해 완성될 수 있을 것이다. 법률적이고 제도적인 개선을 위해서는 현재의 법률상의 규정과 법원의 해석을 검토하여 그 현실과 문제점을 점검, 이를 해석의 변경을 통해 해결할 수 있는 가능성을 살펴보고 그것으로 부족한 경우에는 법률의 개정방안을 모색하여야 할 것이다.

사실 비정규직 문제의 많은 부분은 법원의 적극적이고 현실적합성 있는 해석을 통해 해결될 수 있다. 그런데 불행하게도 우리의 법원은 비정규직 문제를 해석을 통해 해결하기에는 너무나도 보수적이고 경직된 태도를 견지하고 있는 것으로 보인다. 경쟁이 강화되는 세계화의 시대에 경제를 살려야 한다는 관점에 사로잡힌 법원이 비정규직의 차별과 인권침해를 개선하려는 데는 소극적인 태도를 취하고 있는 것으로 보인다. 이러한 법원의 태도는 법관, 특히 대법관들이 폐쇄적으로 엘리트 직업법관만이 임용되고 사회적 약자와 소수자의 입장에 대한 이해가 부족하기 때문인 것으로 보인다.

현재 기간제와 관련하여 기간의 정함에 정당한 사유가 없는 경우에도 일단 기간의 정함을 유효한 것으로 인정하고 있고, 반복갱신의 경우에도 기간의 정함이 형식적인 것에 불과하게 되어 사용자가 갱신을 거부할 경우에는 정당한 사유가 필요하다고 인정하는 데 매우 인색한 것이 현실이고, 파견노동과 관련하여 불법파견이나 위장도급 등의 경우 사용사업주를 바로

사용자로 인정하는 데도 지극히 인색하며, 특수고용 노동자는 거의 노동법상
의 노동자로 인정을 받지 못하고 있다.

　이러한 척박한 상황에 처해 있는 이 땅에서 비정규직의 관점에서 노동법의
실태를 설명하고 이를 극복하기 위한 관점을 소개하는 이 책은 매우 소중한
의미가 있다고 생각한다. 이 책은 비정규직의 가장 대표적인 형태인 기간제,
간접고용, 특수고용 노동자에 대하여 법률 규정과 해석 및 다양한 판결례
등을 종합적으로 분석하고 나아가 입법적인 개선방안과 실천적인 과제 등에
대해서도 방향을 제시하고 있다. 이 책이 이 땅의 비정규직 문제를 해결하여
정의를 세우고, 인권을 신장시키며, 사회통합을 이루는 데 중요한 기여를
할 것으로 믿는다.

변호사 김선수
(민주사회를 위한 변호사모임)

워커힐 호텔 명월관이라는 숯불구이 전문점에서 있었던 일이다. 노동조합을 설립하고 신고서를 제출하였으나 노동부와 광진구청은 4차례나 이를 반려하였다. 그 이유는 이미 워커힐 호텔에 노동조합이 있다는 것이다. 정규직 중심의 워커힐 노동조합은 규약에서 "조합의 조합원은 (주)워커힐 호텔 및 그 부수업에 종사하는 근로자로서 구성한다"고 적시하고 있었지만, 실제 정규직 노조는 명월관 노동자들이 호텔의 정규직원이 아니라는 이유로 가입을 받아주지도 않았다. 심지어 워커힐 노동조합 단체협약에는 정규직이라는 명칭을 가지지 않은 워커힐의 노동자들은 조합원이 아니라고 명시되어 있었다.

그 와중에 명월관에서는 근로계약기간이 만료되었다는 이유로 노조위원장을 비롯한 핵심간부들이 계약해지를 당했다. 회사가 근거로 제시한 인사고과 평가의 내용은 83명 중 노조위원장이 83등이고 주요 노조간부들과 핵심조합원들이 82등부터 자리를 차지하고 있었다. 물론 노조는 와해되었다.

성희롱이 있었다는 사실을 제기하였다는 이유로, 노동조합에 가입하였다는 이유로 계약이 해지되어도 '근로계약기간의 만료'는 해고가 아니므로 아예 그 부당함을 다툴 수 없다는 것이 현재 법과 판례의 논리다. 바로 계약직 노동자들의 현실이다. 계약갱신이라는 무기를 가지고 노동자들의 노동조건 차별, 착취, 노동3권 억압, 인권 침해까지 서슴지 않고 있는 현실이다.

대한송유관공사와 명목상으로만 도급계약(?)을 맺고 불법파견을 해온 대송텍이라는 업체에서는 노동자들이 노동조합을 결성하고 불법파견에 대한 진정을 노동부에 제기하였다. 그러나 노동자들에게 돌아온 답은 89명의 노동자 전원해고였다. 불법파견이라는 판정을 받자, 대한송유관공사와 대송텍은 도급계약을 해지해버렸고, 대송텍이라는 용역업체가 없어지면서 형식적으로만 대송텍과 근로계약을 체결하고 있던 노동자 89명은 하루아침에 해고당하는 신세가 된 것이다.

그랜드힐튼 호텔에서는 청소용역업체를 변경하던 중 새 용역회사가 전국여성노조 소속 조합원 21명만을 고용승계에서 제외해 문제가 된 바 있다. 이와 같이 용역업체의 변경은 영업양도가 아니므로 새로 들어서는 용역업체가 일부 노동자들에 대하여 고용승계를 하지 않더라도(심지어 그 내심에 조합활동을 하는 사람들은 싫다는 이유가 있다고 해도) 법적인 보호장치가 없다.

바로 간접고용, 파견용역 노동자들의 문제다. 박일수 열사가 죽음으로 고발한 사내하청이 바로 그러하다. 하청업체 소속 노동자들에 대하여 노동조건을 포함한 모든 결정권을 사실상 원청업체, 대한송유관공사, 그랜드힐튼 호텔, 현대중공업이 가지고 있음에도 이들은 사용자가 아니란다. 노동자들의 땀방울로 얻어진 이익을 모두 가져가면서도 그들은 사용자로서 법적인 책임을 지지 않아도 된다는 것이 법과 판례가 노동자에게 주는 대답이다. 불법파견을 하여도 원청업체는 벌금 몇 푼만 내면 될 뿐, 노동자들에 대해서는 아무런 책임이 없다는 것이 지금의 법과 판례다.

레미콘 운송기사, 학습지교사, 골프장 경기보조원, 보험모집인, 화물운송기사, 방송사 구성작가…… 이른바 특수고용 노동자들은 어떠한가. 그나마 노동부가 설립신고증을 교부한 노동조합, 합법적으로 설립절차를 거친 노동조합에 대하여도 법과 판례는 '함부로 노동조합이라는 명칭을 도용한' 못된 인간들로 규정짓는다. 화물연대 투쟁 당시에 "정부 당신들이 우리가 노동자가 아니고 개인사업자라면서 왜 또 업무방해죄인가. 개인사업자가 적자가 나니 일 안하겠다는데 왜 업무방해죄인가"라고 항변한 일이 있다. 말이야 참 바른말 아닌가. 법이 아무리 고무줄이라도 너무한 것 아닌가. 그런데 돌아온 대답은 강제업무 개시명령제도의 도입이었다. 자본의 이해를 대변하는 일에는 여야가 따로 없는 국회에서 뚝딱뚝딱 만든 것이 바로 업무개시명령제도라는 것이다.

노동자를 노동자 아니라고 강변하는 법과 판례의 소리는 마치 "너희들은 인간이 아니야"라는 말처럼 들린다.

비정규직 노동자들에게 있어서 법(법률규정, 판례)은 노동자들의 노동3권 박탈을 부추기고, 성희롱에 동조하는 등, 차별의 공범일 뿐이다. 법은 생존을 옥죄고 인간으로서 살아가지 못하게 하는 자본의 도구일 뿐이다.

이 책에 나오는 사례와 판례들의 건조한 문구 이면에는 비정규직 노동자들의 투쟁과 좌절, 때론 승리의 기록이 담겨있다. 그리고 그것은 법이 주는 고통을 온몸으로 감내해온 고난의 기록이기도 하다. 그 법에 관한 이야기가 이 책에 담겨있다.

어떤 사람들은 비정규직 노동자 조직화를 위한 유용한 도구로 이 책을 보기도 할 것이다. 그리고 그럴 요량으로 만든 것이기도 하다. 하지만 나는 보고 싶지 않다.

변호사 권두섭

(전국불안정노동철폐연대 법률위원장, 민주노총 법률원)

1부

기간제 고용

제1장

기간제 고용의 사회적 유형과 규정

1. 기간제 고용의 정의

기간제 고용이란 근로계약기간이 일정한 기간으로 한정되어 있는 근로형태를 말한다. 사회에서는 '계약직', '임시직' 등의 용어가 쓰이며, 법에서는 '기간의 정함이 있는 근로계약'이라는 표현을 쓴다. 정해진 그 기간 동안은 고용을 보장받지만 그 기간이 지나면 해고 등의 별다른 조치 없이 근로계약이 자동 종료되고, 노동자는 직장을 떠나야 한다.

이에 반해 '기간의 정함이 없는 근로계약(이하 '무기근로계약'이라고 약칭한다)'은 우리가 일반적으로 정규직이라고 부르는 것인데, 여기서 기간의 정함이 없다는 것은 고용보장을 받는 기간이 없다는 의미가 아니라 따로 근로계약기간을 한정하지 않고 정년의 기간까지 종신고용이 보장된다는 것을 의미한다. 이 경우 사용자가 근로관계를 종료하기 위해서는 징계해고나 정리해고라는 엄격한 절차를 거쳐야만 한다.

물론 현실에서는 많은 계약직 노동자들도 계약기간 만료 후 재계약이나 갱신을 통해 계약기간 후에도 계속 근무를 하고 있다. 그러나 이러한 재계약이나 갱신은 법적으로 새로운 근로계약의 체결에 해당하기 때문에 입사의 경우와 마찬가지로 사용자는 이를 자유롭게 거부하고 선별적으로 재계약에 응할 수 있다. 그 결과 계약직 노동자들은 이전까지 같은 직장에 오랜 기간을 근무하였다고 하더라도 재계약 기간만 되면 회사의 눈치를 보아야 하고, 근로조건에 대하여 불만을 표시하거나 노동조합 활동에 참여하는 것만으로도 사용자로부터의 재계약거부라는 치명적인 불이익을 감수하여야 하는 것이다.

2. 기간제 고용의 사회적 유형

이러한 기간제 고용은 현실에서는 계약직, 임시직, 일용직, 촉탁직 등 다양한 이름으로 불리고 있다. 위 용어들은 각자가 고정되고 분리된 개념의 영역을 가지는 것은 아니고 많은 부분 서로 혼재된 채로 사용되고 있지만, 현실의 용례에서는 약간의 구별이 가능하다.

우선 일용직은 근로계약의 체결과 종료가 매일매일 반복되어 이루어지고 임금도 매일 지급되는 고용유형을 의미한다는 점에서 일단 나머지 용어들과 구별된다.

계약직, 임시직, 촉탁직은 근로계약의 기간이 대개 1개월에서 1년 이하인 경우에 함께 사용된다는 점에서 비슷하나, 용례를 구별해 보면 계약직은 잦은 갱신을 통해 정규직과 마찬가지로 장기간 근무하는 경우를 지칭하는 경우가 많고, 임시직은 특정 기간만을 쓰고 근로계약관계가 종료되는 경우를 의미할 때가 많다. 촉탁직은 공기업에서 종종 등장하는데, 공기업 정관으로 일반직 직원들과 구분하여 계약기간이 정해진 촉탁직을 위촉할 수 있도록 규정하고 있는 경우에 이러한 위촉절차를 통해 채용된 노동자들을 지칭한다. 사기업에서도 촉탁사원제도 등의 명칭으로 계약직을 도입하면서 촉탁직이라고 부르는 경우가 있다. 일단 이 글에서는 일용직을 제외한 '기간의 정함이 있는 근로계약'이면 임시직, 촉탁직을 포함하여 모두 계약직으로 통칭하기로 한다.

한편 기간제 고용은 다른 비정규직 고용형태에서도 나타나고 있다. 파견노동자도 파견업체와 1년 또는 파견기간을 계약기간으로 정해 근로계약을 체결하는 경우가 많아 사용업체와의 관계에서는 파견이지만 파견업체와의 관계에서는 기간제 고용이며, 특수고용 노동자들 역시 계약기간을 1년 또는

2년으로 하는 경우가 대부분이어서, 개인사업자라는 이유로 노동법이 적용되지 않는 것에 추가하여 계약기간도 정해져 있어 이들의 고용을 더욱 불안하게 하고 있다.

3. 근로계약기간에 대한 근로기준법 규정

기간제 고용과 관련된 유일한 법조항인 근로기준법 제23조는 "근로계약은 기간의 정함이 없는 것과 일정한 사업완료에 필요한 기간을 정한 것을 제외하고는 그 기간은 1년을 초과하지 못한다"고 규정하고 있고, 이를 위반할 경우 500만원 이하의 벌금에 처하도록 하고 있다(법 제115조 제1호).

현행법에서는 계약기간과 관련하여 세 가지 형태의 근로계약이 가능하다.

하나는 기간의 정함이 없는 근로계약(정규직 근로계약)이다. 정규직 노동자와의 고용을 종료하려면 정년에 달하거나, 징계사유 등 노동자를 해고할만한 정당한 이유가 있거나 회사가 도산할 우려가 있는 등 경영상 필요성이 인정되어야 한다. 그리고 이렇게 해고할 경우 30일 전에 해고예고를 하여야 한다.

다른 하나는 일정한 사업완료에 필요한 기간을 정한 근로계약이다. 여기서 일정한 사업 완료에 필요한 기간이란 그 사업의 객관적인 성격으로 인하여 일정기간 후 종료될 것이 명백한 경우에 구체적 일시의 언급 없이 '사업이 끝날 때'까지로 근로계약기간을 정하는 것을 말한다.

마지막으로는 1년 이내의 기간을 정한 근로계약이다. 대부분의 계약직이 여기에 속한다. 현행법은 일시적 고용이 필요한 경우에만 기간제 근로계약을 체결할 수 있도록 하는 것이 아니라 기간만을 제한하고 있을 뿐이므로, 현실에서는 정규직이 담당해야 할 업무에 계약직이 사용되고 있으며, 사용자들은 반복갱신을 통해 1년의 제한마저 피해가며 특정 계약직 노동자를 정규직 노동자처럼 상시적으로 사용하고 있다.

기간제 근로계약 해당여부에 대한 판단기준

무엇보다도 선행되어야 할 일은 '기간의 정함이 있는 근로계약'에 해당하는 지 여부를 판단하는 것이다. 기간의 정함이 있는지 여부는 회사 내에서 불리는 호칭이나(촉탁직, 일용직) 임금의 지급단위(일급, 주급) 등에 의해서 판단되는 것이 아니다. 지방자치단체에서 미화 및 경비업무를 수행하는 상용 직 노동자들을 사용자인 지자체는 상용일용직이라고 칭한다. 그러나 이들은 일당으로 계산한 월급을 받으며, 계약기간도 정함이 없어 해고제한의 법리가 적용되는 등 여타 정규직 노동자들과 동일하다.

또한 1년 계약직과 연봉제 정규직도 구별하여야 한다. 최근 들어 연봉제가 확산되면서 정규직의 경우도 회사와 매년 연봉계약을 체결하여 연봉을 조정 하는데, 이처럼 임금액수에 대하여 매해 계약을 체결한다고 해서 반드시 1년 계약직은 아닌 것이다. 노동부도 연봉계약기간의 만료가 근로관계의 종료는 아니라고 하여 이 둘을 구별하고 있다. 특히 퇴직금이 매해 지급되었다 는 사정은 퇴직금중간정산제도가 도입된 이상 반드시 계약직의 징표라고 할 수 없다.

▶ 귀 질의내용이 불분명하여 정확한 판단이 곤란하나 구체적인 사실관계에
  있어서
- 귀사는 기존에 기간의 정함이 없는 근로계약을 체결한 2급 이상 간부사원에
  대하여 퇴직금 중간정산을 실시하고, 연봉제 계약을 체결한 것으로 추정됨.
▶ 귀사가 퇴직금 중간정산을 실시하였다면 근로기준법 제34조 제3항에 해당하
  는 것으로서 이 경우 근로자의 퇴직을 전제로 한 것이 아닌 것으로 사료되며,

- 귀사의 경우 기간의 정함이 없는 근로계약 하에서 2급 이상 간부사원에
  대해 월급제에서 연봉제로 급여지급형태를 변경한 것으로 볼 수 있음.
- 따라서 귀사의 경우 연봉계약기간의 만료가 근로관계 종료를 의미하는 것으로
  볼 수 없음.
- 아울러 근로자를 해고하고자 하는 경우에는 근로기준법 제30조에 규정한
  해고제한규정이 적용됨.(근기 68207-2328, 2000. 8. 3.)

근로계약서가 작성된 경우는 우선적으로 근로계약서의 근로계약기간 항목
에 의해 결정될 것이다. 근로계약서가 작성되지 않은 경우에는 여러 제반
정황에 의해 판단이 되는데, 어떠한 요소가 법원이나 노동위원회에서 중요한
기준이 되는지 다음에서 살펴보기로 한다.

1. 근로계약서가 작성된 경우

근로계약기간의 정함을 반드시 서면으로 해야 되는 것은 아니고 구두합의
도 유효하다. 그러나 법원은 계약내용을 직접 증명하는 근로계약서를 당사자
합의의 내용을 판단하는 가장 중요한 증거로 보기 때문에, 근로계약서가
작성되었고 계약서에 '근로계약기간'이 일정기간으로 명시되어 있다면 이에
반하여 당사자 사이에 무기근로계약이 체결되었다고 인정될 여지는 많지
않다.

비록 정규직 노동자가 계약직 전환을 강요받아 어쩔 수 없이 계약직 근로계약
서를 작성한 경우에도 본인이 희망했던 것은 아니지만 본인의 의사에 의해
서명한 것이면 계약직 근로계약체결은 유효하다는 것이 판례의 입장이다.

진의 아닌 의사표시에 있어서의 진의란 특정한 내용의 의사표시를 하고자
하는 표의자의 생각을 말하는 것이지 표의자가 진정으로 마음속에서 바라는
사항을 뜻하는 것은 아니므로, 표의자가 의사표시의 내용을 진정으로 마음속에

서 바라지는 아니하였다고 하더라도 당시의 상황에서는 그것을 최선이라고 판단하여 그 의사표시를 하였을 경우에는 이를 내심의 효과의사가 결여된 진의 아닌 의사표시라고 할 수 없다.[1]

나아가 사측이 '지금까지 아무도 재계약에서 탈락된 예가 없고 앞으로도 걱정하지 않아도 된다'는 약속까지 하여 이를 믿고 계약직 계약서를 작성한 경우라도 마찬가지다. 법원은 일단 계약직 근로계약서가 작성된 이상 회사 관리직원의 약속만으로는 무기근로계약으로 인정하지 않는다(자세한 내용은 제5장 '2. 근로계약서 미작성된 경우의 작성 요구'의 명월관 사례 참조).

다만 최근에 이례적으로 계약서의 문언에 반하여 기간의 정함이 없는 근로계약으로 인정한 하급심 판결이 있는데(광성택시 사건, 서울행정법원 2002. 12. 12. 선고 2002구합9339 판결), 이는 뒤의 근로계약의 반복갱신부분(제4장 '3. 근로계약이 수차례 반복갱신된 경우')에서 자세히 언급하기로 하겠다.

2. 근로계약서가 작성되지 않은 경우

(1) 근로계약기간에 대한 입증책임의 소재

법원은 근로계약서가 작성되지 않은 경우에는 일단 기간의 정함이 없는 근로계약으로 보고, 기간을 정했다는 사실을 회사측이 증명하도록 하고 있으며, 회사가 증명에 실패할 경우에는 기간의 정함이 없는 근로계약으로 인정하고 있다.

아래 판결내용을 보면 법원은 노동자에게 기간의 정함이 없었음을 증명할 것을 요구하지 않고 회사에게 기간의 정함이 있었음을 증명하도록 요구하였

---

1) 대법원 2000. 4. 25. 선고 99다34475 판결. 진의 아닌 의사표시에 해당하고 상대방이 진의 아님을 알았다면 의사표시는 무효가 된다(민법 제107조).

고, 회사가 이의 증명에 실패하자 기간의 정함이 없는 근로계약으로 판단한
것이다.

> 위 1996. 7. 8. 면접 당시 원고와 참가인 사이에서 별정직원의 고용기간이
> 3년이라는 점에 관하여 논의가 있었던 사실은 인정되나, 한편, 위 면접 이후
> 참가인이 제출한 각서에도 그 고용기간에 관하여는 아무런 기재가 없는 점,
> 위 면접 당시 '별정직원 인사관리에 관한 지침'은 기안단계에 있었을 뿐 확정되지
> 않은 상태에서 원고측의 인사담당자도 3년이라는 점을 구체적으로 주장할
> 수는 없었던 것으로 보이는 점, 원고는 그 후에 있어서도 고용기간을 명시한
> 근로계약 등을 체결함이 없이 참가인을 채용한 점, 위 지침이 시행된 후 고용기간
> 이 명시된 서약서에 참가인과 김○○이 날인을 거부한 점 …… 등에 비추어
> 보면 위 인정사실만으로는 원고와 참가인 사이에 근로계약 체결 당시 고용기간
> 을 3년으로 한다는 내용의 합의가 성립되었다고 보기 어려우므로 결국 원고와
> 참가인 사이에는 고용기간을 정하지 않은 근로계약이 체결되었다고 봄이 상당
> 하다.[2]

문제는 법원이 기간의 정함이 있었다는 사실을 너무나도 손쉽게 인정한다
는 것이다. 위 사건 역시 마찬가지인데, 노동자가 고용기간이 정해진 근로계약
서에 서명하기를 거부한 사건임에도 대법원은 위 고등법원판결을 뒤집고
근로계약기간과는 무관한 각서의 존재나 아직 시행되지 않은 취업규칙의
내용만으로 기간의 정함이 증명되었다고 보았다.[3]

무기근로계약이 노동법이 예정하고 있는 원칙적인 근로형태이고 계약직
근로계약이 예외적인 형태라고 할 때, 예외적인 사유인 기간을 정하였다는
사실에 대한 입증책임은 이의 존재를 주장하는 회사측이 부담하는 것이
당연한 것임에도, 판례의 경향은 근로계약기간을 정했다는 사실을 제반정황

---

2) 서울고등법원 2002. 1. 24. 선고 2000누5410 판결.

3) 대법원 2002. 6. 28. 선고 2002두2116 판결.

만으로 쉽게 인정하여 사실상 입증책임의 소재를 불분명하게 하고 있다.

(2) 기간의 정함 유무에 대한 판단기준

근로계약서가 작성되지 않으면 법원은 주변의 여러 정황을 종합하여 기간의 정함이 있었는지를 판단한다.

이와 관련하여 법원의 일관된 기준이 있는 것은 아니나 계약직 관련 판례들을 종합해 볼 때 아래와 같은 특징을 추출해 볼 수 있다.

계약을 체결한 노동자에게 특정한 기간을 정해야 하는 일신상의 필요성이 있는 경우에는 기간의 정함이 있는 근로계약으로 인정될 가능성이 높다. 예를 들어 군입대를 앞두고 취업을 한 경우가 대표적인 예가 될 것이다

또한 직제상 정규직(일반직)과 구별하여 별도의 인력을 운영, 관리하고 있거나, 그 호칭이 계약직, 임시직으로 통상 불린다면 이는 불리한 기준이 될 것이다.4)

반면 1년을 넘게 근무했는데 중간에 재계약이나 갱신절차를 거친 사실이 없다면 기간의 정함이 없는 계약으로 인정될 여지가 크다. 기간제 고용에서 근로계약기간은 1년을 넘지 못하므로 계약기간을 넘어서도 계속 근로관계를 유지하려면 반드시 재계약을 해야 하는데, 1년 넘게 근무했음에도 재계약절차를 거친 바 없다는 것은 근로계약이 기간의 정함이 없는 것임을 반증하는 것이 된다.

정규직과 동일한 호봉이나 승급체계에 편입되어 있는 등 계속근무가 예상되는 관행이 존재하는 경우도 유리한 징표가 될 수 있다. 그러나 하급심판결 중에는 취업규칙에 연차유급휴가제도나 1년 육아휴직규정, 3년 이상 노동자에 대한 포상규정이 있다고 해서 근로계약이 기간의 정함이 없는 것으로 해석할 수는 없다고 판단한 것도 있다.

---

4) 워커힐 호텔 명월관의 경우 노조가 발행한 비정규직 철폐하라는 취지의 유인물을, 회사측이 계약직 근로계약임을 입증하는 증거로 노동위원회에 제출한 바 있다.

근속년수가 길면 길수록 기간의 정함이 없는 근로계약으로 인정될 여지가 크다. 근로기준법상 계약기간의 상한은 1년이므로, 긴 근속년수는 정규직일 가능성이 높다는 점을 보여준다. 직장 내 동종 노동자들의 근속년수가 길다는 것도 유리한 증거가 될 수 있다.

(3) 마치며

결국 법원이 근로계약서의 기재내용을 가장 중요한 증거로 삼고, 기간의 정함에 대한 사용자의 입증책임을 사실상 면제해 주고 있는 이상, 계속고용이 보장되는 것으로 알고 입사했거나 사실상 정규직과 다름없는 근로관계를 유지하고 있는 노동자에게 가장 필요한 일은 사측에 강력하게 요구하여 실질에 맞게 기간의 정함이 없는 근로계약서를 작성하는 일이라고 할 것이다.

계약기간 중 해고에 대한 대응

1. 대응의 중요성

계약직이라 하더라도 계약기간 중의 해고는 일반 정규직에 대한 해고와 마찬가지로 징계해고, 정리해고의 요건이 구비되지 않는 이상 명백한 부당해고에 해당된다.

일반적으로 계약직에 대하여는 금방 돌아오는 기간만료 시에 재계약거부를 하면 되기 때문에 회사 입장에서는 기간 중 해고를 할 필요성이 많지 않다. 기간 중 해고가 이루어지는 때는 대부분 노동조합이 설립되거나 투쟁이 준비될 때다. 사측은 일단 핵심 조합간부들에 대하여 계약기간이 남아 있음에도 해고통보를 하여 사업장 출입을 금지시킨 다음 개별 조합원 설득에 들어가는 것이다.

이러한 계약기간 중 해고에 대하여 적극 대응하는 것은 매우 필요하다. 계약직 투쟁에 있어서 계약기간 동안의 근로관계 유지는 다가올 정규직화 쟁취나 재계약보장 투쟁을 위하여 주변을 조직화하고 준비하는 최소한의 시간을 확보한다는 의미를 지니게 된다. 신생노조의 경우 일반 조합원들의 경험과 자신감이 부족하기 때문에 간부의 역할이 매우 중요할 수밖에 없으므로 간부가 현장에 남아있는 것은 매우 중요한 요소가 된다.

2. 법적 대응수단

하지만 계약기간이 얼마 남지 않은 경우라면 기간 중 해고에 대하여는 그 부당성에 비해 마땅한 법적 대응수단이 없어 보인다.

(1) 구제신청과 민사소송

먼저 노동위원회에 부당해고구체신청을 하거나 법원에 해고무효확인소송을 제기하는 것을 고민할 수 있으나, 부당해고구제신청의 경우 노동위원회는 사건진행 중에 계약기간이 만료되었다면 설사 부당해고가 인정되더라도 노동자를 원직에 복직시킬 수 없기 때문에 구제신청을 더 이상 진행할 필요가 없다면서 '각하' 결정을 한다. 부당해고 후 사측이 소송을 지연시켜 일단 계약기간만료일만 넘기면 회사승리로 끝나는 것이다. 따라서 상황이 급변할 때 해고의 부당성에 대하여 판단도 하지 않는 각하결정은 오히려 조합원의 사기만을 떨어뜨릴 수 있다.

해고무효확인소송의 경우는 계약기간이 만료되었다고 하여 각하되지는 않으나 민사소송인 만큼 적어도 1심 판결까지 5~6개월(사측이 끌면 1년까지도 소요) 정도의 시간이 요구되며, 판결의 내용도 해고가 무효임은 확인시켜 주지만 사측에게 복직을 명하는 게 아니라 '계약기간까지'의 임금지급만을 명한다. 따라서 판결이 선고될 때쯤이면 투쟁이 종료된 후이거나 투쟁이 진행 중이라도 위 판결문의 내용만으로는 기간만료 후 투쟁의 정당성을 뒷받침하는 무기가 될 수 없다.

물론 법원은 근로계약이 장기간에 걸쳐서 반복하여 갱신됨으로써 그 정한 기간이 단지 형식에 불과하게 된 예외적인 경우에는 부당해고를 인정하는 판결을 선고하나, 뒤에서 살펴보겠지만 반복갱신했다는 이유만으로 기간의 정함이 없는 근로계약으로 인정하는 예가 많지 않다고 볼 때, 계약기간이 충분히 남아있지 않은 상태에서의 소제기나 구제신청은 적절한 수단이 될 수 없다고 하겠다.

(2) 형사고소

한편, 부당해고에 대하여는 근로기준법에 형사처벌 조항이 있기 때문에 노동부에 고소하는 방법을 고려할 수 있다. 이 경우 노동부의 1차 조사와 검찰의 2차 조사를 거쳐 법원에서 판결을 하게 되는데, 노조에 비우호적인 수사기관 및 사법기관에서 부당해고를 이유로 사업주를 구속하는 일은 거의 없으며 통상 벌금이 선고되는 정도로 종결된다. 따라서 형사고소는 이 정도 선에서 회사에 압박을 가하는 의미가 있다.[5]

결국 계약직 노조의 결성이나 투쟁을 준비함에 있어서는 남은 계약기간을 고려하는 것이 반드시 필요하며, 계약기간만료가 눈앞에 놓인 경우라면 무엇보다도 노조의 조직적 투쟁으로 해고에 대응하여야 한다.

---

5) 형사고소를 할 경우에는 회사, 대표이사, (직접 해고를 행한) 인사담당자 모두를 고소하는 것이 그나마 회사를 더 압박하는 방법이다. 근로기준법은 사업주 외에도 '사업경영담당자'와 '근로자에 관한 사항에 있어 사업주를 위해 행위하는 자'도 근로기준법의 준수의무를 지는 사용자로 규정하고 있으므로(15조), 회사 자체가 아니더라도 해고통지서의 명의인인 자(통상 대표이사)와 해고업무를 행한 자에게도 처벌조항이 적용되며, 양벌규정(116조)은 종업원이 회사를 위해 법위반을 한 경우에는 회사도 같이 처벌하므로, 위 대표이사나 인사담당자의 행위에 의해 법인에게 처벌조항이 적용되는 것이다.

재계약거부에 대한 대응

1. 계약기간만료 후의 근로계약관계

계약직 근로계약의 경우 원칙적으로 계약기간이 만료되면서 자동으로 근로관계가 종료되며, 사용자의 해고 등 별다른 조치를 필요로 하지 않는다.

기간만료 후에 근로계약을 갱신한다거나 재계약을 체결하는 일이 현실에서 빈번하게 일어나지만 이들은 별도의 새로운 근로계약을 체결하는 것에 다름 아니기 때문에, 처음 입사하여 근로계약을 체결하는 것과 마찬가지로 양 당사자 모두의 의사합치가 있어야 계약이 성립될 수 있다. 따라서 근로계약 기간이 만료된 경우 노동자는 자신이 이전까지 계속 그 일을 해왔다는 이유만으로 재계약의 체결을 사용자에게 요구할 수 없게 된다.

> 근로계약기간을 정한 경우에 있어서 근로계약 당사자 사이의 근로관계는 특별한 사정이 없는 한 그 기간이 만료함에 따라 사용자의 해고 등 별도의 조처를 기다릴 것 없이 당연히 종료된다.[6]

◉ 계약해지와 재계약거부

현장에서 노조측은 물론 사측도 '재계약(갱신)거부'보다는 '계약해지'라는 용어를 주로 사용하고 있는데, 법률상으로 보면 이는 적절한 용어선택이 아니다. '계약해지'란 계약이 유효하게 존속하고 있는 것을 전제로 하여

---

6) 대법원 1996. 8. 29. 선고 95다5783 판결.

이를 종결시키는 법적 의사표시를 의미하는데, 근로계약기간이 만료되는 경우는 이로 인하여 근로계약관계가 자동종료된 상태가 되므로 해지할 계약관계가 남아있지 않게 되는 것이다. 따라서 계약해지보다는 재계약거부 또는 갱신거부가 더 정확한 표현이다.

이러한 용어상의 혼동을 악용한 사례가 있다. 이랜드 노조는 2001년 260여일의 파업 끝에 단체협약에 1년 이상된 계약직 노동자들에 대하여 일방적으로 계약해지를 하지 않는다는 조항을 포함시킬 수 있었다. 당시 노조뿐 아니라 사측도 재계약거부를 함에 있어 계약해지라는 표현을 써왔음에도 불구하고 파업종료 후 사측은 파업에 적극적으로 참가한 계약직 노동자들에 대하여 위 단협조항에서 계약해지는 계약기간 중 해지만을 의미하는 것이라면서 재계약거부를 하였던 것이다(보다 구체적인 내용은 제4장 4. '(2)정규직화 조항', '(4)계약기간의 연장 조항' 참조).

2. 근로계약이 자동갱신되는 경우

기간만료 후에도 계속 고용이 되려면 재계약절차를 거쳐야 하는 것이 원칙이지만 예외적으로 재계약 체결 절차가 없어도 근로계약이 자동갱신되어 계속고용이 인정되는 경우가 있다.

하나는 근로계약서나 취업규칙 상에 자동갱신조항이 있는 경우고, 다른 하나는 계약종료 후에도 양 당사자가 문제제기 없이 사실상 계속 근로를 제공하고 이를 수령하는 경우다. 이 중 후자는 양당사자의 재계약체결 의사표시가 명시된 사실은 없지만 위와 같은 사실관계로 미루어 양당사자가 재계약 의사를 암묵적으로 표시한 것과 같다고 하여 이를 '묵시적 갱신'이라고 부른다.

(1) 근로계약서·취업규칙 상의 자동갱신조항

말 그대로 근로계약서나 취업규칙에 자동갱신조항이 있는 경우다.

구체적인 예를 들면 "계약기간 만료일 30일 전까지 계약만료의 의사를 표시하지 않는 한 근로계약은 갱신된 것으로 본다"는 조항이 있는 경우를 말한다. 이 때는 조항의 문언 그대로 계약기간 만료 30일 전까지 사측이 '계약해지 통보' 등 재계약을 거부하는 취지를 통지하지 않는 한 전과 동일한 내용으로 근로계약이 자동체결된다.[7]

(2) 묵시적 갱신

근로계약기간이 만료되었음에도 재계약을 체결한 것도 아니고 자동갱신조항이 적용되지도 않았는데 노동자는 그 후에도 상당히 오랜 기간동안 계속 근무하면서 근로를 제공하였고, 회사는 이에 대해 아무런 이의 없이 노무를 수령하고 임금을 지급한 경우, 법원은 민법 제662조를 적용하여 근로계약의 묵시적 갱신을 인정하고 있다.

> 민법 제662조 제1항은 근로계약기간이 종료한 후 근로자가 계속하여 근로를 제공하는 경우에 사용자가 상당한 기간 내에 이의를 하지 아니한 때에는 근로계약이 동일한 조건으로 묵시적으로 갱신된 것으로 본다고 규정하고 있는바, 원고(노동자)는 1998. 6. 19. 계약기간 만료 후에도 노무를 계속 제공하고 참가인(회사)은 상당한 기간이라 할 수 있는 약 10개월 동안이나 그 노무제공에 대하여 이의를 하지 않았으므로, 원고와 참가인 사이의 근로계약은 1998. 6. 20. 묵시적으로 갱신되어 갱신 전의 근로계약기간인 1년이 지난 1999. 6. 19. 기간만료로써 종료되었다고 봄이 상당하다.[8]

● 민법

제662조 (묵시의 갱신) ① 고용기간이 만료한 후 노무자가 계속하여 그 노무를 제공하는 경우에 사용자가 상당한 기간 내에 이의를 하지 아니한 때에는 전고용

---

7) 중앙노동위원회 2000. 11. 7. 2000부해424 결정.

8) 서울고등법원 2000. 12. 21. 선고 2000누8846 판결.

과 동일한 조건으로 다시 고용한 것으로 본다. 그러나 당사자는 제660조의
규정에 의하여 해지의 통고를 할 수 있다.

제660조 (기간의 약정이 없는 고용의 해지통고) ① 고용기간의 약정이 없는
때에는 당사자는 언제든지 계약해지의 통고를 할 수 있다.
② 전항의 경우에는 상대방이 해지의 통고를 받은 날로부터 1월이 경과하면
해지의 효력이 생긴다.
③ 기간으로 보수를 정한 때에는 상대방이 해지의 통고를 받은 당기 후의
일기를 경과함으로써 해지의 효력이 생긴다.

◉ '상당한 기간'

묵시적 갱신이 인정되기 위해서는 기간만료 후 상당한 기간동안 근로를
제공해야 한다. 문제가 되는 것은 어느 정도 기간동안 추가로 노무를 제공해야
"상당한 기간"이라고 할 수 있는가다.

이의 판단에는 근로계약기간까지 고려되어야 할 것인데, 대법원은 1년 계약
기간에 2월을 추가로 근무한 것을 상당한 기간이라고 인정한 바 있다.9)

◉ 묵시적 갱신 후 사측의 일방적인 계약해지 가능 여부

묵시적 갱신이 된 경우에는 이전 근로계약과 동일한 근로계약이 체결된
것이 되고 근로계약기간도 이전 근로계약과 동일하게 된다. 사측은 계약기간
중에는 일방적 계약해지를 할 수 없고 근로기준법 제30조가 적용되어 정당한
이유가 있어야만 계약기간 중 계약해지가 가능하다.

앞서 민법 제662조와 제660조를 보면 묵시적 갱신이 되는 경우라도 당사자는
언제든지 계약해지를 할 수 있다고 규정되어 있으나, 근로계약에는 민법의
특별법인 근로기준법이 우선 적용되고 민법은 근로기준법과 배치되지 않는
한에서 보충적용될 뿐이므로, 묵시적 갱신조항에 대하여는 근로기준법에
언급이 없어 민법 제662조가 보충적용될 수 있지만 민법 제660조의 해지통고

---

9) 대법원 1998. 11. 27. 선고 97누14132 판결.

조항은 근로기준법 제30조와 배치되므로 근로기준법 제30조만 적용되기
때문이다.

판례도 묵시적 갱신 후 사측이 '재계약불가통보'나 '30일 뒤 자동퇴직처리
예고'를 한 것의 효력을 인정하지 않고 있다.[10]

3. 근로계약이 수차례 반복갱신된 경우

현행 근로기준법은 무기근로계약이 아닌 경우 근로계약기간이 1년을 넘지
못하도록 하는 것 외에는 아무런 제한을 두고 있지 않다. 현행법은 계약직
사용 사유를 규제하고 있지 않기 때문에 상용적인 인력이 필요한 업무에도
계약직을 채용할 수 있으며, 반복갱신을 규제하고 있지 않기 때문에 1년
이상 특정 노동자를 사용해야 할 경우라도 계약기간 만료 후 계약갱신을
통해 특정 계약직을 정규직처럼 계속하여 사용할 수 있다.

정규직 대체에 다름 아닌 이러한 반복갱신을 규제하기 위해 대법원은
특별한 경우에는 이를 무기근로계약으로 인정하는 판례논리를 도입하였다
(연세대 언어교육연구원 한국어학당 시간강사 사건).

기간을 정하여 채용된 근로자라고 할지라도 장기간에 걸쳐서 그 기간의 갱신이
반복되어 그 정한 기간이 단지 형식에 불과하게 된 경우에는 사실상 기간의
정함이 없는 근로자의 경우와 다를 바가 없게 되는 것이고, 그 경우에 사용자가
정당한 사유없이 갱신계약의 체결을 거절하는 것은 해고와 마찬가지로 무효라
고 할 것……[11]

위 판결에서 대법원은 ①계약직 근로계약 체결 시 원장과 교육부장이

---

10) 위 대법원 판결, 서울고등법원 2000. 12. 21. 선고 2000누8846 판결.
11) 대법원 1994. 1. 11. 선고 93다17843 판결.

계약직 제도를 악용하거나 이로써 시간강사들에게 불이익을 주지 않겠다고 다짐한 점, ②계약갱신이 관례화됨으로써 별다른 하자가 없는 이상 계속 근무할 수 있다는 기대관계가 존속되어 왔다는 점에서 1년의 기간의 정함이 형식에 불과하다고 판단했다. 이러한 대법원 판결 이후 위 판례논리를 기초로 일련의 판례군이 형성된다.

최근 들어 노동위원회와 하급심을 중심으로 무기근로계약으로 인정하는 사례가 하나둘씩 등장하면서 소송이나 구제신청을 통해 재계약거부를 부당해고로 인정받는 방법에 대하여 낙관적으로 바라보는 분위기도 있는 듯하다. 그러나 관련판결들 전체를 놓고 객관적으로 평가해 보면 인정된 사례들은 아직도 예외적인 것으로 극소수에 불과하며, 판결의 주류적인 경향은 무기근로계약으로 인정하는 데 매우 인색하다.

(1) 판례의 주류적 경향

반복갱신이 몇 차례나 되어야 기간의 정함이 형식에 불과한 것인지 판례의 기준이 일관되지 못하고, 판결마다 사용하는 논리문구도 조금씩 다르기 때문에 법원의 태도를 일반화하는 것이 힘들지만, 판례의 대체적인 경향은 반복갱신이 아무리 여러 차례 있어도 기간의 정함이 없는 근로계약으로 쉽게 인정하지 않는다. 대법원은 논리상으로는 기간의 정함이 없는 근로계약으로 인정될 가능성을 열어놓고 있지만 실제로 대법원이 위 법리대로 기간의 정함이 없는 근로계약임을 인정한 예는 위 연세대 한국어학당 한국어 강사 판결과 최근의 서울미술고등학교 판결 외에는 없다. 이 중 연세대 한국어학당 시간강사 판결은 다음에서 보듯이 사실관계가 거의 동일한 연세대 외국어학당 일본어 시간강사 사건에서 결론이 바뀌게 되며, 일부 대법원 판결 중에는 판례문구 자체를 더욱 엄격하게 작성해 판시한 것도 있다.

◉ **연세대 외국어학당 일본어 강사 사건**

대법원은 이 사건에서 "단기의 근로계약이 장기간에 걸쳐서 반복하여 그 정한 기간이 단지 형식에 불과하게 된 예외적인 경우에 한하여 비록 기간을 정하여 채용된 근로자일지라도 사실상 기간의 정함이 없는 근로자와 다를 바가 없게 되는 것"[12]이라고 하여 '예외적인 경우'라는 요건을 추가하여 기간의 정함이 없는 근로계약으로 보는 범위를 더욱 엄격히 하였다.[13] 그 결과 첫 1년 동안은 3개월 단위로, 그 후 4년 동안은 매년 근로계약을 갱신하였을 뿐 아니라 그 이전까지 일본어 강사 중 재계약이 거부된 경우가 한 번도 없었음에도 불구하고 기간의 정함이 단지 형식에 불과하다고 할 수 없다고 판단한 것이다.[14]

◉ **한국수자원공사 촉탁직 사건**

일부 대법원 판결은 더 나아가 기간의 정함이 형식에 불과한 것으로 인정되려면 반복갱신이 여러 차례 있었다는 것만으로는 부족하고 법령이나 근로계약상에 사용자에게 재계약을 의무지우는 조항이 있어야 된다고 하는 것도 있다.

한국수자원공사에 계약기간을 1년, 3년 등으로 하여 7년간 근무해온 촉탁직원에 대하여 "위촉의 근거가 된 법령이나 위촉계약 등에 재임용할 의무나 요건을 정하지 아니한 이상 참가인[촉탁직원]은 위촉기간이 만료함으로써 당연 퇴직되었고 재위촉을 거절한 것이 해고라고 볼 수 없다"고 판단한 것이다.[15]

이러한 판결에 따르면 아무리 반복갱신된 횟수가 많다고 해도 기간의 정함이 없는 근로계약으로 인정될 수 있는 것은 아니며 별도의 법적 근거가 있어야

---

12) 대법원 1998. 1. 23. 선고 97다42489 판결.

13) 최홍엽, 「근로계약의 기간」, 『노동법의 쟁점과 과제』, 법문사(2000. 12.), 102쪽.

14) 이 판결이 한국어 시간강사 판결과 사실관계에 있어 다른 점은 외국인의 경우 국내체류허가가 필요한데 일본인 시간강사는 단기간의 체류허가를 받은 후 재계약이 체결될 때마다 그에 맞추어 체류기간의 연장을 했던 것 정도이다.

15) 대법원 1995. 6. 30. 선고 95누528 판결.

한다는 것이어서 연세어학당 한국어 시간강사 판결이 열어놓은 법률적 가능성마저 봉쇄한 것이나 다름없다.

◉ 일반적인 하급심 및 노동위원회 경향

이러한 대법원 판례의 영향으로 인하여 하급심이나 노동위원회에서도 무기근로계약으로 인정받은 경우는 많지 않다고 할 수 있다. 법원이나 노동위원회는 판결문에 "기간을 정하여 채용된 근로자라고 할지라도 장기간에 걸쳐서 그 기간의 갱신이 반복되어 그 정한 기간이 단지 형식에 불과하게 된 경우에는 사실상 기간의 정함이 없는 근로자의 경우와 다를 바가 없게 되는 것"이라고 언급은 하지만 사실관계에서 조금이라도 기간을 정한 것에 이유가 있다면 형식에 불과한 경우라고 인정하지 않는다.

실제적인 재계약 절차를 거친 경우나 공기업 인력운영에 대하여 정부 지시나 감사원 지적 등이 있고 이에 근거하여 재계약을 거부한 사건에서는 무기근로계약을 부정하는 경향이 강하다.

피고회사는 매년 촉탁사원들과 갱신계약을 체결하기에 앞서 촉탁직원들의 평소 근무태도, TOEIC 시험성적 및 컴퓨터 사용능력 등을 포함한 업무수행능력, 인사고과점수, 당해 부서장의 의견 등을 종합적으로 고려하여 촉탁사원과의 갱신계약 체결여부를 결정하여 왔다. …… 위 인정사실에 의하면 피고회사는 원고와 같은 촉탁사원들의 근로계약기간이 만료되는 시점에서 그들의 근무성적 등을 평가하여 이를 토대로 다시 근로계약기간을 1년으로 하는 새로운 촉탁 근로계약을 체결할 것인지 여부를 경정한 후 이에 따라 갱신계약을 체결하여 왔다 할 것이므로, 원고에 대한 근로기간의 정함이 단지 형식에 불과하여 원고가 사실상 기간의 정함이 없는 근로자의 지위에 있다고는 볼 수 없는 것이고……16)

한국수자원공사는 감사원으로부터 촉탁직원 운영에 대하여 지적 받으면서 표준직무분야가 아닌 일반업무분야에 위촉 운영하는 촉탁직원에 대하여는

---

16) 서울지방법원 1998. 9. 18. 선고 97가합55091 판결.

재위촉하지 않도록 하고 앞으로는 이러한 일이 없도록 조치하라는 감사결과를 통보받았고 이를 근거로 일반업무의 촉탁직을 계약거부하였는데, 법원은 이를 해고가 아니라고 하였다.[17]

더욱 심각한 문제는 근로계약이 십수차례 반복갱신되어서 이미 기간의 정함이 없는 근로계약으로 인정될 수 있는 경우에도, 이후에 내려온 정부지침으로 인한 재계약거부를 부당해고로 보지 않는다는 점이다.

이런 대표적인 경우가 한국통신계약직노조의 예다. 한국통신계약직 노동자들은 1년, 6개월, 3개월로 계약기간을 정하여 3년에서 10년의 기간동안 근로계약을 반복갱신해 왔다. 또한 재계약 때마다 노동자와 근로계약을 체결하는 것이 번잡하여 사측은 계약직 노동자들로부터 도장을 보관 받아 경리담당자가 일괄적으로 새 계약서를 작성해 왔으며 노동자들은 언제 계약기간이 종료되는지, 언제 다시 갱신이 되었는지 알 수 없을 정도로 노무관리를 해 왔었다.

그러나 중앙노동위원회는 한국통신 사측이 계약직 노동자 10,000여명을 재계약 거부하여 이에 계약직 노동자들이 부당해고구제신청을 한 사건에서 회사의 갱신거부는 정부의 공기업관리지침에 따른 이상 이의 거부를 부당해고로 볼 수 없다는 결정을 내렸다.

> 피신청인 공사는 2000. 2. 8. 정보통신부로부터 "민간에서 추진하는 것이 효율적인 업무는 과감하게 외부위탁을 추진하고 이에 대한 실시계획을 수립 보고하라"는 내용의 2000년 공기업혁신 추진지침을 시달 받은 점, 피신청인 공사는 2000. 2월경부터 같은 해 11월까지 사이에 전화국 37개소가 전화가설, 100번센터, 인터넷 상담센터 등의 비핵심 업무를 도급으로 전환한 점 …… 피신청인과 신청인들은 1998년까지는 매년 1년, 1999년부터는 6개월, 2000년부터는 1~3개월 단위로 단기 근로계약을 체결한 점, 피신청인 공사는 2000. 8. 24. 업무위탁 활성화 계획을 수립하고 같은 해 11. 13. 도급화 기본계획을 관련 기관에 시달하여

---

17) 서울고등법원 1994. 12. 9. 선고 94구22851 판결, 대법원 1995. 6. 30. 선고 95누528 판결.

같은 해 12월까지 업무위탁을 완료하도록 함에 따라 계약직 근로자들에게 계약만료 1개월 전 계약기간 만료 및 재계약 불가를 통보한 점 …… 등을 종합하여 보면, 피신청인은 계약직관리지침에 의거 채용된 근로자들을 계약직 근로자라고 칭하며 정규직 근로자들과 별도로 관리하고 있고 같은 지침에 근로계약기간이 만료되었을 때 계약을 해지할 수 있도록 규정하고 있어 사실상 기간의 정함이 없는 근로자의 지위에 있다고 볼 수 없고 …….[18]

(2) 기간의 정함이 없는 근로계약으로 인정된 최근 사례

반면에 최근 들어서 기간의 정함이 없는 근로계약으로 인정되는 사례도 종종 등장한다.

◉ 부래당(주) 사건

부래당이라는 의류제조업체에 1년의 기간으로 기계수리기사로 입사하였다가 그 기간 중 해고된 사건을 다룬 사례에서는 소송진행 중 계약기간이 만료되어 소의 이익과 임금상당액의 범위가 소송상 쟁점이 되었는데, 재판부는 다음과 같은 이유로 기간의 정함이 없는 근로계약으로 인정하고 소의 이익을 인정함은 물론 1년 기간의 만료시가 아니라 복직시까지의 임금상당액의 지급을 명했다.

근로자가 종사하던 작업의 종류, 내용, 근무형태, 계약갱신시의 신계약체결절차의 형식, 다른 근로자의 계속근로의 유무에 비추어 기간의 정함이 있는 근로계약이 마치 기간의 정함이 없는 근로계약과 실질적으로 다르지 않은 상태로 존재하거나 그렇지 않더라도 적어도 근로자가 기간만료 후의 계약갱신을 기대하는 것에 합리성이 인정되는 경우에는 근로계약이 장기간에 걸쳐서 반복하여 갱신된 경우가 아니라 최초의 계약갱신의 경우라고 하더라도 사실상 기간의 정함이 없는 근로자와 다를 바가 없게 되고 …….[19]

18) 중앙노동위원회 2001. 8. 28. 2001부노79, 부해261 결정.

 | 비정규직 노동자를 위한 노동법 해설

이 사건에서 재판부는 ①근로자가 원하지 않는 경우 등 특별한 사정이 있는 경우를 제외하고는 대부분 갱신계약이 체결되어 왔고, ②그 갱신계약의 체결비율이 80% 이상에 달하는 사실, ③원고는 특별한 기능이나 자격을 요하지 않는 기사보조 사원으로서 계속 고용을 기대하고 피고 회사에 입사하여 이 사건이 발생하기 이전까지 성실히 근무하여 온 사실 등을 들어 노동자측에게 승소판결을 내렸다.

이 판결은 단 한차례의 갱신도 없는 상황에서도 기간의 정함을 형식에 불과한 것이라고 처음으로 인정한 의미 있는 판결로 볼 수 있다.

◉ 광성택시 사건

광성산업이라는 택시회사는 정규직 사원을 3개월의 수습기간을 거쳐 정식기사로 채용하다가 경영방침을 바꾸어 일정 시점부터 입사하는 모든 운전기사를 계약직으로 채용, 이들과 계약기간을 1년으로 하는 근로계약서를 작성하기 시작하였다. 첫 번째 계약기간만료 시에 재계약이 되지 않아 근로계약이 종료된 노동자가 회사를 상대로 부당해고 및 부당노동행위구제신청을 한 사건에서 재판부는 다음과 같이 판시하면서 부당해고로 인정했다.

근로계약을 체결하면서 기간을 정한 근로계약서를 작성한 경우 계약서의 내용과 근로계약이 이루어지게 된 동기 및 경위, 기간을 정한 목적과 당사자의 진정한 의사, 동종의 근로계약 체결방식에 관한 관행 그리고 근로자보호법규 등을 종합적으로 고려한 결과 기간의 정함이 단지 형식에 불과하다는 사정이 인정되는 경우에는 근로계약서의 문언에도 불구하고 그 근로계약은 기간의 정함이 없는 근로계약이라고 봄이 상당하다.[20]

재판부는 ①운전기사들은 회사의 존립기반을 이루는 중추적인 근로자집단임에도 그 전부를 1년 단위로 재고용하겠다는 비정상적인 구조를 택하려

---

19) 서울지방법원 동부지원 2002. 5. 3. 선고 2001가합6471 판결.
20) 서울행정법원 2002. 12. 12. 선고 2002구합9339 판결.

한 점, ②회사는 단체협약과 인사관리규정에 계약직 근로자 채용에 관한 아무런 규정을 두고 있지 않은 점, ③노동자들은 입사할 당시 기간의 정함이 없는 근로계약을 체결한 까닭에 수습기간이 만료되면 자동적으로 정식 운전기사로 발령될 것을 기대하고 있었던 점을 중요한 요소로 보아 1년의 근로계약기간을 정한 것은 단지 형식에 불과하다고 보았고, 따라서 반복갱신 없이 첫 번째 근로계약이 만료된 이 사건에서도 기간의 정함이 없는 근로계약이 체결된 것으로 보았다.

이러한 부래당 및 광성택시 판결은 신한생명보험 1년 촉탁직 사원에 대한 대법원 판결의 영향을 받은 결과다.

이 사건과 같이 처음으로 근로계약을 체결하면서 기간을 정한 근로계약서를 작성한 경우 그 근로계약이 계약서의 문언에 반하여 기간의 정함이 없는 근로계약이라고 하기 위해서는 계약서의 내용과 근로계약이 이루어지게 된 동기 및 경위, 기간을 정한 목적과 당사자의 진정한 의사, 동종의 근로계약 체결방식에 관한 관행 그리고 근로자보호법규 등을 종합적으로 고려하여 그 기간의 정함이 단지 형식에 불과하다는 사정이 인정되어야 할 것인 바…….21)

물론 이 사건은 노동자 패소로 확정종결되었고, 다른 촉탁직 노동자들이 모두 갱신이 되었다는 사실만으로는 계약이 갱신되어 계속 근무할 수 있는 기대관계가 형성되어 있지 않았다고 판단하는 등 이 판결 자체는 그다지 전향적인 내용이라고 볼 수 없으나, 기존의 대법원 판결들이 ‘기간의 정함이 형식에 불과’하다고 인정되는 경우를 ‘수차례 반복갱신’된 경우로만 한정한 것에 비하여 적어도 법리 전개에 있어서는 다른 제반 여건만으로도 이를 인정할 수 있도록 하였던 것이다.

◉ **서울미술고등학교 사건**

서울미술고등학교는 시간강사들을 1년 계약직으로 채용한 다음 반복갱신해

---

21) 대법원 1998. 5. 29. 선고 98두625 판결.

왔다. 시간강사 중 일부가 초중고강사노조를 설립하여 교내에서 조합활동을 하기 시작하였고 학교는 노조와 단체협약을 체결하게 되는데, 학교가 단협체결 후 첫 재계약에서 핵심조합원들을 탈락시킨 사건이다. 재계약에서 탈락된 8명 중 대다수는 8~10년 정도 서울미술고등학교에서 계약직 교사로 있었던 사람들이고, 1명은 2000년 채용되어 처음 재계약에서 탈락된 사람이었다. 2000년에 신규채용된 시간강사 1명을 제외한 나머지 시간강사들은 고등법원에서도 기간의 정함이 없는 근로계약으로 인정받았으나, 신규 시간강사는 이전에 갱신된 사실이 없다는 이유로 고등법원이 이를 해고로 인정하지 않았다. 그러나 이에 대해 대법원은 ①다른 강사들의 경우 별다른 하자가 없으면 재계약을 해 왔던 점, ②문제된 시간강사가 노조가입 외에는 갱신거절 사유가 없었던 점, ③학교가 노조와 단협으로 조합원에 대하여 2001년도의 수업을 보장하기로 한 점 등을 들어 학교와 신규강사는 계속 근무할 수 있다는 기대관계가 형성되었다고 해야 하므로 기간의 정함이 형식에 불과하다고 볼 여지가 많다고 판단하였다.22)

이 판결은 연세대 한국어학당 한국어 시간강사 판결 후 처음으로 대법원이 무기근로계약으로 인정한 것이며, 또한 갱신한 사실이 없는 노동자에 대한 재계약거부를 해고로 인정한 의미 있는 판결이다. 다만 판결문구 자체를 보면 반복갱신이 없어도 기대관계가 형성된 경우에는 무기근로계약으로 볼 수 있다고 한 점에서는 기존의 대법원 판례문구보다 전향적이나, 기대관계라는 것은 과거에 일부 노동자에 대한 재계약거부 사실이 있다면 부정될 여지가 있는 것이므로, '기간을 정한 목적'이나 '당사자의 진정한 의사', '근로자 보호법규' 등을 판단기준으로 언급했던 신한생명보험 대법원 판결보다는 후퇴한 것이라고 하겠다.

---

22) 대법원 2003. 11. 29. 선고 2003두9336 판결.

- 서울미술고등학교 대법원 판결문 -

(1) 원심판결 이유에 의하면, 원심은, 그 채용 증거를 종합하여 …… 참가인 정○○(시간강사)에 경우에는 2000. 3. 1. 위촉기간을 1년으로 하여 이 사건 학교의 미술부 시간강사로 위촉되어 그 기간이 만료된 사실이 있을 뿐 그 위촉기간이 한 번도 갱신된 사실이 없으므로, 이는 장기간에 걸쳐서 그 기간의 갱신이 반복되어 그 정한 기간이 단지 형식에 불과하게 되는 경우에 해당한다고 볼 수 없다는 이유로, 결국 원고(학교)와 참가인 정○○ 사이의 근로관계는 그 기간이 만료됨에 따라 사용자의 해고 등 별도의 조처를 기다릴 것 없이 당연히 종료되었다고 판단하였다.

(2) 그러나, 원심의 위와 같은 판단은 다음과 같은 이유로 쉽게 수긍이 가지 않는다.

앞서 1.의 나.에서 설시한 법리 및 기록에 비추어 살펴보면, 참가인 서○○은 1991. 8. 1., 참가인 강○○은 1995. 3. 1., 참가인 노○○은 1999. 3. 3., 참가인 이○○은 1997. 3. 1.부터 각 이 사건 학교의 시간강사로 위촉된 후 별다른 하자가 없는 이상 근로계약기간을 1년 단위로 정하여 순차 갱신하는 형식으로 근무하여 왔고, 원고로부터 강의배정을 받으면 원고에게 각종 준수사항을 지킬 것을 서약하는 내용과 강사위촉기간을 1년(매년 3월 3일부터 다음해 2월 28일까지)으로 하는 서약서에 서명하여 제출하는 방식으로 근로계약을 갱신하여 온 사실, 참가인 정○○과 마찬가지로 2000년에 시간강사로 채용된 정□□, 차○○ 등을 포함하여 4~5명의 경우에는 모두 2001년에도 강의시간을 배정받은 사실, 참가인 정○○은 근무기간이 1년 밖에 안 되었지만 동료강사들로부터 실기지도력을 인정받고 학생들로부터의 평판도 좋아 노동조합에 가입하였다는 것 외에는 별다른 갱신거절의 사유도 없었던 사실, 또한, 원고가 2000. 10. 25. 노동조합과 단체협약을 체결함에 있어 노동조합원에 대하여 2001학년도 1타임(정규+실기) 이상을 보장한다고 한 사실을 알 수 있는바, 사정이 이와 같다면, 원고와 참가인 정○○ 사이에는 별다른 하자가 없는 이상 계속 근무할 수 있다는 기대관계가 존속되어 왔다고 할 것이므로 원고와 참가인 정○○ 사이에 정한 근로계약은 단지 형식에 불과하게 되어 사실상 기간의 정함이 없는 근로자와 다를 바가 없게 되었다고 볼 여지가 많다고 할 것이다.

(3) 이러한 경우 원심으로서는 시간강사를 1년마다 갱신 임용하게 된 경위, 그 활용분야, 인원수, 갱신거절의 비율 및 사유 등에 관하여 보다 더 자세히 심리하여 참가인 정○○에게도 계속 근무할 수 있다는 합리적이고 정당한 기대관계가 형성되어 있는 것으로 볼 수 있는지를 살펴보았어야 함에도 불구하고, 원심이 원고와 참가인 정○○ 사이의 근로관계는 그 기간이 만료함에 따라 사용자의 해고 등 별다른 조처를 기다릴 것 없이 당연히 종료되었다고 판단하고 만 것은, 심리를 제대로 하지 아니한 채 채증법칙을 위배하여 사실을 잘못 인정하였거나 기간의 정함이 없는 근로자에 관한 법리를 오해하여 판결에 영향을 미친 위법을 저질렀다고 할 것이므로, 이 점을 지적하는 상고이유는 그 이유가 있다.

3. 결론
그러므로 피고의 나머지 상고이유에 대한 판단을 생략한 채 원심판결 중 피고 패소부분을 파기하고, 이 부분 사건을 다시 심리·판단하게 하기 위하여 원심법원에 환송하기로 하고, …… 관여 법관의 일치된 의견으로 주문과 같이 판결한다.

◉ 이러한 판결들의 배경

이러한 판결들이 등장하는 사회경제적 배경은 비정규직의 고용불안과 정규직 대체의 문제가 이제는 중요한 사회이슈로 등장하였고, 판사들도 이러한 문제의 심각성을 조금씩 인식하게 된 것이라고 할 수 있다. 하나의 판결은 법령과 대법원 판례의 테두리 내에서 판사 개개인의 판단에 의해 결정되는데, 반복갱신이 몇 차례 되어야 무기근로계약으로 볼 수 있는가에 대한 대법원의 명확한 기준도 없고, 대법원 판례들도 정리되지 않은 채 조금씩 다른 논리문구를 사용하고 있는 경우에는 개별 판사의 성향에 따라 주류적인 태도와 상반된 판단도 가능하게 된다.

(3) 법원 판결·중앙노동위원회 결정 등에 대한 평가

계약직 노동자들이 가장 궁금해 하는 부분이 바로 근로계약이 수차례 반복갱신된 사실이 있는데 법원에서 이를 무기근로계약으로 인정받을 수 있는지에 대해서다.

그러나 위에서 살펴보았듯이 대법원 판례의 문구가 무기근로계약으로 인정될 가능성을 논리적으로는 열어놓고 있지만 위에서 인정된 예들을 제외한 나머지 판결들은 대부분 주류적 입장과 같이 무기근로계약으로 인정하는데 부정적이다.

그렇다면 재계약거부에 대하여 소송의 제기나 노동위원회 구제신청을 통하여 부당해고로 인정받는 방법에 대하여 냉정하게 평가할 필요가 있다.

첫째, 승소가능성이 불확실하다는 것이다. 승소여부의 가장 큰 변수는 해당 재판부의 성향이라고 할 수 있는데, 노동유연화보다 비정규직 노동자의 노동권을 우선시 생각하는 판사는 여전히 전체 판사 중 극히 소수에 불과하다.

둘째, 설사 운 좋게 노동위원회나 하급심에서 부당해고를 인정받았다 하더라도 상급심으로 올라갈수록 가능성이 희박해진다는 점이다.

대법원으로 올라갈수록 보수적인 법원의 구조 속에서 1심이나 2심에서는 인정을 받았다가 상급심에서 뒤집힌 예도 허다하다. 국립합창단원 사건은 1심에서 해고로 인정받았으나 2심에서 번복돼 그대로 대법원에서 확정된 바 있으며,23) 관광버스 촉탁사원 운전사로서 1년마다 근로계약을 갱신해 온 사건에서 고등법원까지는 이를 기간의 정함이 없는 근로계약으로 보았으나 대법원에서는 이를 인정하지 않고 파기 환송한 것24) 등이 대표적인 예라고

---

23) 서울지방법원 1995. 8. 24. 선고 94가합105377 판결, 서울고등법원 1996. 8. 27. 선고 95나35953 판결, 대법원 1997. 2. 11. 선고 96다43010 판결.

하겠다.

셋째, 다음 장에서 살펴보듯이 소송이나 구제신청이 아니더라도 단체교섭과 쟁의행위를 통해 단체협약으로 정규직화를 쟁취하거나, 재계약체결을 의무화하거나, 고용기간을 연장 받는 경우가 많아지고 있다는 점이다. 이러한 단체협약 체결 사실은 추후 소송으로 갔을 경우에도 판결에 유리한 영향을 미쳐 승소가능성을 높일 수 있다. 앞서 보았던 서울미술고등학교 판결에서는 단체협약으로 그 다음해의 수업을 보장받은 사실이 기간의 정함이 형식에 불과하다고 인정한 여러 근거 중 하나가 되었던 것이다.

결론적으로 이러한 점들을 총체적으로 감안한다면 소송에만 기대기보다는 노조 결성 및 단체협약을 통해 고용을 보장받는 방법을 적극적으로 모색할 필요가 있다.

4. 단체협약에 의한 정규직화, 재계약거부의 제한, 계약기간의 연장

(1) 들어가며

최근 들어 계약직 노조들이 결성되고, 정규직 노조가 계약직 노동자들을 조합원으로 가입시킴에 따라 단체교섭 과정에서도 계약직 노동자들의 고용보장이 중요한 이슈로 등장하고 있으며, 이러한 내용의 단체협약이 체결되는 예가 증가하고 있다. 이러한 고용보장조항은 ①정규직화 조항, ②정당한 이유 없는 재계약 거부를 금지하는 조항, ③계약기간을 1년 이상으로 정하는 조항 등 크게 세 가지 유형으로 나누어 볼 수 있는데, 다음에서는 각 유형별 조항의 효력과 발생 가능한 문제점에 대하여 살펴보기로 한다.

---

24) 서울지방법원 1994. 7. 15. 선고 93가합60255 판결, 서울고등법원 1995. 1. 13. 선고 94나28286 판결, 대법원 1995. 7. 11. 선고 95다9280 판결.

(2) 정규직화 조항

① '즉각적인 정규직화' 조항의 필요성

위 유형 중 가장 바람직한 형태는 계약직 노동자들을 단체협약 타결 즉시 정규직으로 전환시키도록 하는 것이다. '즉시 정규직화'는 노조의 투쟁이 현존할 때 정규직화가 이루어지는 것이므로 사측이 이를 불이행하는 예가 별로 없고, 일단 정규직이 되면 재계약거부와 관련된 복잡한 문제가 더 이상 발생하지 않게 된다.

그러나 현실 역관계상 즉각적인 정규직화를 쟁취하는 것이 쉽지 않으며, 대신에 일정한 경력이 되는 노동자들은 즉시 정규직화하되, 이에 미달하는 자는 일정기간(또는 일정조건)이 경과한 후에 정규직화하는 것으로 단체협약을 체결하는 경우가 많다.

이 경우 다음에서 보듯이 또 다른 문제점이 발생하는데, 일정한 고용기간이 요건이 될 때는 그 요건의 충족 시까지 고용관계가 유지될 수 있는지의 문제가 남으며, 일정한 자질 등을 요건으로 할 경우에는 정규직화가 오히려 조직화에 방해가 되는 문제를 어떻게 해결할 것인지 문제로 남게 된다.

② 'O년 경과 후 정규직화' 조항의 문제점 (호텔롯데)

호텔롯데노조는 2000년 민주노조가 들어서면서 계약직 노동자들을 조합원으로 받아들였고 2000년 파업 당시 공권력의 침탈을 겪으면서도 70여일이 넘는 파업투쟁을 통해 비정규직의 정규직화를 쟁취하였다. 당시 합의문구는 "비정규직 중 만 3년 이상 4년차를 정규직화하되, 2000년도에는 타결 즉시, 그 이후에는 계약일에 정규직화한다"는 것이었다.[25]

이러한 조항이 정규직 중심의 노조가 비정규직의 정규직화를 쟁취한 매우 소중한 성과임은 분명하나, 문제는 정규직이 되기까지 3번의 재계약 과정을

---

25) 호텔롯데노동조합, 호텔롯데노동조합 2000년 총파업 투쟁 백서, 311쪽.

거치게 하면서도 중간에 사측의 자의적인 재계약거부를 금지하는 방책을
마련하지 못했다는 점이다. 그 결과 다수의 계약직 노동자들은 4년이 되면서
정규직으로 채용되었지만, 회사의 눈 밖에 난 계약직 노동자들은 번번이
재계약에서 탈락되었다.

2001년 1월 31일 정규직 전환을 1년 앞둔 5명의 계약직 노동자들에 대하여
사측은 재계약을 거부했는데, 이들 중 4명은 파업과정에서 사측의 성희롱을
문제제기했던 피해자들이었고 이들의 재계약 여부를 결정했던 인사담당자들
은 이들의 가해자였다.[26] 또한 2001년 3월 30일 1년차 계약직 직원 10명에
대해서도 사측은 재계약을 거부했으며, 이들 중 5명은 2000년 파업에 적극
참여한 조합원이었고, 2명은 성희롱사건의 피해자였다.[27]

2001년 3월 30일자로 재계약 거부된 계약직 노동자 중 한 명은 부당해고구
제신청을 하였으나 중앙노동위원회, 행정법원에서는 모두 해고가 아니라고
판단했는데, 이는 정규직화 조항이 있다는 것만으로 도중의 재계약이 자동적
으로 보장되는 것은 아니라는 점을 보여준다고 할 것이다. 따라서 이처럼
일정기간 후 정규직화 조항을 두게 되는 경우에는 사측으로 하여금 그 기간에
이를 때까지 정당한 이유가 없는 한 재계약을 체결하도록 강제하는 조항을
두어야 한다.

③ 인사고과 등에 따른 정규직화의 문제점

'○년 후 정규직화'처럼 근속기간을 기준으로 하는 것이 아니라 일정한
조건이나 자격을 갖춘 사람에 대하여만 정규직으로 전환시키는 조항은 더
큰 문제를 야기한다. 물론 그것이 근속기간처럼 객관적이고 고정적인 기준이
라면 문제가 없겠으나, 그 기준이 인사고과라고 한다면 이는 사측의 주관적인
판단에 좌우될 수 있는 것이므로 인사고과에 따른 정규직화 조항은 노조통제

---

26) 《매일노동뉴스》 2001년 2월 3일자 기사.
27) 《매일노동뉴스》 2001년 4월 3일자 기사.

의 수단으로 악용될 여지가 많다.

통상 이러한 문제는 비정규직의 정규직화가 신규채용의 형식을 취할 때 발생한다. 이러한 정규직화가 가지는 문제를 단적으로 보여준 예가 현대자동차 2003년 단체협약이다.

● **현대자동차 2003년 단체협약**

제32조 인원충원

1. 회사는 자연감소 등의 이유로 결원이 생겼을 경우 부족인원을 10일 이내에 보충하고, 2개월 이내 필요인원을 신규채용 또는 정규직으로 충원해야 한다. 단, 사안에 따라 노사협의로 조정할 수 있다.

[별도 회의록]

1. 단협 제32조에 의거 직영인원 충원시 사내 협력업체 노동자에 대하여는 채용 기회 및 별도의 가산점을 부여하는 기준을 마련하여 우선권을 부여한다.

현대자동차는 2003년 9월 근골격계질환 판정을 받아 요양을 신청한 휴업자들의 빈자리를 채우기 위해 정규직 300여명을 신규채용하기로 하면서 채용자의 40% 정도인 140여명을 사내하청노동자들 중에서 선발하는 등[28] 일정한 수의 비정규직을 정규직으로 채용해 왔다. 이러한 방침은 극히 일부분에 대한 정규직화임에도 불구하고, 비정규직 노동자들은 노조를 중심으로 투쟁하기보다는 정규직으로 채용되기 위하여 사측 눈치를 보며 노조활동에 소극적으로 변하게 되었다. 사측의 선별적 정규직화로 인하여 오히려 비정규직 노조의 활동이 어렵게 된 결과를 가져온 것이다.

한편 그 정규직화의 기준이 객관적인 것이라 하더라도 이것이 생산량, 판매량 등 노동의 결과에 대한 것이고 비정규직 노동자들 사이의 상대평가에 의해 결정되는 것이라면 이 역시도 노동자 내부의 단결을 파괴하고 초과노동을 강제하는 수단으로 기능할 위험이 있다.

---

28) 《머니투데이》 2003년 9월 30일자 기사.

④ 사측이 단협문구를 악용한 사례

일정기간 후에 정규직화시키도록 하는 단협조항과 관련해서는 사측이 단협문구를 교묘하게 악용하여 재계약을 거부하는 경우가 있으므로 문구마련에 주의를 요한다.

◉ 이랜드 노조 - "계약해지 하지 않는다"

이랜드는 부곡물류센터 직원을 정규직이 아닌 계약직과 용역직으로 채용하여 사용하여 왔는데, 노조는 2001년 260여일의 파업을 통해 2년 이상된 사람의 정규직화 조항을 쟁취하였다. 이 때 노조는 회사가 정규직 전환 요건을 채우기 전에 해지하는 것을 막기 위해 1년 이상 근무자에 대하여는 "계약해지 하지 않는다"는 문구를 합의서에 추가하였다. 구체적 합의문 내용은 아래와 같다.

- 부곡분회 비정규직 임금은 70만원이며 인상시기는 복귀 후부터 시행한다.
- 기존 부곡분회 비정규직의 경우 만 2년 이상 근무시 정규직으로 전환하며, 도급해지자(15명)에 대하여 타결 직후 직접 채용하고, 입사시기는 채용시점으로 하며 일방적으로 계약해지 않는다.
- 2001. 1. 현재 부곡분회 1년 이상 근무자에 대해서는 일방적으로 계약해지 하지 않는다.[29]

그러나 사측은 노조 부곡분회장(2000년 투쟁 당시 부곡 용역직)에 대하여 2002년 1월 10일 재계약을 거부했다. 사측은, 단협문구상 기존 부곡분회 비정규직과 달리 도급해지자(용역직)에 대하여는 정규직 전환규정이 없고 '계약해지 않는다'는 의미는 계약기간 중 해고를 의미할 뿐 재계약거부를 의미하는 것은 아니라고 주장했으며, 지방노동위원회와 중앙노동위원회는 이러한 사측의 주장을 받아들여 부곡분회장의 부당해고구제신청을 기각했

---

29) 이랜드노동조합, 이랜드노동조합 265일 파업투쟁백서, 2001. 10. 25., 183쪽.

다.[30) 다행히 행정법원에서는 문구 자체에 얽매이지 않고 파업투쟁의 의미를 고려하여 판단, 파업의 주된 목적 중 하나가 용역직의 신분을 보장받기 위한 것이고, 계약기간 중 일방적 해고를 금하는 것은 너무나도 당연한 것이므로 이러한 당연한 지위를 확보하기 위하여 260여일간 파업했다고 볼 수는 없다고 하여 부당해고를 인정했다.

파업의 주된 목적이 정규직으로 채용되어 신분을 보장받기 위한 데 있었고 이러한 목적은 외부 용역업체에서 파견된 근로자들도 동일하였던 점, 참가인 회사가 외부 용역업체에서 파견된 근로자들도 직접 계약직으로 채용하기로 한 이상 기존의 참가인 회사가 계약직으로 채용하였던 근로자들과 신분보장에 있어서 차별을 둘 합리적인 이유가 없는 점, 정규직으로 채용하여 달라는 근로자들의 요구는 2년간 비정규직으로 일하면 정규직으로 채용하기로 하는 선에서 합의가 도출되었는데, 합의문에 도급해지자들에 대하여 "입사시기는 채용시점으로 하며"라고 하여 입사시기의 기산점을 명확히 한 이유는 정규직으로 되는데 필요한 2년의 기산점이 필요하였기 때문이라는 것 외에 다른 적절한 이유를 찾을 수 없는 점, 근로자들과 참가인 회사 모두 "계약해지"를 "재계약의 거부"라는 뜻으로 일관되게 사용하여 온 점, 근로계약기간 동안에 일방적으로 계약을 해지한다면 그것이 부당해고가 되는 것이 너무나 명백하기 때문에 그와 같이 당연한 지위를 확보하기 위하여 260여일이나 되는 파업을 하여 왔다고 볼 수는 없으며, 실제로 참가인 회사는 위 파업 이전에 근로계약기간 만료 전에 일방적으로 계약을 해지한 사례가 한 번도 없었던 점 등에 비추어 보면, "도급해지자에 대하여 …… 일방적으로 계약해지 하지 않는다"는 조항의 의미는, 참가인 회사가 기간만료를 이유로 계약갱신을 거절하여 근로관계를 종료시키기 위하여는, 비록 정규직원을 해고하는 데 있어서와 같은 해고의 정당한 사유에 이를 정도는 아니더라도 근로계약기간 중 과오가 있었다거나 불성실한 근무태도 등 근무부적격자로 인정되거나 업무감소로 인한 경영상의 필요가 있다는 등 합리적인 이유가 있어야 하고, 이러한 상당한 이유가 없이 단지 근로계약기간이 만료되었다는 사유만으로는 계속 근로를 희망하는 근로자와의 근로관계를

---

30) 중앙노동위원회 2002. 11. 8. 2002부노173, 2002부해417 결정.

참가인 회사가 자유의사로 종료시킬 수는 없다는 의미라고 보아야 할 것이다.[31]

◉ **적십자 노조 – "우리 사 규정범위 내에서"**

이와 비슷한 예로 적십자 노조의 사례도 있다. 2002년 노사는 아래와 같은 단체협약을 체결하였다.

● **2002년도 잠정 별도 협약사항**

1. 우리 사 규정범위 내에서 2002년도에 비정규직 직원을 정규직 직원으로 전환시키되, 비정규직 발령일로부터 2002년 6월 30일까지 근무기간이 15개월 이상인 자만 우선하여 2002년도 10월 1일 전까지 전환시킨다.
2. 그 외 비정규직 직원은 2003년도 단체협상에서 재논의토록 한다.
3. 1항에 의하여 정규직으로 전환되는 대상자가 근무성적이 우수하고 타의 모범이 되는 직원에 한하여 연령제한으로 전환이 불가능한 대상자는 노사 쌍방이 최선의 노력토록 한다.

2002년에는 위 제1항에 해당되는 사람이 12명이었으나, 이들을 전부 전환시키기가 어렵다는 이유로 노사는 순차적으로 4명씩 정규직화하기로 합의하였고, 이에 따라 일단 4명이 정규직화되었다. 그러나 2003년에 정규직화되어야 할 4명 중 1명을 회사가 거부하면서 문제가 불거졌다.

사측 주장의 요지는 회사의 방침은 정규직은 공개채용한다는 것이며, 위 제1항이 "우리 사 규정범위 내에서"라고 되어 있으므로 정규직화 대상자 역시 사직서를 일단 제출하고 공개채용에 응하는 방식을 취해야 한다는 것이다. 그래서 대상자 4명 중 1명은 "직원들과 조화롭게 지내지 못한다"는 이유가 있어 신규채용을 거부한 것이라고 하였다. 즉 사측의 주장은 "우리 사 규정범위 내"를 비정규직 정규직화에 대해서도 신규채용 시 필요로 하는 모든 절차를 거친다는 내용의 합의라는 것이다.

---

31) 서울행정법원 2003. 6. 5. 선고 2002구합41326 판결.

이랜드나 적십자의 사례에서 보듯이 정규직화 규정은 사측의 악의적 불이
행으로 인하여 사소한 부분의 해석까지도 분쟁에 휩싸일 수 있는 것이므로,
단협안 문구를 마련함에 있어서는 단어의 선정, 문장 구조의 선택에 이르기까
지 세심한 주의가 필요하다고 하겠다.

(3) 정당한 이유 없는 재계약거부를 금지하는 조항 (한라병원 노조)

한라병원 노조는 2003년 3월 24일 10여개월 동안의 장기파업과 전 조합원
해고 등을 겪으면서도 계약직 고용보장과 관련하여 계약직에 대하여 재계약
을 거부할 경우 정규직과 동일하게 취업규칙이나 단체협약에 의한 징계절차
를 거쳐야 한다는 단협조항을 쟁취하였다.[32]

이러한 단협조항에 대한 판례는 없으나, 반복갱신에 대하여 가장 보수적인
판례라고 할 수 있는 한국수자원공사 촉탁직 판결(위 제4장 3. ‘(1) 판례의
주류적 경향’ 참조)에서조차도 ‘법령이나 근로계약상에 사용자에게 재계약
을 의무 지우는 조항이 있는 경우에는 기간의 정함을 형식에 불과한 것’으로
보고 있는 점에 비추어 부당한 재계약 거부 시에는 법원으로부터 부당해고를
인정받을 수 있을 것으로 보인다.

(4) 계약기간의 연장 조항 (초중고강사노조 - 다음해의 수업보장)

계약기간을 연장하는 단체협약은 그 기간까지의 고용을 보장해 줄 수 있다.
앞에서 언급한 서울미술고등학교 시간강사 사건은 법원으로 가기 이전에
노동위원회의 부당해고구제신청을 거친 바 있는데, 중노위는 무기근로계약
으로 인정하여서가 아니라 단체협약을 근거로 부당해고를 인정하였다.
중노위는, 초중고강사노조가 2000년 10월 25일, 서울미술고등학교와 “서
울미술고등학교 소속 노동조합원에 대하여는 2001학년도에 1타임 이상 보장

---

32)《매일노동뉴스》2003년 3월 26일자 기사.

한다(정규＋실기)"라는 단체협약을 체결한 이상 학교는 근로계약을 갱신할 의무가 있으므로 재계약거부는 해고에 다름 아니며, 여기에는 정당한 이유가 없으므로 무효라고 판단하였다.

본 건의 경우, 위 부당노동행위에서 살펴본 바와 같이 신청인은 피신청인들에게 단체협약에 의거 노동조합원인 시간강사인 피신청인들에게 2001학년도 1타임 (정규+실기) 이상 보장하여야 함에도 신청인 노동조합과 아무런 합의 없이 일방적으로 피신청인들과 근로계약 체결을 거부 또는 근로계약을 체결을 한 경우라 하더라도 강의시간의 배정을 하지 아니하여 사실상 계약 해지한 것은 신청인이 피신청인들과 계약을 갱신하여야 할 특별한 사정이 있음에도 정당한 사유없이 계약 갱신을 거절한 것이므로 부당해고에 해당한다 할 것이다.[33]

이후 이 사건은 학교측의 불복으로 법적 다툼까지 일었고 법원에서는 위에서 본 바와 같이 한 걸음 더 나아가 아예 무기근로계약으로 보아 부당해고를 인정하였다. 그러나 이처럼 무기근로계약으로까지 인정받지 못하는 경우라 하더라도 적어도 합의한 기간까지는 고용이 보장될 수 있다.

다만 계약기간 연장 단협조항은 이렇게 연장된 근로계약기간이 만료될 경우에는 또다시 재계약거부에 직면하게 된다는 점에서 미봉책에 불과하다고 할 수 있다. MBC에서 프로그램제작 업무를 수행하던 언론노조 MBC계약직지부 소속 노동자들은 2000년 파견에서 계약직 전환 시 근로계약기간을 3년으로 정한 바 있으나 3년이 만료되는 2003년 3월과 6월부로 47명 전원이 재계약거부를 겪어야 했고 이 중 11명만이 재계약이 되었던 것이다.

(5) 단협조항에 대한 평가

계약직의 고용보장과 관련된 단협조항과 이에 대한 법적 분쟁사례를 분석

---

33) 중앙노동위원회 2001. 10. 25. 2001부노137, 부해456 결정.

하면서 다음 두 가지의 시사점을 도출할 수 있다.

하나는, 즉각적인 정규직화가 아닌 한 사측의 불이행과 이에 따른 법적 분쟁에 휘말릴 여지가 남아있다는 점이다. 계약기간만을 연장하는 것은 기간만료 후 다시 재계약거부에 직면하게 되며, 기타 다른 단협조항도 이들에 대한 판례가 형성되지 않은 현실에서는 법원으로부터 100% 그 효력을 인정받을 수 있을지 아직 낙관하기 어렵다.

또 하나는, 앞에서도 언급한 바 있듯이, 한라병원처럼 재계약의무를 부여하는 단체협약을 체결한 경우는 오히려 나중에 법원에 가서도 재계약거부를 해고로 인정받을 가능성이 높고, 서울미술고등학교사건처럼 다음해의 수업을 보장하는 단협조항의 존재가 기간의 정함이 없는 근로계약으로 인정되는 데 유리한 징표가 되는 등 노조를 통해 고용보장을 쟁취하는 것이 법원에서도 유리한 판결을 받을 가능성이 높아진다는 점이다.

5. 재계약거부와 부당노동행위

재계약거부는 노동조합에 가입하거나 노동조합 활동 또는 단체행동을 했다는 이유로 이루어지는 경우가 대부분이다. 그러나 법원은 반복갱신으로 인하여 무기근로계약으로 인정될 때에는 재계약거부가 부당노동행위에도 해당하지만, 그렇지 못한 경우의 근로계약관계는 기간만료로 인해 자동종료되고 회사가 계약해지나 해지 통보 등의 조치를 취했다 하더라도 이러한 행위는 아무런 법률상 의미가 없는 것으로 '노동조합 및 노동관계조정법' 제81조 불이익 취급에 해당하지 않는다고 판결한다. 무기근로계약으로 인정받은 다음에야 비로소 부당노동행위 여부가 판단의 대상이 된다는 것이다.

원고[회사]와 참가인의 근로계약은 1년의 기간이 정함이 있는 것으로서 계약체결이 된 후 1년이 되는 2001. 4. 20.이 경과함으로써 근로계약관계가 자동적으로

종료되었다고 할 것이고, 그 후 원고가 참가인에 대하여 근로계약을 새로 체결하
지 않겠다고 한 것은 그 실질적인 사유가 참가인의 노동조합가입 및 탈퇴거부라
고 하더라도 적법하다고 할 것이므로 이를 부당해고 및 부당노동행위라고
판정한 이 사건 재심판정은 위법하다고 할 것이다.[34]

<hr>

34) 서울행정법원 2002. 7. 30. 선고 2001구46392 판결.

계약직 근로계약서 작성 요구에 대한 대응

사용자들이 계약직 계약서를 제시하고 도장을 찍으라고 요구하는 이유에는 크게 두 가지가 있다. 하나는 기간의 정함이 없는 근로계약서를 작성한 바 있는 정규직 노동자를 계약직으로 전환하기 위해서고, 다른 하나는 이전까지 근로계약서가 작성되지 않아 그 고용형태가 정규직인지 계약직인지 모호한 상태에서 계약서를 작성하여 계약직임을 문서로 못 박아 두기 위해서다.

1. 계약직으로의 강제전환

이 경우 사측은 회사사정이 어렵기 때문에 계약직이라도 받아들이지 않으면 정리해고를 하겠다고 협박을 하는 경우가 많다.

그러나 계약직 제의를 거부했다는 이유만으로 해고한 경우에는 해고의 정당성을 인정받을 수가 없다.

대법원이 "정리해고는 긴급한 경영상의 필요에 의하여 기업에 종사하는 인원을 줄이기 위하여 일정한 요건 아래 근로자를 해고하는 것"[35]이라고 판시하는 것처럼 정리해고를 하기 위해서는 인원감축의 필요성이 전제되어야 한다. 정리해고된 노동자의 직무를 신규채용한 노동자에 의해 수행하게 하였다면 신규채용자가 계약직이라 하더라도 직원수는 전혀 줄어든 것이 아니므로, 이러한 정리해고는 부당해고가 된다. 감원할 자의 직무가 정리해고로

---

35) 대법원 2001. 11. 13. 선고 2001다27975 판결.

인해 소멸되거나 다른 노동자에게 이전되는 것이 아니라 그 일자리에 계속하여 남아 존속하는 경우이므로 인원감축의 필요성이 인정될 수 없기 때문이다.

물론 사용자가 회사경영사정에 따라 일정한 경영상의 조치를 하면서 여기에 노동자들의 근로조건 변경이 수반되는 경우가 있다. 그러나 근로조건이나 근로계약기간의 변경에는 노동자의 동의가 요구되며, 여기에 동의하지 않는 노동자에 대하여 동의를 하지 않는다는 이유만으로 해고할 경우에는 그 정당성이 쉽게 인정되지 않는다.

법원에서 해고의 정당성이 인정되었던 예를 들면, 회사의 정관에 규정된 직제규정이 개정됨으로 인하여 엘리베이터 주임의 직책이 폐지되자 회사는 엘리베이터 주임에게 직급과 보수가 엘리베이터 주임과 동일한 경비 주임의 직무를 수행하도록 지시했으나 이를 거부하여 해고한 사안 정도다.[36]

특히 단순한 임금삭감이나 근로계약기간의 변경은 경영상 조치(예를 들어 생산방식의 변경)와 아무런 연관성이 없는 사항이므로 계약직 전환거부를 이유로 노동자를 해고할 수 없으며 이 경우 당연히 부당해고가 성립된다고 할 수 있다.

2. 근로계약서 미작성된 경우의 작성 요구

근로계약서의 작성 없이 계속 근로를 제공하고 있었으나 갑자기 사측이 계약기간이 정해진 계약직 근로계약서를 제시하는 경우다. 이 때 사측은 통상 근로계약서가 작성되지 않으면 노사 모두 형사처벌을 받는다거나 근로조건을 보장받을 수 없으므로 근로계약서를 작성해야 한다고 설득하는 경우가 많다.

사측이 계약서 작성을 요구하는 가장 주된 이유는 앞에서도 언급한 것처럼

---

36) 대법원 1991. 9. 24. 선고 91다13533 판결.

근로계약서가 작성되지 않아 근로계약기간 정함 유무가 불확실하자, 계약직 근로계약서를 체결하여 이전까지의 고용형태가 어떠했는지 불문하고 앞으로는 계약직으로 대우하기 위해서다.

기존의 고용형태가 정규직이었고 아무리 오랜 기간 근무하였다 하더라도, 일단 계약직 근로계약이 체결되면 양당사자의 합치된 의사에 의해 정규직 근로계약이 계약직 근로계약으로 변경되는 것이기 때문에 그 후 계약기간이 만료되면 근로관계는 자동종료된다.

이러한 계약서 작성요구는 단호히 거부하여야 한다. 그리고 본인들의 사실상 고용형태 및 관행이 무기근로계약과 다름없다고 판단되는 경우라면 반대로 무기근로계약서의 작성을 요구하여야 한다. 법원은 근로계약서의 기재내용을 가장 중요한 증거로 판단하기 때문에 일단 양당사자 서명이 된 근로계약서에 근로계약기간이 정해져 있다면 손쉽게 계약직으로 인정해 버린다.

● 워커힐호텔 명월관 사례

워커힐호텔의 외식사업부인 명월관의 노동자들은 길게는 17년 짧게는 4년 정도를 계속 근무해 왔으며, 1999년 4월에 한번 연봉과 근로조건이 기재된 '연봉계약서'를 체결한 것 외에는 근로계약서를 작성한 바가 없었다. 그러던 중 회사는 2000년 6월 '외부사업 연봉계약직 운영기준'을 만든 후 지배인이 전 직원 90여명을 집합시킨 가운데 계약기간이 1년으로 명시된 근로계약서에 서명할 것을 요구하였다. 노동자 중 대부분이 기존 근로조건을 하향 변경하는 것에 반대하며 서명할 수 없다는 의사표시를 하였으나, 지배인은 "계약서는 형식적인 것이다. 자꾸 부정적인 생각만 하지 마라"며 설득하였고 "계약체결을 거부하는 것은 일할 의사가 없는 것으로 간주하겠다"고 협박까지 하였다. 일부 노동자들이 동요하여 서명을 했으며 결국 10분 만에 90여명 전원이 서명을 하게 된다. 1년 후 회사는 핵심조합원 7명에 대하여 재계약거부의사를 통보하였고 재계약이 거부된 노동자들이 노동위원회에 구제신청을 하였다.

진의 아닌 의사표시에 있어서의 진의란 특정한 내용의 의사표시를 하고자 하는 표의자의 생각을 말하는 것으로 표의자가 진정으로 마음 속에서 바라는 사항을 뜻하는 것은 아니므로 표의자가 의사표시의 내용을 진정으로 마음 속에서 바라지는 아니하였다고 하더라도 당시의 상황에서는 그것이 최선이라고 판단하여 그 의사표시를 하였을 경우에는 이를 내심의 효과의사가 결여된 진의 아닌 의사표시라고 할 수 없는 것이다. 2000. 7. 30. 신청인들을 포함한 명월관 본점 근로자들은 회사로부터 근로계약서 작성을 요구받고 배포된 근로계약서를 읽어 본 후, 근로계약서 작성을 거부하거나 항의하는 등 근로계약 체결을 둘러싸고 다소 논란이 있다고 보여지나, 신청인들을 포함 전체 근로자들이 근로계약서에 자필로 계약기간을 기재하고 서명한 사실 등에 비추어 보면 신청인들은 근로계약기간, 임금 등 근로계약 체결이 나타내려는 객관적인 의미를 알았다거나 알 수 있었다고 볼 수 있다. 따라서, 근로계약의 의사표시가 진의 아닌 의사표시라는 신청인들의 주장은 그 이유가 없다 할 것이다. 또한, 신청인들이 이 사건 근로계약시 기간의 정함이 있는 근로계약으로 기간의 만료로 계약이 종료된다는 사실을 알지 못하였다거나, 가사 회사 관리자가 근로계약서는 형식적이고 실제 달라질 것이 없다는 말을 하였다는 사정만으로 이로 인하여 신청인들을 포함한 전체 근로자들이 착오로 근로계약 체결이라는 의사표시를 하였다고 볼 수도 없다.

나아가, 신청인들은 이 사건 근로계약서는 형식적인 것이라고 주장하고 있으나, 이 사건 계약 이후 신청인들이 별다른 이의를 제기하거나 사정에 의하여 계약내용이 변경된 사실이 없는 등 근로계약서에 기재된 내용을 달리 부정할만한 반증이 없으므로, 이 사건 근로계약서는 그 성립의 진정이 인정되는 이상, 기재된 내용에 의하여 그 문서에 표시된 의사표시의 내용을 인정하지 않을 수 없다.[37]

즉 중앙노동위원회는 계약서 작성 시 논란이 있었던 사실은 인정하였지만 일단 계약서가 작성된 이상 이것이 노동자들이 마음속에서 바라던 것은 아니라고 하여 그 효력이 부정될 수 없으며, 계약서는 형식에 불과한 것이라는

---

[37] 중앙노동위원회 2001. 6. 18. 2001부노275, 부해913 결정.

지배인의 말이 있었다 해도 근로계약서의 효력에 영향을 미치지 않는다고
판단한 것이다.

● 계약서 작성이 지체될 경우 노동자에게 돌아오는 불이익

이처럼 계약기간을 둘러싸고 사측과 분쟁이 생겼을 때 계약서가 작성되지
않았다고 노동자에게 불이익이 돌아오는 일은 거의 없다.

근로기준법 제24조는 "사용자는 근로계약 체결시에 근로자에 대하여 임금,
근로시간 기타의 근로조건을 명시하여야 한다"고 규정하고 있고, 이를 위반
할 경우 사용자에 대하여 500만원 이하의 벌금에 처하도록 규정하고 있을
뿐이므로(같은 법 제115조), 계약서가 작성되지 않더라도 사용자만 처벌된다.
물론 사측과 합의된 근로조건이 서면화되지 않아 사측이 근로조건을 이행하
지 않을 경우 합의의 존재를 법원에서 증명하기 힘들어진다는 문제가 발생할
수는 있다. 그러나 근로조건에 대한 합의는 반드시 서면이 아니라 구두로
이루어져도 유효하며, 임금의 경우 노동자들의 입장에서는 지난달의 임금명
세서를 제출함으로써 구두 합의된 근로조건을 충분히 입증할 수가 있다.

정규직 노조와의 관계에서 발생하는 복수노조의 문제

1. 들어가며

비정규직 노동자에게 있어서 노동3권은 중요한 의미를 지닌다. 고용이 극히 불안하고 근로조건 삭감의 위험에 시달리기 때문에 노동조합을 통해서라도 이러한 위험으로부터 고용과 근로조건을 지켜내야 하기 때문이다.

계약직 노동자들은 직접고용된 형태이기 때문에 파견 등의 간접고용에서처럼 사용자성의 문제는 발생하지 않으며, 적어도 법률상으로는 정규직 노동자들과 똑같이 노동3권을 향유할 수 있다. 그러나 현실에서는 다른 비정규직과는 달리[38] 복수노조의 문제가 자주 발생함으로써 계약직 노동자들의 단결권이 침해받는 예가 많다.

'노동조합 및 노동관계조정법' 부칙 제5조 제1항은 "하나의 사업 또는 사업장에 노동조합이 조직되어 있는 경우에는 제5조의 규정에도 불구하고 2006년 12월 31일까지는 그 노동조합과 조직대상을 같이 하는 새로운 노동조합을 설립할 수 없다"고 규정하고 있다. 이러한 복수노조설립금지조항은 종래 대표적인 노동악법의 하나였으며 악법철폐운동의 성과로 2001년 12월까

---

38) 파견노동자들의 경우는 아예 사용자가 다르기 때문에 정규직 노조의 규약이 이들을 조합원의 범위에 포함시키지 않으나, 계약직 노동자들에 대하여는 정규직 노조가 규약에서 조합원 범위를 정규직으로 한정하지 않고 직원 전체로 하여 이들을 포함시키는 사업장이 많기 때문에 다른 비정규직과 다를 수 있다.

지 유예기간을 두고 폐지되었지만, 경총과 한국노총이 노사정위에서 노조전 임자임금지급규정과 함께 2006년 12월까지 연장하여 존치시키기로 합의함으로써 계속하여 효력을 지니게 되었다.

현행법 하에서 기존의 정규직 노동조합이 계약직 노동자들을 조합원으로 가입시키는 경우나 노조가 없는 사업장에서 계약직 노동자들이 노조를 설립하는 경우에는 아무런 제약을 받지 않는다. 그러나 기존 정규직 노동자들이 조직한 노조가 활동하고 있는 상황에서 계약직 노동자들이 독자적으로 계약직 노조를 결성하는 때에는 복수노조의 문제가 발생할 수 있다. 복수노조에 해당하는 계약직 노조가 노동부 등 관할행정기관에 노조설립신고를 하면 행정기관에서는 설립신고를 반려하게 된다.

2. 복수노조 해당여부에 대한 판단

'노동조합 및 노동관계조정법' 부칙 제5조 제1항에 의하면 한 사업장에 노조가 둘 이상이라고 해서 무조건 복수노조가 되는 것은 아니고 두 노조가 '조직대상을 같이' 해야만 복수노조가 된다.

조직대상을 같이 하는지 여부에 대하여 법원은 노조의 규약에 기재된 조직대상만으로 판단해서는 안 되고 실질적으로 판단해야 한다는 입장에 서 있다.

새로 설립하려는 노동조합이 노동조합설립의 소극적 요건의 하나인 법 제3조 단서 제5호 소정의 조직이 기존의 노동조합과 조직대상을 같이 하는 경우에 해당하는지 여부를 판단함에 있어서는, 법 제14조 제4호, 제7호가 노동조합의 설립시 그 조직대상을 규약에 필요적으로 기재하도록 하고 있어서 기존의 노동조합의 조직대상이 그 규약에 기재되어 있으므로, 일응 기존의 노동조합의 규약에 정하여진 내용을 기준으로 하여야 할 것이지만, 우선 조직대상의 동일성 여부는 동일한 형태의 노동조합 사이에서만 발생하는 문제이어서 단순히 규약의 조직대상에 관한 형식적인 규정 내용만을 기준으로 하여서는 아니되고, 그 규약이 정하고 있는 조직형태와 실제 노동조합 구성원들의 실체와 구성범위 등을 고려하여 기존의 노동조합이 새로 설립하려는 노동조합과 동일한 형태의 노동조합인지 여부를 검토하여야 할 것이다.[39]

이러한 판례의 태도에 의하면, 조직대상의 동일성(내지 중복성)은 일차적으로는 기존 노조의 규약에서 정한 조합원 가입대상에 의해 결정될 것이다. 그러나 비록 기존 정규직 노조의 규약에 가입대상으로 포함되었다 하더라도 그 노조가 계약직 노동자들을 전혀 조직한 바가 없다거나 계약직 노동자들을 단체협약의 적용대상에서 제외하는 등 사실상 이들의 이해를 대변하지 않았다고 한다면 계약직 노동자들이 결성한 노조는 복수노조에 해당하지 않게 된다.

최근 아시아나 조종사 노조에 대한 판결에서도 기존의 아시아나항공노조가 그 규약으로 조종사들까지 포함하고 있었으나 기존 노조에 조종사 조합원이 한 명도 없고, 기존 노조가 회사와 조종사의 임금 및 근로조건에 대해 교섭한 적이 없으며, 조종사를 가입시키려는 기존 노조의 노력이 없었다는 점을 들어 복수노조가 아니라고 하였다.

3. 형식상 규약이 중복될 때 발생하는 문제

실질적으로는 조직대상이 중복되지 않는다 하더라도, 정규직 노조가 일단 그 규약에서 조합가입대상으로 "회사에 고용된 정규직, 계약직, 임시직 노동자"라고 규정하고 있다면 계약직 노조가 노조설립신고를 하더라도 노조설립신고증을 교부하는 행정기관에서는 판례와 무관하게 기계적으로 복수노조에

---

39) 대법원 1993. 5. 25. 선고 92누14007 판결.

해당한다고 판단하면서 설립신고증 교부를 거부할 가능성이 매우 높다.

노동부는 대법원 판례를 그대로 수용하고 있지 않고 두 노조의 규약내용을 절대적인 기준으로 하여 복수노조 여부를 판단하고 있다.

> 노동조합및노동관계조정법 부칙 제5조 제1항에서는 하나의 사업 또는 사업장에 노동조합이 조직되어 있는 경우에는 2001년 12월 31일〔현행법 2006년 12월 31일〕까지는 그 노동조합과 조직대상을 같이 하는 새로운 노동조합을 설립할 수 없다고 규정하고 있음. 이 경우 조직대상을 같이 하는 경우의 판단기준에 대하여서는 동법상 명시적인 규정은 없으나, 노동조합의 조직대상은 기업·직종·지역·산업 등 합리적인 기준에 따라 노동조합의 규약으로 정하는 것이므로 당해 노동조합의 규약상 조직범위에 의해 판단하여야 할 것임.(노조68107-292, 2001. 3. 12.)

노조설립신고를 받는 행정기관은 노동부(연합단체와 2개 이상의 특별시·광역시·도에 걸치는 단위노조)와 지방자치단체(나머지 단위노조)인데, 지자체는 사건이 애매하면 노동부에 질의를 하고 그 회신에 따라 처리하기 때문에, 그 결과 설립신고 단계에서는 규약상 조직범위가 중복되면 실질적 판단을 거치지 않고 대부분 설립신고를 반려한다. 이후 법원에서 반려처분이 취소된 바 있는 아시아나항공조종사 노조나 한국통신계약직 노조(정규직 노조가 규약변경하기 전), 명월관 노조 모두 노동부나 구청으로부터 설립신고반려처분을 받았던 것이다.

이러한 노동부의 입장은 복수노조 문제에 있어서는 막강한 영향력을 가진다. 설립신고를 하는 사업장이라면 당연히 신생노조일 것이므로 조직력이 없는 상태인데, 설립신고증이 나오지 않아 시간을 끌면 자연스럽게 이탈자가 생기고 노조설립 자체가 좌초되는 상황까지 발생한다.

물론 추후에 행정소송(노조설립신고 반려처분 취소청구소송)을 제기할 수 있지만 확정판결이 나오기까지 1년 이상의 기간이 필요하고 그 사이에 노조는 핵심조합원에 대한 갱신거부 등을 겪으면서 조직력이 약화되어 조합원들이 대다수 탈퇴하고 결국 노조는 소멸하거나 일부 소수 활동가만의 투쟁으로 축소돼 버린다.

따라서 중요한 것은 이러한 사태가 발생하지 않도록 정규직 노조에 가입하여 공동투쟁을 전개하거나, 그것이 여의치 않으면 정규직 노조에게 규약변경을 요구하는 것이 반드시 필요하다고 하겠다. 규약변경도 힘든 상황이라면 기존 노조가 계약직의 근로조건에 대해 회사와 교섭한 적이 없음은 물론, 계약직을 가입시키려는 노력조차 없었다는 사실을 입증하는 자료를 모아 노동부에 제출하고 노동부 압박투쟁을 전개하는 것이 필요하다. 조직대상의 동일성을 실질적으로 판단하는 대법원 판례가 있다는 것은 투쟁 여하에 따라 노동부로부터 설립신고증을 받아낼 여지가 있다는 것을 의미하기 때문이다.

– 워커힐호텔 명월관 노조의 사례 –

워커힐호텔 명월관 노동자들은 1999년 11월 10일 명월관 노동조합을 설립하였으나, 한국노총 산하 워커힐 노동조합과 조직대상이 중복된다는 이유로 광진구청으로부터 4차례 설립신고 반려통보를 받았다. 그러나 워커힐 노동조합과 명월관 노동조합의 구성원은 실제 단 한 명도 중복되지 않으며, 워커힐노조는 명월관 노동자들을 조직하기 위한 어떠한 활동도 하지 않았다. 명월관의 계약직 노동자들이 워커힐노조에 가입신청을 하자 워커힐노조는 '계약직과 노동조건이 너무 다르다'라는 이유를 대며 이들의 가입을 거부하였고, 심지어 워커힐노조는 단체협약에서 '임시고용 및 계약고용자'에 대하여는 단체협약이 적용되지 않는다고 못 박을 정도였다. 그러나 4차례의 설립신고에도 불구하고 설립신고증을 받지 못한 명월관노조는 사측의 갖은 부당노동행위에 제대로 대응하지 못했으며 그 결과 위원장과 핵심간부들이 해고되고 결국 2002년 말 노조를 해산하게 되었다.

4. 정규직 노조가 소극적일 경우의 대응례

(1) 정규직 노조에 규약변경을 요구하여 관철시킨 사례

(한국통신계약직, 근로복지공단)

정규직 노조 입장에서는 비정규직 노동자들을 조합원으로 가입시키는 것은 물론 독자노조가 결성되는 것도 부담스러워하는 경우가 많다. 따라서 기존 정규직 노조의 규약이 비정규직까지 노조가입대상에 포함하고 있는 경우에는 규약을 변경시켜 독자노조를 설립하는 것도 그리 쉬운 일이 아니다.

한국통신계약직 노조는 2000년 3월 설립되었다. 그러나 정규직 노조가 가입대상으로 계약직을 포함하고 있어 3차례의 설립신고마다 번번이 복수노조를 이유로 반려되었다. 이에 계약직 노조는 정규직 노조에게 규약을 변경하여 정규직노조의 가입대상에서 계약직을 제외해 줄 것을 요구하였다.

정규직 노조의 2000년 9월 30일 임시대의원대회에서는 2/3의 찬성을 얻지 못해 규약변경안이 부결되었고, 그 후 2000년 10월 11일 규약변경건만을 위해 재소집한 임시대의원회에서는 정족수 미달로 회의성립이 안 되는 사태에 처하였으나 노조 집행부가 전화로 참석하지 못한 대의원들의 위임의사를 받아 정족수를 줄임으로써 규약변경안을 통과시키는 등 우여곡절 끝에 2000년 10월 14일 설립신고증을 교부받을 수 있었다.

근로복지공단에서 산재보험 및 고용보험 징수업무와 보상업무, 재활상담 업무를 담당하고 있는 비정규직 노동자들(1년 계약직 및 3개월 일용직)의 경우도 2003년 3월 24일 노조설립신고를 냈으나 정규직 노조와 가입대상 중복을 이유로 신고가 반려되었다. 이에 정규직 노조에 가입을 시도하였고, 정규직 노조 대의원대회는 비정규직의 노조 가입건을 부결시키는 대신에 규약을 변경해서 비정규직 노동자들을 가입대상에서 제외시켜서 독자노조를 설립할 수 있도록 하였다. 근로복지공단의 경우 한국통신에서의 규약변경안 부결이라는 사태까지 가지 않은 이유는 정규직노조 가입건과 규약변경건이 같이 논의되었기 때문에, 비정규직의 가입을 부담스러워 한 정규직 노조가 쉽게 규약을 변경시켜 주었기 때문이다.

(2) 정규직 노조에 가입하여 정규직 노조를 바꾸려고 시도한 사례

(상시위탁직 집배원)

체신노조 조합규약은 계약직인 상시위탁직 집배원들도 노조가입대상으로 되어 있다. 그러나 이들이 2000년 3월부터 체신노조 가입을 요구하자 노조는 '정보통신부의 구조개편시기를 기다려야 한다'는 등의 이유를 대며 미루어 오다가 상시위탁집배원모임이 아예 독자노조 설립을 시도하자 그때서야 이들을 1년 만에 조합에 가입시켰다.

그러나 2001년 단체교섭에서 체신노조는 이들의 이해를 대변하기는커녕 취업규칙인 상시위탁집배원 운영지침을 그대로 단협에 담았고 오히려 상시위탁직의 연장근로시간을 늘린다는 조항까지 추가하였다. 상시위탁집배원들은 체신노조의 행보가 자신들의 독자행동을 막고 오히려 사측과의 협상카드로 이용할 의도였음을 깨닫고 전국집배원노동자협의회의 활동을 거쳐 현재 체신노조 민주화를 목표로 하는 전국체신민주노동자회로 활동하고 있다.

(3) 초기업노조를 설립하고 지부형태로 들어간 사례 (대교)

학습지 회사인 (주)대교에는 용인물류센터 직원을 중심으로 한 한국노총 소속의 (주)대교노동조합이 있었다. (주)대교노동조합의 규약에는 가입범위를 '(주)대교 근로자와, 회사와 위탁계약한 사업부제교사'라고 하여 학습지교사를 그 조합원 범위에 포함시키고 있었지만 실제 학습지교사에 대한 아무런 조직활동을 하지 않았고, 33명의 학습지 교사가 가입원서를 제출하자 이를 거부하였다.

학습지교사들은 독자적으로 대교교사노동조합을 결성하고는 서울지방노동청 북부지구사무소에 설립신고를 했으나 노동사무소는 복수노조에 해당한다면서 이를 반려했다. 결국 이들은 전국학습지산업노동조합이라는 전국단일업종노조의 형태로 노조를 설립하고 설립신고를 했으며 서울지방노동청은 설립신고증을 교부했다. 그 후 대교 학습지교사들은 전국학습지산업노조 내에 대교지부를 결성하였고, 전국학습지산업노조는 대교지부를 인준하였다. 업종별노조의 지부형태로 복수노조 조항을 피해간 것이다.

물론 이 같은 초기업노조의 지부설립 방식에도 여전히 문제의 소지는 있다.

'노동조합 및 노동관계조정법' 부칙 제5조 제1항은 조직대상이 중복되는 노조를 "설립할 수 없다"고 규정하고 있는데, 여기서 설립할 수 없다는 의미가 단위노동조합을 설립하는 것에 한정되는 것인지 아니면 초기업별 노조에 가입하거나 그 지부를 만드는 것도 포함하는 것인지에 대하여 논란이 있었다가[40] 최근 대법원 판결에 의해 정리되었다.

---

[40] "노조법 부칙 제5조는 일정한 경우에 한하여 노동조합의 설립을 제한하는 조항일 뿐, 이미 노조법에 따라 적법하게 설립신고된 노동조합에의 가입을 제한하는 규정이 아님은 그 명문상 명백하며, 앞에서 본 바와 같이 신청인 조합은 이미 설립신고를 마친 적법한 노동조합이고, 피신청인 회사 소속의 근로자들 중 일부가 신청인 조합에 가입하여 그 조합원으로서 활동하고 있다고 하더라도 이로써 피신청인 회사의 사업장에 새로운 노동조합을 설립한 것으로 볼 수는 없고……"(부산지방법원 2000. 2. 11. 2000카합53 결정 - 신선대 사건)

"교섭창구단일화를 위한 단체교섭의 방법 등 필요한 사항이 마련되지 아니한 상황에서 특정 사업(장)의 근로자들이 지역단위노조에 가입하고 있는 경우 당해 사업(장) 근로자 일부가 다른 지역노동조합에 가입하는 것을 허용하는 것은 하나의 사업(장)에 사실상 복수노조가 존재하게 되어, 노동조합의 분열로 인한 교섭력의 약화, 노동조합 상호간의 경쟁과 교섭창구의 이중화로 인한 노사관계의 혼란 등을 야기하게 되므로 복수노조의 설립을 허용하면서도 부칙에서 하나의 사업 또는 사업장의 경우에는 2001. 12. 31.까지 단체교섭권을 가지는 복수노조를 인정하지 아니한다는 입법취지에도 반하는 결과가 원고들이 위 노동조합을 탈퇴하여 부산민주택시노조에 가입하는 것을 허용하는 것은 하나의 사업체인 피고회사 내에 사실상 복수노조를 허용하여 단체교섭권을 가지는 노동조합이 복수가 되는 결과가 되고, 이러한 결과는 위에서 본 바와 같은 위 부칙 조항의 취지에도 명백히 반한다고 할 것이므로 부산지역택시노조에 가입되어 있는 피고회사 내의 3분의 2 이상의 다수 근로자들의 이익을 보호하기 위하여 유니언숍 협정은 원고들에 대하여도 그 효력이 미친다고 봄이 상당하다.[41)

대법원 판결의 사실관계를 보면 업종별·지역별 노조인 부산지역택시노조의 지부에 가입한 택시운전사들이 다른 업종별·지역별 노조인 부산민주택시노조에 가입하자, 회사가 부산지역택시노조와 맺어진 유니언숍 조항에 의거 탈퇴 운전사들을 해고한 사안이다. 원심에서는 기업별노조를 '설립'한 것이 아닌 업종별·지역별 노조에 '가입'한 것이 복수노조에 해당하는지 여부와 (복수노조에 해당하지 않을 경우) 유니언숍 조항에 의한 해고가 곧바로 정당성을 가지는지 여부가 쟁점이 되었다. 대법원은 업종별·지역별 노조의 가입도 복수노조금지조항에 저촉된 것으로 보아 해고가 정당하다고 판단하였다. 노동부 역시 대법원과 마찬가지의 입장에 서있다.

다만, 하나의 사업(장) 근로자들이 특정 산업별·직종별·지역별 노조에 이미 가입하고 있는 경우라면 당해 사업(장)의 일부 근로자들이 별도의 기업별 노동조합을 설립하거나 다른 산업별·직종별·지역별 노조에 가입하는 것은 동법 부칙 제5조 제1항의 규정에 위배된다 할 것임.(노조68107-982, 2001. 8. 28.)

따라서 초기업단위노조의 지부설립 방식은 지부설립 시에 신고절차가 필요 없기 때문에 초반 조직화가 좀더 용이하다는 점에서만 의미가 있을

된다."(부산고등법원 2000. 4. 12. 선고 99나7794 판결 - 부일교통사건)
41) 대법원 2002. 10. 25. 선고 2000다23815 판결.

뿐이고, 그 후 조합운영과 단체교섭, 쟁의행위에 있어서는 복수노조라는 이유로 아무런 법적보호를 받지 못하기 때문에 기업별 노조설립의 경우와 마찬가지가 된다. 회사가 단체교섭에 응하지 않아도 부당노동행위로 인정받지 못하게 되는 것이다.

다만 이 경우에도 일단 조직대상이 동일하지 않으면 복수노조 문제가 발생하지 않으며, 위 대교의 사례나 전국시설관리노조 한국통신산업개발지부42)의 경우 모두 실질적으로 조직대상이 동일하지 않았기 때문에 지부형태지만 복수노조가 문제되지 않았던 것이다.

특히 한국통신산업개발지부의 경우는 회사의 단체교섭거부에 대하여 법원에 단체교섭응낙가처분신청을 냈으며, 사측은 복수노조에 해당하여 단체교섭의 의무가 없다고 항변하였으나 법원에서는 조직대상이 동일하지 않다는 것을 이유로 회사측에 단체교섭에 응할 것을 명하였다.43) 위 판결에 힘입어 노조는 단체협약을 체결하기에 이르렀다.

- 한국통신산업개발지부 단체교섭응낙가처분 결정문 -

…… 뒤에서 보는 바와 같이 채권자 조합(전국시설관리노조)의 이 사건 지부(한국통신산업개발지부)는 기존노조(정규직 노조)와 그 조직대상을 달리하고 있으므로 채권자 조합이 위 지부를 인준한 이상 위 노조규약 제7조를 위반하였

---

42) 한국통신산업개발은 한국통신 사옥의 경비, 청소용역을 제공하는 회사이며, 전국시설관리노조 한국통신산업개발지부는 이 회사의 시설관리 노동자들로 구성된 노조이다. 한국통신개발에는 한국통신산업개발지부 설립 이전부터 정규직 직원으로 구성된 한국통신산업개발노조가 설립되어 활동하고 있었는데, 정규직 노조는 시설관리 노동자들이 전국시설노조에 가입하려는 움직임이 있자 규약을 개정하여 시설관리 노동자들에게도 조합가입의 자격을 부여하여 독자노조설립을 방해하려 했었다.

43) 서울지방법원 의정부지원 2002. 5. 17. 2002카합240 결정.

다고 볼 수 없고, 채권자 조합의 지부명칭을 기재하지 않거나 특정되지 않은
가입원서를 수리하였다는 점만 가지고는 그 지부 구성이 당연히 위법하게
되는 것은 아닐뿐더러, 채권자 조합과 같은 소산별 노조의 경우 지부설립신고를
하지 않은 상태에서 채권자 조합이 직접 사용자와 단체교섭을 할 수 있으며,
노동조합 설립신고의 수리제도는 노동조합의 설립자유주의를 배척하는 것이
아니라 소관 노동행정당국으로 하여금 노동조합에 대한 효율적인 조직체계의
정비·관리를 통하여 노동조합을 보호하고, 육성 내지 지도하며, 감독하기
위한 노동정책적인 고려에서 마련된 것이라는 점에 비추어 보면 지부설립신고
를 하지 않은 것에 노조법상의 복수노조 제한규정을 회피하려는 의도가 있다고
보기는 어려우므로 채무자 회사의 주장을 받아들이지 아니한다.
…… 채무자 회사의 비정규직 근로자들이 채권자 조합에 가입하려는 움직임이
있자 기존노조는 2002. 2. 7. 대의원회 소집공고에서 대의원회의의 목적사항으
로 "규약제정 및 개정에 관한 사항"등을 내용으로 하는 규약변경의 공고를
내고, 같은 달 22. '3급 이하 일반직 및 안전직'을 노조가입대상으로 정한
규약 제6조를 '비정규직'도 노조가입대상에 포함되는 것으로 변경하였고, 특히
규약 제21조 제3호를 신설하여 비정규직 근로자들의 계약기간이 통상 1년인
사정을 알면서도 대의원의 출마자격을 조합원 가입 후 1년 이상 경과된 자로
하는 등 기존노조에서 비정규직이 활동할 수 있는 요건을 강화한 사실, 정규직
근로자들도 비정규직 근로자들과 마찬가지로 시설관리업무를 수행하기는
하나 대부분의 경우 비정규직 근로자들이 수행하는 업무를 점검하고 관리하는
업무를 수행하는 사실이 소명된다. 위 소명사실에 따르면, 채권자 조합의
이 사건 지부는 기존노조와 각 구성원들의 실체와 구성범위가 다르다고 보여지
므로 그 조직형태와 대상을 달리 한다고 봄이 상당하고, 나아가 기존노조가
비정규직 근로자들을 노조가입대상에 포함시키지 않고 있다가 비정규직 근로
자들이 스스로 자신들의 권익을 위하여 자주적으로 단결하여 채권자 조합에
가입하여 채무자 회사와 단체교섭을 하려는 시점에 비로소 자신들의 규약을
바꾸어 비정규직 근로자들을 조직대상으로 포함시킨 것의 법적 효력을 그대로
용인한다면 기존노조에서 배제되어 자신들의 권익을 보호할 수 없었던 처지에

서 벗어나 비로소 채권자 조합의 지부를 설립하려던 의사와는 전혀 관계없이 기존노조 조합원들만의 의사에 의하여 비정규직 근로자들이 기존노조 조합원에 포함되어 그 규약을 따르게 되는 결과가 초래하므로, 이는 노동조합의 자주성과 민주성에 반하여 허용될 수 없다고 할 것이다.

계약직 노동자의 근로조건에 대한 권리

1. 임금

계약직 노동자들의 임금도 정규직과 마찬가지로 법의 테두리 내에서 노사 간의 합의로 결정된다. 계약직의 임금과 관련하여 주로 문제가 되는 것은 최저임금제도, 일반적 효력확장제도, 동일가치노동 동일임금의 원칙이다.

(1) 최저임금제도

헌법과 최저임금법은 노동자의 최소한의 생활 보장을 위해 일정액 이상의 임금이 반드시 지급되도록 규정하고 있다. 최저임금액에 미달하는 임금을 정한 근로계약은 그 부분에 한하여 무효가 되고, 무효로 된 부분은 최저임금액과 동일한 액수의 임금을 지급하기로 정한 것이 되며, 이 경우 사업주는 최저임금법위반으로 형사처벌을 받게 된다.

- **헌법**

제32조 ① 모든 국민은 근로의 권리를 가진다. 국가는 사회적·경제적 방법으로 근로자의 고용의 증진과 적정임금의 보장에 노력하여야 하며, 법률이 정하는 바에 의하여 최저임금제를 시행하여야 한다.

- **최저임금법**

제6조 (최저임금의 효력) ① 사용자는 최저임금의 적용을 받는 근로자에

대하여 최저임금액 이상의 임금을 지급하여야 한다.

② 사용자는 이 법에 의한 최저임금을 이유로 종전의 임금수준을 저하시켜서는 아니된다.

③ 최저임금의 적용을 받는 근로자와 사용자 사이에 최저임금액에 미달하는 임금을 정한 근로계약은 그 부분에 한하여 이를 무효로 하며, 무효로 된 부분은 이 법에 의하여 정한 최저임금액과 동일한 임금을 지급하기로 정한 것으로 본다.

제28조 (벌칙) 제6조 제1항 또는 제2항의 규정에 위반한 자는 3년 이하의 징역 또는 1천만원 이하의 벌금에 처하거나 이를 병과할 수 있다.

최저임금액은 매해 노동자위원, 사용자위원, 공익위원으로 구성된 최저임금위원회에서 정해지는데, 2004년 9월부터 2005년 8월까지 적용되는 최저임금은 시급 2,840원, 월급 641,840원이다(주 44시간 근무시).[44]

통상 최저임금은 전체 노동자 평균임금의 1/3 수준에 미치지 못하기 때문에 최근 20여년 동안에는 최저임금보다 낮은 임금을 지급하는 최저임금법위반이 문제된 바가 많지 않았지만 IMF 사태 이후 비정규직 노동자들의 근로조건이 급속도로 악화되면서 최근에는 계약직이나 단기간 노동, 시설관리 노동에서 종종 최저임금법 위반사례가 발견되고 있다.

① **최저임금 미달여부의 판단**

총 월급 중 정기적·근로대가적 임금부분 <

2,840원(시간급 최저임금)×월 소정 유급시간

→ 최저임금법 위반

---

44) 2003년 9월부터 2004년 8월까지의 최저임금은 시급 기준 2,510원이고 월급 기준 567,260원이었다.

◉ 월급 중 정기적·근로대가적 부분의 계산

● 최저임금법

제6조 (최저임금의 효력) ④ 다음 각호의 1에 해당하는 임금은 제1항 및 제3항의 규정에 의한 임금에 산입하지 아니한다.

1. 매월 1회 이상 정기적으로 지급하는 임금 외의 임금으로서 노동부장관이 정하는 것.
2. 소정의 근로시간 또는 소정의 근로일에 대하여 지급하는 임금 외의 임금으로서 노동부장관이 정하는 것.
3. 기타 최저임금액에 산입하는 것이 적당하지 아니하다고 인정하여 노동부장관이 따로 정하는 것.

최저임금과 비교대상이 되는 임금의 범위는 노동자가 실제 받는 월급 전부가 아니며, 자신이 받는 총 월급 중 최저임금법 제6조 제4항 각호의 임금을 제외한 액수만이 최저임금과 비교대상이 되는 임금이 된다. 최저임금법은 매월 1회 이상 정기적으로 지급되고 실제 근로일이나 근로시간에 대하여 지급되는 성격의 임금만을 포함시키고 있고, 구체적인 기준은 최저임금법 시행규칙 별표1, 별표2에서 자세히 규정하고 있는데, 주의할 점은 이러한 정기적·근로대가적인 임금부분은 평균임금이나 통상임금과는 다르다는 것이다.

몇 가지 예를 들면, 기본급은 당연히 포함되나, 상여금의 경우는 매월마다 지급되는 것이 아니라 특정월에만(예를 들어 3, 6, 9, 12월) 지급되는 경우라면 제외되고, 식대나 교통비 역시 근로일이나 근로시간에 대하여 지급되는 것이 아니므로 매달 정기적으로 일정액을 지급 받는다 하더라도 제외된다. 연장근로수당이나 휴일근로수당처럼 임시적으로 별도의 노동을 해야 지급되는 금원도 제외된다. 어떤 사업장의 경우에는 8시간을 1일 소정근로시간으로 하고 매일 일정시간을 추가근로시키면서 이에 대한 연장근로수당을 일률적으로 정하여 지급하는 경우가 있는데, 이 경우도 일률적이기는 하나 연장근로를 조건으로 지급되는 이상 제외된다. 연월차근로수당도 노동자가 연월차를 사용할 경우 발생하지 않는 것이므로 제외된다.

소득세법 기타 사회보장법률에 의하여 근로소득세, 의료보험료 등을 임금에서 원천징수하는 경우가 있는데 이러한 경우에는 공제 전의 임금을 기준으로 판단한다.

◉ 월 소정 유급시간의 계산

최저임금액은 시급을 기준으로 하고 있는 이상 월급과 비교하기 위해서는 최저임금액 시급에 월 소정 유급시간을 곱해서 셈을 해야 한다. 여기서 '월 소정 유급시간'이란 1개월의 기간 중 급여가 지급되는 시간으로 노동자와 사용자가 합의한 시간이다. 구체적인 예를 들면 1일 8시간, 매주 44시간의 노동을 제공하기로 약정한 경우 월 소정 유급시간은 226시간[45]이 된다. 이 경우 최저임금액은 2,840원×226시간=641,840원이다.

1주 근로시간이 44시간을 넘는 경우는 조금 복잡해진다. 예를 들어 노동시간이 월요일에서 토요일까지 매일 8시간이고 일요일만 쉰다고 하자. 이 때 실제 근로시간은 주 48시간이고 이 중 44시간 이외의 근로시간은 시간외 근로로서 150%의 임금이 지급되어야 하며 일요일 8시간은 유급휴일로서 근로시간으로 간주된다. 결국 주당 44시간+(4시간×1.5)+8시간에 대한 급여를 받아야 하며, 한 달에는 평균 4.35주가 있으므로, 월 소정 유급시간은 총 58시간×4.35주로 약 252.3시간이다.

② 최저임금에 미달된 경우 대응방법

위 계산을 통해 본인이 받는 임금이 최저임금보다 적을 경우에는 최저임금이 약정한 임금이 된다. 따라서 최저임금에 실제 일한 근로시간을 곱한 액수와 실제 지급받은 액수의 차액만큼을 추가로 지급받을 수 있다. 주의할 점은 최저임금위반여부를 계산할 때와 달리 최저임금 미달액수를 계산할 때는 월 소정 유급시간만이 아니라 이에 더하여 추가로 일한 근로시간이

---

45) 주당 근로시간이 44시간이면 44시간 외에 유급휴일 1일(8시간)이 추가되어야 하므로 주당 52시간분의 임금이 지급되는 것인데, 각 달에는 4.35주(365÷12÷7)가 있으므로, 월 소정 근로시간은 52시간×4.35주≒226시간이 된다.

있다면 이도 포함하여 최저임금에 곱한다는 점이다. 한편 최저임금법위반에 대하여는 형사처벌조항이 있기 때문에 대표이사와 노무담당자 등을 노동사무소에 형사고발할 수 있다.[46]

(2) 일반적 효력확장제도

① 일반적 효력확장제도의 의의

'노동조합 및 노동관계조정법'은 한 사업장에 상시 고용된 동종의 노동자 반수 이상이 하나의 단체협약을 적용받을 경우에는 노동조합에 가입하지 않은 나머지 동종의 노동자에게도 자동적으로 그 단체협약이 적용되도록 하고 있다. 이를 '일반적 효력확장제도' 또는 '사업장단위 효력확장제도'라 한다.

이러한 제도의 취지는 미조직 노동자들을 보호하고 고비용의 조합원을 저비용의 비조합원으로 대체하려는 것을 막기 위함이다.[47]

● **노동조합 및 노동관계조정법**

제35조 (일반적 구속력) 하나의 사업 또는 사업장에 상시 사용되는 동종의 근로자 반수 이상이 하나의 단체협약의 적용을 받게 된 때에는 당해 사업 또는 사업장에 사용되는 다른 동종의 근로자에 대하여도 당해 단체협약이 적용된다.

특히 비정규직과 관련하여 보면, 정규직노조가 존재하고 정규직 노동자들과 계약직 노동자들이 동종의 노동을 제공하며 계약직 노동자들이 소수인 반면 정규직 조합원의 수가 다수인 경우에, 계약직 노동자들 또한 비록 조합원이 아님에도 불구하고 단체협약에서 정한 근로조건만큼을 사측에

---

46) 이 경우 3년 이하의 징역 또는 1천만원 이하의 벌금으로 처벌된다.
47) 이흥재, 「단체협약 효력확장의 요건」, 『노동법의 쟁점과 과제』, 법문사(2000. 12.), 471쪽.

요구할 수 있게 되는 것이다.

② 적용요건

일반적 효력확장제도가 적용되기 위한 요건은, ①하나의 사업 또는 사업장에 ②상시 사용되는 ③동종의 근로자 중 ④반수 이상이 하나의 단체협약의 적용을 받아야 한다는 것이다. 이 중 가장 논란이 되는 것은 상시성과 동종성의 판단기준이다.

● '상시 사용'의 의미

여기서 상시 사용의 판단기준은 근로계약기간의 유무가 아니라 사실상 고용된 기간이며, '상시'는 정년까지를 의미하는 것은 아니고 일정기간 이상 계속적으로 근무하면 상시성이 인정된다. 따라서 단기간의 계약직 또는 일용직 노동자라고 하더라도 반복갱신되어 일정기간 이상 고용되어 있었다면 여기에 포함되는 것이다. 판례도 반복갱신된 계약직은 상시 사용되는 경우라고 하고 있다.

근로자의 지위나 종류, 고용기간의 정함의 유무 또는 근로계약상의 명칭에 구애됨이 없이 사업장에서 사실상 계속적으로 사용되고 있는 동종의 근로자 전부를 의미하므로, 단기의 계약기간을 정하여 고용된 근로자라도 기간만료시 마다 반복갱신되어 사실상 계속 고용되어 왔다면 여기에 포함되고……[48)

● '동종의 근로자'의 의미

판례는 동종성 여부를 문제된 단체협약의 적용범위에 의하여 판단한다.[49] 이는 법원이 '제공하는 노동의 동질성'이라는 객관적 기준이 아니라 사용자와 노조의 합의에 의해 결정되는 '단체협약의 적용범위'라는 주관적 기준을

---

48) 대법원 1992. 12. 22. 선고 92누13189 판결.
49) 대법원 1992. 12. 22. 선고 92누13189 판결, 대법원 1995. 12. 22. 95다39618 판결 등.

채택하고 있다는 것을 의미한다.

'동종의 근로자'라 함은 당해 단체협약의 규정에 의하여 그 협약의 적용이 예상되는 자를 가리키는 바, 사업장 단위로 체결되는 단체협약의 적용 범위가 특정되지 않았거나 협약 조항이 모든 직종에 걸쳐서 공통적으로 적용되는 경우에는 직종의 구분 없이 사업장 내의 모든 근로자가 동종의 근로자에 해당된다. 원심은, 이 사건 단체협약 규정상 사용자에 해당하지 않는 한, 기능직·일반직 등 직종의 구분 없이 사업장 내의 모든 근로자가 노동조합의 조합원으로 가입하여 단체협약의 적용을 받을 수 있도록 되어 있으므로, 원고와 같은 일반직 근로자도 기능직 근로자와 함께 위 법조항에서 말하는 동종의 근로자에 해당한다고 할 것이고……. [50]

한편 판결 중에는 객관적인 노동의 내용이나 형태를 기준으로 판단한 것도 있다. 경비나 순찰의 업무를 수행하는 감시, 단속적 노동자의 경우에 특히 그러하다. [51]

위 원고들은 경비와 순찰을 주업무로 하는 자이어서 이 사건 1988. 6. 17. 단체협약의 적용을 받는 피고의 고용직 및 기능직 직원, 1988. 10. 5. 및 1989. 11. 4. 단체협약의 적용을 받는 피고의 직원과 그 작업 내용이나 형태가 같다거나 비슷하다고 볼 수 없고, 위 각 단체협약의 내용이 조합원 자격이 없을 뿐만 아니라 기본급이 내무부의 고시에 의하여 결정되는 위 원고들에 대하여까지 그 적용이 예상된다고 할 수 없으므로 위 원고들은 노동조합법 제37조에 의하여 위 각 단체협약의 적용을 받게 되는 동종의 근로자라고 할 수 없다. [52]

그러나 이러한 감시, 단속직에 대한 판결들도 사실관계를 보면 이들이 단체협약의 적용범위에 포함되지 않은 경우였기 때문에, 판례의 태도와 상반된다고

---

50) 대법원 1999. 12. 10. 선고 99두6927 판결.
51) 대법원 1995. 12. 22. 선고 95다39618 판결, 대법원 1997. 4. 25. 선고 95다4056 판결.
52) 대법원 1997. 4. 25. 선고 95다4056 판결.

보기는 어려울 것이다.

③ 효과

만일 위 요건에 해당하는 경우라면 비조합원이라도 조합원과 같이 단체협약상 근로조건의 적용을 받게 되는데, 이러한 근로조건의 변경은 장래뿐만 아니라 과거로도 소급하게 된다. 따라서 단협의 적용을 받는 노동자가 과반수가 넘었던 때부터 단협상 근로조건이 적용되는 것이며, 임금의 경우는 실제 지급받은 금액과의 차액분을 체불임금으로 청구할 수 있는 것이다. 다만 그 범위는 임금채권의 소멸시효기간인 3년 내의 것에 한정될 것이다.

④ 평가

일반적 효력확장제도의 적용여부를 회사와 노조의 주관적 의사에 전적으로 맡겨 놓는 판례의 태도는 노조가 회사와 야합하여 미조직 노동자들을 배제함으로써 기득권을 유지하는 것을 조장하는 것으로, 미조직 노동자들을 보호하고자 하는 이 제도의 취지에 정면으로 반하는 것이라 할 수 있다. 만일 계약직 노동자들이 위 제도의 적용을 주장하여 단협적용을 인정받게 되는 경우라면, 사용자와 정규직 노조는 단체협약을 개정하여 이들을 단체협약의 적용대상에서 제외해 버림으로써 일반적 효력확장제도의 적용을 막을 수 있다. 이 경우 위 제도의 적용을 주장하는 것은 단지 단체협약의 적용대상에서 제외되어 조직대상의 동일성이 부정될 여지를 넓힘으로써 독자노조의 설립을 가능하게 하는 정도의 효과만을 낳을 뿐일 것이다.

(3) 동일가치노동 동일임금원칙

● 헌법

제11조 ① 모든 국민은 법 앞에 평등하다. 누구든지 성별, 종교 또는 사회적 신분에 의하여 정치적, 경제적, 사회적, 문화적 생활의 모든 영역에 있어서

차별을 받지 아니한다.

● 근로기준법

제5조 (균등처우) 사용자는 근로자에 대하여 남녀의 차별적 대우를 하지 못하며 국적, 신앙 또는 사회적 신분을 이유로 근로조건에 대한 차별적 처우를 하지 못한다.

헌법과 근로기준법이 차별금지를 포괄적으로 규정하고 있지만 우리 법원이 비정규직과 관련하여 동일가치노동 동일임금의 원칙을 인정하고 적용한 예는 없다. 이는 법원의 보수성과 우리나라 임금체계의 복잡성에서 기인한다. 동일가치노동 동일임금의 원칙이 적용되려면 우선 동일가치노동에 해당된다고 인정되어야 한다. 그러나 우리 법원은 정규직과 비정규직 사이에 노동의 동일가치성을 인정하는 데 매우 소극적이다. 이를 단적으로 보여준 것이 한국통신계약직의 예다. 한국통신계약직 노동자들이 정규직과 동일한 업무를 수행함에도 절반에도 못 미치는 임금을 지급받은 것에 대하여 사측을 상대로 임금차액분을 지급하라는 소를 제기하였는데, 법원은 비정규직이라는 이유만으로 동일가치노동에 해당하지 않는다고 판결하였다.

위 인정사실에 의하면, 선로·전람 업무를 담당하는 계약직 사원인 원고들이 같은 부서의 정규 일반직 직원들과 동일한 업무를 담당하여 왔고 근무시간 등 복무조건에 있어서도 동일성 내지 유사성이 인정되나, 원고들이 자유의사로 계약기간을 정하여 임금 등 근로조건을 결정한 이상, 위 인정사실만으로는 정규직 근로자들과 임금지급에 있어 차별을 두는 것이 헌법 및 근로기준법상 평등의 원칙에 위배되어 위법하다고 볼 수 없을 뿐만 아니라, 그밖에 외형상 노동의 동일성이나 유사성이 인정된다고 하더라도 직무수행에 있어서의 노력과 책임의 정도까지 동일하다고 볼 수 없는 점, 비록 짧게는 3년, 길게는 9년까지 장기간 반복갱신되어 왔으나 원고들은 본질적으로 계약기간이 한시적인 단기근로자들로서 엄격한 전형을 거쳐 공개채용되고 정년까지 고용된다는 기대 아래

기간을 약정하지 않는 정규직 근로자들과 차이가 있는 점, 계약직 사원은 전화국 단위로 채용되어 해당 전화국의 단일 부서에서 계속 근무하게 되고 정규직 근로자들에게 적용되는 인사규정상의 전직, 겸직, 전출, 파견근무나 승진, 징계 관련 규정이 원칙적으로 적용되지 않는 점 등을 종합하여 보면, 계약직인 원고들과 일반직 직원들의 노동가치가 동일하다고 볼 수도 없으므로, 원고들의 위 주장은 더 나아가 살필 필요도 없이 이유 없다.[53]

ADSL 설치업무를 보면 지역을 나누어 특정 지역은 정규직이, 다른 특정지역은 계약직이 담당하도록 하는 등 정규직과 계약직 간 노동의 양이나 질에서 전혀 차이가 없음에도 불구하고 법원은 계약직이면 정규직과 노력 및 책임의 정도가 다르다는 이유로 동일가치노동을 부정한 것이다.

설사 동일가치노동을 인정받더라도 우리의 경우 임금의 개념이 복잡하고 (평균임금, 통상임금, 기타 금품 등), 임금항목이 다양하여(기본급 외에 상여금, 근속수당, 정근수당, 체력단련비 등이 존재) 어느 범위의 임금까지 정규직과 동일하게 지급해야 하는지 문제가 여전히 남게 된다.

결국 이처럼 법원의 보수적인 법해석 하에서 동일가치노동 동일임금의 원칙이 법적 구속력을 가지기 위해서는 사용자의 탈법행위나 법원·노동부의 자의적 해석의 여지가 남지 않을 정도로 꼼꼼하고 세밀한 입법을 하는 방법밖에는 없는 것이다.

2. 퇴직금

(1) 퇴직금 약정을 하지 않은 경우

계약직 등 비정규직 노동자들의 경우 퇴직금을 지급하지 않는다는 약정을

---

53) 서울지방법원 2001. 10. 19. 선고 2001카합11098 판결.

하는 예가 종종 있다. 그러나 퇴직금은 그 지급에 대한 합의가 없다고 해도 근로기준법이 정하는 최저기준인 1년의 계속근로기간에 대하여 30일분의 평균임금에 해당하는 금액을 퇴직 시 지급받을 수 있다.

- ● 근로기준법
제34조 (퇴직금제도) ① 사용자는 계속근로년수 1년에 대하여 30일분 이상의 평균임금을 퇴직금으로서 퇴직하는 근로자에게 지급할 수 있는 제도를 설정하여야 한다. 다만, 근로년수가 1년 미만인 경우에는 그러하지 아니하다.

(2) 정규직과 차별적인 퇴직금제도의 효력

임금과는 달리 퇴직금에 있어서는 정규직과의 차별이 법상 명문으로 금지된다. 법원은 계약직들에게 적용되는 퇴직금제도가 없는 경우뿐 아니라 계약직에게만 적용되는 별도의 퇴직금제도가 존재하는 경우라도 차별적인 퇴직금을 부여하는 퇴직금 제도는 무효이며 계약직에게도 정규직 퇴직금을 지급해야 한다고 판결하고 있다. 이는 근로기준법이 퇴직금에 있어서는 명문으로 하나의 사업 내에서의 차등지급을 금지하고 있기 때문인 것으로 보인다.

- ● 근로기준법
제34조 (퇴직금제도) ② 제1항의 퇴직금 제도를 설정함에 있어서 하나의 사업 내에 차등제도를 두어서는 아니된다.

대법원은, 농지개량조합이 일반직 및 기능직직원에 대하여는 보수규정준칙에서 정하는 지급기준에 따른 퇴직금을 지급한데 비해, 임시직에게는 농지개량조합예산편성지침에 따라 근로기준법상 최저기준인 1년에 1개월분 보수에 해당하는 퇴직금만을 지급한 사건에서 근로기준법 제34조 제2항의 퇴직금 차등제도금지규정의 취지에 따라 임시직원들에게도 일반직원들에게 적용되

는 보수규정준칙에 따른 퇴직금을 지급해야 한다고 판결한 바 있다.[54]

◉ 퇴직금 청구의 시효

일반적인 금전채권과는 달리 임금채권의 경우는 3년 동안 행사하지 않으면 시효로 소멸되고 퇴직금의 성격은 후불임금으로 퇴직 시에 비로소 발생하는 것이므로, 퇴직 후 3년이 지난 후에는 퇴직금을 청구할 수 없다.

● 근로기준법

제48조 (임금의 시효) 이 법 규정에 의한 임금채권은 3년간 행사하지 아니하는 때에는 시효로 인하여 소멸한다.

그런데 노동자가 퇴직금청구권이 있음을 알고도 청구하지 않은 경우가 아니라 회사가 이처럼 위법한 퇴직금제도를 운영하여 온 경우에는 퇴직 후 3년이 지나 퇴직금 청구를 한 경우라도 그 차액을 지급받을 수 있다.

원고들이 퇴직후 채권의 소멸시효인 3년이 지난 뒤에 소송을 낸 것은 사실이지만, 피고는 부칙을 마치 별개의 퇴직금제도인 것처럼 외관상 규정하고 장기간 퇴직금제도를 적법한 것인 양 홍보했다. …… 이는 원고들의 권리행사를 현저히 곤란하게 한 것으로 권리남용에 해당하므로 피고의 소멸시효 항변은 이유없다.[55]

(3) 계속근로년수

계속근로년수는 노동자가 근로를 제공한 총 기간을 의미하는데, 반복갱신된 계약직 노동자의 경우는 근로계약이 갱신될 때마다 계속근로년수가 단절되는 것이 아니라 실제 근무한 기간이 연속하여 계속근로년수가 된다.

---

54) 대법원 2002. 4. 12. 선고 2002다328 판결.
55) 대법원 2002. 10. 25. 선고 2002다32332 판결.

근로계약이 만료됨과 동시에 근로계약기간을 갱신하거나 동일한 조건의 근로계
약을 반복하여 체결한 경우에는 갱신 또는 반복한 계약기간을 모두 합산하여
계속근로년수를 계산하여야 할 것…….56)

● **퇴직금 지급을 회피하기 위하여 중간에 공백기간을 둔 경우**

회사가 노동자에게 퇴직금이나 제수당을 지급하지 않기 위해 1년의 근속년수
가 되기 전에 일정기간 동안 해고했다가 다시 채용하는 경우가 있다. 서류상으
로는 2개월마다 2, 3일씩 해고되었다가 다시 채용된 것으로 되어 있지만
사실상으로는 그 기간 동안 계속하여 근로한 사건에서 법원은 해고의 효력은
생기지 않고 상용근로자로 봄이 상당하므로 일반직원에 준하여 회사의
취업규칙 및 보수규정에 규정된 제수당, 상여금 및 퇴직금을 지급하여야
한다고 판결하였다.57)

서류와는 달리 실제상으로는 공백기간이 없이 계속 근무한 경우나, 11개월
일하고 1개월 쉬게 한 다음 다시 똑같은 방식으로 채용하여 근로하게 하는
등 중간에 공백기간이 실제 존재하지만 그러한 공백기간을 둘 합리적인
이유가 없는 경우에도 퇴직금이나 제수당을 회피하기 위한 목적임이 명백하
므로 위 판례와 마찬가지로 볼 것이다.

● **업무의 특성상 공백기간이 필요한 경우**

이와는 달리 업무의 특성에 의하여 중간에 공백기간이 예정되어 있는 경우도
있다.

일용직 노동자들은 그 특성상 공백 없이 계속적으로 근로하기보다는 중간에
며칠씩 일하지 않고 쉬는 경우가 있고 특히 건설업에서는 동절기 내내
일하지 않는 경우가 많다.

방송사 FD들도 특정 방송사만을 위해 일하더라도 방송프로그램마다 계약을
체결하기 때문에 프로그램 사이사이에 공백기간이 필연적으로 발생한다.

---

56) 대법원 1995. 7. 11. 선고 93다26168 판결.
57) 대법원 1975. 6. 24. 선고 74다1625 판결.

중고등학교 시간강사들의 경우 통상 수업이 있는 학기 중에만 근로계약을 체결하고 수업이 없는 방학기간 동안은 근로계약을 체결하지 않으며 새 학기가 되면 다시 채용되는 방식으로 수년간 계속하여 한 학교에서 수업을 하는 경우가 있다.

이와 같은 경우에 공백기간으로 인하여 계속근로년수가 단절되지 않는다는 보는 것이 판례의 일관된 태도이나, 문제는 단절되지 않는다고 볼 경우 공백기간도 계속근로년수에 포함시켜야 하는지 아니면 공백기간을 제외한 총 근무기간만을 계속근로년수로 보아야 하는지다.

일용직의 경우와 방송사 FD의 경우에는 공백기간까지도 근속년수에 포함하여 공백기간에 대하여도 퇴직금을 지급해야 한다는 대법원 판례가 있다.

원래 근로자가 반드시 월 평균 25일 이상 근무하여야만 근로기준법상 퇴직금지급의 전제가 되는 근로자의 상근성·계속성·종속성의 요건을 충족시키는 것은 아니고, 최소한 1개월에 4, 5일 내지 15일 정도 계속해서 근무하였다면 위 요건을 충족한다 할 것이고(대법원 1979. 1. 30. 선고 78다2089 판결 참조), 이 경우 일용직으로 근무한 동안의 업무내용이 정식 기능직사원으로 근무한 동안의 업무내용과 동일·유사한 경우에만 근로관계의 계속성이 인정되는 것도 아니라 할 것이다. 상고이유에서 지적하고 있는 을 제2호증의 1내지 95(각 작업전표)는 그것이 원고가 일용직으로 근무한 기간 동안의 것 전부인지도 불명확하지만, 이들 증거에 의하더라도 원고가 1973년에는 기관공보조로, 1974년부터 1977년 말까지는 기관공으로 계속해서 근무하였고, 1972년까지도 매달 대부분 15일씩 청소부, 특수인부, 전지사 등으로 일해 온 사실이 인정되므로, 원고가 1973년 이전에 근무한 기간도 계속 근로기간으로 인정하여야 할 것이다. **(일용직 판결)**[58]

형식적으로 일용근로자라 하더라도 일용관계가 중단되지 않고 계속되어 온 경우에는 상용근로자로 보아야 하고 사용자로서는 취업규칙 및 보수규정상의 직원에 준하여 일용관계가 계속된 기간을 계속근로년수로 계산하여 그에 상응

---

58) 대법원 1995. 7. 11. 선고 93다26168 판결.

하는 퇴직금을 지급하여야 하고, 반드시 월 평균 25일 이상 근무하여야만 근로자의 상근성, 계속성, 종속성을 인정할 수 있는 것은 아니라 할 것이다. **(방송사 FD 판결)**[59]

위 일용직 판결의 경우는 1965년 5월 입사하여 1989년 10월에 퇴직한 사안인데, 중간에 4~5일 근무한 달이 있었지만 24년 5월의 근속기간을 모두 인정하였고 위 기간에 대하여 근로기준법상 최저기준인 1년당 30일분의 임금 지급을 명한 경우며,[60] 방송사 FD 판결은 FD가 한 프로그램이 끝나고 새 프로그램을 계약하기 전에 15일 정도의 대기기간이 있는 사안인데, 법원은 형식적으로는 일시적으로 근로관계가 중단된 듯이 보이는 경우라도 이것이 업무의 특성에 따른 휴식기간 내지 대기기간에 불과하다면 근로관계가 지속되고 있다고 보아야 한다는 취지로 판단하였다.

시간강사(또는 학교직원)의 경우 이를 직접적으로 다룬 판례는 없고, 노동부 유권해석 중에는 '중지'라는 개념을 도입하여 계속근로가 단절되는 것은 아니지만 퇴직금의 산정에서 근로하지 않은 기간은 산입하지 않아야 한다고 해석한 것이 있다.

노사 당사자간에 방학기간 동안에는 근로계약을 체결하지 않았으나 방학기간이 종료되면 재계약을 체결하는 것이 관행이었고, 노사 당사자 모두 그렇게 기대하면서 사실관계에 있어서도 방학기간이 끝나면 재계약을 체결한 후 조리종사원은 근로를 제공하고 사용자는 임금을 지급하는 형태의 근로관계가 반복되었다면 이 경우 근로계약을 체결하지 아니한 방학기간은 동일사무에 계속근로를 위한 대기상태로서 근로관계가 단절된 것이 아니라 중지된 것으로 볼 수 있음. (근기 68207-2029, 2000. 7. 4.)

---

59) 대법원 2002. 7. 26. 선고 2000다27671 판결.

60) 위 일용직 판례가 인용한 대법원 1979. 1. 30. 선고 78다2089 판결의 사안은 1962년부터 1972년까지는 월 4, 5일에서 15일 정도로 근무하고, 1973년부터 1977년까지는 월25일 이상 근무한 경우인데, 대법원은 퇴직금의 기초가 되는 계속근로년수는 1962년부터 1977년까지라고 해서 15년치분의 퇴직금 지급을 명한 것이다.

수입이 없는 방학기간을 제외하고 반복적으로 기간을 정하여 근무해 온 경우 반복적으로 임용한 전기간을 계속근로로 인정할 수 있으며, 다만 실제 근로를 제공하지 않은 방학기간은 계속근로년수 산정시 제외할 수 있음. (근기 68207 -1780, 2001. 6. 1.)

그러나 시간강사의 경우에도 위 일용직이나 방송사 FD와 달리 볼 이유가 없으므로 방학으로 인한 공백기간은 계속근로년수에 포함되어야 하며, 노동부 해석은 퇴직금 진정사건에서는 규범력을 가지겠지만, 민사소송으로 갔을 때 위와 같은 대법원 판례에 비추어 이러한 노동부의 입장이 법원에서도 인정될 수 있는지는 의문이라 하겠다.

3. 주휴일 및 연월차·생리휴가

근로계약이 반복갱신되어 휴일 및 휴가의 요건을 충족하는 계약직 노동자들에게는(주휴와 월차, 생리휴가는 주로 일용직에게 문제가 된다) 통상적인 노동자들과 마찬가지로 주휴, 연월차휴가, 생리휴가가 부여된다. 퇴직금의 계속근로년수와 마찬가지로 휴일 및 휴가가 부여되는 일정기간의 근무는 '근로계약기간'이 아니라 '실제적인 근로기간'이다.

따라서 월요일에서 토요일까지 계속 일한 일용직이라면 일요일(합의로 다른 요일을 휴일로 정할 수 있다)에 근로를 제공하지 않더라도 일당을 지급받을 수 있으며, 일요일에 출근하여 일한 경우라면 250%(휴일수당 100%+휴일근로수당 100%+할증임금 50%)의 일당을 지급받을 수 있다. 월차휴가나 연차휴가, 생리휴가도 마찬가지며 다만 이러한 휴가일의 근로에 대하여는 할증임금이 지급되지 않으므로 위 휴가를 사용하지 않고 근로한 경우 200%의 임금이 지급되는 점만 차이가 있다.

● 노동부 「1년미만 단기계약근로자에 대한 근로기준법 등 적용방법 지침」

(근기 68201-1, 2000. 1. 3.)

○ 일단위로 근로계약을 체결하는 일용직근로자의 경우도 근로계약을 반복적으로 체결하여 6일간을 계속 근로한 경우에는 주휴일을 유급으로 주어야 함(근로기준법 제54조).

- 6일간을 계속 근로함으로써 유급주휴 부여 요건을 충족한 경우에도, 주휴일을 부여해야 할 날 직전일에 근로관계가 종료된 때에는 주휴일을 부여하지 않을 수 있음.

- 1주 5일 근무제를 채택한 사업장의 경우에 일용직근로자가 1주 5일을 계속 근로한 경우에는 1일의 유급휴일과 1일의 무급휴무일을 부여하면 됨.

○ 1월간 소정근로일을 개근한 경우에는 월차유급휴가를 부여하되(근로기준법 제57조), 월차유급휴가의 적치사용은 근로관계가 종료되는 때까지로 함.

- 1월간 소정근로일수를 개근한 경우에도 휴가청구권 발생일 당해일에 근로관계가 종료되었다면 월차유급휴가를 부여하지 않을 수 있음.

○ 여자인 1년 미만 단기계약근로자에 대해서는 유급생리휴가를 부여하여야 함(근로기준법 제71조).

4. 포괄임금계약[61]

(1) 의의

---

[61] 판례는 '포괄임금제'라는 용어를 쓰고 있으나 이는 특별한 임금제도가 아니라 제수당의 지급방법에 대한 약정(계약)에 불과하므로 '포괄임금계약'이라고 쓰는 것이 정확한 표현이라고 생각된다. 포괄임금의 본질을 계약으로 명명하는 것은 (근로계약이 그러한 것처럼) 근로기준법이나 단체협약 등에 위배되지 않는 한도 내에서만 유효하다는 것을 환기시킨다는 점에서 바람직하다. 일부 판례가 포괄임금제의 불이익 여부를 근로기준법상 기준으로 판단하지 않은 것(대법원 1997. 4. 25. 선고 95다4056 판결, 이에 대한 평석으로는 이원재, 「포괄임금제에 의한 임금계약의 효력」, 『1997노동판례비평』, 민주사회를 위한 변호사모임, 1998, 146쪽 이하 참조)도 대법원이 '포괄임금제'라는 용어를 쓰는 것과 무관하지 않으리라고 본다.

우리 근로기준법은 우선 기본임금을 정하고 이를 시간급으로 환산한 것을
기준으로 시간외수당(50% 할증), 야간 및 휴일 근무수당(50% 할증), 연월차
근로수당 등을 계산한 다음 기본임금에 합산하여 지급하도록 하고 있다.

만일 하루 8시간 일하는 것을 기준으로 월급 100만원을 받는 것으로
근로계약을 체결하였다면, 하루 10시간 일한 날에는 추가 2시간 분에 대하여
50% 할증된 시간외수당을, 연차나 월차를 사용하지 않고 일했다면 그 날
일한 8시간분에 대하여 연월차근로수당을 월급에 추가하여 지급해야 한다.

반면 포괄임금계약은 위와 같은 임금계산 방식에 대한 예외로서 당사자
사이의 합의로 이런 수당들을 각각 계산하여 합산하지 않고 모두 다 포함시켜
일정액을 지급하는 것을 말한다. 이러한 포괄임금계약은 사측이 근로계약서
에 제 수당을 포괄하여 지급한다는 취지의 문구 하나만 추가함으로써 제수당
의 지급의무를 면하는 방법으로 악용될 수 있기 때문에 매우 엄격한 규제가
필요한 부분이다.

(2) 포괄임금계약의 요건

사용자는 근로계약을 체결함에 있어서 근로자에 대하여 기본임금을 결정하고
이를 기초로 제 수당을 가산하여 지급함이 원칙이라 할 것이나 근로시간, 근로형
태와 업무의 성질 등을 참작하여 계산의 편의와 직원의 근무의욕을 고취하는
뜻에서 기본임금을 미리 산정하지 아니한 채 제 수당을 합한 금액을 월급여액이
나 일당임금으로 정하거나 매월 일정액을 제 수당으로 지급하는 내용의 이른바
포괄임금제에 의한 임금지급계약을 체결한 경우에 그것이 근로자에게 불이익이
없고 제반 사정에 비추어 정당하다고 인정될 때에는 이를 무효라고 할 수
없다.[62)

대법원은 포괄임금계약의 요건으로 ①포괄임금 약정에 대한 근로자와

---

62) 대법원 1999. 5. 28. 선고 99다2881 판결.

사용자 사이의 합의가 있고, ②근로시간, 근로형태와 업무의 성질상 포괄임금 약정의 도입이 필요하고, ③포괄임금 약정에 의해 계산된 임금이 노동자에게 불이익이 없고 제반사정에 비추어 보아 정당하다고 인정되어야 할 것을 들고 있다.

● 포괄임금의 합의가 존재할 것

포괄임금계약이 성립하려면 당연히 양 당사자의 합의가 있어야 한다. 통상 단체협약, 취업규칙이나 근로계약서에 임금을 포괄하여 지급한다는 취지의 문구가 기재되어 있는 경우가 이에 해당한다.

포괄임금 여부가 명시되어 있지 않는 경우 문제가 되는데, 포괄임금계약이 예외적인 임금지급형태인 이상 포괄임금 합의의 존재는 사측이 입증책임을 져야 할 것이다.

그러나 법원은 포괄임금 합의의 존재를 손쉽게 인정하고 있다. 법원은 명시적인 합의뿐 아니라 묵시적인 합의가 있는 경우에도 포괄임금제를 인정하고 있으며, 심지어 판례 중에는 근로자가 특정 근로형태에 따른 임금을 이의 없이 수령한 사실로부터 승낙사실을 추인하는 경우도 있다.[63]

근로자들이 고용될 당시 근로조건을 명시한 고용계약서를 작성한 사실이 없으나 위 당사자 사이에 위 근로자들의 승낙 하에 그들이 종사할 아파트의 관리, 경비 등 노무의 특수성을 감안하여 24시간씩 격일제 근무로 하되 기본임금과 각종수당을 구분함이 없이 이를 포괄하여 월정액을 임금으로 지급하기로 하여 수년간 이의 없이 임금을 수령한 사실을 인정할 수 있으므로 그 월정급여액에 판시 각 수당이 포함되었다는 전제 아래 무죄를 선고한 제1심판결을 인용하고 있는 바, 기록에 의하면 원심의 증거의 채용과정을 살펴보아도 그 인정사실은 수긍이 가고 거기에 소론의 채증법칙을 어긴 위법이 있거나 근로기준법의 법리를 오해하여 잘못 판단한 위법은 없다.[64]

---

63) 이원재, 「포괄임금제에 의한 임금계약의 효력」, 『1997노동판례비평』, 민주사회를 위한 변호사모임, 1998, 153쪽.

이 판결은, 퇴직금을 수령한 사실만으로 퇴직금규정의 불이익변경에 대한 동의라고 볼 수 없다는 판례의 입장과 상반된다.

반면 통상 임금명세서에 시간외수당, 연월차수당, 야간근무수당 등의 항목이 있고 실제로 지급된 임금이 있다면, 이는 제 수당이 월급여에 포괄되지 않고 지급되었다는 중요한 증거가 되므로 이러한 경우에는 법원에서 손쉽게 포괄임금 합의가 없었음을 인정받을 수 있을 것이다.

◉ 근로시간·근로형태·업무성질을 참작하여 계산 편의와 직원의 근무의욕을 고취하는 취지일 것

포괄임금계약이 유효하기 위해서는 근로시간, 근로형태와 업무의 성질 등을 참작하여 계산의 편의와 직원의 근무의욕을 고취하기 위한 경우여야 한다. 법원에서 여기에 해당한다고 인정되는 경우는 크게 두 유형이다.

하나는 업무의 성질상 연장근로, 야간근로 등이 불가피한 감시단속적 노동의 경우이다. 24시간 격일제 근무를 하는 수위나 응급환자 발생을 대비하여 야간에도 대기하여야 하는 병원의 앰뷸런스 운전사가 여기에 해당한다.

위 근로계약은 아파트의 경비, 관리라는 근로형태의 특수성 때문에 근로기준법 상의 기준근로시간을 초과한 연장근로와 야간, 휴일근무가 당연히 예상되는 근로계약이었으므로 공소외인들이 지급받은 판시 임금에는 근로기준법상의 기준근로시간인 1일 8시간, 주 48시간 근로에 대한 임금 외에 연장근로와 휴일, 야간근로에 대한 수당도 포함된 것으로 보아야 할 것…….65)

다른 하나는 근로시간과 휴게시간을 명백하게 구별하기 힘든 불규칙한 노동의 경우다. 사업장 밖에서 대부분의 근로시간을 보내며 외지에서 숙박도 해야 돼 실제 근로시간을 파악하기 힘든 고속버스 운전사가 여기에 해당한다.

---

64) 대법원 1984. 1. 24. 선고 83도2068 판결.

65) 대법원 1983. 10. 25. 선고 83도1050 판결.

피고회사의 고속버스 운전사는 근무교대 및 출퇴근 시간이 일정하지 아니하고, 노선거리도 현격한 차이가 있어 원거리 노선을 운전하게 되는 경우에는 외지에서 숙박을 하게 되고, 그 근무도 2 내지 4일간을 연속하여 근무하여야 하는 등 특수한 근무형태의 구조를 취하고 있고 …… 이와 같은 근로내용 및 근로형태의 특수성과 도로정체로 인한 운행지연 등의 사정이 겹쳐 피고회사 소속 고속버스 운전사의 경우 월 소정의 기준근로시간을 초과하는 연장근로와 야간 및 휴일근무가 당연히 예상됨에도 노선별 운행시간과 운행전후의 점검 및 마무리에 소요되는 근로시간의 정확한 측정이 어려워 연장근로수당, 야간 및 휴일근무수당과 월차휴가수당의 산정이 곤란하였으므로 …… 이와 같은 임금지급방식은 근로내용 및 근로형태의 특수성을 감안하여 노사합의하에 이루어져 온 것일 뿐 아니라, 그 내용이 특히 근로자에게 불이익하다고 보여지지도 아니하므로 유효하다 할 것이고 …….[66)

따라서 위와 같은 필요성이 없는 정상적인 근무형태지만 단지 수당지급의무를 회피하기 위하여 포괄임금계약을 도입하는 경우에는 그 유효성을 인정받을 수 없을 것이다.

● **노동자에게 불이익을 주지 않을 것**

불이익 여부를 판단하려면 포괄임금으로 계산된 임금과 비교할 대상이 전제되어야 한다. 과거의 판례는 같은 회사 내의 다른 노동자 및 같은 직종 노동자의 일반적인 임금과 비교하여 판단하였으나, 최근 판례는 단체협약이나 취업규칙에 비추어 불이익 여부를 판단해야 한다고 한다.

포괄임금제에 의한 임금지급계약이 근로자에게 불이익이 없어야 한다는 것은 단체협약이나 취업규칙에 구체적인 임금지급 기준 등이 규정되어 있는 경우에 그러한 규정상의 기준에 비추어 보아 불이익하지 않아야 한다는 것을 의미하는 것이고 …….[67)

---

66) 서울지방법원 1993. 5. 13. 선고 92나2843 판결.

판례에 명시되지는 않았지만 포괄임금계약이 단체협약이나 취업규칙 외에도 근로기준법에 비추어서 불이익이 있어서는 안 된다는 것은 명백하다고 할 것이다.

기본급을 따로 정하고 있고 제 수당만을 포괄하여 지급하는 형태에서는 기본급을 기준으로 근로기준법·단체협약·취업규칙의 수당지급규정에 의하여 제 수당을 산정하여 이의 비교가 가능하다. 이렇게 산정한 액수가 실지급액보다 크다면 이 부분에 대한 포괄임금계약은 무효가 되므로 차액에 대하여 사용자에게 지급을 구할 수 있다.

문제는 기본급과 제 수당까지 포함하여 포괄임금으로 지급하는 형태다. 단체협약이나 취업규칙이 근로계약서와 달리 포괄임금 방식을 취하지 않고 있다거나 단체협약이나 취업규칙에서 기본임금을 확인할 수 있는 경우라면 포괄임금과의 비교가 가능하겠지만, 단체협약과 취업규칙이 이러한 경우에 해당하지 않거나 단체협약과 취업규칙이 모두 존재하지 않는 경우에는 비교 대상이 없게 되는 문제가 발생한다. 이 경우 동종 노동자와의 비교를 허용하지 않는 법원의 태도 때문에 비교 자체가 불가능하게 된다.

(3) 포괄되는 임금의 범위

◉ 시간외수당

만일 시간외수당을 포괄하여 지급한다는 취지의 규정이 있다 하더라도 어느 범위까지의 시간외수당이 포함되는지를 살펴보아야 한다.

예를 들면 근로계약상 기본급에 하루 2시간의 시간외근로수당이 포괄임금으로 지급된다는 조항이 있다 하더라도 하루 2시간이 넘는 초과노동에 대하여는 시간외근로수당을 청구할 수가 있다.

피고회사가 위 임금협정이나 단체협약에 근거하여 원고와 선정자들에게 지급한 일당에는 근로기준법상 기준근로시간인 1일 8시간과 2시간의 연장근로를 합한

---

67) 대법원 1998. 3. 24. 선고 96다24699 판결.

10시간씩 월 25일 근로할 것을 만근으로 삼아 그 한도 내에서의 연장근로수당과 주휴근로수당만이 포함되어 있다고 보는 것이 타당하고, 거기에 제한없는 연장근로수당 일체가 포함되어 있다고 보기는 어렵다.[68]

● 휴일근로수당, 연월차근로수당

판례는 휴일근로수당과 연월차근로수당 모두 포괄임금계약의 대상이 된다고 판시하고 있다.

주휴수당이나 연월차휴가수당이 구 근로기준법에서 정한 기간을 근로하였을 때 비로소 발생하는 것이라 할지라도 당사자 사이에 미리 그러한 소정기간의 근로를 전제로 하여 주휴수당이나 연월차휴가수당을 일당임금이나 매월 일정액에 포함하여 지급하는 것이 불가능한 것이 아니며, 포괄임금제란 각종 수당의 지급방법에 관한 것으로서 근로자의 연월차휴가권의 행사 여부와는 관계가 없으므로 포괄임금제가 근로자의 연월차휴가권을 박탈하는 것이라고 할 수도 없다. 따라서 원고가 지급받은 생산수당 속에 주휴수당이나 연월차휴가수당이 포함되어 있다고 본 원심판결에 구 근로기준법상의 주휴수당이나 연월차휴가수당에 관한 법리를 오해한 위법이 있다고 할 수 없다.[69]

그러나 휴일근로수당과 연월차근로수당까지 포괄임금계약에 포함시킬 수 있다고 본다면 이는 사실상 노동자들로 하여금 휴일 및 연월차휴가에도 일할 것을 강제하는 것이기 때문에 위 판결은 근로기준법상 휴일 및 연월차휴가 조항에 정면으로 위배된다.[70]

---

68) 대법원 1992. 7. 14. 선고 91다37256 판결.

69) 대법원 1998. 3. 24. 선고 96다24699 판결.

70) 하급심 판결 중에는 연월차근로수당이 포괄임금대상이 되지 않는다고 판시한 것이 있어 그 논리를 소개한다. "근로기준법상의 연차 및 월차휴가제도는 근로자가 인간다운 생활을 할 수 있는 헌법상의 권리가 구체화된 것으로 근로자에게 일정 기간 동안 사용자에 대한 취업의무로부터 해방됨으로써 육체적, 정신적 피로를 회복하여 노동력을 유지·증진할 수 있는 기회를 제공하도록 하는 제도인 바, 그 목적이나 취지에 비추어 볼 때 사용자가

◉ **퇴직금**

1년치 퇴직금을 월급에 12등분하여 나누어 지급하는 경우(실제는 퇴직금을 지급하지 않기 위해 월급 중 일부를 퇴직금이라고 명목만 두는 경우임)가 있는데, 이 때 퇴직금은 포괄임금에 포함될 임금이 아니므로 퇴직 시에 별도로 퇴직금을 청구할 수 있다.

근로기준법 제34조 제1항은 사용자에 대하여 퇴직하는 근로자에게 퇴직금을 지급할 수 있는 제도를 마련할 것을 규정하고 있고, 퇴직금이란 퇴직이라는 근로관계의 종료를 요건으로 하여 비로소 발생하는 것으로 근로계약이 존속하는 동안에는 원칙으로 퇴직금 지급의무는 발생할 여지가 없는 것이므로(대법원 1991. 6. 28. 선고 90다14560 판결, 1996. 5. 14. 선고 95다19256 판결 등 참조), 피고인과 이 사건 근로자들 사이에 매월 지급받는 임금 속에 퇴직금이란 명목으로 일정한 금원을 지급하기로 약정하고 피고인이 이를 지급하였다고 하여도 그것은 근로기준법 제34조 제1항에서 정하는 퇴직금 지급으로서의 효력은 없다고 할 것이다.[71]

5. 휴업수당

일용직의 경우 하루 8시간 일하는 것으로 약정을 하고 근로를 제공하였지만, 사측의 부득이한 사정이 있어서 도중에 일을 못하게 되고 실제 일한 시간에 대하여만 일당을 지급받는 경우가 있다. 그러나 근로기준법에 따르면 사측의

근로자와의 약정에 의하여 근로자가 연·월차휴가청구권의 행사로 얻게 되는 연·월차휴가일에도 근로할 것을 정하고 그 연·월차휴가일의 근로에 대한 이른바 '연·월차휴가근로수당'을 미리 지급키로 하는 연·월차휴가권의 매수(買受)예약은 강행법규인 근로기준법이 정하고 있는 연·월차휴가권의 행사를 사실상 저지하는 결과를 초래하게 되기 때문이다. 그러므로 이 사건에 있어서도 위와 같은 '연·월차휴가근로수당'을 미리 월정 임금에 포괄적으로 포함시킨 위 임금약정은 이를 포함시킨 부분에 한해서는 무효로 된다 할 것……" (부산지방법원 1996. 9. 6. 선고 95나5506 판결).

71) 대법원 2002. 7. 12. 선고 2002도2211 판결.

사정에 의하여 노동자가 일하지 못한 경우에는 그 시간에 대하여는 휴업수당으로 임금의 70%를 지급해야 하므로, 8시간 중 4시간밖에 일하지 못한 경우라면 일하지 못한 4시간에 대하여도 그 시간당 임금의 70%를 요구할 수가 있다.

● **근로기준법**
제45조 (휴업수당) ① 사용자의 귀책사유로 인하여 휴업하는 경우에는 사용자는 휴업기간중 당해 근로자에 대하여 평균임금의 100분의 70 이상의 수당을 지급하여야 한다. 다만, 평균임금의 100분의 70에 상당하는 금액이 통상임금을 초과하는 경우에는 통상임금을 휴업수당으로 지급할 수 있다.
② 제1항의 규정에 불구하고 부득이한 사유로 사업계속이 불가능하여 노동위원회의 승인을 얻은 경우에는 제1항의 기준에 미달하는 휴업수당을 지급할 수 있다.

노동부 역시 휴업수당규정이 현장에서 제대로 지켜지지 않는 것에 대하여 지침을 만들어 일용직에 있어서도 휴업시간에 대한 휴업수당지급의무가 있음을 명백히 하였으며, 실제로 많은 일용직 노동자들이 노동부 진정을 통해 휴업수당을 지급받고 있는 실정이다.

● **노동부 「1년미만 단기계약근로자에 대한 근로기준법 등 적용방법 지침」**
(근기 68201-1, 2000. 1. 3.)
○ 일용직근로자의 경우 당해일에 근로계약을 체결하고 근로를 개시한 이후에 사용자의 귀책사유로 인해 휴업을 하게 된 때에는
– 당해일 휴업 이전의 근로시간에 대해서는 시간급으로 산정한 임금을 지급하되, 휴업한 시간에 대해서는 근로를 제공하였을 경우 받기로 한 금액의 100분의 70을 근로자에게 지급.

6. 사회보험

(1) 산재보험

① 산재보험의 의의와 특징

산재보험은 산업재해에 대하여 사용자의 과실여부와 무관하게 재해를 당한 노동자에게 요양급여, 장해급여, 휴업급여 등의 보험급여를 지급하는 제도다.

현행법상 산재보험은 해당 사업이 산재보험법상 적용대상사업에 해당하기만 하면 사업주의 의사와 무관하게 사업주가 당연히 산재보험에 가입된다는 점에서 당연가입보험이다. 따라서 보험관계가 성립되는 시기도 사업이 개시된 날이 되고 보험료 납부여부도 보험개시 요건이 아니며, 단지 미납보험료는 추후 회사가 정산만 하면 된다. 따라서 재해를 당한 노동자로서는 사업주가 산재보험에 가입하여 보험료를 내고 있는지와 무관하게 근로복지공단에 보험금 청구를 하면 보험급여를 지급받을 수 있다.

산재보험의 보험료는 고용보험, 국민연금, 건강보험 등과 달리 전액 사용자가 부담한다.

② 산재보험의 적용대상

계약직과 관련하여 보면 시행령 제3조에서 제외된 사업(대표적인 예가 2,000만원 미만의 공사)이 아니면 노동자의 근로계약기간과 무관하게 산재보험의 혜택을 받을 수 있다. 그리고 산재사고가 계약기간 중에 발생하기만 하면, 이의 치료를 위해 요양하고 있는 기간 중에 계약기간이 만료된다 하여도 해당 질병에서 완쾌되거나 일시보상을 받을 때까지는 요양보상을 받을 수가 있다. 기간만료 후 완쾌 전 기간에 대한 휴업보상이 문제가 될 수 있으나 노동부는 이 기간에 대하여도 휴업보상을 해야 한다고 한다.

적용요건 중 상시 고용과 관련하여 보면, 상시 고용이 정규직을 의미하는 것도 아닐 뿐더러, 상시 사용은 사업장에 대한 요건이지 노동자에 대한 요건이 아니기 때문에 상시 사용 노동자가 1인 이상인 사업장에 고용된 모든 노동자는 산재법의 적용을 받는다.

● **산업재해보상보험법**
제5조 (적용범위) 이 법은 근로자를 사용하는 모든 사업 또는 사업장에 적용한다. 다만, 위험률·규모 및 장소 등을 고려하여 대통령령이 정하는 사업에 대하여는 그러하지 아니하다.

● **산업재해보상보험법 시행령**
제3조 (법의 적용제외사업) ① 법 제5조 단서에서 "대통령령이 정하는 사업"이라 함은 다음 각호의 1에 해당하는 사업을 말한다.
1. 공무원연금법 또는 군인연금법에 의하여 재해보상이 행하여지는 사업
2. 선원법 또는 사립학교교원연금법에 의하여 재해보상이 행하여지는 사업
3. 건설공사중 총공사금액이 2천만원 미만인 공사와 주택건설촉진법에 의한 주택사업자(이하 "주택사업자"라 한다) 또는 건설산업기본법에 의한 건설업자(이하 "건설업자"라 한다)가 아닌 자가 시공하는 공사로서 연면적이 330제곱미터 이하인 건축물의 건축 또는 대수선에 관한 공사
4. 가사서비스업
5. 제1호 내지 제4호의 사업 외의 사업으로서 근로자를 단속적으로 사용하여 상시근로자의 수가 1인 이상이 되지 아니하는 사업
6. 농업·임업(벌목업을 제외한다)·어업·수렵업중 상시 5인 미만의 근로자를 사용하는 사업

● **노동부 「1년 미만 단기계약근로자에 대한 근로기준법 등 적용방법 지침」**

(근기 68201-1, 2000. 1. 3.)

사. 재해보상
- 1년 미만 단기계약근로자에게도 원칙적으로 산재보험이 적용됨.

- 산재보험법이 적용되지 않는 범위 내에서 근로기준법상의 재해보상 규정이
  적용됨.
- 1년 미만 단기계약근로자가 업무상 부상 또는 질병으로 인해 요양하고 있는
  기간 중에 근로계약기간이 만료되어도 당해 부상, 질병이 완쾌되거나 일시보
  상을 행할 때까지는 요양보상, 휴업보상 등을 행하여야 함.

(2) 고용보험

① 고용보험의 의의와 개관

고용보험은 고용안정사업이나 직업훈련 등을 실시하는 사업주를 지원하고
(고용안정사업, 직업능력개발사업), 그 적용을 받는 노동자가 실직한 경우
일정 기간동안 실업급여를 지급하는 사회보험이다. 특히 실업급여는 노조활
동 등을 이유로 해고(계약해지)된 노동자가 복직투쟁을 하는 데 있어 최소한
의 생계비로서 중요한 역할을 하고 있다.

우리의 고용보험제도는 모든 실직자를 대상으로 하는 것이 아니라 직장을
가졌다가 실직된 사람만을 대상으로 한다. 산재보험이 사용자나 노동자의
의사와 무관하게 자동가입되고 재해발생 시 보상금을 받을 수 있으며 보험료
는 전액 사용자 부담인 것에 비하여, 고용보험의 경우는 노동자가 일정
기간 이상 고용보험에 가입되어 있어야 실직 시 보험혜택을 받을 수 있으며
노동자는 실업급여 소요비용의 1/2을 보험료로 부담한다.[72]

실업급여는 고용보험 가입기간에 따라서 90일에서 240일 내의 기간동안
지급되며, 월 지급액은 실직 직전 평균임금의 50%다.

② 고용보험 적용대상

고용보험은 원칙적으로 노동자를 고용하는 모든 사업에 적용되지만, 고용

---

[72] 사용자는 실업급여 소요비용의 나머지 1/2 및 고용안정 및 직업능력개발사업에 소요되는
비용을 전액 부담한다.

보험법은 크게 두 가지 범주의 예외를 두고 있다.

하나는 사업장과 관련된 요건으로서 다음의 사업에 고용된 모든 노동자들에 대하여는 고용보험법이 적용되지 않는다(고용보험법 제7조, 시행령 제2조 제1항).

- 농업·임업·어업 및 수렵업 중 법인이 아닌 자가 상시 4인 이하의 근로자를 사용하는 사업
- 총공사금액(발주자가 재료를 제공하는 경우에는 그 재료의 시가 환산액 포함)이 2,000만원 미만인 건설공사
- 가사서비스업

다른 하나는 노동자와 관련된 요건이며, 위 제외사업에 해당되지 않는 경우라도 다음의 노동자들에게는 고용보험이 적용되지 않는다(고용보험법 제8조, 시행령 제3조 제1항).

- 65세 이상인 자
- 1월간의 소정근로시간이 60시간 미만인 자 (1주간의 소정근로시간이 15시간 미만인 자를 포함한다)

③ 고용보험 가입 - 피보험자격의 취득과 신고

고용보험이 적용되는 노동자는 사업장에 고용된 날로부터 피보험자격을 얻게 되며, 고용안정센터에 피보험자격취득신고를 함으로써 고용보험에 가입하게 된다.

피보험자격취득신고는 원칙적으로 사용자가 하도록 되어 있으며, 2004년부터 시행되는 법은 사용자가 신고하지 않은 경우 노동자가 직접 고용안정센터에 신고할 수 있도록 하고 있다.

● **고용보험법**

제13조 (피보험자격에 관한 신고 등) ① 사업주는 당해 사업에 고용된 근로자의 피보험자격의 취득 및 상실 등에 관한 사항을 대통령령이 정하는 바에 따라 노동부장관에게 신고하여야 한다.

③ 사업주가 제1항의 규정에 의한 피보험자격에 관한 사항을 신고하지 아니하는 때에는 대통령령이 정하는 바에 따라 근로자가 이를 신고할 수 있다.

④ 실업급여 수급 자격

실직된 노동자가 실업급여를 지급받기 위해서는 다음의 요건을 모두 갖추어야 한다(고용보험법 제31조 제1항).

- 신청일 이전 18개월 동안 일한 날이 180일 이상이어야 함
- 적극적으로 재취업 활동(구직활동 또는 자영업준비활동)을 하여야 함
- 전직·자영업을 위하여 스스로 그만두었거나 자신의 중대한 귀책사유[73]로 해고된 경우에는 실업급여를 받을 수 없음

실직 당시 일용직이었던 노동자는 실직 후 일용직으로 재취업한 경우라도 실업급여 신청일 이전 1개월간 근로한 일수가 10일 미만이면 실업급여를 받을 수 있다.

법조항만을 놓고 보면 피보험자격취득신고 여부와 무관하게 노동자가 적용대상 사업장에 취업한 후 180일 이상만 근무하면 지급요건을 충족하는 것으로 되어 있지만, 노동부는 피보험자격취득의 고용보험법상 효력발생시기를 신고 등을 통하여 직업안정기관의 장이 확인한 때로 보고 있으며 신고를 해야만 고용보험전산망에 입력이 되기 때문에, 실무상으로는 사전에 피보험

---

73) 중대한 귀책사유는 ①형법 또는 직무와 관련된 법률을 위반하여 금고 이상의 형을 선고받은 경우, ②공금횡령, 회사기밀누설, 기물파괴 등으로 사업에 막대한 지장을 초래하거나 재산상 손해를 끼친 경우로서 노동부장관이 정하여 고시한 기준에 해당하는 경우, ③정당한 사유 없이 장기간 무단결근한 경우를 의미한다(고용보험법 시행규칙 제57조의 2 제1항).

자격취득의 신고가 있는 경우에만 실업급여를 지급하고 있는 실정이다. 따라서 피보험자격이 인정되는 경우라면 회사가 신고를 했는지를 확인하고 그렇지 않다면 노동자가 직접 이를 신고하는 것이 필요하다고 하겠다.

제8장

기간제 고용에 대한 최근 입법논의 소개 및 비판

1. 기간제 고용 관련 입법논의 경과

지금까지 기간제 고용을 포함한 비정규직 관련 정부대책이나 입법안이 발표된 것은 정부, 노사정위원회를 포함하여 모두 4차례가 있었다.

(1) 2000. 10. 경제정책조정회의

2000년 10월 경제정책 조정회의(재정경제부장관 주재, 경제관련부처 장관들 참석)는 처음으로 정부 차원에서 비정규직 관련 대책을 논의한 자리였다. 노동부는 이 회의에서 계약직 노동자의 근로계약을 현행 1년에서 3년으로 연장하고[74] 계약직 노동자의 총 근로기간이 3년을 넘게 되면 무기근로계약으로 간주하는 방안과 특수고용형태 노동자들을 '준근로자'로 분류해 노동법상 일부규정을 적용하는 방안[75]을 제시하였다. 이에 대하여 재정경제부와 산업

---

[74] 근로계약기간의 연장은 사실상 계약직 노동을 확산시켜 정규직을 대체하게 하는 비정규직 양산정책이었음에도 불구하고 당시 언론에서는 계약직 노동자가 과거 1년밖에 근무할 수 없었다가 정부대책에 의하면 3년까지 근무할 수 있게 되므로 오히려 고용을 보장하는 정책이라고 보도한 바 있다.

[75] 노동부안은 '근로자에 준하는 자'에 대하여 보수, 해고제한, 산재보험 등의 규정은 적용하고 퇴직금, 근로시간, 휴일·휴가 등의 규정은 적용에서 제외한다는 것이다(노동부, 비정형근로자 보호대책, 2000. 10. 4.).

자원부는 강하게 반대하였다.

　이러한 회의결과는 그 자체로 어떤 구속력을 갖는 것도 아니었으며, 정부가 이후에 이를 정부입법안으로 국회에 제출하는 등의 후속조치도 취하지 않았지만, 이 회의내용은 비정규직 대책에 대한 정부의 기본적인 인식을 보여주었다는 점과 '준근로자'라는 개념이 처음 등장했다는 점에서 의미를 가진다고 하겠다.

(2) 2002. 5. 노사정위 1차 합의

① 1차 합의의 경위

　노사정위는 2001년 5월 31일 제20차 본회의를 열고 '비정규직근로자대책특별위원회'(이하 '비정규특위')를 구성할 것을 의결하였고, 7월 12일부터 본격 운영에 들어갔으며 2002년 5월 6일 '비정규직 노동자의 규모와 통계산출방식', '근로감독강화', '사회보험 확대 및 복지확충'에 대한 내용을 담은 1차 합의문을 발표하였다. 그리고 노사정위는 이 합의를 바탕으로 구체적인 유형별 입법안 마련에 들어가게 된다.

② 합의문의 내용 (전문)

- 비정규 근로자대책 관련 노사정 합의문(제1차) -

21세기 지식정보화 사회의 새로운 경제환경, 외환위기로 초래된 경제위기의 극복과정, 산업구조의 다변화·고도화 경향 속에 우리사회에는 다양한 형태의 비정규 근로가 증가하고 있는 바, 이와 관련한 대책마련의 필요성이 다각도로 제기되어 왔다.

이러한 배경 하에 2001년 7월 23일 발족한 노사정위원회 『비정규직근로자대책특별위원회』는 비정규 근로자의 권익보호와 노동시장의 장기적 발전[76]을 기하기 위한 법·제도개선 등을 논의하는 과정에서 우선적으로 필요하다고 인식한 다음의 사항들에 합의한다.

- 다　음 -

1. 비정규 근로자 범위와 통계개선

○ 비정규 근로자는 각각의 개별적 고용형태에 따라 분류할 수 있으며, 고용계약기간, 근로제공의 방식, 고용의 지속성, 근로시간 등 국제적 기준과 아울러 우리나라의 특성을 고려하는 다차원적인 기준에 의거 파악되어야 한다.

○ 우리나라의 비정규 근로자는 1차적으로 고용형태에 의해 정의되는 것으로 ① 한시적 근로자 또는 기간제 근로자, ② 단시간 근로자, ③ 파견·용역·호출 등의 형태로 종사하는 근로자를 대상으로 한다.

○ 우리나라 노동시장의 특성상 위의 범주에는 포함되지 않으나 고용이 불안정하고 근로기준법상의 보호나 각종 사회보험의 혜택에서 누락되어 사회적 보호가 필요한 근로계층이 광범위하게 존재한다는 점을 인식하며 우리 특위는 이를 '취약근로자'로 파악하고 이에 대한 보호방안도 필요하다는 데 공감한다.

○ 정부는 비정규 근로자 및 취약근로자의 규모 및 실태를 보다 정확히 파악하기 위해 현재 실시하고 있는 가구조사에 더해서 사업체조사를 병행 실시하도록 한다.

○ 향후 조사문항 및 조사방법은 별첨과 같은 점에 유의하여 노·사·정 및 전문가의 참여하에 면밀히 검토하여 마련한다.

1. 근로감독강화

○ 정부는 비정규 근로자 및 취약근로자 관련 제반문제를 바르게 인식할 수 있도록 현행법령과 행정지침 등을 노·사에 적극적으로 홍보한다.

또, 정부는 비정규 근로자를 고용하고 있는 사업장에 대하여 노무관리지도 및 근로감독을 강화하고, 파견근로에 대하여도 지도·점검 및 행정적 조치의 실효성을 확보토록 한다.

○ 정부는 비정규 근로자 및 취약근로자에 관한 효율적인 근로감독행정을 지원하기 위하여 노·사·정이 참여할 수 있는 기구를 설치하도록 한다. 이를 위해 법개정을 포함한 관련 조치방안을 강구한다.

○ 정부는 비정규 근로자 및 취약근로자의 근로조건 보호 및 관련 근로감독행정의 강화를 위해 현행 근로감독관의 수를 증원하고 결원을 보충하는 방안을 강구한다.

○ 정부는 비정규 근로자 및 취약근로자에게 상담, 조언하거나 고충처리가 이루어질 수 있도록 관련 제도의 확충 방안을 강구한다.

1. 사회보험의 적용확대 및 복지확충

○ 고용보험

정부는 일용직근로자에 대한 제도적 보호방안을 강구한다. 정부는 이를 위해 제도개선과 인프라구축 등 필요한 제반조치를 하도록 하며, 노사는 향후 시행상의 제반문제 해결에 적극 협력한다.

○ 국민건강보험

정부는 국민건강보험 적용이 제외되고 있거나 임의적용업종으로 구분되어 있는 15개 업종에 대해서 비정규 근로자의 건강보험 확대적용을 위해 건강보험재정을 고려하여 단계적으로 사업장가입이 이루어지도록 한다.

○ 산업재해보상보험

정부는 특수형태근로종사자중 「업무상 재해로부터 보호의 필요성이 있는 자」가 산업재해보상 혜택을 받을 수 있는 방안을 강구한다.

○ 국민연금

정부는 국민연금의 노·사 부담능력을 감안하여 5인 미만 사업장 근로자와 고용기간 3개월 미만의 임시·일용직 근로자의 사업장가입을 추진하도록 한다.

ㅇ 사회보험적용 촉진

정부는 고용보험, 국민건강보험, 산업재해보상보험, 국민연금 등 사회보험의 미신고사업장을 적극 발굴하여 가입토록 조치하고, 자발적인 사업장 가입 촉진을 위하여 노·사에 계도 및 홍보활동을 강화한다.

ㅇ 직업능력개발확대 및 복지확충

정부는 비정규 근로자에 대하여 직업훈련지원을 확대하고, 관련인프라의 확충방안을 마련토록 하며, 기타 근로자복지기본법 등에 근거한 복지사업의 확충방안을 강구한다.

2002. 5.
노사정위원회 비정규직근로자대책특별위원회

[별첨: 비정규 근로자 관련 통계 개선방안]

1) 경제활동인구조사 부가조사

ㅇ 한시적 근로자를 파악하기 위한 문항을 다음과 같이 수정한다.

 - '회사가 아주 어려워져 폐업 또는 고용조정을 하거나, 귀하가 특별히 잘못을 하지 않는다면 귀하는 계속 그 직장에 다닐 수 있습니까'를 '회사가 (중략) ……다면 귀하는 "원하는 한" 계속 그 직장에 다닐 수 있습니까'로 보완한다.

 - 그리고, 이 문항에 대해 '예'라고 응답한 사람에 대해 임시적·한시적 근로자 여부를 재확인하도록 한다.

ㅇ 호출근로를 파악하는 문항 중에서 '1개월 이상 계속 근무한 경우는 제외한다'는 규정을 삭제한다.

ㅇ 비정규 근로자 및 취약근로자의 실태 파악을 위해 사업체 규모를 조사한다.

2) 사업체 조사

ㅇ 비정규 근로자의 다양한 유형을 파악할 수 있도록 조사항목을 설계한다.

---

76) '노동시장의 장기적 발전'의 의미와 관련하여, 2002년 5월 6일 16차 특위회의에서 합의문 내용 검토 중 경영계와 정부측이 전문내용에 비정규 근로자 권익보호와 함께 '노동시장의

(3) 2003. 5. 26. 노사정위 공익위원안

① 배경

1차 합의 이후 노사정위는 기간제 고용·단시간·파견·특수고용 등 구체적 유형별 합의안 마련을 위해서 논의를 진행했으나 노사간 입장의 차이가 여전히 줄어들지 않자, 2003년 5월 26일 공익위원들은 그간의 검토결과를 공익위원안 형태로 제시하기로 결정하였고, 2003년 7월 25일 노사의견과 함께 이를 정부에 이송하게 된다.

② 공익위원안의 내용 (전문)

> **(1) 원칙**
>
> 기간제 근로가 노동시장 내 중요한 고용형태라는 현실을 감안하되, 그 남용에 대해서는 적절히 규제하여 노동시장의 건전한 발전을 도모한다. 기간제 근로는 계약기간의 만료로 인하여 종료된다. 그럼에도, 근로관계가 일정한 기간(예: X년)이 경과 후에도 지속되는 경우 이는 기간의 정함이 없는 근로계약으로 간주된다. 단, 예외적인 경우(예: Y경우)에는 위의 기간을 초과하여 사용할 수 있다.
> ※ 일정한 기간은 총사용기간을 의미하며 그 기간의 설정(X년)과 반복갱신의 횟수, 계속고용이 허용되는 예외적인 경우(Y경우)는 노사의 의견을 들어 결정한다.
>
> **(2) 기타 논점**
> (가) 차별금지 원칙 : 동일사업장 내 기간제 근로를 이유로 하여 기간제

유연성'을 균형있게 다루어야 한다는 내용의 명시가 바람직하다는 의견을 제시하였는데 이에 대하여 특위위원장은 전문에 명시된 '노동시장의 장기적 발전을 기하는 방향'은 특위 발족선언문에 있는 문구로 노동시장의 유연성 등 포괄적인 내용을 포함한다는 내용이라고 설명하여 원안대로 채택된 것이다.

근로자에 임금, 근로시간, 복지 기타 근로조건에 있어 차별을 하지 않도록
한다. 다만, 근로조건의 내용이 계약기간을 기준으로 결정되는 것이거나,
기타 합리적 사유가 있는 경우에는 그러하지 아니한다.

(나) 근로조건 서면명시 의무 : 기간제 근로의 계약체결시 계약기간, 임금,
근로시간, 기타의 근로조건에 관한 사용자의 서면명시 의무를 규정한다.

(다) 통상근로자로의 전환 : 통상근로자를 채용하는 경우 기고용된 기간제
근로자를 우선해서 고용하도록 노력한다.

(라) 계약기간 원칙규정 : 근로기준법 제23조 (계약기간)에 관한 조항은
다음과 같이 수정하도록 한다.

현행 : 제23조 (계약기간) 근로계약은 기간의 정함이 없는 것과 일정한
사업완료에 필요한 기간을 정한 것을 제외하고는 그 기간은 1년을 초과하지
못한다.

수정안 : 제23조 (계약기간) 근로계약은 기간의 정함이 없는 것을 원칙으로
한다. 다만, 기간의 정함이 있는 근로계약을 체결하는 경우 일정한 사업완료
에 필요한 기간을 정한 것을 제외하고는 그 기간은 일정기간을 초과하지
못한다.

※ 이 경우 일정기간은 계약기간의 상한선을 총사용기간의 계약기간과
연동하여 고려한다.

(4) 2003. 9. 4. 노동부의 "노사관계 개혁방안" 77)

① 배경

노사정위로부터 공익위원안과 논의결과를 넘겨받은 노동부는, 2003년 9월
4일 노동부장관이 노사정위 본회의에서 '노사관계 개혁방향'을 보고함으로써
비정규직에 대한 정부입법방침을 공식화하게 된다. 노동부 보고내용은 공익

---

77) 노동부, 노사관계 개혁방안, 2003. 9. 4.

위원안을 그 골격으로 하고 있는데, 노동부는 보고서에서 "이미 노사정위원회를 거친 사안은 노동부가 앞으로 관계부처와의 협의를 거쳐 금년 중 입법을 추진"할 것이라고 하여 보고내용 중 노사정위 논의를 거친 바 있는 비정규직 관련 방안에 대해서 입법추진 계획을 밝혔다.

② 노동부안의 내용

가. 차별 시정 장치 마련
- ○ 임금 등 근로조건에 있어서 불합리한 차별금지원칙을 명문화하고 차별시정기구 설치 등 실효성 있는 구제절차 마련

나. 비정규직 유형별 남용 규제 방안을 강구하되, 노동시장의 유연성과 조화를 도모
- ○ 기간제근로자 : 2년까지는 자유롭게 사용하도록 하고 2년을 초과한 경우에는 해고제한규정을 적용(예외 허용)
- ○ 근로계약기간, 근로시간 등 중요 근로조건에 대한 서면근로계약 체결 의무화

(5) 입법논의에 대한 총평

결국 정부가 최종적으로 국회에 입법요구할 안은 '기간제 사용에 대한 사유제한 불가, 일정 기간까지는 자유롭게 사용 가능, 일정 기간 후에는 사유가 있는 경우에 한하여 계속 사용가능, 사유가 없는 경우에는 무기근로계약으로 간주'하며, 부수적으로 '차별에 대한 구제, 서면근로계약체결 의무화, 무기근로계약이 원칙적인 형태임을 명시'하는 정도일 것이다.

정부의 비정규직 대책은 애초부터 '비정규직 사용규제'가 아니라 '비정규직 사용확대와 확대에 대한 적절한 규제'라는 인식에서 출발한 것이었다. 2000년 경제정책조정회의에서 제출된 노동부안조차 계약기간을 3년으로 늘리는 것에 중점을 둔 것이었으며, 3년 후 무기근로계약 간주조항은 기간연장으로 비정규직이 '지나치게' 확산되는 것을 '법적으로나마'[78] 규제하는 것에 불과했다. 물론 이러한 입법안도 시간이 지나면서 더욱 개악되어 노사정위

공익위원안에 이르러서는 기간을 연장하는 것도 모자라, 일정한 사유가 있을 때에는 이 기간제한마저 적용되지 않는 길을 열어 놓고 있다.

통상 노동관련 노사정위합의안이나 정부입법안이 국회에서는 더욱 자본의 이해에 맞게 개악된다는 전례79)에 비추어 보면, 노동부의 노사관계 개혁방안 역시 그대로 국회를 통과할지 심히 의문스럽다.

2. 정부입법안(노사정위안)의 문제점

정부입법안은 ①(예외 있는) 기간제한과 그 수단으로서의 무기근로계약 간주조항, ②근로계약기간의 연장, ③불합리한 차별금지 및 시정절차 마련으로 요약할 수 있다.

(1) 기간제한이 가지는 한계

정부입법안의 가장 큰 문제는 계약직 사용의 규제에 있어 사유제한의 방식이 아니라 기간제한의 방식을 취했다는 점이다. 기간의 제한은 비정규직 사용을 채용단계에서부터 규제하는 방식이 아니라 일단 허용해 놓고 일정기간 이상 사용을 금지하는 방식이다. 따라서 상시적으로 노동이 필요한 업무에 대하여도 계약직 사용이 가능해지며, 특히 인근 지역에 동종의 노동을 필요로 하는 기업이 여럿인 경우에는 계약직으로 채용하였다가 일정 기간 고용 후 다른 회사에서 계약직으로 채용되었던 노동자로 교체하고, 일정 기간 후 또다시 교체하는 방식으로 고용형태가 형성될 가능성이 매우 높다. 이러한

---

78) 이와 동일한 '파견근로자보호 등에 관한 법률' 제6조 제3항은 대표적인 사문화된 조항으로 이 조항의 혜택을 받은 사람은 대법원에서 판결을 받은 인사이트코리아 노동자 등 극히 소수에 불과하다.

79) 대표적으로는 1998년 노사정위에서 정리해고제·파견제 도입의 반대급부로 노사가 합의한 공무원 노동기본권 보장입법을 예로 들 수 있다.

업종에서는 단기간고용 후 이직이 일상화될 수 있는데, 이는 잘못된 방향의 비정규직 규제가 오히려 고용의 불안정성을 부추기는 또 하나의 선례로 남을 것이다.80)

이러한 기간제한의 한계는 정부입법안처럼 일정기간이 지난 경우 기간의 정함이 없는 근로계약으로 본다는 간주조항을 둔다 하더라도 크게 달라지지 않는다. 그 일정 기간까지만 고용하고 그 후에는 다른 계약직으로 대체하면 되기 때문이다.

위에서 언급한 바 있듯이 이랜드 노조는 단협으로 1년 이상 근무한 사람에 대한 계약해지 금지 및 2년 경과 시 정규직화를 쟁취하였지만, 사측은 정규직화되는 것을 막기 위해 6~9개월짜리 계약직을 사용하고 이 기간이 만료되면 다른 신규계약직으로 대체하여 위 단협조항은 사문화되고 말았다.

또한 '파견근로자보호 등에 관한 법률' 제6조 제3항도 2년 이상 계속 사용되는 파견노동자를 사용사업주에게 직접고용된 것으로 간주하고 있지만, 위 조항은 2년 직전의 계약해지로 인하여 현실에서는 파견노동자에 대한 주기적 해고의 근거조항으로 기능하고 있다는 점이 파견법 시행 6년 동안 드러났다.

'간주'라는 것이 매우 강력한 사법적인 규제방법임에도 불구하고 간주조항이 이와 같이 아무런 실효성을 갖지 못한다는 사실은, 기간제한으로는 계약직 사용규제가 불가능함을 반증하는 것이라 하겠다.

(2) 기간연장의 의미

정부입법안은 근로계약기간의 상한선을 1년에서 2년으로 늘린다는 것이다. 계약기간 연장의 본질은 계약직 노동자들의 고용을 연장해 주는 것이

---

80) 방송사에 파견되어 취재차량을 운전하는 파견노동자들의 경우 '파견근로자보호 등에 관한 법률' 시행의 결과 2년마다 KBS에서 MBC로, 다시 SBS로 이직을 강요당하고 있는 실정이다.

아니다. 정부입법안은 계약직의 고용을 최단 2년으로 하여 2년간의 고용을 보장하는 것이 아니라 단지 "근로계약의 기간은 2년을 초과할 수 없다"는 것이므로 사용자는 자신의 선택에 따라 현행법에서처럼 6개월이나 3개월 계약직을 사용할 수 있다. 그리고 판례상으로도 1년이 넘는 근로계약체결은 가능하므로[81] 기간연장이 현재보다 고용기간의 상한선을 연장시키는 것도 아니다.

기간연장은 상시적 업무에 계약직 채용을 더욱 확산케 하고, 정규직을 계약직으로 대체하려는 사용자들에게 갱신의 수고마저 덜어주는 역할만을 할 뿐이다.

(3) 차별규제

차별규제는 사유제한을 대체하는 것이 아니라 사유제한을 보완해야 하는 것이다. 사유제한을 채택하더라도 그 사유에 해당하여 계약직으로 채용된 자도 차별 없는 근로조건이 보장되어야 하기 때문에 사유제한 외에도 차별규제는 반드시 필요하다. 또한 차별규제가 완전히 동등한 근로조건을 보장하지 못하는 이상 사용자로서는 조금이라도 값싼 계약직 노동을 선호할 게 당연하므로 차별규제 외에도 사유제한은 반드시 있어야 한다. 차별규제에 대한 입법을 한다는 것이 사유제한을 포기하는 변명이 될 수는 없다.

정부입법안이 아직 구체화되지 않아 자세한 평가는 후일로 미룰 수밖에 없으나, 차별규제에 있어 가장 중요한 점은 동일가치노동의 기준을 법으로 명시해야 한다는 것이다. 동일가치노동의 판단기준은 해당 업무에 사실상 요구되는 기술과 자격, 그리고 수행하는 업무를 제대로 평가한 객관적 내용이 되어야 하며, 정규직과 비정규직이 섞여서 같은 업무를 하는 게 아니라 정규직의 업무영역과 비정규직의 업무영역이 구별되어 있는 경우라 하더라도

---

81) 대법원 1996. 8. 29. 선고 95다5783 전원합의체 판결.

동일가치여부 판단이 가능하도록 섬세한 기준이 마련되어야 한다.82)

특수한 임금항목을 만들어 정규직에게만 지급하거나 다른 근로조건에서 차별하는 등의 탈법행위를 막기 위해서는, 임금을 포함한 복지 등 근로조건 전반에 대한 차별이 금지되어야 하며, 임금만을 놓고 보더라도 임금의 항목이 다양한 현실을 감안하여 평균임금이나 통상임금에 포함되지 않는 금원 또한 동일임금에 명문으로 포함시켜야 한다.

또한 금지되는 차별에 해당할 경우 차별시정기구를 통한 권고수준에 그쳐서는 안 되고, 사용자의 민형사상 책임을 인정하여야 한다. 이는 현행법상 차별적인 퇴직금제도가 형사처벌의 대상이 되는 동시에 사법상 무효가 되어 사용자가 차액을 지급해야 하는 법적 의무를 지는 것과 동일하다.

(4) 기타

① 기간의 정함이 없는 근로계약체결을 원칙으로 하는 조항

기간의 정함이 없는 근로계약은 당연한 원칙이며 명문화하는 것이 바람직하다. 그러나 무기근로계약을 원칙적인 고용형태로 하는 노동관행의 형성은, 원칙의 선언에 의하여 이루어지는 것이 아니라 위 원칙이 실질적인 원칙으로 기능할 수 있도록 예외를 엄격히 규제함으로써 비로소 가능하다.

정부 입법안은 기간제 근로계약을 아무런 사유의 제한 없이 체결할 수 있도록 하고 기간제한의 예외마저 설정하여 이를 피할 수 있는 길을 열어 놓고 있는데, 이러한 골격 하에서 원칙의 명문화는 공염불로 전락할 것임은 너무나도 자명하다고 하겠다.

---

82) 남녀고용평등법은 동일가치노동의 기준에 대하여 "동일가치 노동의 기준은 직무수행에서 요구되는 기술, 노력, 책임 및 작업조건 등으로 하고, 사업주가 그 기준을 정함에 있어 제25조의 규정에 의한 고충처리기관의 근로자를 대표하는 자의 의견을 들어야 한다"고 규정하고 있다(제8조 제2항). 그러나 이 중 '책임'이라는 기준은 고용된 기간(이로 인한 승진)과 소속감을 매개로 정규직과 비정규직 사이의 차별을 정당화하는 근거로 악용될 여지가 있다.

한편, 앞에서 언급한 바 있듯이 현재 법원도 기간의 정함이 있는지 여부가 불명확할 때에는 기간의 정함이 없는 근로계약으로 보고 기간의 정함이 있었음을 사측에게 입증책임을 지우고 있기 때문에, 법해석에 있어 위 조항이 기여하는 바는 많지 않을 것이다(제2장 2. '(1) 근로계약기간에 대한 입증책임의 소재' 참조).

② 근로계약기간의 명시의무

말 그대로 명시에 불과하다. 이러한 내용이 근로관계를 명확히 하여 분쟁을 줄이는 데는 기여할지 모르겠지만 비정규직 양산을 억제하는 수단이 될 수 없다. 근로계약서에 계약기간문구 하나를 추가하는 것으로 손쉽게 이 의무를 이행할 수 있는 이상, 더 중요한 것은 계약기간의 명시가 아니라 계약직 사용 자체에 대한 규제다.

3. 바람직한 입법의 방향

기간제고용 규제입법의 핵심은 사유제한이 되어야 한다. 계약직 사용이 가능한 사유에 대하여는 '일시적 고용의 필요성이 있는 경우' 정도의 일반규정을 두는 것이 적당하겠지만, 법원이 이러한 일반규정을 임의로 해석하는 것을 막기 위해서는 예외사유로 일시적인 결원을 대체하는 경우, 계절적 사업의 경우 등의 예를 열거해 이러한 예들이 일시적 고용의 필요성을 해석하는 기준이 되도록 해야 한다.

사유제한의 실효성을 위하여 사유에 해당하지 않음에도 계약직을 사용할 경우와 사유가 소멸했음에도 계속하여 계약직을 사용할 경우 무기근로계약으로 간주하는 조항이 필요하다.

또한 기업이 계약직 사용을 남용하는 것을 막기 위해 계약직 근로계약서에 결원을 대체하는 경우에는 결원이 된 노동자의 성명, 계절적 사업이나 일시적 고용의 필요성이 있는 경우에는 그 사유를 반드시 명시하게 하는 것이 필요하다.

민주노동당은 민주노총 등 노동계와의 논의를 통해 2004년 7월 비정규직 입법안을 발의하였는데, 이 중 기간을 정한 근로계약과 관련된 부분의 내용은 다음과 같다.

[개정안] 근로기준법

제23조 (계약기간) ① 근로계약은 기간의 정함이 없는 것으로 한다. 다만, 다음 각 호의 경우는 예외로 한다.

1. 출산·육아 또는 질병·부상 등으로 인하여 발생한 결원을 대체할 경우
2. 계절적 사업의 경우
3. 일정한 사업완료에 필요한 기간을 정한 경우. 다만, 사업자가 동일한 목적으로 수행하는 사업은 하나의 사업으로 본다.
4. 기타 일시적·임시적 고용의 필요성이 객관적으로 인정되는 경우

② 제1항 단서의 사유에 해당하지 않는 경우에는 기간의 정함이 없는 것으로 본다.

③ 제1항 단서의 경우에는 근로계약을 서면으로 작성하고 계약기간 및 사유를 명시하여야 한다. 서면에 의한 근로계약을 작성하지 않거나 근로계약서에 계약기간 및 사유를 명시하지 않은 경우에는 기간의 정함이 없는 것으로 본다.

④ 제1항 단서의 근로계약기간은 제1호 내지 제3호의 경우는 그 해당기간, 제4호의 경우에는 1년을 초과할 수 없다.

⑤ 제4항의 기간을 초과하여 계속 근무하는 경우 그 기간을 초과하는 시점부터 근로계약기간의 정함이 없는 것으로 본다.

⑥ 근로계약기간을 정한 근로자의 계약기간이 종료한 경우 사용자는 기간의 정함이 없는 근로자로 우선적으로 채용하도록 노력하여야 한다.

참고문헌

이랜드노동조합 (2001), 『이랜드노동조합 265일 파업투쟁백서』.

이원재 (1998),「포괄임금제에 의한 임금계약의 효력」,『1997 노동판례비평』,
    민주사회를 위한 변호사모임.

이흥재 (2000),「단체협약 효력확장의 요건」,『노동법의 쟁점과 과제』, 법문사.

최홍엽 (2000),「근로계약의 기간」,『노동법의 쟁점과 과제』, 김유성교수화갑기
    념논문집, 법문사.

호텔롯데노동조합 (2000), 『호텔롯데노동조합 2000년 총파업 투쟁 백서』.

2부

간접고용

제1장

간접고용, 무엇이 문제인가

1. 간접고용의 의미

'간접고용'이란 '고용'과 '사용'이 분리되는 고용형태다. 전형적인 고용형태에서는 근로계약을 맺은 사용자와 실제 노동력을 사용하는 사용자가 동일하다. 그러나 간접고용관계에서는 실질적 사용자와 노동자 사이에 중간업체가 개입하게 된다. 현대 노동법은 근로계약관계를 매개로 하여 노동력을 사용하는 자에게 사용자로서의 책임을 지우고 있다. 그런데 간접고용관계에서는 실질적 사용자가 근로계약을 체결하지 않은 채로 노동력을 사용할 뿐 아니라, 실질적 사용자와 노동자 사이에 중간업체가 매개되어 있기 때문에 "누가 사용자로서 책임을 부담해야 하는가"라는 문제가 발생하게 된다. 이것을 그림으로 나타내면 다음과 같다.

〔그림 1〕 전형적인 고용형태

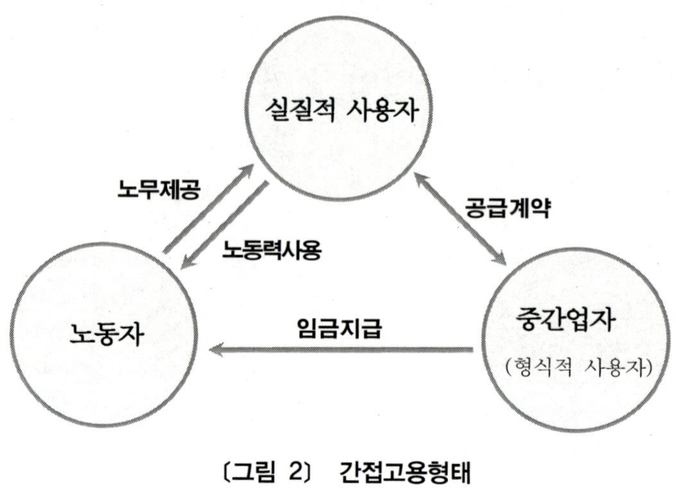

〔그림 2〕 간접고용형태

2. 간접고용의 문제점

자본이 간접고용을 선호하는 이유는 첫째, 고용·노동조건·노동3권 등에 대한 사용자로서의 책임을 회피하기 위해서다. 물론 간접고용관계에서는 중간업자의 존재로 인해 항상 중간착취가 발생할 수밖에 없다. 그러나 기업이 간접고용을 선호하는 이유는 단순히 저임금 때문이 아니라, 노동자와의 법률관계를 간접화시킴으로써 노동법적 규제를 회피하려는 목적이 더 크다. 예를 들면 간접고용관계에서 기업은 중간업자와의 계약해지라는 방식으로 손쉽게 노동자를 해고할 수 있다. 정규직 노동자에 대한 해고는 정당한 사유가 있을 때만 가능하고 이 때도 적법한 절차를 거쳐야만 한다. 반면 간접고용 노동자에 대한 해고는 형식적으로는 사용업체와 파견·용역업체간의 계약해지의 방식으로 이루어지는 것이 대부분이다. 이러한 '계약해지'는 해당 노동자에게는 곧 일자리 상실=해고를 뜻하지만, 사용업체를 상대로 부당해고를 다툰다는 것은 현행법상 곤란하다. 또한 사용업체가 임금, 노동조건 등을 실질적으로 좌우하지만 형식적으로 이에 대해 책임을 지는 것은 중간업체다.

파견·용역업체는 형식적으로는 사용자이지만 간접고용 노동자의 고용·노동
조건을 책임질 만한 능력이 없는 경우가 대부분이다.

둘째, 간접고용은 노동3권을 무력화시키는 도구로 활용된다. 간접고용
노동자들이 노동조합을 결성하면 사용업체는 공급업체와의 계약을 해지하는
방식으로 해고를 자행할 수 있다. 실제 많은 사용업체가 파견·용역업체와의
계약서 가운데 "노동쟁의가 발생하면 사용업체가 계약을 해지할 수 있다"는
내용을 포함시키고 있다. 반드시 해고라는 극단적 조치를 취하지 않더라도
사용업체는 다양한 방식으로 노동조합의 활동을 방해할 수 있다. 사용업체
내에서의 조합활동을 금지하거나, 간접고용 노동자들의 교섭 요구를 묵살한
다. 직접고용관계라면 사용업체의 이런 행위는 부당노동행위가 되지만, 간접
고용관계에서 사용업체는 노동법적 규제를 회피할 수 있다.

셋째, 간접고용은 구조조정의 방법으로 활용된다. 처음에는 청소·시설관
리·식당 등 이른바 부수적 업무에서부터 외주용역화가 이루어지다가 차츰
이것이 핵심적 업무로까지 확장되게 된다. 외주용역화는 정규직 노동조합의
저항을 누그러뜨리면서 조금씩 조금씩 구조조정을 진행하는 방식으로 활용
되고 있다. 때로는 정리해고 대신 분사라는 식으로 정규직 노동자들을 설득하기
도 한다. 일단 간접고용화가 실현되면 그 다음부터는 이 비정규직 노동자의
고용규모를 조정하는 방식으로 일상적인 정리해고가 진행된다.

바로 이것이 전근대적인 중간착취의 요소를 가진 간접고용이 현대에도
확산되고 있는 이유다. 한국에서는 1998년 '파견근로자보호 등에 관한 법률'
(근로자파견법) 제정 이전까지 노동법적으로 간접고용은 금지되었다. 그러나
이미 그 이전부터 도급, 위탁, 용역 등의 이름으로 간접고용은 널리 활용되고
있었다. 근로자파견법의 제정은 간접고용을 노동법적으로도 용인하기 시작
했다는 의미가 있다.

파견법에 대한 이해

1. 간접고용에 대한 노동법적 규제의 원리

간접고용은 중간착취와 사용자책임회피가 발생할 수밖에 없는 반노동적 고용형태이기 때문에, 노동관계법령은 원칙적으로 이것을 규제하는 입장을 취하게 된다. 파견법 제정 이전에 간접고용을 규제하던 법으로는 직업안정법을 들 수 있다. 직업안정법은 근로자공급사업, 직업소개 등을 규제하는 법률인데, 여기서 '근로자공급사업'이 바로 간접고용이라 할 수 있다.

직업안정법은 근로자공급사업을 "공급계약에 의하여 근로자를 타인에게 사용하게 하는 사업"으로 정의하고 있다(제4조 제7호). 판례는 근로자공급사업을 "근로자공급사업자와 근로자간에 고용 기타 유사한 계약에 의하거나 사실상 근로자를 지배하는 관계에 있어야 하고, 근로자공급사업자와 공급을 받는 자 간에는 제3자의 노무제공을 내용으로 하는 공급계약이 있어야 하며, 근로자와 공급을 받는 자 간에는 사실상 사용관계에 있어야 할 것"이라고 해석하고 있다.[1]

직업안정법이 금지하는 근로자공급사업에 해당하는지 여부와 관련하여 핵심적 사안이 된 것은 민법상 '도급'[2]과의 구분 문제다. 실제로는 근로자공급

---

1) 대법원 1999. 11. 12. 선고 99도3157 판결 등.
2) 민법 제664조는 "도급은 당사자 일방이 어느 일을 완성할 것을 약정하고 상대방이 그 일의 결과에 대하여 보수를 지급할 것을 약정함으로써 그 효력이 생긴다"고 규정하고 있다.

을 하면서 법을 회피하기 위해 형식적으로는 공급사업주를 사용자로 하고, 공급사업주와 사용사업주가 노무도급계약을 체결하는 식의 위장도급이 만연하고 있다. 민법상 도급의 개념에서는 도급인은 '일의 완성'이라는 결과를 목표로 할 뿐 그 일의 완성을 위해 수급인이 노동자를 사용하는 관계에 대해서는 일절 관여하지 않는다. 다시 말하자면 근로자공급에서는 사용사업주가 해당 노동자에 대하여 지휘·명령하고 노동력을 사용하는 관계인 것에 비해, 도급에서는 수급인(하청업체)이 해당 노동자를 실제로 사용하는 사용자가 된다. 결국 '근로자공급'인가 '도급'인가를 구분하는 핵심적 기준은 "누가 노동자를 실제로 사용하는 자인가"의 문제가 되는데, 현행법은 이 문제를 판별하기 위한 기준으로 해당 노동자에 대하여 누가 지휘감독을 하는가를 중심적으로 보고 있다(자세하게는 제4장 1. '(1) 위장노무도급' 참조). 이것을 그림으로 표현하면 다음과 같다.

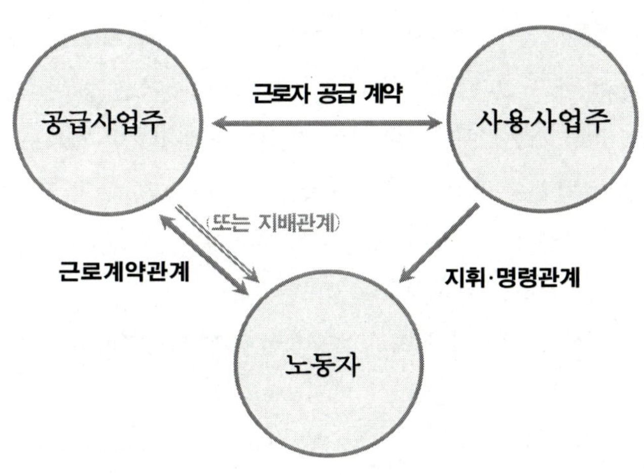

〔그림 1〕 근로자 공급

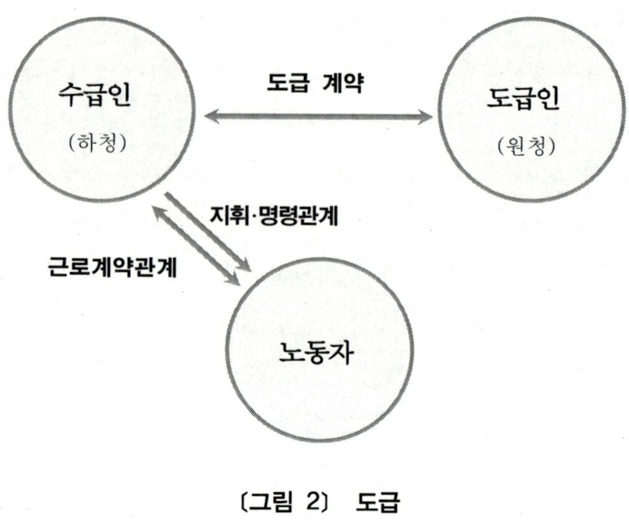

〔그림 2〕 도급

직업안정법은 근로자공급사업을 엄격히 규제하여 국내근로자공급사업의 경우 노동조합이 노동부장관으로부터 허가를 받은 경우(시행령 제33조 제2항)[3])에만 허용하고 있다. 위법한 근로자공급이 이루어진 경우 공급업자는 5년 이하의 징역 또는 2천만원 이하의 벌금에 처해진다(법 제47조). 문제는 직업안정법에 위법한 근로자공급을 받은 사용자에 대한 처벌규정이 없고, 위법한 근로자공급의 경우 해당 노동자에 대한 사용자책임을 누가 지는가에 대하여 아무런 규정을 두고 있지 않다는 점이다.

이 문제가 실제 다투어진 사례로 (주)신천개발 사건이 있다.

서울고등법원은 1989년 9월경부터 1995년 3월경까지 (주)신천개발과 용역계약을 맺고 시설관리노동자를 사용해왔다. 비록 용역계약이라는 형식을 띠고

---

3) 현재 근로자공급사업 허가를 받은 노동조합으로는 전국항운노동조합연맹 산하 항운노조, 시장노조, 연예인노조 등이 있다. 노동조합에 의한 근로자공급사업의 문제점에 대해서는 보론을 참조.

있었지만 법원은 노동자의 채용·지휘감독·해고에 이르기까지 실질적 사용자로서 권한을 행사해왔다. 구체적으로 용역계약서에는 "△계약자(신천개발)가 종업원을 채용하고자 할 때에는 사전에 계약담당공무원의 승인을 받아야 한다, △계약자는 계약담당공무원의 정하는 바에 의하여 일일, 주간, 월간 점검일지를 작성 승인을 받도록 하여야 한다, △계약담당공무원은 계약자의 종업원 중 무자격자 또는 부적당한 자가 있음을 발견한 때에는 계약자에게 그의 교체, 기타 필요한 인사조치를 요구할 수 있으며, 계약자는 이에 응해야 한다"는 등의 조항을 두고 있었다.

이러한 실태를 보았을 때 법원과 신천개발 사이의 용역계약은 도급계약이 아니라 위법한 근로자공급사업이라고 볼 수 있다. 서울고등법원은 1995년 3월경 새로이 (주)명호종합기술개발이라는 용역업체와 시설관리용역계약을 체결하였고, 노동자들은 1995. 3. 31.자로 전원 해고되었다. 시설관리노동자들로 조직된 노동조합은 서울고등법원이 실질적 사용자라는 취지의 소송을 제기하였으나 서울고등법원에서는 이것을 기각하였다. 법원은 서울고등법원이 상당한 정도의 지휘감독을 하여 온 것을 시인하면서도, 신천개발이 노동자들에게 임금을 지급하고 관리소장을 두고 있는 등 일정한 실체를 가지고 있기 때문에 법원이 아니라 신천개발이 노동법상 사용자라고 보았다.[4]

이러한 법원의 태도는 간접고용관계의 본질을 이해하지 못하는 것이다. 간접고용관계에서 사용사업주는 노동법상 책임을 회피하기 위해 공급업체를 중간에 개입시킨다. 공급업체를 통해 임금이 지급되고, 공급업체 소속의 관리자를 두는 것은 공급업체가 사용자로서의 '형식'을 갖추기 위한 최소한의 장치다. 실제로 중요한 것은 "누가 실제로 노동자를 사용하였는가"의 문제고, 사용업체가 실제 지휘·명령을 한 사실을 인정하면서도 단지 공급업체가 형식적 사용자로서 존재하고 있다는 이유로 사용업체가 사용자가 아니라고 한 것은, 사용업체와 공급업체가 꾸민 외관을 법적으로 정당화시켜 주는 것에 다름 아니다.

---

4) 서울고등법원 1995. 11. 17. 선고 95나31883 판결.

　　요컨대 직업안정법은 원칙적으로는 근로자공급사업, 즉 간접고용을 금지하는 태도를 취하면서도 사실상 불법적 간접고용의 확산을 방조해 왔다고 할 수 있다. 불법적 근로자공급사업을 통해 노동자를 사용해도 사용업체는 아무런 처벌을 받지 않을 뿐 아니라, 해당 노동자에 대해 사용자로서 책임을 지지 않을 수 있도록 직업안정법이 방기하고 있었던 것이다.

2. 근로자파견법 제정의 의미

　　1998년 2월 20일, 오랜 논란 끝에 드디어 '파견근로자보호 등에 관한 법률'(제5512호, 이하 '파견법')이 제정되어, 1998년 7월 1일부터 시행에 들어갔다. 사실 노동계가 오랫동안 반대해왔던 노동자파견제의 합법화 시도는 이미 1990년대 초반부터 있었다. 노동부는 1993년 6월 '근로자공급사업지도'지침을 마련하여 불법 근로자공급사업 단속방침을 천명하였다. 이 지침은 "근로자공급사업은 중간착취, 고용안정 저해 등 부정적 측면이 많기 때문에 '직업안정 및 고용촉진에 관한 법률' 제17조에 의해 노동조합이 허가를 받아 행하는 경우 외에는 전면 금지"된다고 전제하고, "위법임에도 불구하고 음성적으로 사업을 수행하거나 위장된 도급형태로 탈법운영하는 사례가 계속 증가추세"임에 비추어 "근로자가 고용불안 없이 직장에 대한 애착을 가지고 의욕적으로 일할 수 있는 풍토를 조성하기 위해 확산일로에 있는 불법근로자공급사업에 대하여는 적극적인 대응이 필요"하다는 입장을 취했다. 행정지도의 내용은 불법근로자공급사업체에 대하여는 근로자공급사업을 중지하도록 하고, 공급근로자 사용업체는 용역노동자를 직접 고용하도록 하는 것이었다. 그런데 노동부는 1993년 7월 종전의 방침을 180도 바꾸어 이들 불법사업을 양성화하기 위한 입법예고를 하였다. 결국 관계부처와의 협의를 거쳐 같은 해 10월 '근로자 파견사업의 적정한 운영 및 파견근로자 보호에 관한 법률안'을 정부안으로 국회에 제출하였다. 그러나 당시에 개최된 공청회 등에서 개진된 노동계의 반대에 봉착한 이 법안은 국회 노동위원회에서 본격 심의되지 못한 채 입법이 보류되었다.

1995년 8월 중순에는 김영삼 당시 대통령이 대기업 총수들을 잇달아 만나 중소기업에 대한 장기어음발행 자제 등을 당부하였다. 그 후 통상산업부는 '중소사업자 구조개선지원을 위한 특별조치법'을 제정하겠다고 나섰는데, 이 특별법에 근로자파견제와 함께 변형근로시간제, 정리해고 요건의 완화 등의 내용이 포함되어 있었다. 이 당시에도 노동계와 사회단체들의 격렬한 반대에 부딪쳐 결국 민자당 고위당직자회의에서 파견법 유보를 결정하게 되었다. 그러나 그 이후에도 재정경제원 등이 나서서 정리해고제와 근로자파견제의 입법이 필요하다는 주장을 계속했다.

1996년 5월 노사관계개혁위원회가 구성되면서 파견법 제정문제는 다시 수면 위로 부상했다. 사용자측과 노동조합측의 시각 차이가 워낙 커 합의안 마련에 실패한 노개위에서는 공익위원들이 파견근로에 대한 객관적인 실태조사와 논의절차를 거쳐 1997년 중에 입법을 추진하기로 의견을 모았으며, 이는 정부의 방침으로 결정되었다. 그러나 1996년 말의 노동법 날치기 통과 사태로 노동계의 총파업에 직면하게 되면서 파견법과 정리해고제 입법화의 문제는 다시 가라앉게 되었다. 그러던 중 1997년 말 외환위기가 닥치면서 12월 5일 발표된 'IMF 자금지원 합의내용'에서 노동시장의 유연성을 제고하는 추가적인 조치가 취해져야 한다는 내용이 포함되게 되었다. 결국 1997년 12월 24일에 정부는 노동시장의 유연성 제고를 위해 1998년 2월 중에 정리해고제와 파견법의 입법을 추진하기로 IMF측과 합의하였다고 발표하였다.

결국 1998년 2월 9일에 노사정간에 '경제위기 극복을 위한 사회협약'이 이루어지면서 6년여를 끌어온 근로자파견법의 제정 문제가 현실로 나타나게 되었다. 노동자파견제의 합법화는 중간착취를 합법화하고 정규직의 일자리를 간접고용으로 대체하고 또한 노동조합을 무력화한다는 점에서 노동운동, 특히 여성노동운동의 반대에 부딪쳐 왔다. 1998년 노동자파견제의 합법화는

IMF경제위기 속에서 노동운동을 사회적으로 압박하여 1997년 이후 계속된 노동유연화에 대한 자본의 요구를 관철시킨 것이었다. 그리고 당시 정부는 파견법의 제정이 불법적 간접고용을 규제하고 간접고용 노동자를 보호하는 방안이 될 것이라 장담했다.

그러나 파견제 합법화 이후 6년이 지나는 동안 벌어졌던 사태들은 노동운동 진영의 우려와 반대가 현실화되었음을 보여주었다. 지난 6년간의 경험을 우리는 '안정적인 일자리의 파괴'와 '노동기본권의 무력화', 그리고 '저임금·주기적 해고·노예노동의 확산'이라 요약할 수 있다.

2000년 6~7월에 걸쳐 전국적으로 수만 명의 파견노동자들이 해고되었다. 파견법 제6조 3항에서 "2년 이상 계속 사용한 파견노동자는 사용사업주가 직접고용한 것으로 본다"고 규정하고 있는데, 이 직접고용간주조항을 회피하기 위해 대부분의 사용업체가 파견노동자를 교체 또는 해고한 것이다. 그러나 '파견노동자에 대한 학살'은 이것으로 끝나지 않았다. 그 이후 2년의 기한이 돌아오는 파견노동자들은 오늘도 주기적으로 해고되고 있다.

그렇다면 불법파견은 규제되고 있는가? 파견법 시행 6년 동안 정부는 불법파견에 대한 감독을 방기하다시피 했다. 법원은 방송사비정규노조 사건에서는 "파견법 제6조 3항을 회피하기 위한 사용사업주의 해고도 정당하다"고 판결하고, SK인사이트코리아노조 사건에서 행정법원은 "불법파견에는 파견법상의 보호조항이 적용되지 않는다"고 판결하여 사실상 사용자들의 불법을 부추긴 바 있다.

파견제의 합법화는 불법파견을 규제하기는커녕 반노동적, 반인권적인 간접고용 사용을 정당화시켜 주었다. 파견제가 새로운 취업기회를 보장해 주리라는 자본의 논리는 철저한 기만에 불과하다. 정규직노동자들이 정리해고되고 그 자리가 파견·용역노동자들로 채워지고 있다. 외주·용역화·분사화를 통해 정규직의 일자리는 급속하게 간접고용화되고 있다. 근로자파견제는 정리해고제와 함께 일상적 구조조정을 제도적으로 뒷받침해 주는 역할을 하고 있다. 파견·용역노동자들에게 노동3권이란 장식물에 불과하고, 간접고용 노동자들이 노동조합을 조직해도 사용사업주와 파견사업주의 집요한 노조와해공작 속에서 살아남을 수가 없다. 21세기 한국사회에서 무권리의 노예노동이 점점 더 확산되고 있는 것이다.

불법적 파견이 얼마나 확산되고 있는지 단적으로 보여주는 통계를 살펴보자.

2001년 8월에 실시한 경제활동인구 부가조사에 따르면 파견근로와 용역근로의 규모가 449,741명으로 조사되었다. 즉 "근로자파견법에 의해 설립된 파견업체에 고용되어 그 업체와 계약을 맺은 사용업체에서 노무를 제공하는 노동자"에 해당한다고 스스로 응답한 노동자가 130,371명, "청소, 경비, 물품제조 등의 분야에서 노무 또는 서비스를 제공하는 업체에 고용되어 그 업체와 계약을 맺은 다른 업체의 사용자를 위해 일하는 노동자"에 해당한다고 스스로 응답한 노동자가 319,370명으로 조사되었다.

그런데 노동부의 『근로자파견사업 현황』을 보면 2001년 6월 현재 허가받은 파견업체 1,324개, 파견노동자의 수는 50,327명으로 집계되었다. 그리고 2002년 정기국회 국정감사에 노동부가 제출한 자료에서 불법파견 적발사례는 2000년 15건에 821명(510명 고용, 62%), 2001년 13건, 725명(106명 고용, 14%), 2002년 8월까지 8건, 1,328명(수사종결 100명 중 23명 고용, 23%) 등에 불과하다. 결국 통계상으로만 보아도 8만에서 40만명 정도의 불법파견 노동자가 있다고 할 수 있는 것이다.

3. 근로자파견법의 구조

파견법의 제정은 1998년 이전까지 엄격히 규제되었던 근로자공급사업 중 일부를 합법화시키는 방식으로 간접고용을 확산시키는 계기가 되었다. 그럼에도 파견법 제정에 대한 우려와 반대가 만만치 않았던 만큼 현행 파견법은 파견제를 이용할 수 있는 사유와 기간을 제한하는 구조를 가지고 있다.

(1) 파견노동자를 사용할 수 있는 사유와 기간

① 전문지식·기술·경험을 필요로 하는 업무(파견법 제5조 제1항)

자본측이 흔히 내세우는 논거 중의 하나가 기업이 자체적으로 조달하기 어려운 전문적 인력을 파견업체로부터 공급받는 것이 효율적이라는 주장이다. 이에 대응하여 파견법은 '전문지식·기술·경험을 필요로 하는 업무'에 대하여 최장 2년까지 파견노동자를 사용할 수 있도록 허용하고 있다. 이 때 제조업의 직접생산공정업무는 해당되지 않는다.

파견법에서 말하는 '전문지식·기술·경험을 필요로 하는 업무'에 대해서는 파견법 시행령 제2조 제1항에서 다음과 같이 26개의 업무로 규정하고 있다.

한국표준 직업분류	대 상 업 무	비 고
213	컴퓨터 전문가의 업무	
241	사업전문가의 업무	
243	기록보관원, 사서 및 관련 정보전문가의 업무	사서(24321)의 업무를 제외함
2444	언어학자, 번역가 및 통역가	
31141	전신, 전화통신기술공의 업무	보조업무 중 난청지역의 수신상태를 확인·점검하는 업무에 한함
3118	도안사의 업무	
3121	컴퓨터보조원의 업무	
31317	녹화장비조작원의 업무	보조업무에 한함
31325	라디오 및 텔레비전 방송장비 조작원의 업무	보조업무에 한함
33409	달리 분류되지 않은 기타 교육준전문가	

3431	관리비서 및 관련 준전문가의 업무	
347	예술, 연예 및 경기준전문가의 업무	
411	비서, 타자원 및 관련사무원	자료입력기조작원(4113)과 계산기조작원(4114)의 업무 제외
414	도서, 우편관련 사무원의 업무	
4215	수금원 및 관련근로자의 업무	
4223	전화교환사무원의 업무	전화교환사무원의 업무가 당해 사업의 핵심업무인 경우를 제외함
5113	여행안내요원의 업무	
5122	조리사의 업무	관광진흥법 제3조의 규정에 의한 관광숙박업의 조리사업무를 제외함
5131	보모의 업무	
51321	간병인의 업무	간호조무사의 업무를 제외함
5133	가정 개인보호근로자의 업무	
52204	주유원의 업무	
832	자동차운전원의 업무	시행령 제2조 제2항 제5호 및 제6호의 업무를 제외함
91132	전화외판원의 업무	
91321	건물청소원의 업무	
91521	수위의 업무	

이러한 26개 업무를 살펴보면 실제 기업이 자체적으로 조달하기 어려울 만큼 전문적 지식·기술을 필요로 하는 업무와는 거리가 멀다. 오히려 파견법 제정 이전부터 불법적 간접고용으로 사용되어 왔던 업무들을 합법파견으로 정당화시켜 주었다고 볼 수 있다. 그럼에도 정부와 자본은 파견허용업무를 확대하거나 아예 모든 업무에 대해 파견을 사용할 수 있도록 규제를 없애야

한다고 주장해 왔다. 2002년 통과된 경제자유구역법에서는, 경제자유구역위원회의 심의·의결을 거치면 현행 26개 외의 다른 업무에도 파견을 사용할 수 있도록 규정하고 있다(경제자유구역법 제17조 제5항). 경제자유구역법의 시행을 계기로 실질적으로 모든 업종에 파견제가 확대될 수 있게 되었다고 할 수 있다.

② 일시적 인력 확보가 필요한 경우

또한 파견법 제5조 제2항에서는 "출산·질병·부상 등으로 결원이 생긴 경우 또는 일시적·간헐적으로 인력을 확보하여야 할 필요가 있는 경우"에 파견노동자를 사용할 수 있도록 허용하고 있다. 이 경우는 정규직 노동자를 고용하기에 곤란한 '일시적 간헐적 인력 확보의 필요성'을 논거로 들고 있기 때문에 허용기간도 그러한 '일시적 필요'에 맞추어 제한되는 것이 논리적으로 맞으나, 현실에선 그렇지 않아 문제가 아닐 수 없다.

현행 파견법은 출산·질병·부상 등으로 결원이 생긴 경우는 그 사유의 해소에 필요한 기간 동안 파견노동자를 사용할 수 있도록 하고, 일시적·간헐적 필요에 의한 경우에는 최장 6개월 동안 파견을 허용하고 있다(파견법 제6조 제2항). 한편 일시적 인력 확보를 위해 파견노동자를 사용하고자 할 경우, 사용사업주는 해당 사업장에 노동자의 과반수로 조직된 노동조합이 있는 경우에는 그 노동조합, 그러한 노동조합이 없는 경우에는 노동자의 과반수를 대표하는 자와 사전에 성실하게 협의하도록 규정하고 있다(파견법 제5조 제3항).

그런데 2002년 통과된 경제자유구역법에서는 경제자유구역위원회의 심의·의결을 거친 경우 파견기간을 연장할 수 있도록 하고 있다(경제자유구역법 제17조 제5항). 결국 경제자유구역법 시행을 계기로 파견제를 전면적으로 자유화시켰다고 볼 수 있다.

(2) 파견노동자 사용이 금지되는 경우

① 파견제 사용이 금지되는 업무

• 파견법 제5조 제2항 단서
1. 건설공사현장에서 이루어지는 업무
2. 항만운송사업법 제3조 제1호, 철도소운송업법 제2조, 농수산물유통및가격
   안정에관한법률 제33조의 2, 화물유통촉진법 제2조 제1호·제10호의 규정에
   의한 하역업무로서 직업안정법 제33조의 규정에 의하여 근로자공급사업
   허가를 받은 지역의 업무
3. 선원법 제3조의 규정에 의한 선원의 업무
4. 산업안전보건법 제28조의 규정에 의한 유해하거나 위험한 업무
5. 기타 근로자보호 등의 이유로 근로자파견사업의 대상으로는 적절하지 못하다
   고 인정하여 대통령령으로 정하는 업무

• 파견법 시행령 제2조 제2항
1. 진폐의예방과진폐근로자의보호등에관한법률 제2조 제3호의 규정에 의한
   분진작업을 하는 업무
2. 산업안전보건법 제44조의 규정에 의한 건강관리수첩의 교부대상 업무
3. 의료법 제2조의 규정에 의한 의료인의 업무 및 동법 제58조의 규정에 의한
   간호조무사의 업무
4. 의료기사등에관한법률 제3조의 규정에 의한 의료기사의 업무
5. 여객자동차운수사업법 제2조 제3호의 규정에 의한 여객자동차운송사업의
   운전업무
6. 화물자동차운수사업법 제2조 제3호의 규정에 의한 화물자동차운송사업의
   운전업무

② 파견제 사용이 제한되는 경우

노동자파견이 제한되는 경우로서 쟁의행위 중인 사업장에 그 쟁의행위로

중단된 업무의 수행을 위하여 노동자를 파견해서는 안 된다(파견법 제16조 제1항). 또 경영상 해고를 한 후 2년이 경과하기 전에는 해당 업무에 파견노동자를 사용해서는 안 된다(파견법 제16조 제2항, 파견법 시행령 제4조).

이러한 파견법의 구조를 살펴보면 전문지식·기술이 필요한 업무나 일시적 인력확보의 필요성이 있는 경우 그 허용기간을 제한하여 근로자파견을 허용하고 있다. 파견법이 직업안정법이 원칙적으로 금지하는 근로자공급사업을 제한된 요건 하에 허용한 것이라면, 파견법이 정한 요건을 충족하지 않는 불법파견, 예를 들어 무허가 파견업체에 의한 파견, 허용업무 이외의 파견, 허용기간 이상의 파견의 경우에는 불법적 근로자파견임과 동시에 직업안정법이 금지하는 근로자공급사업에 해당한다고 볼 수 있다.

이처럼 파견법은 제정 당시 진보진영의 반발을 무마시키기 위해 허용업종과 허용기간의 제한이라는 규제를 갖추고 있었지만, 실제 행정당국의 방치 속에 불법파견이 만연해 왔다. 뿐만 아니라 경제자유구역법 시행을 계기로 그러한 형식적 규제마저도 없애 버리고 간접고용을 전면 자유화하려는 의도를 노골적으로 드러내고 있다.

간접고용의 현황

1. 간접고용의 유형

(1) 파견

'파견'이란 엄밀하게는 파견법에 근거한 간접고용을 뜻한다. 파견법은 법형식적으로는 파견허용업종과 파견허용기간을 제한함으로써 합법적으로 간접고용을 사용할 수 있는 테두리를 정하고 있다. 즉 26개의 전문적 업무에 대해서는 최장 2년간, 일시적 업무에 대해서는 최장 6개월간 합법적으로 간접고용을 사용할 수 있게 되었다.

파견법이 허용하는 범위 내에서는 실질적 사용자(사용사업주)와 근로계약상의 사용자(파견사업주)의 분리가 허용된다. 역으로 말하자면 파견법의 요건을 충족하지 못하는 간접고용은 불법이 된다. 그러나 파견법의 제정 이전부터 간접고용은 다양한 방식으로 널리 활용되어 왔다. 그 대표적 사례들을 다음에서 살펴보자.

(2) 용역

'용역'이란 노동현장에서 간접고용을 지칭하는 용어로 관행적으로 사용되고 있지만, 엄밀하게 말하자면 용역을 허용하는 법 같은 것은 없다. 1970년대 말부터 건물 청소, 경비 등 업무에서 용역업이 확산되었는데 이 용역업에 관한 법률로서 '용역경비업법', '공중위생법', '공동주택관리령' 등이 있다.

그러나 이런 법들은 용역업을 할 수 있는 기준과 허가절차 등을 다룬 것들이지 노동자를 파견할 수 있는 근거법률이 아니다. 말하자면 용역업체가 사용업체와 독립적으로, 노동자를 전적으로 지휘감독하는 경우(이것은 간접고용이 아니라 민법상 도급에 해당한다)를 상정하고 있는 법령들이기 때문에, 사용업체가 용역노동자를 실질적으로 지휘감독하고 있다면 이는 불법적 파견에 해당한다.

최근에는 '기술용역'이라 하여 전산업무와 관련한 용역이 성행하고 있다. 정보통신업계에서는 '격지근무'라고도 불리는데, 프로그래밍업무 등을 주문받아 사용업체에 노동자를 공급하는 경우다. 격지근무를 하게 되면, 구체적 경우에 따라 차이는 있지만 짧게는 1~2개월에서 길게 1년까지 사용사업체에서 일하면서 수시로 그 업체로부터 업무진행정도를 점검받고 구체적인 업무지시를 받는 경우도 있다. 이른바 벤처업체 중에는 이러한 용역파견만을 전문적으로 하는 경우도 많다. 현행 '엔지니어링기술진흥법'이 기술용역을 허용하고 있기는 하지만, 이 경우에도 사용사업체가 실질적 사용자로서의 권한을 행사하였다면 간접고용이라고 할 수 있다.

(3) 업무위탁/노무도급

현장에서 '업무위탁' 또는 '노무도급'이라는 용어를 사용하는 경우에도 역시 계약형식은 도급계약을 위장하고 있다. 즉 사실상 노동자파견이면서도 형식적으로는 특정업무를 타 회사에 위탁한 듯한 외관을 띠는 것이다.

부산지하철의 경우 공기업구조조정방침에 따라 매표업무를 민간위탁하였다. 그러나 말이 위탁이지 매표업무에 대한 감독을 해당역장이 하였을 뿐 아니라 매표에 필요한 시설과 물품도 지하철 소유의 것을 무상으로 사용하였다. 결국 부산지하철은 2003년에 부산지방노동청으로부터 불법파견 시정명령을 받았다.

SBS의 경우 파견운전직을 사용하다가 파견법상의 직접고용의무 문제가 제기되자, 동일한 노동자들을 노무도급 형식으로 공급받아 사용하고 있다. 파견제였을 때와 노무도급일 때의 차이란 도급업체 소속의 관리자가 있다는 것밖에 없는데, 이 관리자란 사람은 그 전까지 파견운전직으로 일하던 사람을 과장 직책을 주고 배차업무를 돌보게 한 것에 불과했다. 요컨대 파견·용역업체 소속의 관리자를 선임하는 것만으로, 파견이 아닌 적법한 노무도급이라고 주장하고 있는 것이다.

(4) 사내하청

1980년대부터 자동차·조선 등의 제조업에 도입되기 시작한 이른바 '사내하청', '외주용역'의 경우도 불법적 간접고용이라 볼 수 있다. 사용업체와 사내하청업체 간에는 도급계약을 맺고 있지만, 사내하청업체는 노동자를 공급하는 것 이외에는 독자적 생산설비나 작업조직을 갖추고 있지 않다. 사실상 이들 사내하청업체가 하는 일이란 노무관리의 일부를 담당하고 임금을 지급하는 것뿐이다. 사용업체는 사내하청노동자의 투입과 해고에 관한 결정권한을 행사할 뿐 아니라 대부분 직접적으로 지휘·명령을 한다. 사내하청노동자들은 사용업체의 노동자들과 함께, 또는 그들을 보조하여 사용업체의 생산조직 속에서 일을 한다.

사내하청과 유사한 간접고용 형태로 소사장제가 있다. 소사장제는 업종에 따라 다양한 방식으로 활용되고 있는데, 초기에는 생산공정의 일부를 도급계약형식으로 소사장에게 넘기는 방식이 많았다. 이 때 소사장은 자신이 직접 일하면서 다른 노동자와 근로계약을 맺기도 하고, 사내하청업체로 발전하기도 한다. 최근에는 '1인 소사장'이라 하여 사용업체와 노동자가 위·수탁(委·受託)계약을 맺고 노동자를 개인사업주화시키는 현상도 나타나고 있다. 이것은 간접고용이라기보다는 특수고용에 가깝다고 할 수 있지만, 간접고용과 특수고용이 뒤섞이는 현상으로 볼 수 있다.

(5) 분사/위장도급업체 설립

기업의 조직 일부를 분사시키거나 파견·용역업체를 만드는 방식으로 간접 고용화하기도 한다. 이 때 분사는 사용업체의 노동자를 구조조정하는 방식으로 활용되기도 하는데, 분사 시에 보통 "3년간 거래관계 보장"을 미끼로 내세우는 경우가 많다.

SK텔레콤은 전화상담업무에 파견노동자를 사용하다가 아예 해당 업무를 분사화했다. 정리해고 위협 속에서 SK텔레콤의 정규직 노동자는 분사된 업체의 관리자가 되었고, 파견노동자들은 분사된 업체의 비정규직으로 전환되었다.

대한항공은 면세점을 운영하면서 같은 그룹 계열사인 한진관광으로부터 판매직 노동자들을 파견받아 사용해 왔다. 그러던 중 2002년 들어 판매직 노동자들에게 그룹 내 전문용역업체인 한국항공종합서비스로 소속회사를 옮길 것을 강요하였다. 한진관광노조와 면세점 노동자들은 이러한 시도가 한진관광에 대한 구조조정의 일환이라고 보고, 개별적 전적(轉籍)을 거부하면서 대한항공을 상대로 고용보장을 요구하였다. 그러나 대한항공과 한진관광은 전적을 거부하는 면세점 노동자들을 전원 정리해고하였고, 면세점노동자들의 투쟁이 끝난 이후 결국 한진관광은 정규직 노동자들에 대해서도 구조조정을 벌이고 있다.

SBS미디어넷은 종업원 전체에 대하여 외주제작업체로 전적할 것을 강요하고 노조가 이것을 거부하자 전원 정리해고를 단행하였다. 그런데 이 외주제작업체란 것이 SBS가 출자하여 만든 회사로서 자체 설비나 조직을 갖추지 못한 서류상 회사에 불과한 것이었다.

아시아시멘트는 시멘트 제조 및 레미콘 생산업체인데 IMF를 빌미로 1998년 서대구공장에서 근무하던 노동자들을 강요·협박하여 일괄 사표를 수리하고, 대구산업이라는 위장도급회사에 재고용시켜 일을 시켰다. 이 과정에서 노동강도는 2배 이상 증가하였지만 임금은 40% 가량 줄어들었다. 노동조합이 결성되자 아시아시멘트는 대구산업을 폐업조치했다.

(6) 근로자공급

 '근로자공급사업'이란 "공급계약에 의하여 근로자를 타인에게 사용하게 하는 사업"을 말한다(직업안정법 제4조 제7호). 앞의 제2장 '1. 간접고용에 대한 노동법적 규제의 원리'에서 설명한 대로 1998년 근로자파견법 제정 이전에는 직업안정법에 의해 모든 종류의 간접고용이 원칙적으로 금지되었다. 바꾸어 말하자면 파견법이 정한 요건을 충족한 경우에만 제한적으로 간접고용이 허용된다고 할 수 있고, 파견법이 정한 요건을 충족하지 못한 근로자파견, 예를 들어 무허가 파견업체에 의한 파견, 허용업무 이외의 파견, 허용기간 이상의 파견의 경우에는 불법적 근로자파견임과 동시에 직업안정법이 금지하는 근로자공급사업에 해당한다고 볼 수 있다.

 직업안정법이 금지하는 근로자공급사업에 해당한다고 인정된 사례로 서울대병원 간병인이 있다. 서울대병원은 1988년 이래 운영해오던 간병인 무료소개소를 2003년 폐지하고 유료소개소를 통한 간접고용화를 시도했다. 보건의료노조 서울대병원 간병인지부로 조직된 간병인들은 간접고용화에 반대하는 투쟁을 전개하면서 서울대병원과 유료소개소를 직업안정법 위반으로 고발하였다. 서울대병원과 유료소개소 간에 맺은 이른바 「협력업체 협약서」의 내용을 보면, 유료소개소가 간병인 관리를 위하여 전담 직원을 배치하고, 간병인에 대한 평가자료를 관리하며, 정기교육을 실시하며, 간병료에 대해 서울대병원과 협의하며, 간병인으로부터 입회비와 월회비를 받고 있었다. 이는 유료소개소가 직업소개를 넘어 "사실상 근로자를 지배하는 관계"에 있고, 서울대병원에 대하여 제3자의 노무제공을 내용으로 하는 공급계약을 맺고 있음을 알 수 있다. 또한 서울대병원측은 간병인에 대한 평가서 및 교육결과보고서를 일상적으로 제공받으며 언제든지 간병인의 교체를 요구할 수 있고, 담당간호사가 간병인에 대한 지시 및 감독을 할 수 있는 등 '사실상

사용관계'를 가지고 있었다. 그럼에도 서울지방노동청은 위법한 근로자공급
이 이루어지고 있음을 인정하였으면서도 서울대병원에 대하여 어떠한 시정조
치도 내리지 않은 채 노동청에서 농성 중인 간병인들을 공권력을 동원하여
폭력 연행토록 하는 만행을 저질렀다.

한편 현행 직업안정법은 노동부장관의 허가를 받은 노동조합의 경우 합법
적으로 근로자공급을 할 수 있도록 허용하고 있다(직업안정법 시행령 제33조
제2항). 현재 한국노총 산하의 항운노조, 시장노조, 연예인노조 등이 근로자공
급사업을 하고 있다. 직업안정법이 근로자공급사업을 엄격히 금지하면서도
노조에 의한 경우에만 예외적으로 허용하고 있는 이유는, 노조가 근로자공급
사업을 하는 경우 중간착취의 위험이 없다는 논리다.

그러나 노조에 의한 근로자공급사업이 중간착취의 폐단은 줄일 수 있을지
모르지만, 간접고용이 가지는 구조적 문제점, 즉 사용사업주의 사용자 책임
회피라는 문제점은 해결할 수 없다. 실제 항운노조의 조합원이 사용사업주로
부터 해고를 당하고도 사용사업주가 노동법상 사용자가 아니라는 이유로
부당해고로 인정되지 못한 사례가 많다.5) 또한 법원은 사용사업주가 항운노조
의 단체교섭요구를 거부하여도 노동법상 사용자가 아니기 때문에 부당노동행
위에 해당하지 않는다고 보았다.6)

(7) 점원파견

백화점 등 대형유통업체의 파견판촉사원은 납품업체와 근로계약을 맺고
백화점, 할인점, 슈퍼마켓 등에 파견되어 일하는데 그 노동관계의 실태를
보면 대형유통업체의 지휘감독을 받으면서 판매업무에 종사하고 있는 것이
대부분이다.7) 파견판촉사원은 납품업체와 근로계약을 맺고 대형유통업체에

---

5) 대법원 1996. 6. 11. 96누1504 결정, 대법원 1995. 1. 4. 선고 94누9290 판결 등.
6) 대법원 1993. 11. 23. 선고 92누13011 판결, 대법원 1995. 12. 22. 선고 95누3565판결 등.
7) 백화점 파견판촉사원의 근로관계형태에 대해 자세하게는 심재진, 「백화점 파견판촉사원의

파견되어 납품업체의 상품판매촉진업무에 종사한다. 그러나 대형유통업체가 채용·징계에 관해 권한을 행사할 뿐 아니라, 출퇴근관리, 근로시간 및 시간외근로의 결정, 교육 및 근무수칙 등에 대한 통제권을 행사하고 있다.[8] 백화점 파견판촉사원의 경우 백화점에 상주하는 노동자의 2/3 이상을 차지하고 있고, 백화점 유니폼을 입고 손님들에 대한 대면접촉판매를 맡고 있다. 파견판촉사원은 백화점의 가장 중심적 업무인 상품판매업무를 담당하고 있을 뿐 아니라 백화점의 세일, 각종 행사 등에 따라 시간외근로를 하고 자사제품 판매업무 이외의 백화점의 업무도 담당해야 한다는 점에서 사실상 백화점의 경영 및 영업질서에 편입되어 있다고 볼 수 있다.

즉 파견판촉사원의 고용형태는 파견업체와 근로계약을 맺고 있지만 사용업체의 지휘감독 하에서 노동을 제공하고 있다는 점에서 간접고용의 한 유형이라 할 수 있다.

(8) 유료직업소개

건설업에서 볼 수 있는 사례들로 본인도 노동자이면서 일용직 노동자의 취업을 알선하고 일당에서 수수료를 받는 형식이다.

근로관계형태와 근로기준법상 사용자 문제」, 《노동법연구》 제9호, 서울대 노동법연구회, 2000. 참조.

8) 파견판촉사원의 채용과정을 보면 ①백화점과 거래업체 간의 계약체결, ②거래업체가 판매사원 1차 채용, ③백화점에서 판매사원 면접, ④백화점에서 합격여부 결정의 과정으로 이루어진다. 또 파견판촉사원에 대해 백화점에서 교육을 실시하고, 백화점의 근무수칙을 적용하며, 결근, 대휴, 월차휴가, 생리휴가에 대한 통제도 백화점 측이 수행한다. 백화점의 근무수칙을 위반하거나 교육에 불참하면 징계를 받는데 여기에는 판촉사원으로서의 신분을 박탈하여 백화점에 출입할 수 없도록 하는 퇴사조치도 포함된다. 백화점에 따라서는 하나의 영업점에서 퇴사된 파견판촉사원은 다른 영업점에도 파견될 수 없도록 하는 경우도 있다. 퇴사된 후 납품업체가 다른 유통업체로 재파견하는 경우도 있고 그대로 근로계약이 종료되는 경우도 있다(심재진, 2000, 81~85쪽).

● **홈페이지 법률상담사례**

레미콘 일대차에 대한 질문입니다.

레미콘운송은 일반적으로는 레미콘제조회사와 도급계약을 맺은 기사들에 의해 이루어집니다. 레미콘기사들은 크게 4가지 유형으로 구분할 수 있습니다.

첫째, 지입차주이며 도급계약(사업자등록증을 가지고 있음)을 맺은 경우.

둘째, 회사차를 운전하지만 도급계약을 맺고 일하는 경우(이때도 사업자등록증이 있음)

셋째, 회사에 소속되어 일을 하지만 소사장에 의해 고용되어 일하는 경우. 이 때 소사장은 대부분 레미콘차를 여러 대 가지고 기사를 두지만 자기 자신도 그 회사에서 함께 일하는 경우가 대부분임.

넷째, (극히 드물지만) 회사차를 운전하며 정규직인 경우.

위 네 가지 경우 모두 회사규정에 맞게 차량 도색을 해야 하며, 회사의 업무지시를 받습니다.

그리고, 이 외에 일대차라는 것이 있습니다. 쉽게 말하자면 일용직과 비슷한 것이지요. 그렇지만 일대차라고 불리긴 해도 하루씩 공장을 바꿔가며 일을 하지는 않고 최소 며칠씩 일을 합니다. 레미콘제조회사가 물량을 많이 잡은 경우에 이 일대차를 씁니다.

일대기사들도 대부분 개인차주들입니다. 그렇지만 개개인이 레미콘 회사를 돌아다니며 일거리가 있는지 알아보는 것은 현실적으로 불가능한 것입니다. 그래서 이런 일을 해주는 전문 브로커들이 있습니다. 이들을 보통 일대반장 또는 일대사장이라 부릅니다. 일대반장도 개인차주로서 레미콘 기사인 경우가 대부분입니다. 이들은 자신과 함께 가는 레미콘운송기사들에게 하루에 1만원을 받습니다. 영업만 잘 하고 일대차만 많이 확보하면 앉은 자리에서 하루에 차 대수×1만원의 돈을 법니다.

일대반장의 역할과 이런 식으로 차량을 쓰는 레미콘 회사의 법적인 문제는 없는지요?

엄밀하게 말하면 이러한 유료직업소개를 간접고용으로 볼 수는 없다. 공급업자와 노동자 사이의 관계가 1회로 끝나고 사용사업주와 노동자 사이에 (일용)근로계약관계가 성립되었다고 볼 수 있기 때문이다. 즉 앞에서 살펴본 간접고용의 유형보다는 사용사업주에게 사용자로서의 책임을 부담하도록 할 가능성이 있다. 유료직업소개의 경우, 그 직업소개 행위의 위법성을 차치하고 보면, 노동법적으로는 사용사업주와 노동자 사이에 근로계약관계가 인정될 수 있는 것이다. 그러나 '유료직업소개'라는 명칭과 형식을 가지고 있다 하더라도 노동자를 사실상 지배하는 관계 속에서 지속적으로 사용사업주에게 공급하는 행위를 해 왔다면 이는 앞의 서울대병원 간병인의 사례처럼 위법한 근로자공급에 해당한다.

2. 업종별 양상

자동차업종의 경우, 간접고용은 이른바 1차밴더-2차밴더-3차밴더……등으로 중층화되어 있다. 과거에는 조립과정을 보다 용이하게 만들기 위한 부품의 서브공정(하부공정)이나 부품의 분류와 공급 과정이 도급형태로 간접 고용화되었지만, 점차 조립공장 내에서 특정분야의 업무에 사내하청이 도입되었다. 최근에는 모듈화9)가 진행되면서 완성업체 조립공장의 서브조립과정이 생략되거나 외주화되면서 완성차업체 내부에서의 인력감축, 노동의 불안정화 이외에도 부품업체에서의 노동의 불안정성도 극단화되고 있다. 즉 모듈납품체계를 수행할 수 있는 1차 부품업체를 정점으로 부품업체 간의 구조조정이 극심하게 진행될 뿐 아니라, 완성차 조립공장의 상황에 따른 유연한 납품을 요구받기 때문에 부품업체도 사내하청, 파견 등 비정규직을 사용하게 되는 것이다. 그런데 1차밴더-2차밴더-3차밴더 등으로 내려갈수록 비정규직 노동자의 노동조건이 훨씬 더 열악해짐에도 불구하고, 현재까지 노동조합운동의 주된 관심은 1차밴더 업체에 속한 사내하청노동자에 한정되어 있는 것이 사실이다.10)

---

9) 자동차업종에서는 세부(하위) 부품조립과정이 생략된 채 덩어리째 부품이 생산·조립되는 의미로 쓰인다.

10) 논란이 되고 있는 현대자동차노사의 2000년 '완전고용합의서'의 경우도 하청비율의 한계로 16.9%를 설정하였지만 이는 1차밴더에 한정된다. 2002년 현대자동차노조는 사내

조선업종의 경우, 정규직에 대한 대량감원은 없었지만 신규채용을 중단하고 필요인력을 사내하청으로 채우면서 간접고용 노동자의 비율이 엄청나게 증가했다. 정규직과 사내하청노동자의 작업 사이에 직종간 뚜렷한 차이는 없지만 공정상 좀더 열악하고 힘든 도장(塗裝), 족장[11], 사상[12] 등에서 사내하청 비율이 더 높다. 그리고 팀, 반별 작업편재가 되어 있는 조선업종 특성상 이른바 '물량떼기'라는 작업물량 도급방식으로 사내하청이 활용된다. 조선업종은 1990년대 초 이래 자본의 현장통제가 전면적으로 관철되면서 노동조합의 현장통제력이 매우 취약하다. 그런 만큼 정규직에 대한 전환배치, 직영 부서의 통폐합, 용역화에 대한 노동조합의 대응력이 미약하다.

화학섬유업종의 경우, 자본의 경쟁적 설비확충으로 인한 공급과잉과 경기침체가 맞물리면서 비정규직뿐만 아니라 생산라인의 폐쇄 등 전체 고용에 대한 파괴가 진행되고 있다. 이 중에서도 비정규직 투입, 분사화 등 절대적 인원의 축소경향 속에서도 비정규직은 확대되고 있다. 특히 정규직이 퇴사 후 소사장제 형식으로 간접고용 노동자와 함께 다시 투입되는 경우가 빈번하다. 화학섬유업종의 경우도 노조의 현장장악력이 미약할 뿐 아니라 오랜 어용노조의 경험으로 인해 외주·용역화에 대한 대응력이 미약하다.

공공부문의 경우, 외주·용역화는 사유화의 전단계로 진행된다. 경영혁신의 명목으로 사업본부제 등이 도입되고 수익률이 떨어진다는 이유로 외주·분사화가 진행된다. 또 정부가 예산배정권이나 각종 지침을 동원해 외주·용역화를 강요한다. 일례로 국공립대학에서 시설관리업무의 용역화가 교육부 지침

하청노동자에 대한 성과금 200%지급 등의 처우개선을 쟁취하였지만 이 역시 1차 밴더업체 소속 사내하청노동자에 한정된다.

11) 족장이라는 말 자체는 발판을 뜻한다. 즉 발판(건축현장의 비계와 유사)을 놓고 공중에 매달린 채 작업을 한다거나, 제반 안전장치를 갖춰 도장하는 것을 말한다. 안전사고의 가능성이 상존하는, 도장작업 중 위험도가 매우 높은 작업이다

12) 선체의 용접작업이 끝난 후에 진행되는 공정으로, 도장에 문제가 없도록 용접부위를 다듬고 매끄럽게 하는 일체의 작업을 말한다.

으로 내려오고, 정부출연기관에서는 비정규직 도입비율이 기관평가의 실제적 잣대로 이용되는 식이다. 그런데 정규직들이 이러한 구조조정을 공공부문 혁신의 일환으로 받아들인다든지, 때로는 정규직의 고용안정을 대가로 수용하는 경우가 많다. 또 노동조합의 조직률이 취약한 부분부터 외주·용역화가 이루어지는 경향이 있기 때문에 사유화 반대투쟁, 구조조정 반대투쟁은 열심히 하면서도 간접고용 확대에 대해서는 별다른 문제의식이 없는 경우도 많다. 일례로 지하철에서 용역화는 청소, 식당, 중정비 등에서부터 시작하여 현재는 기술, 역무까지 확대되고 있다.

사무금융업종의 경우, 파견제 합법화 이후 계약직, 촉탁직, 파트타이머(시간제) 등 직접고용 비정규직과 파견직이 복잡하게 얽혀 확대되고 있다. 사측이 임의로 계약직을 파견직으로 전환하기도 하고 거꾸로 파견법을 회피하기 위해 장기근속 파견직을 임시직, 아르바이트로 전환하기도 한다. 현행 파견법 허용업무 중에는 가장 비중이 높은 "비서, 타자원 및 관련사무원"의 업무를 비롯하여 '컴퓨터 보조원의 업무', '전화 외판원의 업무', '관리비서 및 관련 준전문가의 업무' 등 사무금융업종과 관련된 것들이 많은데, 실제로는 콜센터, 채권추심업무, 창구업무 등 기업의 핵심업무에 광범위하게, 그리고 탈법적으로 파견직이 활용되고 있다. 분사 등을 통해 전체가 비정규직 직원들로만 구성되는 프랜차이즈 점포, 본사의 영업부서 등도 늘어나고 있는 추세다. 이에 대해 증권사노조와 보험사노조 중에는 비정규직 채용규모를 단협을 통해 제한하고 비정규직을 정규직으로 전환하는 프로그램을 마련한 곳도 많은데, 아직까지 파견·용역직에 대한 인식은 부족하다. 더욱이 연봉제 등이 확산되면서 비정규직에 대한 차별이 불가피하거나 정당하다는 인식도 확대되고 있다.

이미 비정규직 노동자가 전체 업종의 핵심노동력을 구성하고 있는 도소매·음식·숙박업의 경우에도 파견·용역화가 계속되고 있다. 백화점, 할인점 등에는 '파견판촉사원'이라는 간접고용 노동자들이 정규직의 2~4배에 달한다.

파견판촉사원은 인력파견업만을 하는 회사가 아닌 입점업체 소속이라는
이유로 파견법의 적용을 받지 않는다. 최근 자본은 파견판촉사원 관리의
편의를 위해 용역화를 추진하려 하면서 파견허용업무에 판매업무를 포함시키
기 위해 노력하고 있다. 이들 파견판촉사원들은 실질적으로 대형소매업체의
핵심노동력일 뿐 아니라 사용사업주의 통제아래 놓여있음에도 불구하고
소속이 다르다는 이유로 정규직 노동조합의 관심에서 벗어나 있다. 한편
호텔업종의 경우도 룸메이드(객실청소·정리), 조리 등 업무 전반에 걸쳐
파견·용역화가 진행되고 있다. 2000년 호텔3사의 파업투쟁을 비롯하여 정규
직 노동조합이 비정규직을 조합원으로 받아들이고 함께 투쟁하는 사례가
늘고 있지만, 파견·용역노동자의 문제는 현재까지도 끌어안지 못하고 있다.

불법파견에 대한 대응

1. 불법파견의 사례

불법파견이란 한마디로 파견법이 허용하고 있는 범위 이외의 노동자 파견을 말한다. 즉 파견법에 의해 허가받은 파견업체가 파견허용업종과 파견허용기간을 준수하여 노동자 파견을 하는 경우를 제외한 모든 경우에 해당한다. 흔하게 볼 수 있는 불법파견의 사례는 다음과 같다.

(1) 위장노무도급

가장 흔하게 볼 수 있는 것이 '도급계약' 형식으로 위장된 불법파견이다. '도급'과 '파견'의 개념에 대해서는 제2장 '1. 간접고용에 대한 노동법적 규제의 원리'에서 설명한 바 있다. 현장에서는 도급, 위탁, 용역, 외주 등 다양한 명칭으로 사용된다.

① 파견과 도급의 구분기준

노동부는 파견과 도급을 구분하는 기준을 다음과 같이 제시하고 있다.

● **노동부 고시 제98-32호(1998. 7. 20.)**

제3조(도급 등과의 구별) 수급인 또는 수임인이 도급 등의 계약에 의해 수급 또는 수임받은 업무에 자기의 근로자를 사용하는 경우, 그 업무처리에

있어서 다음 각호에 해당하는 경우를 제외하고는 근로자파견사업을 행하는 것으로 본다.

1. 다음 각목의 사항에 관하여 근로자를 직접 지시하고 관리하는 등 노동력을 직접 이용하는 경우
   가. 업무수행방법, 업무수행결과 평가 등 업무수행에 관한 사항
   나. 휴게시간, 휴일, 시간외근로 등 근로시간에 관한 사항. 단, 근로시간 관련 사항의 단순한 파악은 제외된다.
   다. 인사이동과 징계 등 기업질서의 유지와 관련한 사항
2. 다음 각목에 해당하는 경우로서 도급인 또는 위임인으로부터 독립하여 업무를 처리하는 경우
   가. 소요자금을 자기 책임하에 조달·지급하는 경우
   나. 민법, 상법 기타 법률에 규정된 사업주로서의 모든 책임을 부담하는 경우
   다. 자기책임과 부담으로 제공하는 기계, 설비, 기재(업무상 필요한 간단한 공구는 제외)와 자재를 사용하거나, 스스로의 기획 또는 전문적 기술 또는 경험에 따라 업무를 제공하는 경우

이를 바탕으로 사업장에서 불법파견이 이루어지고 있는가를 판별하기 위하여 다음과 같은 사항을 점검해보자.

▶ 채용
   - 용역업체와 근로계약서를 쓴 적이 없다.
   - 입사 시 사용업체의 면접을 거쳐 채용되었다.
   - 채용광고가 사용업체 명의로 나갔다.
   - 입사 시 용역직이라는 사실을 들은 적이 없다.
▶ 업무수행
   - 근무지는 사용업체 사업장이다.
   - 사용업체 시설과 자재를 이용하여 업무를 수행한다.
   - 사용업체의 기술, 경험과 노하우를 이용하여 업무를 수행한다.

- 사용업체 직원들과 동일한 업무를 수행한다.
- 출퇴근 관리, 근무시간의 결정, 휴게, 휴일 등의 관리를 사용업체에서 담당한다.
- 사용업체의 복무규정의 적용을 받는다.
- 구체적인 작업지시 및 업무명령을 사용업체 관리자가 한다.
- 사업장에 용역업체 관리인이 선임되어 있지 않거나, 있다 해도 실질적으로 하는 일이 없다.
- 근무실적이나 근무평점 등을 사용업체 직원이 직접 매긴다.
- 근무태만, 업무불량 시 사용업체에서 불이익을 준다.
- 결근, 휴가, 지각, 조퇴 등의 승인, 신고를 사용업체에게 한다.
- 시간외근무, 야간근무, 휴일근무 등을 사용업체가 지시한다.
- 사용업체 명의의 작업복을 입고 근무한다.
- 업무지시서나 휴가허가서 등에 사용업체 관리직의 결재란이 있고 결재를 한다.

▶ 인사

- 사용업체가 용역업체에 직원의 교체를 요구할 수 있도록 되어 있다.
- 사용업체에서 용역직원들의 지명, 분담, 배치 등을 결정한다.
- 사용업체에서 배치전환, 대기발령 등을 할 수 있다.
- 인사고과 산정 내지 인사 발령 시 사용업체가 개입하는 부분이 있다.

▶ 임금

- 사용업체에서 직접 지급하는 수당이 있다.
- 출장여비 등의 지급이 사용업체의 사원규정에 따라 이뤄진다.
- 사용업체에서 급식 등의 복리후생부분이 제공된다.
- 사용업체의 실적 향상에 따라 지급되는 성과급 등이 있다.
- 임금명세서 산정을 사용업체 직원이 담당한다.
- 도급금액이 도급업무에 대한 정액제가 아니라 용역직원수에 해당 임금을 곱하여 산정하는 것으로 되어 있다.

② 불법파견으로 인정된 사례

● 인사이트코리아노동조합

- 사용업체인 (주)SK의 자회사인 인플러스가 인사이트코리아의 주식을
100% 소유
- (주)SK의 정규직과 동일한 업무를 수행
- (주)SK의 관리자가 직접 업무지시, 인사이트코리아 소속의 현장대리인
없음
- 연장근무, 휴가사용 등을 (주)SK 관리자가 결재
- 임금인상률, 특별성과급 지급여부, 복리후생 등을 (주)SK가 사실상 결정

● 금속노조 캐리어사내하청지회

- 동일한 작업라인에 정규직과 사내하청이 뒤섞여서 함께 근무
- 정규직 조반장이 모든 작업지시를 일괄적으로 내리고, 잔업·특근 명령에서
근태관리까지 직접 통제함

● 도시철도 청소용역노조

- 청소 시행 후 해당 역장의 일일검수를 받아야 함
- 도급계약서 상에 도시철도의 인사개입권 명시 : "을은 청소원의 채용,
전출, 해고 등 인사권을 행사하되 갑이 업무 수행에 부적정하다고 판단될
경우에 인사에 대한 이의를 제기할 수 있다."
- 월별 작업 일정을 해당 역장과 협의 후 수립·제출함. 작업계획이 변경될
경우 역무관리소장의 내부결재로 시행
- 도시철도공사가 정한 인원을 역별로 배치, 미화원 결원 일수가 평균 18.3%
이상 발생하는 경우 이에 상응하는 도급금액을 감액

● 부산지하철 매표업무 민간위탁

- 매표소 내 부대시설 등 각종 물품을 무상으로 사용
- 수표 조회 때 역무실에 문의, 거스름용 회전자금을 업무종료 뒤 매일

역무실 금고에 보관

● **하나로테크놀로지 노동조합**
  – 하나로통신 관리직이 근태관리, 인사고과, 징계, 배치전환 권한을 행사
  – 채용 시 하나로통신 임원만이 면접관으로 배석
  – 형식적인 임금지급자는 하나로테크놀로지이지만, 임금·경조사비·사무실
  식수비까지 하나로통신이 지급

(2) 파견법의 요건을 충족하지 않는 경우

  – 파견법에 따라 노동부장관의 허가를 받은 파견업체가 아닌 경우(파견법
제7조).
  – 26개 파견허용업무가 아닌 경우, 또는 허용업무로 파견을 받았으나
허용업무 이외에 사용하는 경우(예를 들면 '비서, 타자원 및 관련 사무원의
업무'명목으로 노동자를 파견 받아서 일반 사무직으로 활용하는 경우).
  – 일시적·간헐적 사유로 노동자를 파견 받아 6개월 이상 사용하는 경우.
  – 26개 파견허용업무로 노동자를 파견 받아서 2년 이상 사용하는 경우.
  – 이중파견의 경우.

KBS의 경우, 2001년까지 렌트카업체와 차량 임대 및 운전기사 용역계약을
맺고 방송차량과 파견운전사를 사용해 왔다. 그런데 렌트카업체는 다시 파견
업체와 계약을 맺고 운전기사를 공급받아 KBS에 재파견하는 방식으로, 이중
파견이 이루어져 왔다. 현행 파견법상 이중파견은 불법으로 노동조합에서
이에 대해 문제제기를 하자, 현재는 파견업체로부터 KBS로 직접 운전사를
파견하는 방식으로 바뀌었다.

건물시설관리를 담당하는 동우공영의 경우, 시설관리용역을 따낸 후 그
중 일부(청소 등)를 다시 재하도급 주는 방식으로 비용을 줄이고 있다. 동우공
영이 건물주와 맺는 시설관리용역계약이 도급인가 파견인가가 논란이 되겠지

만, 이러한 방식도 이중파견의 하나라고 볼 수 있다.

2. 대응방식에 대한 평가

(1) 불법파견 판정의 경과

● **사례1   캐리어(주) 불법파견 사례**

캐리어 사내하청 노동조합에 소속된 조합원들은 인력파견업을 행하는 하청
업체와 근로계약을 체결하였으나 일은 캐리어(주)의 직접생산공정업무에
투입되어 근무를 하고 있었다.

또한 이들에 대한 작업지시를 캐리어(주) 소속 조반장이 직접 지시를 하며
잔업, 특근지시 또한 캐리어(주) 소속 조·반장이 하고 있었고, 근태사항에
대한 체크 또한 캐리어(주) 소속 조·반장이 하고 있었다. 이러한 점에서
보았을 때 도급업체가 지녀야 할 노무관리의 독립성이라는 기준이 무시된
채 도급을 가장한 불법파견으로 볼 수 있다.

캐리어 사내하청 노동조합에 소속된 조합원들은 회사별로 생산라인을 담당
하는 것이 아니라 동일 라인에 소속된 회사가 다른 조합원이 투입되어
협동작업을 하고 있으며, 정규직 노동자를 대체하여 파견노동자를 사용할
수 없는 직접생산공정에 투입되어 있었다.

하청업체는 별도의 기계기구를 소유하고 있지 않으며 단지 소속 근로자들을
캐리어(주)에 파견을 보내 이에 대한 대가로 회사를 운영하고 있어 사업경영
상의 독립성도 가지고 있지 못했다.

이에 2001년 4월 3일 캐리어사내하청노동조합은 캐리어(주)가 6개 하청업체
와 형식상 도급계약을 체결하고 있으나 실제에 있어서는 인력파견업을
한다는 점을 광주지방노동청에 진정 제기하였고 다음과 같은 시정조치가
내려졌다.

● **광주지방노동청의 시정조치**

진정인(캐리어 사내하청 노동조합 위원장) 이○○이 귀하(캐리어)를 상대로 제기한 민원에 대해 조사한 결과, 귀사(캐리어)는 (주)청우 등 6개 하청사로부터 근로자를 파견받아 동 근로자를 직접 생산공정업무에 귀사의 지휘, 명령 하에 사용한 사실이 있는 바, 이는 파견근로자 보호 등에 관한 법률 제5조 제④항을 위반한 것이니 이를 즉시 시정하시기 바라며,
또한, 귀하가 2년을 초과하여 계속적으로 사용한 파견근로자에 대해서는 파견근로자 보호 등에 관한 법률 제6조 제③항의 규정에 따라 조치하시고 그 결과를 2001. 5. 28.까지 보고하시기 바랍니다. 끝.

진정인(캐리어 사내하청 노동조합 위원장) 이○○이 귀하((주)청우, (주)대명실업, (주)명신실업, (주)광진산업 개발, (주)캐리어 냉열, (유)한보산업개발)를 상대로 제기한 민원에 대해 조사한 결과, 귀하(업체)는 근로자 파견사업 허가를 받지 아니하고 소속 근로자를 캐리어(주)에 파견하여 캐리어의 지휘, 명령하에 직접 생산공정 업무에 근무토록 한 사실이 있는 바, 이는 파견근로자 보호 등에 관한 법률 제5조 제④항, 같은 법 제7조 제①항을 위반한 것으로, 불법 근로자 파견사업을 즉시 중지하시기 바랍니다.

이 같은 조치에 대해 캐리어는 불법파견 판정 및 시정명령을 무시하고 기존 업체 폐업 후 신규업체로 대체, 대체근로까지 시켰다. 또한 5월 28일부로 광주지방노동청이 내린 파견법위반 사항에 대한 시정지시를 따르지 않고 2년 이상 근무한 하청노조원에 대한 정규직 전환을 거부하고 이날로 하청노조원 188명과의 계약을 해지하였다. 기존에 계약을 맺은 하청업체를 폐업하고 7개의 신규업체와 다시 계약, 공장을 가동시키기 위해 광주지역 내 공업고등학교 실습생을 대체 인력으로 투입시켰으며, 실습생의 경우도 직접 계약이 아니라 하청업체와 계약을 맺은 것으로 알려졌고, 실습생에게는 금지된 야간 근로까지 시켰다.
그러나 캐리어사내하청노동조합의 계속된 투쟁 이후 사측에서 찾아와 시정조치대로 이행하겠다고 하였으며, 이후 2년 이상 근무자 중 희망자에 한해서

104명이 정규직화되었다. 그러나 2년 미만 근무자 637명은 파견법의 직접고
용간주조항을 회피하기 위해 계약해지했다.

◉ **사례2   대경특수강 불법파견 사례**

대경특수강은 파견노동자를 사용할 수 없는 제조업 직접생산공정에 사내하
청이라는 이름으로 파견노동자를 사용하여 2001년 9월 파견법 위반으로
고발되어 12월에 불법파견 판정을 받았다. 이에 대해 200만원 벌금형을
선고받은 회사측은 기존에 1개였던 사내하청 업체를 3개로 분리해(이후
1개 업체 추가) 각 업체별로 공정별 하도급을 실시하였고, 과거 사람당
인건비로 계산하였던 기성고 단가 기준을 물량기준으로 전환하였다. 최소한
의 노무관리 및 경영의 독립성을 지니고 있는 듯한 외양을 갖춤으로써
불법파견이라는 노동조합의 비판을 우회하기 위한 의도였다.

노동조합의 비정규직 정규직화 사업에 의해 지금은 일부가 정규직화되었으
나(2003년 1월까지 18명) 불법파견으로 일하던 나머지 노동자들은 아직도
비정규직으로 일하고 있다. 또한 노동조합의 비판을 피하기 위해 기존에는
정규직과 혼용해 작업을 시켰으나 불법파견 이후 공정을 분리해 도급으로
가장하고 있는 실정이다.

◉ **사례3   INI스틸 포항공장의 불법파견 사례**

2002년 10월 INI스틸 포항공장은 현장 생산부서의 결원을 보충하기 위해
중앙창고 근무자 6명 중 2명을 타부서로 배치전환을 강행하였으며, 배치전환
전 회유와 협박을 일삼았다. 사측은 정규직 2명을 생산부서로 배치전환한
후 그 자리에 안성기업 소속 노동자 2명을 채용하였고, 내부업무조정을
통해 직영 정규직은 외자·부자재·일반자재 검수업무를 담당하게 하고, 협력
업체 소속 노동자에게는 부자재 하화(화물하역) 업무를 담당하게 하여 업무
를 이원화하였다.

구 분	직영만 근무할 당시 (2002년 10월 이전)	직영+협력 근무시 (2002년 10월 이후~현재)	역무제공 장소
업 무	외자·부자재·일반자재 입고시 검수, 하화 업무	• 직영 : 외자·부자재·일반자재 검수 업무 • 협력 : 부자재 하화 업무	중앙창고
정 규 직	송○○, 이○○, 안○○, 박○○, 고○○, 조○○	송○○, 이○○, 안○○, 박○○	
비정규직	없음	백○○, 강○○	

또한 업무도 기존 직영 정규직 노동자들끼리 하던 것과 다를 바가 없으며, 업무수행에 있어 모든 작업지시 및 근로시간 관리를 INI 스틸로부터 직접 받고 있어 위장도급을 가장한 불법파견임이 명백하다. 또한 회사는 2000년 12월 3조3교대 근무 시 정규직 4명에 사내하청노동자 3명을 1개조로 편성, 근무조로 투입하여 노동조합에서 고발한 사례가 있다.

이에 노동조합은 정규직 노동자들을 강제로 전환배치시키고 그 업무를 외주용역화하려는 시도로 보고 2003년 4월 3일부로 포항지방노동사무소에 불법파견으로 고발한 상태다.

◉ 사례4 대우조선의 불법파견

대우조선은 워크아웃과 신규채용을 전혀 안함으로써 인원충원을 사내하청으로 대체하고 있었다. 이에 따라 계속적으로 직영 정규직 노동자의 수는 감소하는 대신 하청노동자수는 증가하게 되었다. 특히 2002년 탑재1부에 산재환자(검진 후 유소견자가 23명 나왔는데, 그 중 노조가 요양 신청한 조합원은 9명이고 공상(公傷)이나 비상 처리된 조합원은 14명)가 23명이 되면서 그 공백을 메우기 위해 외주인력을 불법으로 파견근무시켜 왔다. 그 과정에서 회사에서 나온 조직개편안은 탑재1부 기본 조직구조를 유지하면서(과별로 1직과 2직을 나누는데 공백이 생기자 1, 2직 직영을 통합하여 1직으로 하고 2직을 외주인력(사내하청노동자)으로 충원함) 불법적인 조직개편을 통해 기존의 불법적인 파견근무를 집단적으로 도입하려고 하는 상황이 발생했다.

탑재1부의 불법파견 실태는 정규직이 하던 업무에 불법파견으로 파견노동자를 사용하여 정규직을 대체하는 것이라 당연히 직영관리자가 작업량을 지시하고 업무를 지휘했다. 또한 협력업체 노동자들은 정규직과 동일한 작업장에서 동일한 업무를 했다(혼용작업). 그러나 불법파견을 회피하기 위해 협력업체에서 나온 관리자들은 협력업체 노동자들의 근태관리만을 하고 있는 실정이었다.

이에 노동조합은 2002년 6월 통영지방노동사무소에 불법파견 진정을 넣었으나, 통영지방노동사무소는 형식적인 조사 후 불법파견이 아니라는 통보를 할 뿐이었다. 협력업체 소속 관리자가 근태관리를 하고 있으며, 정규직 노동자가 하던 업무를 물량도급한 것이라는 어처구니없는 사측의 주장을 근거로 한 것이었다.

◉ 사례5 현대미포조선의 불법파견

현대미포조선과 형식상 도급관계를 맺고 있는 용인기업은 소속 노동자들을 통해 선박의 주엔진 보조기기 등의 수리 업무를 수행해 왔다. 하지만 실질적으로 현대미포조선이 입사부터 퇴사까지의 임금지급, 인사·노무관리, 징계, 상벌 등을 직접 행하고, 산업재해보상보험등 4대 보험도 직접 납부했으며, 현대미포조선의 모든 복지시설을 이용할 수 있게 했다. 이는 현대미포조선이 실질적인 사용자였음을 말해준다. 따라서 형식상 사용자인 용인기업이 2003년 1월 31일자로 폐업을 한 것은 실질적으로 부당해고며, 불법파견에 해당한다. 그 내용을 자세히 살펴보면 다음과 같다.

- 채용관계 : 현대미포조선의 내부하청업체인 용인기업은 1976년 설립되어 2003년 1월 31일 폐업하기까지 30명의 노동자들을 고용하여 왔음. 작업인원이 필요한 경우 소요인원수를 현대미포조선 총무부에 제출하고 사전 승인을 받아왔음.

- 임금지급관계 : 용인기업노동자들의 임금은 현대미포조선 노사간 체결된

임금 및 단협이 그대로 적용되며, 용인기업은 현대미포조선이 작업공수에
단가율을 적용하여 지급하는 기성고의 일부분에서 대가를 받는 데 불과함.
현대미포조선 정규직들에게 지급한 하기 휴가비, 명절휴가비, 정기 야유회비
도 동등금액을 적용받음. 또한 정규직에게 지급했던 출퇴근 목적의 시내버스
승차권도 1인 2매씩 현대미포조선에서 직접 지급했음.
- 현대미포조선 노동조합 및 회사창립일, 법정공휴일 휴가, 주휴일, 임시공휴
일 등 유급휴가 및 유급휴일도 현대미포조선의 단체협약에 따라 현대미포조
선으로부터 동일하게 적용받고 그에 해당하는 임금도 현대미포조선으로부
터 수령하여 왔음.
- 현대미포조선에서 직접 작업지시를 받았으며, 업체 노동자들이 그 지시를
거부하거나 무단 퇴근을 할 경우 미포조선의 사규를 적용하여 조치를 취하겠
다는 경고문을 발송한 사실도 있음.
- 생산 등 작업 내용의 지휘 관리체계 : 미포조선에서 용인기업으로 전체
물량을 하달하고, 매일매일 수행해야 할 작업공정을 업체에 지시함. 미포조선
은 용인기업의 현장관리자로 하여금 보고 및 확인받으며, 그에 따라 용인기업
소속 노동자들에게 적용하여 인사고과 평가를 진행. 이러한 인사고과에
따라 노동자들의 승진을 직접 결정. 용인기업에 일방적 통보한 사실 있음.
이에 따른 임금 추가지급도 있었음.
- 산업재해보상보험 상의 관계 : 다른 외주업체와 달리 현대미포조선에서
산재보상보험법 보험료를 직접 근로복지공단에 지급함. 산재요양신청 시
소속을 미포조선으로 함.
- 후생복지관계 : 미포조선 새마을금고를 통해 직영노동자처럼 금융편의(주
택자금대출, 전세보조금대출 등)를 보고 있음. 또한 미포 직영노동자들과
같은 자격 조건만 갖추면 미포조선으로부터 학자금도 지급받아 옴.
그러나 부산지방노동위원회는 형식상의 근로계약관계 및 지휘명령관계로
파악하여 미포조선의 사용자책임을 인정하지 않았다.[13] 한편 2003년 12월

---

13) 부산지방노동위원회, 2003. 5. 28. 〔2003부해68 (주)현대미포조선 부당해고 구제신청
    사건〕부의안.

1일 울산지방노동사무소는 용인기업이 사업경영상으로나 노무관리상으로
독립성이 없다는 사실을 확인하고 미포조선의 불법파견 사용을 인정하였다.
노동자들의 진정을 접수한 지 100여일이 지나도록 판정을 내리지 않았던
노동부는 불법파견을 인정하고도 해당 노동자들의 고용보장에 대해서는
어떠한 언급도 하지 않았고, 용인기업 소속 노동자들은 미포조선을 상대로
지속적인 투쟁을 전개하고 있다.

(2) 파견법 제6조 제3항에 근거한 직접고용 요구 투쟁

파견법 제6조 제3항은 "사용사업주가 2년을 초과하여 계속적으로 파견근로
자를 사용하는 경우에는 2년의 기간이 만료된 날의 다음날부터 파견근로자를
고용한 것으로 본다"고 규정하고 있다.

이 조항에 근거하여 정규직화를 요구하며 투쟁한 대표적 사례로 SK인사이
트코리아노동조합을 들 수 있다. (주)SK와 인사이트코리아는 노무도급계약
을 맺고 있었으나, 노조가 불법파견 진정을 하여 노동부로부터 인정을 받았다.
이 당시 이미 조합원들은 SK에서 2년 이상 근무하고 있었던 만큼 SK를
상대로 정규직화를 요구했다. 그러나 SK는 인사이트코리아 노동자들에게
3개월 내지 1년 짜리 계약직으로 재계약할 것을 강요했고, 조합원 4명을
제외한 나머지 노동자는 이를 받아들였다. 인사이트코리아노조는 SK를 상대
로 정규직화를 요구하는 구제신청 및 소송을 제기하였고, 중앙노동위원회와
행정법원은 이를 기각하였다. 이유는 인사이트코리아 노동자들이 담당했던
업무가 파견법 허용대상업무가 아니기 때문에 파견법상의 보호조항인 제6조

"피신청인(현대미포조선)은 신청인(용인기업소속 노동자)들과 어떠한 근로계약도 체결
한 사실이 없고 인사·노무관리도 한 적이 없으며, 협력업체인 용인기업이 별개의 사업자로
등록되어 피신청인(현대미포조선)과 독자적으로 도급계약관계를 체결하여 독립하여 영리
를 추구하며 운영되어 온 사업체로서 신청인(용인기업소속 노동자)들을 직접 인사부터
퇴사까지 모든 인사·관리, 임금지급, 징계, 상벌 등을 직접한 사용자이므로 신청인들의
주장은 이유가 없어 모두 각하되어야 함."

제3항이 적용될 수 없다는 것이었다. 이 판결은 불법파견의 책임을 파견노동자에게 전가시키는 것이자 기업의 불법파견 사용을 부추기는 것으로서 많은 비판을 받았다. 이후 고등법원에서는 이를 뒤집어 불법파견 노동자에게도 파견법 제6조 제3항이 적용된다고 판시했다.[14] 2003년 9월에 대법원은 (주)SK가 위장도급의 형식으로 노동자를 사용하기 위하여 인사이트코리아라는 형식적인 자회사를 이용한 것에 불과하고 실질적으로는 SK와 인사이트코리아 노동자 사이에 근로계약관계가 존재한다고 판결하였다.[15]

---

14) 서울고등법원 2003. 3. 14. 선고 2002누2521 판결. 이 판결의 의미에 대해서는 전국불안정노동철폐연대, 《질라라비》 2003년 4월호 참조.

15) 대법원 2003. 9. 23. 선고 2003두3402 판결.

이 대법원 판결은 알려진 것과는 다르게 불법파견으로 사용된 노동자와 사용사업체 사이의 근로관계에 대한 직접적 판단이라고 볼 수 없다.

대법원은 "인사이트코리아는 참가인(SK)의 자회사로서 형식상으로는 독립된 법인으로 운영되어 왔으나 실질적으로는 참가인 회사의 한 부서와 같이 사실상 경영에 관한 결정권을 참가인이 행사하여 왔고, 참가인이 물류센터에서 근로할 인원이 필요할 때에는 채용광고 등의 방법으로 대상자를 모집한 뒤 그 면접과정에서부터 참가인의 물류센터 소장과 관리과장 등이 인사이트코리아의 이사와 함께 참석한 가운데 실시하였으며, 원고들을 비롯한 인사이트코리아가 보낸 근로자들에 대하여 참가인의 정식 직원과 구별하지 않고 업무지시, 직무교육실시, 표창, 휴가사용 승인 등 제반 인사관리를 참가인이 직접 시행하고, 조직도나 안전환경점검팀 구성표 등의 편성과 경조회의 운영에 있어서 아무런 차이를 두지 아니하였으며, 그 근로자들의 업무수행능력을 참가인이 직접 평가하고 임금인상 수준도 참가인의 정식 직원들에 대한 임금인상과 연동하여 결정하였음을 알 수 있는 바, 이러한 사정을 종합하여 보면 참가인은 '위장도급'의 형식으로 근로자를 사용하기 위하여 인사이트코리아라는 법인격을 이용한 것에 불과하고, 실질적으로는 참가인이 원고들을 비롯한 근로자들을 직접 채용한 것과 마찬가지로서 참가인과 원고들 사이에 근로계약관계가 존재한다고 보아야 할 것이다"라고 판단하였다.

이에 앞서 고등법원도 "인사이트코리아는 참가인의 자회사인 주식회사 인플러스가 그 주식의 100%를 소유하고 있는 회사로서, 역대 대표이사는 참가인의 전임 임원이 선임되었고 거의 전적으로 참가인의 업무만을 도급받아 오는 등 형식상으로는 독립 법인으로 운영되어 왔지만 실질적으로 모자(母子)회사의 관계로서 사실상의 결정권을 참가인이 행사해 온 사실"을 인정하였다.

결국 대법원은 인사이트코리아가 SK와의 관계에 있어서 사실상 결정권이 없는 형식적인 인사이트코리아노조 사건은 여러모로 간접고용 노동자 조직화에 영향을 미쳤다. 중노위, 행정법원에서 기각되었을 당시에는 전국의 사용업체들이 이 판결문을 들이밀면서, 간접고용 노동자들의 직접고용 요구를 묵살하는 수단으로 활용하였다. 고등법원 판결이 나오고 나서부터는 거꾸로 불법파견 형태로 일하고 있는 노동자들에게 희망을 불어넣어 상담이 쇄도하고 있는 실정이다.

그럼에도 고등법원 판결은 파견법 제6조 제3항에 대해 지극히 '상식적인' 해석이라 볼 수 있지만, 현실에서는 '쓸모없는' 판결이라고 할 수 있다. 왜냐하면 "사용사업주가 2년을 초과하여 계속적으로 파견근로자를 사용하는 경우"에 직접고용관계로 간주한다는 내용이기에, 사용사업주가 2년이 되기 전 파견노동자를 교체(즉 해고)하는 것에 대해서는 개입할 수 없기 때문이다. 이미 대부분의 사업장에서는 계약형식을 불문하고 간접고용 노동자를 1~2년마다 교체하고 있는 실정이다. 고등법원 판결을 계기로 사용업체들의 이러한 행태는 더욱 더 확산될 것이 분명하다.

한편 인사이트코리아노조의 4년여의 투쟁은 (주)SK에서 일하는 간접고용 노동자의 조직화에 있어 중대한 영향을 미쳤다. 2000년 인사이트코리아노조 결성 이후 사측의 노조탈퇴 강요와 일방적인 정규직화로 인하여 인사이트코리아 소속 노동자들을 조직하는 데는 성과를 남기지 못한 게 사실이었다.

존재에 불과하다고 본 이후에 SK와 인사이트코리아 소속 노동자 사이에 직접 근로계약관계가 존재한다고 판단하였다. 문제는 SK와 인사이트코리아 같은 형태의 노무도급계약보다는 파견·용역업체가 일정한 실체와 권한을 가지고 있는 경우가 확산되고 있다는 점이다. 법원 판결을 계기로 사용사업체가 형식적으로나마 파견·용역업체가 일부 권한을 행사하는 식으로 계약형식을 바꾸도록 하는 경우도 늘어나고 있다.
대법원 판결은 사용사업체가 불법파견 형태로 노동자를 사용한 경우 어떠한 책임을 져야 하는가에 대해서는 판단을 내리지 않은 채 사용사업체와 용역업체 사이에 사실상 모자회사의 관계가 있는 특수한 경우에 대하여 판결을 내린 것이다. 때문에 불법파견으로 사용된 노동자가 사용사업체를 상대로 직접고용을 주장할 수 있는가에 대해서는 여전히 법적 논란이 해결되지 않은 것으로 볼 수 있다.

그러나 해고자 4인은 4년 동안 매주 1회 SK 본사 앞 집회, 매달 1회 울산공장 선전전과 연대집회를 끈질기게 전개하였고 이들의 투쟁은 SK 정규직노조에 좋은 자극이 되었다. 정규직노조는 울산공장 선전전에 함께 하였고 재정적으로 지원까지 하였다. 2002년에는 대덕의 (주)SK 연구소에서 시설관리업무를 담당하던 인플러스 소속 노동자들이 노조를 결성하고 직접고용을 요구하며 점거농성투쟁을 벌였다. 2003년에는 (주)SK 울산공장의 시설관리업무를 담당하는 아이캔 소속 노동자들이 SK 정규직노조에 직가입하였다. 이처럼 인사이트코리아노조의 투쟁은 SK에서 일하는 간접고용 노동자들이 자신의 권리를 찾기 위해 노동조합을 찾는 결정적 계기가 되었다. 그렇지만 정규직노조나 인사이트코리아노조 모두, 계속되는 간접고용 노동자들의 조직화와 투쟁을 조직적으로 지원하고 SK 그룹의 간접고용 노동자 전체를 큰 틀에서 조직하는 계기를 만들어내지 못한 것은 큰 아쉬움으로 남아있다.

(3) 직접고용 과정에 노동조합이 개입하지 못한 경우

(주)캐리어의 경우 노동부가 불법파견 시정명령을 내렸으나 이를 무시하고 오히려 사내하청업체와의 계약을 해지해버렸다. 이후 사내하청노조(이후에는 금속노조 캐리어사내하청지회)의 끈질긴 투쟁을 통해 캐리어 문제가 사회쟁점화되고 (주)캐리어의 이사가 구속되는 사태에 이르자, 사측은 사내하청 노동자 중 2년 이상 근속자 100여명을 정규직화하였다. 이것은 분명 캐리어사내하청노조의 투쟁의 성과라 할 수 있다. 그런데 문제는 이 정규직화 과정에서 사내하청노조가 철저히 배제되었다는 점이다. 해고와 폭행을 무릅쓰고 투쟁했던 조합원의 주축은 2년 미만 근속자들이었고, 사측은 정규직화 과정에서 노조의 교섭요구를 철저히 무시했다. 정규직화가 노조의 투쟁의 성과로 온전히 이어지기 위해서는 노동조합이 교섭을 통해 "끝까지 투쟁한 조합원을 우선 정규직화한다"는 식의 요구를 관철시킬 수 있어야 한다. 물론 이를 위해서는 사내하청노조의 조직력뿐 아니라 정규직노조의 연대투쟁이

필수적이다. 캐리어의 사례는 민주노조에서 불법파견에 대한 투쟁을 할 때 '2년 이상'이라는 법적 틀에 갇혀서는 안 된다는 점을 일깨워주었다.

(4) 불법파견 판정 이후 고용불안에 대처하지 못한 경우

대송텍노조는 대한송유관공사에서 송유관 관리를 담당했던 간접고용 노동자들로서, 2001년 7월 성남노동사무소로부터 불법파견 시정명령을 받아냈다. 그러나 대한송유관공사는 이 시정명령을 구실로 오히려 대송텍과의 도급계약을 종료하였다. 당시 송유관 폐쇄 등 구조조정을 앞두고 있던 대한송유관공사는 불법파견 시정명령을 오히려 합법적인 정리해고의 계기로 활용한 것이다.

하나로테크놀로지노조의 경우, 2002년 8월 서울강남노동사무소로부터 불법파견 시정명령을 받아냈다. 여기서는 사용업체인 하나로통신의 지휘감독 관계가 너무나 명백했기 때문에 시정명령에 "(주)하나로통신에 대하여……노무관리의 개입정도 및 (주)하나로테크놀로지의 사업경영상의 독립성 여부 등을 감안할 때 근로기준법상 실질적인 사용자로서의 책임을 부인하기 어렵다"라는 내용이 포함될 정도였다. 그러나 하나로통신은 노동조합이 결성되자마자 하나로테크놀로지와의 도급계약을 해지하고 다른 4개의 업체와 계약을 체결하였다. 뿐만 아니라 노조의 교섭요구를 묵살하면서 새로운 업체와 개별적으로 근로계약을 체결할 것을 강요하였다.

이랜드노동조합의 경우, 부곡물류센터에서 행해지고 있는 노무도급이 불법파견이라고 진정하여 노동부로부터 판정을 받았다. 그러나 이랜드는 오히려 도급업체와 계약해지의 방식으로 파견노동자를 해고하였고, 이에 노조는 규약을 변경하여 파견노동자를 받아들이고 파업투쟁 과정 속에서 직접고용 요구를 관철시켰다.

(5) 불법파견 판정을 받지 못한 것이 투쟁에 영향을 미친 경우

한진관광은 대한항공 소유의 면세점 판매업무에 대해 도급계약을 맺고 노동자들을 공급해 왔다. 대한항공은 대한항공 부장직책을 가진 면세점장을 통해 면세점 노동자들을 지휘·감독해 왔다. 그런데 대한항공은 2002년 4월 30일자로 한진관광과의 도급계약을 해지하면서 면세점 노동자에 대해서는 대한항공이 100% 출자하여 만든 전문용역업체인 한국항공종합서비스로 전적하여 근무할 것을 요구했다. 한진관광노조 조합원의 다수를 차지하고 있던 면세점 노동자들은 대한항공의 전적요구가 면세점 노동자들의 고용을 불안정하게 할 뿐 아니라 노조의 존립도 위태롭게 한다고 판단하여 전적을 거부했다. 이에 한진관광은 대한항공의 도급계약해지를 이유로 정리해고통보를 하였고 전적을 거부한 면세점 노동자 전원을 해고했다.

면세점지부는 대한항공을 상대로 불법파견 진정을 냈지만, 서울지방노동청은 2000년 1월부로 면세점장을 한진관광으로 전출시켰다는 대한항공측의 주장만을 받아들여 적법한 도급으로 판정했다. 이 사례는 사용업체가 관리자를 형식적으로 용역업체로 전출시키면 불법파견시비를 벗어날 수 있는 가능성을 열어주었다는 점에서 심각성이 크다. 당시 면세점지부는 대한항공을 상대로 고용보장을 이끌어내기 위해 투쟁하는 과정에서 불법파견 진정을 대한항공을 압박하는 수단으로 보았다. 그런데 노동청의 형식적 판단으로 불법파견 판정을 받지 못하게 되자 조합원들이 흔들리는 모습을 보였다.

3. 불법파견에 대한 대응 방안

현행 파견법 하에서 불법파견 고소·고발이 투쟁수단으로서 갖는 한계는 명확하다. 노동부와 법원이 파견과 도급의 구분기준을 주로 사용업체가 '직접적이고도 배타적으로' 지휘감독권을 행사하는지의 여부로 판단하고 있기 때문에, 사용업체가 용역업체 관리자를 통해 지휘감독 하거나(대성산소의 경우), 형식적으로 관리자를 용역업체로 전출시키는 경우(대한항공의 경우)는 불법파견으로 인정받는 것 자체가 쉽지 않다. 그리고 불법파견으로 인정을 받는다 해도 법상으로는 "사용사업주가 2년 이상 계속 사용한 경우"에 직접고용으로 본다는 제약이 있기 때문에, 불법파견 시정명령을 구실로 사용업체가 계약해지를 하는 경우도 비일비재하다. 간접고용 노동자 사이에 이해관계의 대립이 발생할 소지도 있다. 게다가 용케 2년 이상자에 해당하는 경우에도 '직접고용'이 '정규직화'를 의미하지 않는다고 보는 것이 노동부의 행정해석이다. 따라서 SK의 경우처럼 2년 이상자에 대하여 계약직을 강요할 때 또 다시 흔들리게 된다.

요컨대 현행 파견법 제6조 제3항을 활용하는 불법파견 고소·고발 전술은 그것을 활용할 수 있는 조건 자체가 사라지고 있을 뿐 아니라 투쟁과 결합되지 않았을 때 오히려 고용불안으로 귀결되는 양상마저 보이고 있다.

따라서 불법파견에 대한 대응방안에서는 반드시 다음과 같은 것들이 확인되지 않으면 안 된다.

첫째, 불법파견 고소·고발을 사측을 압박하는 수단으로, 즉 실용적으로 접근하는 것에서 벗어나, 직접고용 전환투쟁을 하는 가운데 하나의 계획으로 배치하지 않으면 안 된다.

둘째, 불법파견 근절에 대한 노조의 요구는 '2년 이상자'라는 단서에 제한되지 않고, 불법파견 시 즉각적으로 정규직화를 제기해야 한다. 또한 간접고용 노동자의 직접고용으로의 전환 과정에서는 노동조합의 주도력이 관철되어야 한다.

셋째, 간접고용 노동자에 대한 조직화 계획 없는 불법파견 고소·고발은 현안문제 해결에 있어서조차 효력을 발휘하지 못한다는 점을 인식해야 한다.

간접고용관계에서 사용사업주의 사용자책임

1. 직접고용의 책임

(1) 직접고용의 원칙

앞의 제2장 '1. 간접고용에 대한 노동법적 규제의 원리'에서 살펴본 것처럼 우리 직업안정법과 노동법제 전체는 간접고용을 규제하는 태도를 취하고 있다. 문제는 이러한 태도를 실천적으로 구현할만한 구체적인 내용을 갖추고 있지 못한 데 있다. 파견법의 제정은 '파견근로자 보호'라는 미명과는 달리, 간접고용관계를 통한 사용자책임회피를 가속화시키는 역할을 해왔다. 한편 2000년 이래 파견·용역노동자의 조직화와 투쟁이 벌어지면서 사용사업주의 사용자로서의 책임에 대한 논의가 진행되어 왔지만, 아직까지는 파견법 제6조 제3항에 근거한 직접고용의 문제로만 한정되어 논의되어 왔다.

그러나 앞의 제4장에서 살펴본 바와 같이, 파견법 제6조 제3항에 근거한 직접고용 요구투쟁은 그 자체가 여러 가지 한계를 가지고 있다. 그렇다면 간접고용 규제와 사용자책임회피의 금지라는 원칙에 서서 사용사업주의 직접고용 책임을 어떻게 주장할 수 있을까?

먼저 직접고용원칙의 헌법적 근거는 '근로권'이라 할 수 있다. 안정적인 고용의 보장은 근로권의 가장 핵심적 내용이고, 고용안정이 제대로 보장되기 위해서는 사용종속관계에 있는 상대방에게 직접 고용되는 것이 기본 전제다. 간접고용은 다중착취의 요소를 구조적으로 내포하고 있기에 근본적으로 반사회적인 고용형태다. 뿐만 아니라 고용과 사용의 분리라는 특징은 노동자가 제공하는 노무를 실제로 수령하고 그 근로조건을 지배하는 자가 노동법상의 책임을 회피할 수 있게 만든다. 이러한 반인권적·반사회적 근로관계를 규제하기 위해 외국에서도 근로자공급사업(근로자파견)이 엄격히 규제되고 사용사업주에게 책임을 부과해 왔다.16)

이러한 헌법상 근로권의 내용을 보장하기 위해 우리의 법질서도 다양한 측면에서 직접고용원칙을 보장하고 있다. 직업안정법이 근로자공급사업을 원칙적으로 금지하면서 파견법상의 요건을 충족한 근로자파견사업을 제한적으로 허용하고 있는 입법구조나, 파견허용기간 이상 파견노동자를 사용한 경우 사용사업주에게 직접 고용된 것으로 보는 파견법 규정 등은 이를 뒷받침한다.

그러나 직접고용원칙을 구체화하는 데 있어 현행 직업안정법이 너무나 취약한 것이 사실이다. 단적인 예로 직업안정법에는 위법한 근로자공급이 행해진 경우 공급사업주에 대한 처벌규정은 있지만 사용사업주에 대한 처벌규정은 없다. 위법한 근로자공급의 경우 사용사업주와의 직접적 근로관계를 간주하는 규정도 없다. 또 파견법도 사용사업주가 2년 이상 파견근로자를 사용한 경우를 제외하고, 여타의 불법파견에서의 사용사업주와 파견근로자

---

16) 독일에서는 이미 1920년대부터 다면적 근로관계에 대한 논의가 진행되어, 주로 간접적 근로관계, 임차근로관계, 콘체른에서의 근로관계 등에서 사용사업주 혹은 지배적 기업의 사용자책임 문제가 논의되어 왔다. 특히 1972년 파견법 제정 이후로는 파견법의 요건을 결여한 불법파견은 '무허가직업소개'로 간주하고 사용사업주와의 직접적 근로관계성립을 인정한다.

프랑스는 '1919년 3월 25일 법률' 등에서 근로자공급사업을 금지해오다가 1972년 파견근로에 관한 법률을 제정하고 1973년 불법노동력거래의 저지에 관한 법률을 제정하여 다면적 근로관계를 규제하고 있다. 파견근로계약은 제한된 이용사유와 제한된 이용기간만 사용할 수 있으며, 노동법전에 규정된 요건을 결여한 경우 파견근로자가 사용사업주에 대하여 기간을 정하지 않은 근로계약에 속하는 권리를 직접 주장할 수 있도록 하고 있다. 자세하게는 민주주의법학연구회 노동법분과 편, 『간접고용 제한법제의 국제비교』, 2001.을 참조.

간의 근로관계에 관해 규정하지 않고 있다.

이러한 입법미비에도 불구하고 헌법상의 근로권 보장 규정과 직업안정법, 파견법, 근로기준법 등의 법질서 전체의 취지를 살펴보았을 때 직접고용원칙을 확인할 수 있다. 그 하나의 예로서 대법원은 "광업법이 이른바 광산덕대계약을 금지하는…… 법률상의 제한을 무시하거나 회피하는 한편 광산사고로 인한 책임 또는 근로기준법상의 책임 등을 면하기 위한 방편으로 노무도급의 형식을 빌려 비록 광업권자와 광부 사이에 도급업자를 개재시켜 놓았다 하더라도 실질상 광업권자의 강력한 지휘감독과 통제 아래 채탄작업이 행해지는 경우에는 광부는 도급업자를 통하여 실질적으로 광업권자와 고용계약을 맺은 것으로 보아 광업권자는 위 노사계약상의 사용자로서의 직접책임이 있다"고 본 사례가 있다.[17]

요컨대 직업안정법 및 파견법에 의한 근로자공급사업의 제한은 단순히 사용사업주에게 공법상의 의무를 부과한 데 지나지 않는 것이 아니라, 위법한 근로자공급사업을 통해 공급된 근로자와 사용사업주 사이에 사용종속관계가 존재한다는 사실로부터 공급근로자를 직접 고용해야 할 의무를 부과하는 것으로 해석해야 한다. 직접고용원칙은 근로계약상의 책임이 아니라 헌법상 근로권을 보장하기 위한 노동법적 책임이기 때문이다. 타인의 노동력을 필요로 하는 기업은 파견법의 틀 내에서 노동자를 제공받든지 아니면 적법한 도급계약에 업무처리를 완전히 맡기지 않는 한, 노동력이용 선택의 자유가 일정정도 제한되고 당사자의 의사에 관계없이 해당 근로자와 사용사업주 사이에는 직접고용관계가 인정되어야 한다.

(2) 파견법 제6조 제3항의 해석론

위에서 설명한 직접고용원칙에 따르면 현행 파견법 제6조 제3항은 어떻게

---

17) 대법원 1979. 7. 10. 선고 78다1530 판결.

이해되어야 하는가? 파견법이 직업안정법이 금지한 근로자공급사업 중 일부를 일정한 요건 하에서 허용하고 있는 것인 만큼 불법파견의 경우에는 파견법 제6조 제3항을 적용할 것이 아니라, 사용사업주와 파견사업주 사이의 근로자파견계약은 무효가 되고, 파견노동자는 '처음부터' 사용사업주에게 고용된 것으로 보아야 한다.

이렇게 직접고용원칙을 보다 상위에 놓은 가운데, 파견법 제6조 제3항의 "사용사업주가 2년을 초과하여 계속적으로 파견근로자를 사용하는 경우"란 '동종 업무'에 파견노동자를 2년 이상 사용한 경우로 해석하는 것이 타당하다.[18] 기업이 통상적으로 확보하기 어려운 전문지식·기술 인력이 일시적으로 필요한 경우이거나 일시적인 인력확보의 필요성이 있을 경우에 제한된 기간 동안 파견노동자를 사용할 수 있도록 한 현행 파견법의 체계 속에서, 파견법 제6조 제3항이 적용되는 경우를 '동일 근로자'를 2년 이상 사용한 경우로 해석한다면, 기업의 무분별한 파견제 사용을 억제할 수 없으면서 파견노동자에게만 2년마다 고용불안이 가해지는 불합리한 결과가 발생하기 때문이다.

또한 "2년을 초과하여 계속적으로 파견근로자를 사용하는 경우"를 동종업무에 파견노동자를 2년 이상 사용할 수 없도록 한 규정으로 이해한다면, 한 파견노동자를 2년간 사용하다가 동종업무에 다른 파견노동자를 공급받는 경우, 한 파견노동자를 2년간 사용한 후 다른 형태의 비정규직(단시간노동자, 특수고용형태 노동자, 기간제노동자)으로 잠시 전환하거나 잠시 대기기간을 가진 후 다시 동종 업무에 투입되는 경우, 동일한 파견노동자를 파견계약기간 만료 후 유사한 동종업무에 투입하는 경우[19] 등에도 사용사업주는 파견노동

---

18) 같은 취지를 담은 것에는 박수근, 「근로자파견의 기간제한과 직접 고용의 문제」, 《노동법학》 제11호, 한국노동법학회, 2000, 268쪽 ; 최홍엽, 「파견기간 초과시 고용간주규정의 해석」, 《노동법연구》 제10호, 서울대노동법연구회, 2001b, 200쪽을 볼 수 있다.

19) 노동부도 2년 계약만료 후 1개월 동안 임시직 등으로 고용한 후 다시 동일 근로자를 파견근로자로 사용한 경우에도 사용사업주가 고용한 것으로 보아야 한다고 해석하고 있다(노동부, 1998. 8. 7. 고관 68400-626).

자에 대한 직접고용의무를 진다고 보아야 한다.

그리고 사용사업주와의 직접고용관계가 간주된 경우 그 근로관계의 내용에 대해서는 종래의 파견사업주와의 근로계약상의 내용에 의해 좌우되는 것이 아니라 사용사업체에 적용되는 단체협약이나 취업규칙 등의 제반규정에 의해 규율되는 것이 원칙이다. 왜냐하면 이 때의 직접고용관계는 당사자간의 합의에 의해서가 아니라 법규정에 의해 새로운 근로관계가 성립한 것이기 때문이다.[20] 구체적으로 사용사업체의 단체협약 및 취업규칙 등이 우선적으로 적용되어야 하기 때문에, 단체협약에서 '정규직화'를 규정하고 있는 경우 그것이 적용된다. 그리고 단체협약 등에 특별한 규정이 없는 경우라면 사용사업체에서 동일 또는 유사한 업무에 종사하는 노동자에 대한 통상의 근로조건에 따라야 할 것이다.

그런데 사용사업주가 2년 동안 파견노동자를 사용한 후 해당 노동자에게 3개월 내지 1년 기간의 계약직 채용을 제안하는 경우 이것을 근로자가 거부하고 '정규직화'를 요구할 수 있는지가 문제가 될 수 있다.[21] 이 때도 기본적으로 사용사업체에서 동일 또는 유사한 업무에 종사하는 노동자에 대한 통상의 근로계약기간에 따라야 할 것이다. 즉 동종의 업무에 종사하는 노동자들이 모두 기간을 정하지 않은 근로계약을 체결하고 있다면 간주근로관계에만 기간을 정한 근로계약을 체결할 수 없다고 보아야 한다.[22] 이렇게 해석해야만 기업의 일상적인 업무에 파견노동를 사용하지 못하도록 제한하고 있는 파견법의 취지에도 맞고, 해당 노동자의 고용보호에도 충실하게 된다.

---

20) 박수근, 2000, 269~270쪽 ; 최홍엽, 2001b, 202~206쪽.

21) 노동부는 사용사업주가 2년을 초과하여 계속적으로 파견노동자를 사용하는 경우 당사자의 의사에 따라 계약직 또는 임시직으로 채용할 수 있다고 한다(노동부 1998. 7. 6. 고관 68400-490).

22) 같은 취지로서 최홍엽, 2001b, 203~204쪽.

2. 해고제한

(1) 파견계약해지, 노동자교체

간접고용 노동자의 고용보장을 위해서는 무엇보다 '직접고용원칙'을 기반으로 하는 것이 중요하다. 이 기반 위에서 사용사업주가 형식적으로 공급계약해지나 근로자교체요구를 한 경우 이것을 실질적으로 사용사업주의 '해고'로 보고 그 정당성을 살펴야 한다. 다시 말하자면 위법한 근로자공급의 경우 사용사업주와 공급사업주 간의 공급계약은 무효가 되고 공급근로자와 사용사업주 사이에는 처음부터 근로계약관계가 성립한다고 본다면, 무효인 공급계약에 의거한 계약해지는 아무런 법적 효력이 없고 일반적 해고와 동일하게 취급해야 한다. 따라서 근로기준법의 해고제한규정(근로기준법 제30조·제31조)에 따라 사용자는 정당한 이유 없이 노동자를 해고할 수 없고, 해고의 정당한 사유가 존재한다 하더라도 해고예고를 하거나 해고수당을 지급해야 한다(근로기준법 제32조).

한편 파견법 제22조 제1항은 "사용사업주는 파견근로자의 성별·종교·사회적 신분이나 파견근로자의 정당한 노동조합의 활동 등을 이유로 근로자파견계약을 해지하여서는 아니 된다"고 규정하고 있다. 이것은 현행 파견법의 요건을 충족한 범위 내에서 행해지는 근로자파견의 경우에 사용사업주의 계약해지를 제한한 규정으로 이해해야 한다. 문제는 이 규정 위반에 대해 처벌규정도 없고 사법적 효과에 대한 규정도 없어 노동현장에서는 전혀 효력을 발휘하지 못하고 있다는 점이다. 실제 상당수의 업무도급(파견)계약서에는 "근로자의 쟁의행위 등으로 업무수행에 차질이 생겼을 때 갑(사용사업주)은 계약을 해지할 수 있다"고 규정되어 있다. 이러한 계약내용은 공급근로자의 노동3권을 부당하게 침해하는 것으로써, 허용될 수 없을 뿐 아니라 합법적인 파견인 경우 파견법 제22조 제1항에도 위반된다고 해석해야 한다.

그리고 합법적인 파견에서 사용사업주가 파견법 제22조 제1항을 위반하여 파견계약을 해지한 경우 그것은 무효라고 보아야 한다.

또한 방송사비정규노조의 사례와 같이 파견법 제6조가 정하고 있는 파견기간제한을 회피하기 위한 파견노동자 교체 및 계약해지, 특히 파견법 제6조 제3항의 적용을 회피하기 위한 노동자 교체의 경우, 파견기간 제한규정의 취지는 동종업무에 파견노동자를 상시적으로 사용하는 것을 제한하는 데 있다고 할 것이므로 이러한 교체요구 및 계약해지는 무효라고 보아야 한다. 물론 위법파견인 경우 앞에서 설명한 바대로 공급노동자가 사용사업주에게 노무를 제공한 첫날부터 직접 고용된 것으로 보아야 한다.

(2) 정리해고

사용사업주가 경기변동·수요변동에 따라 노동력 투입을 조절하기 위해 간접고용 노동자들을 계약해지(해고)하는 경우가 빈번하다. 이것은 통상의 노동자에 대한 경영상해고와 동일한 것으로 근로기준법 제31조의 규정에 따라 정당한 해고인지를 따져 보아야 한다.

먼저 '긴박한 경영상의 필요'가 있는가가 문제인데, 통상적인 수요변동(이른바 '물량변동')의 위험은 긴박한 경영상의 필요에 해당하지 않는다고 본다. '긴박한 경영상의 필요'에 대한 대법원의 판단은 1991년을 계기로 점차 완화되어 왔다.[23] 그러나 그러한 경향 속에서도 "경영악화 여부는 해고 시점에서

---

23) 1990년까지만 해도 대법원은 긴박한 경영상의 필요성을 해석함에 있어 "근로관계의 존속보호라는 관점에서…… 해고를 하지 않으면 기업경영이 위태로울 정도의 긴박한 경영상의 필요성이 존재"(대법원 1990. 3. 13. 선고 89다카24445 판결)하는 경우로 비교적 엄격하게 해석하였다. 그러나 1991년을 기점으로 "기업의 인원삭감조치가 영업성적의 악화라는 기업의 경제적인 이유뿐만 아니라 생산성의 향상, 경쟁력의 회복 내지 증강에 대처하기 위한 작업형태의 변경, 신기술의 도입이라는 기술적인 이유와 그러한 기술혁신에 따라 생기는 산업의 구조적 변화도 이유로 하여 실제 이루어지고 있고, 또한 그럴 필요성이 충분히 있다는 점에 비추어 보면 반드시 기업의 도산을 회피하기 위한 것에 한정할

기업 전체의 경영사정을 종합적으로 검토하여 결정하여야 하며 일개 영업부
문 또는 영업소의 영업수지만을 기준으로 결정하여서는 안 된다"고 하고
있다.24) 하물며 현재 기업의 일반적 행태처럼 하나의 공장, 심지어는 하나의
생산라인의 물량변동에 대응하기 위한 계약해지는 정당성을 상실한 것이라
아니할 수 없다. 또한 장차 예상되는 영업적자나 사업부진 내지 시장상실
등을 이유로 한 예방적 감원도 '긴박한 경영상의 필요성'이 있다고 볼 수
없다.25)

필요는 없고, 인원삭감이 객관적으로 보아 합리성이 있다고 인정될 때에는 긴박한 경영상의
필요성이 있는 것으로 넓게 보아주어야 함이 타당하다"고 판시하였다. 이로 인해 '긴박한
경영상의 필요성' 요건은 사실상 '인원삭감의 객관적 합리성' 요건으로 대체된 것이나
다름없다는 비판이 제기되고 있다(이홍재, 「민주헌정 이후 노동판례 경향의 특징-'노동보
호 규제의 완화'와 '단결활동 규제의 강화'의 흐름」, 『최근 10년간 노동법의 평가와 과제』
한국노동법학회 2002년 추계학술발표회 자료집, 2002. 10. 5.).

24) 대법원 1990. 3. 13. 선고 89다카24445판결 참조. 이 판결에서는 1개 영업부문에서 적자를
보게 되어 회사의 순이익규모가 일시적으로 감소추세에 있었지만 회사 전체의 영업실적이
흑자였던 경우 '긴박한 경영상의 필요'가 없다고 보았다 ; 같은 취지로서 서울행정법원
2000. 12. 8. 선고 99구31779 판결, 이 사건은 대한항공에 위법한 근로자공급을 하고 있었던
한진관광의 경영상해고의 정당성이 다투어진 사건이었는데, 법원은 원고회사(한진관광)
가 현행법상 근로자의 고용보장 측면에서 허용되지 않는 근로자파견 내지 공급사업을
탈법적으로 경영하였던 이상, 대한항공의 리무진버스운영사업 축소 방침 및 이에 따른
감차·감원통보가 있었다는 이유로 리무진버스사업팀의 소속 근로자를 경영해고 할 수밖에
없는 급박한 경영상의 필요성이 있었다고 단정할 수 없다고 판시한 바 있다. 비록 사용사업
주의 감원통보가 공급사업주인 한진관광의 경영상해고로 연결된 부분에 대해서만 다루어
진 한계는 있지만, 사용사업주에 의한 경영상해고에 관해서도 시사점을 주는 판결이라
생각한다.

25) 조용만, 「정리해고의 법적 개념과 긴박한 경영상의 필요성-대법원판례에 대한 비판적
검토를 중심으로」, 『노동법의 쟁점과 과제』, 법문사, 2000, 209~210쪽. 한편 대법원은
판결(대법원 2002. 7. 9. 선고 2001다29452 ; 2000두9373)을 통해 '장래의 경영위기'까지
긴박한 경영상의 필요성이 있는 것으로 완화하고 있는데, 이것은 지나친 확대해석으로
경영해고 요건규정의 의의를 퇴색시킬 우려가 있다(이홍재, 2002, 91쪽 참조). 그런데
이 사건의 사실관계를 보면 은행이 누적된 적자로 존립의 위기에 직면하여 타은행과
합병한 상황에다가 예금보험공사로부터 공적자금을 제공받고 있었던 점 등 사정의 특수성

현실에서는 파견·용역노동자가 사업장에서 더 다수인 경우에도 비조합원 신분으로 정리해고에 관해 사용사업주와 협의할 권리를 보장받지 못하는 경우가 거의 대부분이다. 사용사업주에게는 간접고용 노동자를 포함한 노동자전체의 대표와의 성실한 협의 의무가 있고, 이러한 협의를 하지 않은 채 단지 정규직 노동자로만 구성되어 있는 노동조합과 협의한 것은 정리해고의 요건을 결여한 것으로 보아야 한다.26)

(3) 전적, 파견업체 변경

간접고용의 현실에서 사용업체는 파견업체에 비해 경제적·구조적으로 압도적인 우위에서 파견업체와 간접고용 노동자를 지배하고 있다. 사용업체가 구조조정을 하면서 일정 업무를 분사시켜 파견업체를 설립한다거나, 재벌 그룹 내에서 그룹 계열사에 노동자를 공급하기 위한 파견업체를 설립하기도 한다. 또 반드시 모자회사와 같은 내부적 관계가 있는 것은 아니라 해도 파견업체가 사용업체에 종속되어 폐업과 재설립을 반복하는 경우도 많다. 대부분의 파견업체가 노동력을 공급하는 것 이외에 독자적 사업목적·경영관념을 가지고 있지 않은 만큼 노무관리를 할 수 있을 정도의 자산·설비만 있으면 폐업과 설립은 손쉽게 할 수 있다. 이러한 구조적 요인으로 인해 사용업체는 파견노동자의 배치·전적(轉籍)을 지배할 수 있고 심지어는 파견업체를 부당해산하도록 강제하기도 한다.

대한항공 칼 면세점 파견노동자들의 사례는 사용업체의 부당한 전적 요구

도 있었기 때문에 일반적으로 적용할 수 있는 판례는 아니라고 생각한다.

26) 판례도 가입자격을 특정 직종에 한정하고 있는 노동조합과의 협의(서울행정법원 2000. 12. 8. 선고 99구31779 판결 ; 서울지방법원 2000. 2. 11. 선고 99가합55101 판결 등), 비조합원들을 대표할 수 없는 노동조합과의 협의(서울행정법원 2000. 8. 22. 선고 99구27282 판결 등), 비조합원에 대한 협의 없이 단지 노동조합에 경영상해고를 통보한 경우(서울행정법원 1999. 7. 16. 선고 98구20871 판결 등)의 경우에는 성실한 사전협의의 존재를 부정한 바 있다.

를 거부했다가 경영상 해고를 당한 사례다. 대한항공은 서울과 제주 두 곳의 면세점을 소유하고 운영해 왔는데 면세점 판매업무에 대하여는 같은 그룹계열사인 한진관광과 도급계약을 체결하여 노동자를 공급받아 왔다.27) 제4장 2. '(5) 불법파견 판정을 받지 못한 것이 투쟁에 영향을 미친 경우'에서 언급했듯이 대한항공은 2002년 4월 30일자로 한진관광과의 도급계약을 해지하면서 면세점 노동자에 대해서는 대한항공이 100% 출자하여 만든 전문용역업체인 한국항공종합서비스로 전적하여 근무할 것을 요구했다. 면세점 노동자들은 대한항공의 전적요구는 면세점 근로자들의 고용을 불안 정하게 할 뿐 아니라 노조의 존립도 위태롭게 한다고 판단하여 전적을 거부했 다.28) 이에 한진관광은 대한항공의 도급계약해지를 이유로 경영상해고통보 를 하였고 전적을 거부한 면세점 노동자 전원을 해고했다.

대한항공의 면세점 파견노동자 활용은 불법파견임이 부분적으로 확인된 바 있다. 대한항공이 일방적으로 도급계약을 해지하고 한진관광 소속 노동자 들의 전적을 강요할 수 있다는 사실 자체가 대한항공이 사용자로서의 권한을 행사하고 있음을 보여주는 것이기도 하다. 이 사안에서는 한진관광 면세점 노동자들이 대한항공을 상대로 근로관계를 주장할 수 있는가, 도급계약 해지 및 전적 거부를 이유로 한 한진관광의 정리해고가 정당한 것인지 문제가 된다.

먼저 대한항공과의 도급계약 해지 및 전적 거부를 이유로 한 한진관광의 경영상 해고의 문제점이다. 한진관광은 관리본부, 외국인사업본부, 해외여행

---

27) 대한항공은 1991년 칼 면세점을 한진관광으로부터 인수하면서 자산만 인수하고, 면세점 노동자에 대해서는 한진관광과의 도급계약을 통해 불법적으로 파견 받아 사용해왔다.

28) 한진관광노동조합은 한진그룹 내에서 민주노총에 가입한 소수의 노동조합 중 하나이고 파업투쟁 등을 통해 한진관광과 고용안정조항을 포함한 단체협약을 체결한 바 있다. 면세점 노동자들은 한진관광노동조합 내에서도 조합활동을 가장 열심히 하는 조합원들로 인식되어 왔다. 따라서 한진관광노조는 대한항공의 조합원 전적강요를 그룹 내 민주노조에 대한 탄압으로 인식했고, 항공종합서비스의 경우 고용승계의 조건으로 계약직을 자유롭게 채용할 수 있도록 할 것을 노조에 요구한 바 있다.

사업본부, 버스사업본부, 화물사업본부 등으로 구성되어 있는데 한진관광 전체의 경영사정을 종합적으로 검토하지 않은 채, 단지 면세점 업무에 대한 도급계약 해지만을 이유로 '긴박한 경영상의 필요'가 있다고 보기는 어렵다. 그리고 면세점 노동자들에게 항공종합서비스로의 전적을 제시한 것 이외에는 어떠한 해고회피의 노력도 하지 않았다. 한진관광과 한진관광노조는 2001년 임금협상 때 "회사는 대한항공과의 도급계약을 유지시키며 조합원을 (주)항공 종합서비스를 포함한 타회사로 전환시키는 계약을 하지 않는다"는 합의문을 이끌어냈고, 2000년에는 "조합원의 신분에 변경을 초래하는 경우 사전에 통보하며 근로조건 및 고용승계에 관하여 조합과 합의한다"는 내용의 단체협 약을 체결한 바 있다. 그러나 한진관광측은 대한항공의 도급계약해지는 불가 항력이라고 주장하며 정리해고에 관해 노동조합과 협의하지도 않았다. 이러 한 사정을 종합해 볼 때 한진관광의 정리해고는 정당성을 인정받을 수 없다.[29]

그런데 문제는 대한항공이 한진관광으로부터 불법적으로 근로자를 파견 받아 사용해 왔던 만큼 대한항공과 면세점 노동자들 사이에 직접적으로 근로관계가 성립된다고도 할 수 있다는 점이다. 그렇다면 대한항공의 도급계 약 해지 및 전적 강요 그 자체를 부당한 인사권 행사로 보고 대한항공에 직접적으로 해고제한법리를 적용해야 할 것이다. 즉 대한항공과 한진관광과

---

29) 한진관광은 이전에도 리무진버스팀 노동자를 대한항공에 불법파견하여 오다가 대한항공 측이 리무진버스를 감차통보하고 인력감원을 요구하자 정리해고를 시행하였으나 부당해 고로 판정받은 바 있다(서울행정법원 2000. 12. 8. 선고 99구31779 판결). 이 사건에서 법원은 "원고회사가 칼개발의 흡수합병을 통하여 고용을 승계한 소속 직원들을 대한항공의 리무진버스운영사업에 직접 종사시켰다는 점에서 적어도 리무진버스운행 대행업무에 관한 한 실질적으로는 대한항공에 대하여 리무진버스의 운행 및 관리를 위한 근로자의 파견 내지 공급사업을 수행한 것에 다름아니라 할 것"이라고 보면서 "원고회사가 현행법상 근로자의 고용보장 측면에서 허용되지 않는 근로자파견 내지 공급사업을 탈법적으로 경영하였던 이상, 대한항공의 리무진버스운영사업 축소 방침 및 이에 따른 감차, 감원통보 가 있었다는 이유로 리무진버스사업팀의 소속 근로자를 정리해고할 수밖에 없는 급박한 경영상의 필요가 있었다고 단정할 수 없다 할 것이다"라고 판시하였다.

의 도급계약은 형식에 불과하고 실제로는 대한항공이 면세점 노동자를 직접 지휘·감독하여 사용해 왔던 만큼 그 도급계약은 위법한 근로자공급(불법파견)에 해당하여 무효다.[30] 무효인 계약에 의거한 계약해지는 법적으로 아무런 효력이 없고 대한항공은 면세점 노동자와 근로관계를 맺고 있는 사용자라고 보아야 한다. 그렇다면 대한항공이 항공종합서비스로의 전적을 사실상 강요한 것이 정당한 인사권행사인가가 문제가 될 터인데, 전적에는 반드시 해당 근로자의 동의가 필요하다는 것이 통설이다.[31] 남은 문제는 노동자가 전적을 거부한 경우 사용자가 한 해고를 정당하다고 할 수 있는가 하는 점이다. 전적과 관련한 대표적 사례라고 할 수 있는 대우캐리어사건에서는 기업그룹 내 계열회사로의 전적명령에 불응하여 무단결근하고 유인물을 배포한 노동자의 행위는 해당 전적명령의 업무상 필요성(경영상해고의 회피수단)이 없고 근로자의 동의를 얻지도 않았으며 이를 대신할 노사관행도 인정되지 않으므로 정당한 해고로 인정할 수 없다고 판시한 바 있다.[32] 이 사안에서도 대한항공이 면세점 운영을 계속하면서 판매노동자만 기업그룹 내 타기업에서 불법적으로 파견 받아 오다가 새로운 용역업체로 변경하려 한 것(판매업무가 파견허용업무가 아닌 만큼 이 또한 불법파견을 계속 받으려는 의사로 볼 것이다)뿐이

---

30) 면세점 노동자들의 근로관계의 실태를 보면, 채용, 정원의 결정, 교체, 임금지불 등 근로관계 전반에 대한 결정을 대한항공이 하였고, 판매업무에 관한 구체적 업무지시 및 시간외근로, 해외출장 명령도 대한항공 관리직인 점장들에 의해 이루어져왔고, 서비스 교육 및 전산망 교육도 대한항공이 직접 실시하여 왔다. 그러나 노동위원회는 "대한항공이 면세점 직원들의 채용과정에 참여하고 운영상에 계약당사자로서 우월적 지위를 이용하여 한진관광의 경영권을 일부 침해하였다고 하더라도, 이는 대한항공과 한진관광이 체결한 계약에 명시된 내용에 대한 이행·확보의 수준을 크게 벗어나는 것은 아니라고 할 것"이기 때문에 대한항공과 면세점 근로자간에 사용종속관계가 없다고 보았다(서울지방노동위원회 2002. 11. 19. 2002부해572 및 2002부노143 결정).

31) 대법원 1993. 1. 26. 선고 92다11695 판결 ; 대법원 1994. 6. 28. 선고 93누22463 판결 ; 대법원 1996. 5. 10. 선고 95다42270 판결 ; 대법원 1996. 12. 23. 선고 96다29970 판결 등.

32) 대법원 1993. 1. 26. 선고 92다11695 판결.

므로 긴급한 경영상의 필요를 인정할 수 없다. 결국 이 사안은 대한항공이 자신과 직접적 근로관계가 있는 면세점 노동자들을 동의 없이 전적시키려다 해당 노동자들이 전적을 거부한 것을 이유삼아 해고한 것으로 보아야 하고 부당해고로 인정해야 할 것이다.

다음으로 하나로통신의 사례를 살펴보기로 한다.

하나로통신은 각 지사의 인터넷통신 운용·구축·감독보조업무에 4개의 파견업체로부터 267명의 노동자를 파견 받아 사용해 왔다. 노동자들의 업무는 파견법상 허용업무도 아니고 2000년 7월부로 파견기간 2년이 도래하여 파견법 제6조 제3항에 의한 직접고용간주조항 적용여부가 문제시되자, 하나로통신은 2000년 7월 1일, 하나로통신의 운용·구축·개통장애처리 전담 자회사로서 하나로테크놀로지를 설립하고 이와 도급계약(계약기간 1년)을 체결하였다. 이 과정에서 기존 파견노동자 267명을 최초 파견회사 입사일로부터의 경력인정을 조건으로 하나로테크놀로지의 비정규직 노동자(계약직-계약기간 1년)로 채용했으며, 일부 관리직사원(사장, 상무 등)을 하나로통신으로부터 하나로테크놀로지로 전직시키고(해당 관리직사원들은 하나로통신에서 하나로테크놀로지로의 파견근무로 이해하고 있음) 기존 파견노동자 267명 이외에 약 200명을 추가로 신규채용하였다. 하나로테크놀로지는 하나로통신의 자회사로서 도급계약의 형태로 노동자를 파견했지만 실제 인력계획의 수립, 업무지시, 평가관리, 근태관리, 인사발령요청 등의 권한을 모두 하나로통신에서 행사해 왔다.

그런데 하나로테크놀로지에 노조가 결성되자 하나로통신은 2002년 6월 30일자로 하나로테크놀로지와의 도급계약을 해지한다는 통보를 하고, 기존에 하나로테크놀로지가 전담하던 전국 권역을 4개의 지역으로 분할, 4개 용역업체와 새로 계약을 체결하였다. 동시에 하나로테크놀로지는 2002년 5월 30일자로 계약만료자 285명에 대한 계약해지 통보를 하였다. 하나로테크놀로지에서 계약해지된 노동자들 중에는 사측의 종용에 따라 새로운 도급업체로 취업한 경우도 있고 조합원들의 경우는 새로운 도급업체로의 전적을 거부하면서 파업을 벌였고, 하나로통신을 불법파견으로 진정하고 직접고용을 요구하였다.

이에 서울강남지방노동사무소는 하나로통신과 하나로테크놀로지 사이의 도급계약의 실질이 근로자파견이라고 판단하고 이 둘을 고발조치했다. 그리고 하나로통신의 사용자성에 대해서는 "또한 하나로통신(주)에 대하여 파견근로자보호등에관한법률 위반에 대한 조치와는 별도로 진정인 등에 대한 노무관리의 개입정도 및 (주)하나로테크놀로지의 사업경영상의 독립성 여부 등을 감안할 때[33] 근로기준법상 실질적인 사용자로서의 책임을 부인하기 어렵다고 보아 진정인 등 아직까지 새로운 근로계약이 체결되지 않고 있는 근로자들에 대하여 지속적인 노사협상을 통해 고용안정 방안을 마련토록 촉구하였으니 진정인 측에서도 이 점을 참고하여 주시기 바랍니다"라고 회신을 했다.[34]

---

33) 이 사안에서 하나로통신 관리사원들이 하나로테크놀로지 소속 근로자들의 근태관리를 해왔으며 인사고과, 징계, 배치전환의 권한 역시 하나로통신 관리사원들에게 있었으며, 신규채용 면접시 하나로통신 임원만이 면접관으로 배석을 하여 채용결정을 하였다. 또 형식적인 임금지급자는 하나로테크놀로지이지만 임금은 물론 경조사비, 자기계발비, 사무실 식수비 등을 하나로테크놀로지가 사용내역에 따라 하나로통신에 청구서를 올리면 하나로통신이 하나로테크놀로지에 지급하는 방식을 취해 왔다.

34) 서울강남노동사무소 2002. 8. 10. 관리68460-5985.
서울강남노동사무소의 결정은 도급계약을 맺은 사용업체가 파견노동자들에 대한 직접고용주임을 인정하였다는 점에서 큰 의의가 있다. 더구나 파견업체가 개인회사가 아니라 등기된 법인의 경우에도 실질에 따라서 법인격이 부인될 수 있다는 점도 주목할 만하다. 그러나 문제는 이에 대해 노동사무소가 제대로 된 시정조치를 내리지 않았다는 것이다. 일단 서울강남노동사무소는 시정조치의 대상을 '아직까지 근로계약이 체결되지 않고 있는 근로자들'로 한정하였다. 이미 도급업체로 취직한 사람들은 문제삼지 않겠다는 것이다. 또한 시정조치의 내용에 있어서도 직접고용하도록 한 것이 아니라 '고용안정 방안을 마련토록 했'을 뿐이다. 이는 하나로통신이 직접고용이 아니라 다른 도급업체로 취업시키는 것을 고용안정 방안으로 인정하겠다는 태도이다. 그러나 하나로테크놀로지 노동자들은 하나로통신에 파견된 시점에서부터 하나로통신의 정식직원의 지위를 가진다고 해야 한다. 이미 하나로통신에 직접고용된 것으로 보아야 하는 하나로테크놀로지

이 사안에서는 앞에서 본 한진관광노조 면세점지부 노동자들의 사안과 마찬가지로 실질적 사용자에 의한 도급계약해지, 형식적 사용자의 계약해지 및 전적 강요 등이 발생했다. 다만 하나로테크놀로지 노동자들은 계약직으로 채용되어 매번 계약을 갱신하는 방식으로 4년 이상 계속 근무해 왔는데, 하나로테크놀로지는 재계약 거부의 방식으로 사실상 노동자들을 해고한 것이다. 따라서 계약기간만료를 이유로 재계약을 거부한 것을 해고로 볼 수 있는지가 문제로 되는데, 현재 법원이 계약기간만료만으로 근로계약이 종료한다고 보는 경향인 만큼 재계약거부를 부당해고로 다투기 어려운 것은 사실이다. 그러나 재계약거부의 사유가 부당노동행위에 근거한 것이므로 이 또한 부당해고를 다툴 수 있다. 실제 하나로통신의 도급계약해지 및 새로운 파견업체와의 계약체결, 하나로테크놀로지의 노동자들에 대한 계약 해지 및 전적강요는 부당노동행위의 의사에서 기인한 것이기도 했다. 용역업 체 소속 노동자들이 노동조합을 결성했을 때 사용업체가 취하는 가장 일반적 인 대응양상이 도급(용역)계약 해지와 새로운 업체와의 계약체결 또는 기존에 하나의 용역업체에 맡기던 근로자파견업무를 여러 용역업체로 분담시키는 방식이다. 따라서 앞에서 살펴본 것처럼 하나로통신과 파견노동자들 사이에 직접적으로 근로관계가 성립하고 있다고 보아 하나로통신의 도급계약해지는 무효고 새로운 용역업체로의 전적을 강요하면서 재계약을 거부한 것은 부당 해고에 해당한다. 덧붙여 하나로통신의 부당노동행위 책임도 인정해야 할 것이다.

노동자들을 다른 파견업체로 넘긴 것은 사측의 협박과 강압에 의한 것으로 부당해고를 구성한다. 그리고 여전히 하나로테크놀로지 소속으로 남아 있는 노동자들에게 도급업체로 옮기라고 강요하는 것은 노조설립을 이유로 한 해고위협에 다름 아니므로 부당노동행위로 서 처벌해야 하는 것이다(전국불안정노동철폐연대, 2002, 57쪽).

(4) 고용승계 거부

사용사업주가 파견·용역업체를 변경하는 과정에서 간접고용 노동자의 고용승계가 거부되거나 인원감축이 벌어지는 경우다.

첫째, 도시철도공사 청소용역노동자들의 사례다.

도시철도공사는 1995년부터 5, 6, 7, 8호선(호선별로 1개의 용역업체)과 6개 차량영업소(3개 차량영업소마다 1개의 용역업체)의 청소 및 방역업무에 관한 도급계약을 체결하여 청소용역노동자 1,500여명을 파견 받아 사용해 왔다. 도급계약의 실태를 보면 청소시행 후 해당 역장의 1일 검수를 받아야 하고, 용역업체가 인사권을 행사하되 도시철도공사가 이의를 제기할 수 있고, 월별작업일정을 해당 역장과 협의 후 작성하고 작업계획이 변경될 때는 역무관리소장의 결재를 받아야 하고, 미화원 결원 일수가 역별 평균 18.3% 이상 발생하거나 청소상태가 불량하다고 인정될 때에는 월도급비 지급 시 이에 상응하는 금액을 감액지급하고, 용역업체의 노사분규 발생으로 청소업무를 수행할 수 없을 때 도급계약을 해지한다고 정하고 있었다. 근로관계의 실태를 보면 매년 도시철도가 최저임금기준으로 설계하여 공개입찰하고 낙찰률에 의해 계약금액이 삭감되고, 도급업체가 변경될 때마다 미화원들은 사직서를 쓰고 다시 새 용역업체와 근로계약서를 쓰는 방식으로 계속 근무해 왔다. 2001년 7월 도시철도공사 청소용역노조가 결성되고 오랜 투쟁 끝에 용역업체와 단체협약도 체결하였다. 그런데 2002년 3월 도시철도공사는 종전 3개 업체에 도급을 주던 것을 14개 업체로 늘려 계약하였고, 이 과정에서 구조조정 명목으로 82명의 근로자가 감원되었으며 도급계약서에 정년규정이 신설되어 지금까지 관행적으로 근무하던 63세 이상의 여성노동자들이 실직하였다.

둘째, 아파트 시설관리근로자들의 사례다.

아파트관리형태는 ①주택건설업자가 1년간 의무적으로 관리하는 의무관리, ②아파트 입주자대표회의가 자치관리기구를 구성하여 관리하는 자치관

리, ③아파트 입주자대표회의가 선정한 주택관리업체에 의한 위탁관리의
3가지가 있다. 이 중에서 사용자성이 문제가 되는 형태는 ③위탁관리인데,
특히 입주자대표회의가 주택관리업체를 변경하는 과정에서 신규관리업체로
하여금 대폭 저하된 근로조건으로 종전 노동자들을 재취업하게 하거나, 근로
조건을 삭감하도록 압력을 행사하거나, 특정 근로자들만을 선별 승계하거나,
승계하지 않는 것이 주로 문제가 되어 왔다.

법원은 아파트입주자대표회의가 시설관리근로자들의 사용자인가를 판단
할 때, ①관리업체와 관리소장이 노동자에 대한 인사권과 업무지휘권이
모두 배제 내지 형해화되어 근로계약이 형식적인 것에 지나지 않고, 입주자대
표회의가 노동자의 업무내용을 정하고 업무수행과정에서 구체적·개별적
지휘감독을 행하고 있을 것, ②입주자대표회의가 노동자들에 대한 급여·인
사·노무지휘 등에 관한 사항에 대하여 구체적이고 실질적인 권한을 행사할
것 등을 판단기준으로 제시하고 있다. 이러한 판례의 시각은 첫째, 위탁관리업
체는 임금·인사·근로조건 등에 관하여 형식적인 사용자의 지위에 있을 뿐
입주자대표회의가 최종적·실질적인 권한을 행사하고 있는 점, 둘째 시설관리
업무의 특징상 업무내용·수행과정에 대한 구체적·개별적 지휘감독을 직접
하지 않아도 입주자대표회의는 근로조건에 대한 실질적 통제권한 행사를
통해 근로자를 통제할 수 있는 점에서 지극히 형식적인 판단이다. 게다가
판례는 사용사업주와 노동자 사이에 사용종속관계가 인정되는 경우조차도
위탁관리업체가 일정한 실체를 가지고 사용자의 권한을 부분적으로 행사(사
실상 사용사업주의 권한을 부분적으로 대행)한 사실만 있으면 사용사업주의
사용자성을 부인하고 있다.35)

---

35) 이와 비교하여 노동부는 입주자대표회의가 주택관리업자를 변경하는 경우, 첫째 주택관리
    업자가 입주자대표회의로부터 독립하여 인사·노무관리의 전권을 행사하는 경우, 구체적으
    로 ①주택관리업자가 관리업무종사자의 채용·해임·승진·배치전환·징계 등 인사조치에
    관하여 전권을 행사하는 경우, ②주택관리업자가 매월 관리비·사용료 및 특별수선충당금
    등의 징수·사용·보관·예치에 관하여 전권을 행사하는 경우, 원칙적으로 고용승계의무가

　그러나 입주자대표회의와 관리업체 간에 체결하는 통상의 위·수탁관리계약을 살펴보면, 입주자대표회의의 권한으로서 ①입주자대표회의가 관리업무에 소요되는 관리비 외에 인건비를 부담하고, ②관리소 직원의 임면(任免)에 있어 입주자대표회의가 사전 협의권을 가지고 있고, 임면의 기준과 보수 등도 대표회의의 승인을 얻도록 하고, ③관리소장의 임명에 있어 입주자대표회의와 사전에 협의하도록 하고, 협의가 이루어지지 않으면 임명할 수 없으며, 관리소장의 교체를 요구할 경우 빠른 시일 내에 교체임명하도록 정하고, ④공동주택관리에 필요한 모든 자금은 입주자대표회의와 주택관리업자가 공동명의로 금융기관에 예치·운영관리하도록 정하고, ⑤관리소 직원의 급여, 퇴직금, 사회보험법상 보험료 납부 등 모든 지출은 입주자대표회의 회장의 결재를 받도록 정하고, ⑥취업규칙의 작성·변경 시 입주자대표회의의 동의를 받은 후 결정하도록 정하고, ⑦노동조합과 단체협약을 체결할 때 입주자대표회의와 사전에 합의한 후 체결하도록 정하고, ⑧주택관리업자의 업무수행이 소홀하다고 판단될 경우 입주자대표회의의 의결에 따라 위·수탁관리계약을 해지할 수 있도록 하고, ⑨기타 위·수탁계약의 해석상 이견이 있는 경우 입주자대표회의의 해석에 따르기로 되어 있다.36)

　이러한 위·수탁관리계약의 내용을 볼 때 주택관리업자에게 독자적으로

없다고 본다. 둘째, 주택관리업자가 근로계약체결 등 형식적 사용자의 지위를 가질 뿐 입주자대표회의가 사실상의 사용자로서 근로자의 인사·노무관리에 직접 관여하는 경우, 구체적으로 ①관리업무종사자에게 지급되는 임금·퇴직금 등의 지급·결정에 최종 결재권을 행사하는 경우, ②입주자대표회의가 관리업무종사자의 채용·해임·승진·배치전환·징계 등 인사조치와 관련하여 위탁관리업체에게 지시하거나 최종적으로 결재하거나 공식적으로 특정인을 채용·해임 등 인사조치 하도록 지시 또는 요구하는 경우, ③입주자대표회의가 외형상 위탁관리방식을 취하면서도 관리업무 전반에 사실상의 집행권을 행사하는 경우, 주택관리업자의 변경시에도 고용은 유지되어야 한다고 해석하고 있다(노동부, 1999. 11. 9. '아파트 종사근로자의 근로조건 보호에 관한 지침', 근기68206-564).

36) 목동10단지아파트 입주자대표회의와 대원종합관리의 위·수탁관리계약서 제7조 참조(고준기, 「사용자의 개념 – 입주자대표회의의 사용자성 검토를 중심으로」, 한국노동법학회 2001년도 동계학술발표회, 2001. 12. 22, 57~58쪽).

관리권을 부여했다기보다는 입주자대표회의의 지배하에 관리업무를 대행하도록 한 것으로 파악할 수 있다. 즉 이러한 관리계약은 진정으로 사업주의 변경을 가져오는 것이 아니라 주택관리업자에게 단순히 사업주를 위하여 일하는 중간사용자의 지위를 부여한 계약이라고 볼 수도 있다.[37]

따라서 입주자대표회의가 주택관리업자를 변경하는 것은 노동자에 대한 지시·감독권한의 일부를 이전 관리업자에서 새로운 관리업자로 변경하는 것에 불과하므로, 입주자대표회의가 시설관리노동자에 대한 고용유지의무를 부담한다고 본다. 그러므로 관리업체의 변경을 이유로 고용승계를 거부한다거나 종전보다 낮은 근로조건을 강요하는 것은 부당해고 및 근로조건의 일방적인 불이익변경으로, 허용될 수 없다.

3. 부당노동행위 책임

노동조합법상의 사용자 책임, 특히 부당노동행위 책임이 근로계약상 사용자 책임을 묻는 연장선 위에 있는 것이 아니라 노동3권을 실제 침해할 수 있는 지위에 있는 사람에게 노동조합법상 사용자 책임을 부과하는 것이라면, 해당 근로조건뿐만 아니라 노동3권 행사와 관련된 노동관계 전반에 지배력을 가진 사람을 널리 노동조합법상 사용자로 보아야 할 것이다.

이런 맥락에서 노동위원회의 판정례 중에는 노동조합법상 사용자와 관련하여 주목할 만한 고찰들이 제기된 바 있다. 예를 들어 노동조합이 공급한 근로자와 하역업체 사이의 단체교섭이 문제가 된 사건에서 중앙노동위원회는

---

37) 중앙노동위원회도 입주자대표회의가 사실상 사용자로서 행위하였다면 위·수탁계약을 해지하고 새로운 관리업체와 계약을 체결하였다 하더라도, 이는 단순히 대표회의의 노무지휘권을 수임한 자의 변경에 불과하므로 특별한 사유가 없는 한 고용관계는 유지되어야 할 것이고, 관리업체 변경 과정에서 고용승계가 이루어지지 않은 것은 부당해고라고 여러 차례 판정한 바 있다.

"신청인(하역업체)과 노동조합의 근로자 사이에 근로계약이 체결되어 있지는 않지만 근로자들의 노동력 자체가 기업활동의 중요 구성요소이고, 비록 근로자들이 어느 한 회사에 전속되어 있지 않다고 하더라도 그들이 생존수단으로서 노동력 제공을 통하여 생활을 계속해왔다면 집단적 노동력의 제공을 통한 거래관계가 성립되는 바, 이러한 노동력 거래관계는 노사관계법상의 규율대상이 되며, 당연히 근로조건의 유지·개선을 위하여 단체교섭을 요구할 수 있다"고 판단한 바 있다.[38]

결론적으로 노동조합법상의 사용자인가를 판단하기 위해서는 "노동자 및 노동조합의 자주적 단결활동에 영향을 미침으로써 노동3권을 침해할 수 있는 지위에 있는 자"인가를 보아야 할 것이다. 이것을 '실질적 대항관계론'이라 부르려 하는데 그 핵심은 다음과 같다.

첫째, 근로계약관계의 존재 여부에 구애되지 않고 해당 근로자·노동조합의 노동3권을 침해할 수 있는 지위에 있는 자를 노동조합법상 사용자로 본다. 판례는 '노동조합법상 사용자=근로계약의 당사자'라는 구도 속에서, 사용사업주가 근로계약의 당사자가 아니라는 형식적 이유만으로 더 나아가 노동3권 침해행위를 살피지 않는다. 그러나 노동조합법상 사용자 책임의 문제는 근로계약상 사용자 책임과 동일하지 않다. 파견법 제22조 제1항에서는 "사용사업주는 …… 파견근로자의 정당한 노동조합의 활동 등을 이유로 근로자파견계약을 해지하여서는 아니 된다"고 규정하고 있는데, 이것은 근로계약관계가 없는 사용사업주가 파견노동자의 노동관계에 관하여 대항관계에 설 수 있음을 확인한 규정이라고 할 수 있다.

둘째, '해당 노동자·노동조합의 자주적 단결활동에 영향을 미침'은 근로조건뿐 아니라 널리 노동관계 전반에 미치는 영향력을 중심으로 판단해야 한다. 즉 근로계약상의 제반 이익에 한정되는 것이 아니라 널리 노동자의 경제적·사회적 지위향상을 위한 자주적 단결활동 전반에 미치는 영향력을

---

38) 중앙노동위원회 1995. 7. 7. 95부노64.

중심으로 보아야 한다. 이것은 특히 사용사업주를 상대로 하는 단체교섭의 대상사항, 쟁의행위 목적의 정당성과 관련하여 중요한 의미를 가진다.

셋째, '노동3권을 침해할 수 있는 지위'에 있는 자는 여럿일 수 있다. 특히 간접고용관계에서는 사용사업주·공급사업주 양자가 모두 부당노동행위를 할 수 있는 관계에 있다. 부당노동행위 주체의 문제가 근로계약상의 사업주를 확인하는 문제가 아닌 만큼, 부분적·병존적 사용자성을 인정할 필요가 있다.

조직화·투쟁에 있어서 고려지점

1. 노동조합으로의 조직화에 있어서 고려지점

(1) 파견 - 주기적 해고

파견노동자의 경우 조직화·투쟁에서 가장 어려운 점이 현행 파견법에 의해 주기적 해고를 당하게 된다는 것이다. 방송사비정규노조의 경우 방송사가 2년마다 파견노동자를 교체하기 때문에 주기적으로 해고가 발생하고 미조직 파견노동자들이 새롭게 들어오는 상황을 반복하게 되었다. 노조는 해고를 앞둔 조합원들의 투쟁을 조직하기 위해 노력하였지만 조합원들은 체념하거나 방송사에 밉보이지 않고 다른 방송사로 이직할 수 있는 경로를 개인적으로 모색했다. SBS지부의 경우 조직력을 바탕으로 지부장에 대한 방송사측의 교체요구를 철회시키고 파견업체와 임금협약을 체결하고 이전에 방송사측이 지휘하던 배차를 노조가 운영하는 등 노동조합을 안정화시키기도 했다. 그러나 주기적 해고라는 조건은 조합원들이 노동조합을 통한 고용안정 보다는 개인적인 해결책을 찾게 만들고, 노동조합의 토대를 불안하게 만드는 기제로 작용하고 있다.

인사이트코리아노조의 경우 노조가 결성되자 (주)SK와 인사이트코리아측의 집요한 부당노동행위로 4명을 제외한 조합원 전원이 노조를 탈퇴하였다. 이후 노조는 SK를 상대로 불법파견 고소고발·직접고용 요구 등 인사이트코리아 노동자 전체의 이해가 달린 요구를 내걸고 투쟁했지만, SK측에서 6개월에서 1년 계약직을 제안했을 때 인사이트코리아 노동자들이 개별적으로 이것을 받아들이는 것을 제어하지 못했다. 하나로테크놀로지노조의 경우도 노동사무소로부터 사용업체인 하나로통신의 사용자성을 인정받는 성과를 얻었음에도 하나로통신이 4개의 업체와 새롭게 위장도급계약을 체결하고 개별적으로 새로운 도급업체에 입사할 것을 요구하자 조합원들이 동요했다. 한진면세점 지부의 경우도 대한항공이 항공종합서비스라는 용역업체로 개별 전적할 것을 요구하였을 때 조합원 중 상당수가 이것을 받아들여 투쟁동력이 훼손되었다.

이러한 사례들을 종합해 보면 파견 또는 불법파견이라는 조건은 사용자측에 압박이 된다기보다는 오히려 노동조합의 단결력을 흔드는 요인으로 작용하는 경우가 많다는 것을 알 수 있다. 불법파견 시비가 붙으면 사용업체측은 도급업체 변경, 개별적인 전적 요구 등 노동조합의 단결된 대응을 훼손하는 방식으로 대응한다. 이럴 때 개별적 이직·전적 등이 문제의 해결책이 될 수 없으며 노동조합을 통한 집단적 대응이 고용안정성을 높이는 최소한의 조건이라는 점을 설득해야만 한다.

(2) 용역 – 용역재계약, 용역업체 분할

용역의 경우 그 노동실태를 살펴보면, 불법파견이지만 관행적으로 용역재계약을 반복해 온 경우가 많다. 사용자측에서도 파견법의 적용대상이 아니라고 생각하기 때문에 파견법상 규제를 회피하기 위한 주기적 해고보다는 용역재계약을 통해 노동을 통제한다. 예를 들면 시설관리용역의 경우 보통 1년 단위로 사용업체가 용역업체와 계약을 하는데 이 과정에서 임금 삭감, 인원 축소 등이 자행된다. 노조가 결성되면 선별적 고용승계나 용역업체 분할을 통해 조합의 토대를 동요하게 만든다. 한편 용역단가를 통해 임금수준이 결정되는 용역의 구조상 용역업체를 상대로 노동조건 개선요구를 하는 것이 무의미한 경우가 많다. 이처럼 고용안정과 노동조건 개선의 결정적

열쇠를 사용업체가 쥐고 있기 때문에 노동조합은 직접적으로든 간접적으로든 사용업체를 압박하는 투쟁을 벌일 수밖에 없다.

현행 법적으로 용역재계약시에 고용불안을 막을 수 있는 장치는 없다. 상당수의 용역업체가 사용업체의 절대적 통제권한아래 놓여있기 때문에, 사용업체와 용역노동자와의 직접적 근로관계 성립을 주장하는 소송들이 제기된 사례가 있다.39) 그러나 법원은 사용업체의 실질적 지배력을 인정하면서도 용역업체와 노동자 사이의 근로계약관계가 형식적으로 존재한다는 이유만으로 이를 인정하지 않았다. 현재 판례의 시각은 중간에 존재하는 파견·용역업체가 일정한 경제적 실체를 갖추고 있는 경우 이를 용역노동자의 사용자로 인정하기 때문에, 예외적인 사례를 제외하고는 사용업체의 사용자성을 인정받기가 곤란하다.

이러한 법적 결함에도 불구하고 상당수의 시설관리노동조합이 용역재계약시에 고용승계·단체협약승계를 쟁취하고 있다. 뿐만 아니라 사용업체를 압박하여 용역재계약 과정에서 고용보장 및 임금인상에 영향력을 행사하도록 만들고 있다. 서울대시설관리노조는 2000년 한달이 넘는 파업을 통해 사용업체인 서울대를 교섭석상으로 끌어냈고 3자 교섭의 방식으로 임금인상을 쟁취했다. 전북일반노조의 경우도 파업투쟁을 거쳐 원광대, 전북대 등 사용업체가 용역단가를 인상하는 방식으로 임금인상을 쟁취했다. 전북일반노조는 지역 내에서 용역노동자의 공통된 최저임금선을 정하고 이를 사용자에게 관철시키기 위해 공동임단투 조직 등을 시도한 바 있다.

(3) 사내하청 - 계약해지, 정규직과의 관계

사내하청의 경우는 간접고용의 유형 중에서도 정규직과 동일한 업무를 수행하거나 정규직노동자의 업무와 밀접하게 연관되어서 일을 하는 사례가

---

39) 신천개발노동조합이 서울고등법원을 상대로 낸 근로자지위확인소송과 은마아파트사건 등 다수.

많다. 그런 만큼 사내하청 노동자의 조직화·투쟁은 정규직에게도 직접적 영향을 미칠 수밖에 없고 이것이 정규직과의 관계 문제를 중요하게 만드는 요인 중 하나다.

사내하청의 경우 노조가 결성되면 원청(사용업체)은 주로 조합원이 있는 사내하청업체를 계약해지하는 방식으로 대응해 왔다. 노조도 이에 대응하여 가능한 한 동일 원청 사업장에서 일하고 있는 사내하청업체를 포괄하여 조직하는 방식으로 맞서 왔다. 계약해지에 맞서는 또 하나의 유력한 대응방안은 정규직 노동조합과의 연대관계를 만드는 것이다. 정규직 노동조합과의 연대관계는 계약해지에 대한 최소한의 방어막이 될 뿐 아니라 사내하청 노동자들을 대중적으로 조직하는 데 있어서도 유리한 조건이 된다.

(4) 정규직노조, 산별노조에의 가입

간접고용 노동자들이 정규직 노동조합으로 조직되는 데 있어 어려움은 기업별노조라는 형태에서 유래하는 것과 간접고용 노동자들의 고용불안정에서 유래하는 것 등이 있다. 우선 정규직노조가 규약변경을 통해 간접고용 노동자를 받아들이려 하면 사용자측의 물리적·이데올로기적 공세에 부딪치게 된다. 한국후찌쓰의 경우 정규직노조가 규약변경을 위한 총회공고를 내자 사용자측이 노동부에 질의회신을 받아 "기업별노조가 소속이 다른 기업의 노동자(파견노동자)를 조직대상으로 하는 것은 위법이다"고 공격했다.[40]

---

40) 노동부의 이러한 행정해석은 대법원 1997. 7. 25. 선고 95누4377 판결에 근거를 두고 있다. 이 사건에서 대법원은 "노동조합이 존속 중에 그 조합원의 범위를 변경하는 조직변경은 변경 후의 조합이 변경 전의 조합의 재산관계 및 단체협약의 주체로서의 지위를 그대로 승계한다는 조직변경의 효과에 비추어 볼 때 변경 전후의 조합의 실질적 동일성이 인정되는 범위 내에서 인정된다 할 것이고, 노동조합은 구성원인 근로자가 주체가 되어 자주적으로 단결하고 민주적으로 운영되어야 하므로 어느 사업장의 근로자로 구성된 노동조합이 다른 사업장의 노동조합을 결성하거나 그 조직형태 등을 결정할 수는 없다"고 하여, 서울상공회의소노동조합이 규약변경을 통해 대한상공회의소 근로자까지 조직대상

한국후찌쓰노조는 이후 파업 과정에서 규약변경을 관철시켰다. 금속노조 포항지부 INI스틸지회의 경우 산별노조의 지회였음에도 불구하고 사용자측이 규약변경을 저지하기 위해 총회에 참석하지 말 것, 참석하더라도 반대표를 던질 것을 조합원에게 강요하였다. 심지어는 "사내하청 노동자가 조합원이 되면 정규직·직영 노동자들의 기득권이 상실된다"는 내용을 공공연하게 선전했고, 규약변경이 된 이후에는 사내하청노동자들이 조합가입원서를 제출하지 못하도록 감시했다.

다른 한편 기존 노조가 간접고용 노동자들의 고용불안정성에 대한 부담감으로 인해 조직화에 소극적인 경우도 많다. 파견·용역노동자의 경우 구조적으로 고용불안을 겪게 되는데 노동조합이 과연 이것을 방어할 수 있겠는가라는 회의적 태도를 가지게 되는 것이다. 이랜드노동조합의 경우 규약변경을 통해 간접고용 노동자를 포괄하고 파업투쟁을 통해 직접고용요구를 관철시켰다.[41] 기아자동차노조 광주지부의 경우도 사측을 압박하여 사내하청 노동자 130명을 정규직화하고 300명을 계약직으로 직접 고용하도록 만들었다. 이러한 사례를 통해 알 수 있는 것은 기존 노조가 간접고용 노동자를 조직하는 데 있어서는 '정규직화' 또는 '직접고용' 요구가 중요한 매개 고리가 된다는 점이다. 여기서 중요한 점은 이렇게 조직된 노동자들을 어떻게 노동조합의 주체로 세워낼 수 있는가라는 문제다. 비정규직노동자들이 대중적으로 조직되지 않았을 때 기존 노조의 포괄 시도는 일회성으로 그치기 쉽고, 이것은

으로 하는 결의의 효력을 부인하였다. 그러나 이 판례에 대한 비판(고준기, 「조합원의 범위를 변경하는 조직변경의 요건」, 《월간 노동법률》 제76호, 중앙경제사, 1997 ; 정재성, 「노동조합의 조직변경의 허용범위」, 『1997년 노동판례비평』, 민주사회를위한변호사모임, 1998 등 참조)은 별도로 하더라도, 이 판례가 곧바로 파견·용역노동자를 조직대상으로 하는 규약변경이 위법하다는 근거가 될 수는 없다. 간접고용 노동자는 '어느 사업장'의 노동자로 구성된 노동조합이 '다른 사업장'의 노동조합을 결성하는 문제가 아니기 때문이다.

41) 이랜드노사는 "도급해지자(15명)에 대하여 타결 직후 직접 채용하고 입사시기는 채용시점으로 하며 일방적으로 계약해지 않는다"고 합의하였다.

다시 이후 비정규직 조직화에 부정적 요인으로 작용하기 때문이다.

(5) 사용업체 내에서의 조합활동 금지, 조합간부 출입금지의 문제

사용업체가 노조활동을 이유로 계약을 해지하는 경우가 아니라고 해도 사용업체 내에서의 조합활동을 금지하는 방식으로 노조를 탄압하는 경우가 많다. KBS의 경우 파견운전직 노동자들의 대기실 안에 "알림, 쾌적한 근무분위기 쇄신 및 안락한 휴식공간이 될 수 있도록 다음 사항을 금지하오니 협조하여 주시기 바랍니다. 1. 일과 중 노조활동 금지, 1. 대기실 내에서 조합관련 회의 및 노조관련 유인물 부착행위 금지, 1. 외부인 출입 금지"라는 공고문을 붙이고, 노보를 일방적으로 철거하였으며 방송사비정규노조 위원장의 대기실 출입을 금지하였다.

그러나 간접고용 노동자로 조직된 노동조합이 사용사업체 내에서 조합활동을 하는 것을 전면적으로 금지하는 것은 부당노동행위라고 볼 수 있다. 판례는 취업시간 중이거나 기업시설 내에서의 조합활동은 단체협약이나 사용자의 동의, 기타 관행이 있는 경우에 정당하다는 입장을 취하고 있다.[42] 그러나 학설은 이러한 시각이 사용자 권리만을 중시하는 편향된 시각일 뿐 아니라 조합활동의 권리가 헌법에서 보장하는 노동3권에 포함되어 있는 권리라는 점을 간과한 태도라고 비판하고 있다.[43] 판례 중에도 "기업내의 근무장소는 근로자들이 자연스럽게 모여 근로조건이나 노동조합에 대한 정보와 의견을 나눌 수 있는 유일한 장소임을 감안할 때, 기업시설에 대한 관리권을 가지고 있는 사용자라 하더라도 근로자의 근무시간 외에 사내에서 노동조합에 관한 정보를 전달하거나 그에 관한 의견을 나누는 것을 금지하는 내용의 취업규칙을 정하는 것은 그와 같은 제한이 사업의 특성상 불가피한

---

42) 대법원 1994. 2. 22. 선고 93도613 판결.

43) 최영호, 「기업내 조합활동의 정당성 기준」, 《노동법학》 제8호, 한국노동법학회, 1998, 566쪽.

것으로 인정되지 아니하는 한 헌법이 보장하는 근로자들의 자주적인 단결권·단체교섭권·단체행동권을 침해하는 것이 되어 그 효력을 인정받을 수 없다"고 본 사례가 있다.44)

노동자가 조합활동을 할 수 있는 권리는 노동3권에 내재되어 있는 것으로서, 사업장 내에서 사용자가 가지는 노무지휘권·시설관리권과 상호조정할 수 있는 것이지, 사용자가 일방적으로 금지시킬 수 있는 것이 아니다. 조직노동자들은 오랜 투쟁을 통해 이러한 권리를 획득하고 단체협약으로 명문화해 왔다. 마찬가지로 파견·용역노동자라는 이유만으로 사용업체 내에서의 조합활동이 금지될 수는 없다. 간접고용관계에서 파견·용역노동자들이 실제 노동을 하는 장소가 사용사업체일 뿐 아니라 사용사업주가 사용자로서의 권한을 실제로 행사하고 있는 만큼, 사용사업주는 간접고용 노동자의 노동3권을 존중할 법적 책임이 있다.

다른 한편 노동조합활동을 이유로 파견·용역계약을 해지하고서 조합간부의 사용사업체의 출입을 금지하는 경우의 문제를 살펴보자. 실제 법적 다툼이 일었던 사례로 한라중공업사내하청노동조합 사건이 있다. 광주지방법원 목포지원은 한라중공업의 계약해지로 사내하청 노동자들과 한라중공업은 아무런 관계도 없게 되었으므로, 사용사업주의 출입금지행위가 정당하다고 하여 노동조합이 제기한 부당노동행위 및 손해배상 요구를 인정하지 않았다.45) 그러나 한라중공업의 계약해지는 사내하청 노동자들의 조합활동을 이유로 한 부당노동행위라는 다툼이 있었을 뿐 아니라, 계약해지 이후에도 다른 사내하청업체를 통해 공급된 노동자들이 동일한 업무를 계속하고 있었다. 사용사업주의 계약해지 자체의 정당성도 다툼이 되지만, 사내하청 노동자들로 조직된 노동조합이 존속하고 있는 한 조합간부가 그 조직대상이 되는 사업장에 출입하는 것을 전면적으로 금지하는 것은 인정되어서는 안 된다.

---

44) 서울고등법원 1992. 1. 17. 선고 90구14449 판결.

45) 광주지방법원 목포지원 2001. 6. 22. 선고 2000가합732 등 판결.

그렇게 된다면 사용사업주로서는 조합원이 소속된 사내하청업체와의 계약해지 혹은 조합원에 대한 교체를 통해 노동조합을 사업장으로부터 손쉽게 들어낼 수 있는 수단을 용인해 주는 것이 되기 때문이다.

2. 사용사업체를 상대로 하는 단체교섭의 문제

(1) 파견·용역업체와의 교섭의 한계

대부분의 간접고용관계에서 파견·용역업체는 사용자로서 책임을 질만한 능력이 없는 경우가 많다. 핵심적 노동조건의 하나인 임금인상에 관해서도 사용업체에서 파견·용역계약대금을 올리지 않으면 자체적으로 지불할 능력이 없는 경우도 많다. 간접고용 노동자로 조직된 노동조합이 파견·용역업체가 아닌 사용업체를 상대로 단체교섭을 요구하지 않을 수 없는 이유가 여기에 있다.

뿐만 아니라 파견·용역업체와 노동조합이 단체교섭을 진행하는 과정에 사용사업주가 개입하여 좌우하는 경우도 비일비재하다.[46) 또 다른 사례로 도시철도 청소용역노조의 경우 근로기준법상 보장되어 있는 월차·연차·생리

---

46) 중앙일보의 신문인쇄를 담당하는 근로자들은 애초 중앙일보 직원들이었으나 분사 후 설립된 (주)중앙기획, (주)동양기획 소속이 되었다. 중앙기획·동양기획은 신문인쇄용역업으로 등록되어 있었지만 중앙일보 건물 안에 인쇄공장이 있었고, 주된 인쇄장비를 중앙일보사로부터 임대 받아 사용하였으며 운영자금도 중앙일보로부터 받았다. 2000년 6월 중앙신문인쇄노동조합이 결성되어 중앙기획 등과 단체교섭을 진행하여 노사가 잠정합의에 이르렀는데, 사측이 중앙일보와의 협의 후 "1) 조합은 산별노조로 가지 않는다, 2) 조합은 민주노총, 언론노련과의 관계를 단계적으로 끊는다, 3) 조합은 현재의 조합원 수를 유지하는 선에서 세 확장을 꾀하지 않는다"는 내용의 부속합의문 서명을 요구하여 단체교섭이 결렬되었다. 이후 노동조합이 쟁의행위에 돌입하자 중앙기획은 폐업하였고 중앙일보는 제이 프린팅(J-Printing)이라는 별도법인을 설립하여 조합원 및 비조합원을 선별하여 재채용하였다.

휴가를 전혀 사용할 수 없다가 노동조합이 결성되면서 용역업체와의 단체협약을 통해 휴가사용권을 명문으로 보장받았다. 그럼에도 도시철도에서 미화원 결원 일수가 역별 평균 18.3% 이상 발생하는 경우 월 용역비에서 이에 해당하는 금액을 감액하도록 못 박고 있어서 실제로는 휴가를 사용할 수 없었다.

한편 간접고용의 현실에서는 파견·용역업체는 매년 바뀌어도 노동자들은 계속 근무하는 경우가 많다. 이런 조건에서 어렵게 파견·용역업체와 단체협약을 체결하여도 얼마 못가서 새로 들어온 파견·용역업체와 또다시 단체교섭을 시작해야 하는 상황이 발생하기도 한다. 서울대시설관리노조의 경우 2000년 40여일에 걸친 전면파업 끝에 5월 용역업체와 단체협약을 체결하였으나, 12월이 되어 새롭게 4개의 용역업체가 들어오면서 기존의 단체협약을 전면 부정당하는 사태를 맞이하였다. 서울대시설관리노조는 이러한 악순환을 반복하지 않기 위해 용역업체와의 단체교섭보다는 용역계약을 체결하는 과정에 서울대학교를 개입시켜 최소한의 노동조건을 보장받도록 하는 데 주력해야겠다는 고민을 가지고 있다.

(2) 사용사업체를 상대로 하는 교섭요구

이처럼 간접고용 노동자들이 사용사업체를 상대로 단체교섭 요구를 하게 되는 것은, 사용사업주가 사용자로서의 실질적 권한을 행사하고 있는 간접고용의 구조 속에서는 당연한 귀결이다. 그럼에도 아직까지 노동위원회·노동부 등은 사용사업주를 상대로 하는 단체교섭권을 인정하지 않고 있다.

예를 들면 대상식품의 사내하청업체인 성호산업 소속 노동자들이 노조를 결성하자, 사용사업주인 대상식품의 인사과장이 용역계약해지 위협을 하고 실제로 계약을 해지하여 조합원들이 해고된 사건에서, 노조는 불이익취급과 단체교섭거부를 이유로 한 부당노동행위 구제신청을 하였으나 경기지방노동위원회는 이를 각하하였다. 경기지방노동위원회는 사내하청 노동자들이 대상식품의 관리사원으로부터 작업지시를 받고 정규직 사원들과 동일하게 작업을 수행하였고, 고용주인 성호산업은 아무런 역할이 없는 형식상의 사용자에 불과하다고 주장하였으나 여기에 대해서는 아무런 판단을 하지 않았다. 다만 사내하청 노동자들이 성호산업과 근로계약을 체결하였고, 성호산업 대표로부터 해고처분 통보를 받았으며, 노동조합의 명칭도 대상식품사내하청노동조합으로 되어 있는 점만을 지적하면서 구제신청에 대한 당사자 적격 요건을 갖추지 않았다고 신청을 각하하였다.[47]

또한 대한송유관공사에서 근무하는 용역업체 소속 노동자들로 조직된 대송텍노동조합이 제기한 조정신청에 대하여도 "(파견근로가) 설사 불법이라고 하더라도 당연히 개별 근로관계가 소급하여 회사(대송텍)로부터 공사로 이전된다고 볼 수는 없을 것이고…… 공사를 노동조합및노동관계조정법상 노동관계 당사자로 보기는 어렵다"고 하여 행정지도결정을 내렸다.[48]

방송사비정규노동조합이 KBS를 상대로 수차례 단체교섭을 요구하였으나 거부되어 노동위원회에 쟁의조정을 신청한 사례에서, 서울지방노동위원회는 "근로계약관계에 있는 근로자파견사업주를 상대로 한 단체교섭요구가 아닌 파견근로자보호등에관한법률에 따른 사용사업주인 피신청인만을 상대로 조정신청을 한 것은 노동조합법상 '노동쟁의'가 발생하였다고 인정할 수 없다"는 이유로 조정대상이 아니라고 결정하였다.[49] 노동조합이 그 후 사용사업주를 한국방송공사로 하고 파견사업주를 (주)백산주택종합관리 외 5개 사업주로 하여 제출한 노동쟁의조정신청에 대해서도 서울지노위는 마찬가지로 "사용사업주인 한국방송공사 등은 파견업체에서 파견된 근로자와는 직접 근로계약을 체결한 사실이 없으므로 조정대상 사업장이 아니며 …… 노조법상 '노동쟁의'가 발생하였다고 볼 수는 없다"고 판단하였다.[50]

---

47) 경기지방노동위원회 2000. 10. 4. 2000부노102, 부해379.

48) 경기지방노동위원회 2001. 7. 26. 2001조정102.

49) 서울지방노동위원회 2000. 7. 3. 2000조정94 결정.

현재까지 파견·용역관계에서 사용사업주를 상대로 하는 단체교섭에 관하여 직접적으로 판단한 판례는 없다. 다만 노동조합을 통한 근로자공급관계에서 항운노조가 창고업주 등을 상대로 단체교섭을 요구하였는데 사용사업주가 이것을 거부한 것이 부당노동행위에 해당하는가에 관한 판례가 있을 뿐이다.[51] 여기서 대법원은 "노동조합법상의 사용자라 함은 근로자와의 사이에 사용종속관계가 있는 자, 그 근로자와의 사이에 그를 지휘·감독하면서 그로부터 근로를 제공받고 그 대가로서 임금을 지급하는 것을 목적으로 하는 명시적이거나 묵시적인 근로계약관계를 맺고 있는 자"를 말한다고 판시하였다.

대법원의 이러한 시각은 근로계약관계상의 사용자와 노동조합법상의 사용자를 동일시하는 것으로서, 간접고용관계의 성격에 관해 제대로 인식하지 못하고 있음을 반증하는 것이다. 고용관계와 사용관계가 분리되는 간접고용에서는 전형적인 고용형태에서 하나의 사용자가 가지고 있던 기능이 둘 이상의 사용자에게서 나타나게 된다. 더욱 정확히 말하자면 근로계약을 맺고 있지 않은 자가 해당 간접고용 노동자의 노동관계에 대해 실질적인 지배력을 행사하고 있는 것이다. 따라서 사용사업주는 자신이 실질적 지배력·영향력을 가지고 있는 만큼 노동조합법상 사용자로서의 책임을 져야 한다.

우리와 노동법제가 유사한 일본의 경우 사용사업주의 단체교섭에 응할 의무가 있다고 본 최고재판소 판례가 있다. 즉 아사히방송(朝日放送)사건[52]에

---

50) 서울지방노동위원회 2000. 12. 4. 2000조정162.

51) 대법원 1993. 11. 23. 선고 92누13011 판결 ; 대법원 1995. 12. 22. 선고 95누3565 판결.

52) 최고재삼소판(最高裁三小判) 1996. 2. 28.
이 판결은 최고재판소가 '부분적 사용자성'을 처음으로 승인함으로써 이제까지 모든 파견·하청노동자에 있어 엄격히 폐쇄되었던 사용사업체와의 단체교섭의 문을 개방한 의미가 있다고 평가한다(馬渡淳一郎, 「朝日放送事件 판결의 의의와 그 판결이 항운노조 근로자의 집단적 노사관계에 미치는 영향」, 《노동법학》 제6호, 한국노동법학회, 1996, 4쪽).
그런데 이 판결을 평가함에 있어서는 의의만이 아니라 한계에 대해서도 살펴보아야 한다. 이 판결은 사용사업주가 고용주와 '부분적이긴 하지만' 동일시할 수 있을 정도로

서 최고재판소는 "노동조합법 제7조의 사용자란 일반적으로 고용계약상의 고용주를 가리키지만 고용주 이외의 사업주라 하더라도 고용주로부터 근로자의 파견을 받아서 자기의 업무에 종사시키고 그의 근로조건에 대해서 고용주와 부분적이긴 하지만 동일시할 수 있을 정도로 현실적이고 구체적으로 지배·결정할 수 있는 지위에 있는 경우에는 그에 한하여 위 사업주는 동조의 사용자에 해당한다"고 판시한 바 있다.

(3) 단체교섭 대상사항의 문제

사용사업주가 경기변동 등에 대응하여 외주·용역화의 물량을 조정하는 경우 파견·용역노동자들은 실질적으로 경영상해고의 위협에 처하게 된다. 이 때 파견·용역노동자들로 조직된 노동조합이 사용사업주의 용역계약해지에 대해 단체교섭을 요구할 수 있는가 하는 문제가 제기된다. 사용사업주가 파견법상의 직접고용의무조항을 회피하기 위해 파견노동자가 2년간 근무하면 교체(사실상 계약해지)를 요구하는 경우가 많은데, 이 때 노동조합이 사용사업주를 상대로 고용보장을 요구할 수 있는가도 문제다. 또 동일한 업무를 동일한 파견·용역노동자들이 수행하는 데 사용사업주의 지시로 다른 용역업체로 전적이 강요되거나 고용승계가 이루어지지 않는 경우도 많다. 이러한 이유들로 인해 간접고용 노동자들이 사용사업주를 상대로 '직접고용' 혹은 '정규직화'를 내걸고 단체교섭을 요구하는 경우가 최근 확산되고 있다.

비정규직 특히 파견·용역노동자에게 있어 노동조건의 핵심은 '고용'일 수밖에 없다. 간접고용 노동자들의 열악한 근로조건의 원인은 간접고용관계에서의 다중착취구조와 함께 고용불안정성으로 인해 열악한 노동조건을

현실적이고 구체적으로 지배·결정할 수 있는 지위에 있는 경우에 '그에 한하여' 단체교섭에 응할 의무가 있다고 보았다. 즉 원칙적으로 파견·용역사업주가 결정권한을 가지고 있다고 볼 수 있는 채용의 문제에 관해서는 사용사업주를 상대로 하는 단체교섭요구가 불가하다는 해석이 나올 수 있는 것이다.

감수할 수밖에 없는 조건에 있다. 간접고용 노동자들이 '직접고용' '정규직화'를 요구하는 것이 노동조건·노동3권 보장의 가장 결정적 지점이기 때문이다. 통상의 노동자의 해고, 전적의 문제가 노동조건에 속하는 것으로 교섭사항이 된다면 간접고용 노동자들의 계약해지, 용역업체 변경 시의 고용보장 문제도 교섭사항이 된다고 보아야 할 것이다.

그런데 사용사업주의 단체교섭응낙의무를 인정하는 입장 중에서도 교섭에 응해야 할 사항은 사용사업주가 구체적 지배력을 가지는 노동조건에 한정되고 파견사업주와의 노동관계에 관한 사항은 해당되지 않는다는 견해가 있다.53) 이런 입장은 파견법상의 사용자책임 분배의 구도를 근거로 사용사업주가 법상 책임을 지는 부분(근로시간, 사업장안전보건 등)에 한해서 단체교섭을 요구할 수 있다고 한다. 그러나 이것은 간접고용관계의 현실을 알지 못하는 논리다. 실제 간접고용관계에 있어서는 사용사업주가 파견사업주에 비해 압도적인 지위에서 계약이행, 노동관계를 좌우하고 있고, 파견(공급)사업주는 실체가 없거나 실체가 있는 경우라도 사용사업주의 노무관리를 대행해 주는 역할을 수행하고 있을 뿐이다. 따라서 사용사업주와 파견사업주의 형식적인 계약내용이나 파견법상의 사용자 책임 분배에 얽매일 것이 아니라 사용사업주가 해당 노동관계 및 노동3권 행사에 지배력을 미치는 사항에 대해서는 광범위하게 단체교섭을 요구할 수 있다고 보아야 한다. 현실에서는 파견사업주와 파견·용역근로자가 단체교섭을 진행하는 과정을 사용사업주가 개입하

---

53) 예를 들어 김형배 교수는 "노무제공을 받는 사용사업주는 근로계약의 당사자가 아니라 하더라도 파견근로자들의 노무공급을 중심으로 취업에 관한 근로조건에 관하여 지배력과 영향력을 행사하고 있으며 그러한 한도에서 제2의 사용자라고 아니할 수 없다. 따라서 노동조합은 파견사업주에 대해서 뿐만 아니라, 사용사업주에 대해서 다같이 단체교섭을 요구할 수 있다"고 하면서도 교섭사항에 대해서는 "다만, 노동조합은 전자의 사용자에 대해서는 임금 기타 대우에 관하여 단체교섭을 요구하고 단체협약을 체결할 수 있으나, 후자의 사용자에 대해서는 실제로 노무를 공급함으로써 발생되는 작업조건, 즉 근무시간의 배정·휴식, 작업환경 등 취업과 관련되는 제반 조건에 관하여 단체교섭을 요구할 수 있다"고 한정하는 태도를 보이고 있다(김형배, 『노동법』 제10판, 박영사, 1998, 496쪽).

여 좌우하는 경우도 비일비재하다.

　요컨대 간접고용관계에서 단체교섭의 대상사항은 그것이 사용자에게 사실적인 처분권한도 없는 것을 요구하는 것처럼 내재적 한계를 벗어났을 때를 제외하고는 노사의 자율에 의해 결정될 수 있는 부분이다. 그러므로 간접고용노동자들이 정규직화를 요구한다는 이유만으로 단체교섭 자체를 거부하는 것은 부당노동행위가 된다고 할 것이다.

3. 쟁의행위에서의 문제

(1) 기존 해석의 문제점

　법원은 간접고용의 현실을 외면한 채 파견·용역 노동자들의 단체행동권을 부정하는 법해석을 계속하고 있다.

　일례로 파견·용역노동자들의 사용사업주를 상대로 한 단체행동에 대하여 사용사업주가 업무방해금지가처분 또는 집회금지가처분 신청을 내고 법원이 이를 받아들이는 경우가 증가하고 있다. 대성산소의 경우를 보면 대성산소의 운전용역업무를 담당하고 있던 대성용역 소속 파견노동자들은 사용업체인 대성산소가 대성용역과의 용역계약을 해지하였고 이로 인하여 대성용역으로부터 해고되자, 해고를 야기한 대성산소 서울 본사 앞에서 '해고철회 및 직접고용' 등을 요구하는 집회를 개최하였다. 사전에 노조는 적법한 집회 신고 절차를 거쳤으며 실제 집회 내용도 유인물 배포, 현수막 설치 등 정상적인 집회의 한도를 넘어서지 않았다. 그러나 대성산소는 수원지방법원에 업무방해금지가처분을 신청하였고, 이에 대해 수원지방법원은 사측의 신청을 받아들였다.54) 이밖에 방송사비정규노조,55) 한진관광노조 면세점지부56) 등도

---

54) 수원지방법원 2002. 1. 29. 2001카합3550 결정.

55) 서울고등법원 2002. 6. 28. 2001라394 결정.

사용사업주를 상대로 한 집회가 법원의 가처분결정에 의해 금지되어 단체행동권이 실질적으로 박탈되었다. 사용자들이 노동조합의 쟁의행위에 대하여 공세적으로 업무방해금지가처분이나 쟁의행위금지가처분 등을 활용하는 사례가 늘어나면서, 간접고용관계의 경우 여기에 더하여 사용사업주를 제3자로 보는 법원의 태도로 인해 단체행동권의 행사가 실질적으로 금지되고 있다.57)

이러한 법원의 태도는 사용사업주는 해당 노동자와의 관계에서 제3자가 아니고, 간접고용 노동자들은 사용사업주를 상대로 하는 쟁의행위를 통하지 않고는 노동조건 기타 노동관계상의 문제를 향상시킬 수 없다는 점을 외면한 것이다.

(2) 간접고용 노동자의 단체행동권

파견·용역노동자의 단체행동권을 실질적으로 보장하기 위해서는 다음과 같은 점도 검토되어야 한다.

첫째, 파견·용역 노동자의 쟁의행위를 이유로 한 사용사업주의 파견(용역)계약해지로부터의 보호다.

사용사업주와 파견사업주가 맺는 파견·용역계약서에 파견노동자들의 쟁

---

56) 서울지방법원 2002. 8. 27. 2002카합2168 결정; 서울지방법원 2002. 8. 27. 2002카합1831 결정

57) 일본의 재판례 중에는 법원의 가처분 남발을 경고하면서 "헌법에 의하여 근로자에게 단결권 내지 단체행동권을 인정하고 있는 이유는 이에 의해서 근로자의 지위를 높이고 사용자와 대등한 입장에서 노사간의 분쟁을 자주적으로 해결하게 하려는 취지인 것은 말할 필요도 없는 것이고 법이 이와 같이 노사간의 분쟁의 자주적 해결을 예정하고 또 기대하고 있는 이상 쟁의에 관해서 당사자가 사법적 구제를 할 수 있는 것은 쟁의가 본래 요청되고 있는 이성과 양식을 잃고 폭력의 장으로 변질되는 경우에만 한정되어야 하고 쟁의를 자기에게 유리에게 이끌기 위한 수단으로서 사법상의 가처분을 구하는 것과 같은 경우는 허용되지 않는다"고 지적한 것이 있다(目黑製作所烏山工場 사건, 宇都宮地決 1961. 4. 28.).

의행위 시 사용사업체와의 계약이 해지된다는 내용이 포함되어 있는 경우가 많다.58) 뿐만 아니라 파견·용역노동자들이 노동조합을 결성하면 곧바로 사용사업주로부터의 계약해지와 파견사업주의 업체폐업이 거의 동시에 일어난다. 헌법상 단체행동권 보장의 내용으로서 정당한 쟁의행위에 대한 사용자의 해고, 징계 등 불이익취급은 부당노동행위에 해당한다. 간접고용관계의 구조에서는 사용사업주의 계약해지가 바로 이러한 불이익취급에 해당한다. 따라서 파견·용역노동자의 정당한 쟁의행위에 대하여 사용사업주가 파견·용역계약을 해지하는 것은 부당노동행위에 해당하며, 쟁의행위금지를 포함한 파견·용역계약서는 위법무효라고 보아야 한다. 현행 파견법도 제22조에서 "사용사업주는 …… 파견근로자의 정당한 노동조합의 활동 등을 이유로 근로자파견계약을 해지하여서는 아니 된다"고 규정하고 있는데, 이 때의 '정당한 노동조합의 활동'에는 정당한 단체행동권의 행사도 포함되어 있다고 해석해야 할 것이다.

둘째, 파견·용역노동자들의 쟁의행위의 유형 중 하나로서 사용업체 점거의 문제다.

노동조합법 제42조 제1항은 직장점거와 관련하여 "생산 기타 주요 업무에

---

58) 예를 들어 대한송유관공사와 대송텍 간의 운영용역계약서를 보면, "을(대송텍)의 용역직원들이 노동쟁의행위 또는 기타 유사한 행위로 인하여 갑(대한송유관공사)에게 손해가 발생한 경우, 을은 갑에게 그 손해를 배상하여야 한다"고 정하고, "갑의 형편상 용역계약관계의 유지가 어려울 경우 을에게 서면으로 계약해지를 통보함으로써 언제든지 본계약은 해지할 수 있으며, 을은 이에 대하여 이의를 제기하지 못한다"고 하고 있다. 또 롯데쇼핑 근로자파견계약서는 "을의 파견근로자는 이유 여하를 불문하고 갑의 업무 지역 내에서 노동쟁의 기타 이에 준하는 단체행동을 할 수 없으며 담당업무에 차질을 가져올 때는 그로 인한 모든 손해를 을은 갑에게 배상하여야 한다"고 규정하고 있다. 방송사와 렌트카업체와의 차량임대 및 운전용역에 관한 계약에서도 파견근로자의 단체행동은 곧 계약해지 사유가 된다고 규정하고 있고, 서울대학교와 청소용역업체의 계약서에서도 "노사분규로 인하여 시설관리 운용에 상당한 지장을 초래하였을 때" 계약을 해지할 수 있도록 하고 있다. 도시철도공사의 청소용역계약의 경우도 "노사분규발생으로 청소업무를 수행할 수 없다고 인정된 경우"를 계약해지사유로 정하고 있다.

관련되는 시설과 이에 준하는 시설로서 대통령령이 정하는 시설을 점거하는 형태로 이를 행할 수 없다"고 규정하고 있다. 여기서 '주요업무에 관련되는 시설'의 범위는 사업의 성격에 따라 달리 파악되는데, 예를 들면 제조업체의 경우는 생산라인 등의 생산시설, 은행 등 사무업종의 경우 주된 업무가 이루어지는 사무실 등이고 식당·휴게실·탈의실·운동장 등의 생활시설은 여기서 제외된다. 그리고 '그에 준하는 시설로서 대통령령이 정하는 시설'이라 함은 '전기·전산 또는 통신시설'을 비롯한 5가지와 생산 기타 주요 업무의 정지 또는 폐지를 가져오거나 공익상 중대한 위해를 초래할 우려가 있는 시설로서 노동부장관이 관계 중앙행정기관의 장과 협의하여 정하는 시설을 말한다(노동조합법 시행령 제21조).

그런데 파견·용역노동자들의 경우 실질적 지배력을 가지고 있는 사용사업주가 단체교섭에 전혀 응하지 않고 오히려 계약해지·사업장 출입금지 등의 공격을 가하는 경우가 비일비재하므로 단체행동의 실효성을 위해서 방어적으로 직장 내 농성에 돌입할 수밖에 없는 상황이 많다. 일례로 삼창플라자오피스텔의 경우 파견노동자들이 삼창플라자시설관리노동조합을 결성하자, 건물주이자 사용사업주인 SC종합건설은 곧바로 파견업체인 삼우와의 용역계약을 해지하고 비조합원만을 새 용역업체에 고용승계시켰고, 삼우 측은 조합원들을 모두 정리해고하였다. 이에 노조는 부당해고 철회, 원직복직 등을 요구하며 쟁의행위에 돌입하여 건물 로비, 노조 사무실 등에서 농성을 벌였는데, SC종합건설 측은 자신이 근로계약의 상대방이 아닌 이상 쟁의행위와 무관한 자로서 쟁의행위를 수인할 의무가 없다면서 노조를 상대로 업무방해금지와 노조사무실 명도 가처분신청을 제기하였고 법원은 이 가처분을 받아들였다.[59] 이 사례를 직장점거와 관련해서 살펴 본다면 건물로비, 노조사무실 등에서의 농성을 노동조합법 제42조 제1항이 금지하는 직장점거로 볼 수는 없을 것이다.

셋째, 파견·용역노동자의 쟁의행위가 발생하면 사용사업주는 보통 파견·

---

[59] 서울지방법원 서부지원 2000. 12. 27. 2000카합1487 결정.

용역업체와의 계약을 해지하고 쟁의 중인 노동자들의 사업장출입을 막거나 노조사무실 철거를 요구한다. 정당한 쟁의행위를 이유로 한 계약해지가 위법 무효인 것은 별론으로 하고, 업체에 대한 계약해지와는 무관하게 파견·용역노동자들의 노동조합이 존속하는 한(사용사업주가 적법하게 직장폐쇄를 하지 않는다면) 쟁의중인 노동자의 사업장출입을 일괄적으로 금지하는 것은 부당하다. 쟁의중인 노동자가 "쟁의행위와 관계없는 자 또는 근로를 제공하고자 하는 자의 출입·조업 기타 정상적인 업무를 방해하는 방법"이나 "쟁의행위의 참가를 호소하거나 설득하는 행위로서 폭행·협박을 사용"하는 것이 아닌 한(노동조합법 제38조 제1항) 쟁의행위를 이유로 실제 조합활동의 공간인 사업장 출입 자체를 금지하는 것은 쟁의행위를 이유로 노동조합을 사업장으로부터 분리해내는 것에 다름 아니기 때문이다.

넷째, 사용사업주가 파견·용역노동자의 쟁의행위로 중단된 업무에 대체인력을 투입하는 문제다. 대체인력 투입 문제에 있어서도 "당해 사업과 관계없는 자를 채용 또는 대체"하거나 "쟁의행위로 중단된 업무를 도급 또는 하도급" 줄 수 없다고 규정한 노동조합법 제43조 제1항·제2항을 파견·용역노동자의 쟁의행위에도 적용해야 한다. 즉 쟁의중인 파견·용역노동자의 업무를 새로운 파견·용역업체에 도급을 주거나 신규인력을 채용하는 것은 금지된다고 보아야 한다. 파견법 제16조 제1항에서도 "쟁의행위 중인 사업 중에 그 쟁의행위로 중단된 업무의 수행을 위하여 근로자를 파견하여서는 아니 된다"고 하고 있는데 여기서 쟁의행위 중인 사업장에는 파견·용역노동자의 쟁의행위도 포함된다고 해석하는 것이 타당하다.

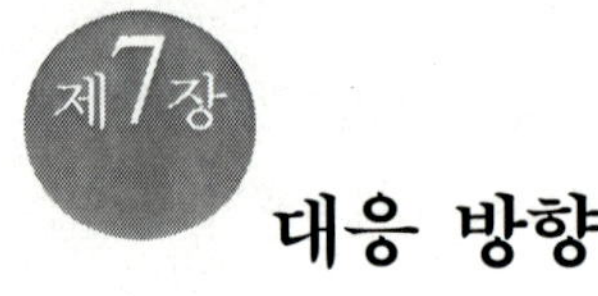

대응 방향

1. "파견법 철폐"의 의미

(1) 노사정위 공익위원안의 문제점

정부와 자본은 파견노동자들의 요구를 외면하거나 한걸음 더 나아가 간접고용을 더욱 확산시키기 위한 파견법 개정을 추진하려 하고 있다. 먼저 2000년 이래 파견제의 문제를 다루어온 노사정위원회는 2003년 5월에 공익위원안을 발표하고 정부로 이송하였다.

- ● 2003. 5. 23. 노사정위원회 공익위원안
  1) 원칙

불법파견에 대한 규제의 실효성 확보를 도모한다.
- 이를 위하여 불법파견 적발시 인허가 취소 및 사용사업주 처벌 등 행정감독을 강화한다.
- 근로자파견업종의 경우 불법파견에 의한 파견근로자는 파견근로자보호등에 관한 법률상의 근로자로 본다. 근로자파견업종에 해당하지 않는 경우 불법파견에 의한 파견근로자는 사용사업주에 직접 고용된 것으로 본다.
- 향후, 파견, 용역, 도급 등에 관한 현재의 법률을 노무공급에 관한 하나의 통일적 법률로 정비하여 규율하도록 한다는 필요성이 있음에 공감한다.

2) 제반 논점들

가) 근로계약 서면고지의 의무화 : 파견근로자의 보호를 위해 임금비용부문
   등이 명시된 파견사업주와 사용사업주간 체결한 파견근로계약사항을
   해당 파견근로자에게 서면으로 고지하도록 한다.

나) 차별금지 : 동일사업장내 파견근로를 이유로 하여 파견근로자에 임금,
   근로시간, 복지 기타 근로조건에 있어 차별을 하지 않도록 한다. 다만,
   근로조건의 내용에 합리적 사유가 있는 경우에는 그러하지 아니하다.
   합리적 이유 없이 파견근로를 이유로 하는 차별을 금지하는 이 규정의
   실효성을 확보하기 위하여 처벌규정을 둔다.

다) 등록·모집형 파견 대책 방안 : 근로자파견업과 직업소개업의 구별을
   전제로 하여 파견근로자보호등에 관한 법률의 취지에 맞지 않는 근로자
   파견 운용형태(예: 등록·모집형 파견)를 시정한다.

라) 대상업종 : 파견근로허용 대상업무의 범위를 합리적으로 조정하기 위하여
   노사가 참여하는 별도의 기구를 마련하여 정례적인 논의를 하여 허용업
   종을 정하도록 한다.

마) 일정기간 경과 후 고용간주규정 개선 : 근로자파견의 허용기간에 대해서는
   파견근로의 특성을 감안하고 이와 관련되는 기간제 근로부분 새로운
   규정을 참조하여 규정토록 하며, 현행 파견근로자보호등에 관한 법률
   제6조 제3항의 "사용사업주가 2년을 초과하여 계속적으로 파견근로자를
   사용하는 경우 파견근로자를 고용한 것으로 본다"는 고용의제규정은
   유지한다. 다만, 취업이 어려운 고연령층에 대해서는 근로자 본인이
   희망하는 경우 예외적으로 기간연장이 가능하도록 한다. 이와 같은
   예외적 파견기간 연장허용의 경우 그 사유에 '업종'을 포함시킬 것인지
   여부에 대해서는 추후 계속 검토한다.

바) 동종업무 단위 계속 사용 규제 방안 : 파견근로자를 2년간 사용하고
   동일한 업종에 다른 파견근로자를 사용하는 경우, '동종업무' 단위로
   파견근로의 사용에 제한을 설정할 것인지 여부에 대해서는 허용업무
   범위와 연계하여 계속 검토한다.

사) 집단적 권리 및 노사협의회 참여 : 파견근로자의 지위 및 근로조건을

개선하기 위해 사용사업주에 대해 단결권 등 관련노동권과 근로자 참여
를 보장하는 제도적 방안을 모색한다.

- 파견근로자에 대해 파견사업주 및 사용사업주의 책임소재가 불분명한 경우
  연대책임을 지도록 한다.
- 파견근로자의 대표를 '사용사업주의 책임이 있는 부분에 대하여' 사용사업장
  노사협의회에 참석시켜 고충을 조정토록 한다.
- 파견근로자 노동조합의 교섭요구가 있는 경우에 사용사업주는(사용사업주의
  책임 있는 부분에 대해) 이에 응하여야 한다.

※ 단, 세 번째 사항에 대해서는 법규정이 없을 시에는 "교섭상대방 적격성
  문제"가 있을 수 있으며 이에 대해 현재 대법원 판례는 부정적인 입장으로
  사용사업주를 상대로 "노조를 결성할 수 있어야 한다"는 전제가 있어야 한다는
  의견제시가 있었음.

그동안의 노사정위 논의과정을 살펴볼 때 공익위원안은 파견허용업종·파
견허용기간은 확대하되 파견법 위반에 대한 사법적·행정적 규제는 다소
강화하겠다는 견해인 것으로 보인다.

이와 유사한 맥락에서 정부의 파견법 개정방향의 문제점도 지적할 수
있다.[60] 지금까지 알려진 바에 따르면, 노동부는 불법파견의 원인이 파견노동
의 사용을 지나치게 제한하는 데 있다고 진단하면서 제조업을 포함한 파견대
상 업종의 대폭 확대, 고령자 등 취업 취약계층에게는 파견기간과 업종을
대폭 완화하겠다는 방향을 세우고 있다.

그러나 파견허용업종·파견허용기간에 대한 규제를 완화하면서 불법파견

---

60) 정부(노동부)의 파견제도 개선 방안은 아직 공식적으로 제출된 바 없으나, 노사정위
공익위원안, 노동부의 인수위 업무보고 및 대통령 업무보고, 민주노총-노동부 간의 비정규
제도개선 정책협의회 등에서 밝혀진 내용을 민주노총이 종합적으로 정리, 판단하여 '정부
의 파견제도 개선 방향'으로 제시한 내용에서 그 문제점을 지적할 수 있다. 이에 대한
자세한 내용은 주진우, 「정부 추진안 비판 및 바람직한 법제도 개선방향」, 『파견법 시행5년,
그 실상과 폐해』, 민주노총 공청회, 2003. 7. 8.를 참조.

에 대한 규제를 말하는 것은 앞뒤가 맞지 않는 주장이다. 불법파견이 전체 파견의 90% 이상이 될 때까지 방치되었던 것은 노동부 등 관계당국이 간접고용 확산에 대한 규제의지가 없었기 때문이다. 하나의 예로 현행 파견법이 파견허용기간을 최장 2년까지 제한하고, 이 기간을 초과하여 파견노동자를 사용하면 사용사업주에게 직접고용된 것으로 보고 있는 이유는, 이러한 규정을 통해 사용사업주가 정규직 일자리를 파견직으로 대체하는 것을 막고 장기근속한 파견노동자의 고용을 보장하기 위한 취지였다. 그런데 현행 파견법을 회피하기 위한 사용사업주의 불법적 행위를 감독해야 할 노동부가 "파견근로자를 2년 이상 사용하는 경우라 함은 동일 파견근로자를 2년 이상 사용하는 경우를 의미한다"[61])는 행정해석을 내렸다. 즉 사용사업주가 동일한 업무에 파견노동자를 교체하여 계속 사용하는 것이 정당하다고 사용사업주의 행위를 정당화시켜 준 것이다.

이처럼 정부가 간접고용에 대한 규제를 방기한 가운데 경제관련 부처 중심으로 파견제를 더욱 전면화하기 위한 시도가 계속되고 있다. 대표적으로 2002년 11월 국회를 통과한 경제자유구역법은 파견법(제5조, 제6조)이 정한 26개 파견허용업종을 전문업종에까지 확대하고 파견기간도 연장할 수 있도록 규정하고 있다. 현행 파견법도 '전문지식, 기술 또는 경험을 요하는' 26개 업무로 명시되어 있지만 실제 파견근로는 저임금, 비정규노동자를 대상으로 이루어지고 있다. 결국 정부는 이미 관행화되고 있는 파견업무를 더욱 노골적으로 확대하려는 것이다. 더구나 경제자유구역법이 사실상 전국화를 목표로 하고 있다고 했을 때, 이는 파견제의 전면적 확대를 의미하는 것에 다름 아니다.

---

61) 노동부 1998. 6. 9. 고관 68460-407.

(2) 노동법제의 재편방안 - 상시고용·직접고용 원칙의 재확인

　불안정노동의 확산원인을 규제할 수 있는 노동법적 원리는 상시고용·직접고용 원칙이라 할 수 있다. 이 중 '상시고용의 원칙'에 대해서는 기간제고용의 허용사유와 허용기간을 엄격히 규제하는 방식의 법개정안에 대해 이미 공론이 모아지고 있는 상황이다. 간접고용 노동자들의 경우도 결국 기간제 고용형태와 간접고용형태로 인해 이중적인 어려움을 겪고 있는 만큼, 기간제 고용의 엄격한 규제를 통해 상당한 보호가 이루어질 수 있다고 기대한다.

　반면 직접고용 원칙에 대해서는 여러 가지 어려움이 있다. 우리 직업안정법상의 근로자공급사업에 대한 규제조항이나 근로기준법 제8조의 중간착취배제조항은 직접고용의 원칙을 천명하고 있지만, 근로자파견제의 합법화를 통해 상당정도 직접고용원칙이 훼손된 바 있다. 파견제에 대해 정부나 기업측은 임시적 인력수요에 대한 탄력적 대응의 필요성이나 파견노동자들에 대한 보호의 필요성을 합법화 이유로 제기해 왔다. 그러나 파견법 시행 6년이 지난 지금의 현실은 이런 주장들이 더 이상 설득력을 가질 수 없도록 만들고 있다. 파견제는 기업의 상시적 업무에서 정규직노동자를 대체하여 일하는 저임금·무권리의 노동자들을 양산하였고, 파견법을 통한 노동자보호라는 것도 거의 실효성이 없다는 사실이 드러났다.

　따라서 저임금·무권리·노예노동을 양산하는 간접고용을 엄격히 규제하기 위해서는 현행 파견법을 철폐하고 파견법에 대해 일반법률이라 할 수 있는 직업안정법과 근로기준법을 강화하는 것이 보다 현실적인 입법방향이라고 생각한다. 무엇보다 기간제 고용 규제를 요구하는 마당에 파견법을 존치시킨다는 것은 논리적으로나 이념적으로나 일관되지 않다. 기간제 고용과 간접고용에 대한 총체적인 규제를 통해서만 불안정노동의 확산규제 및 불안정노동자에 대한 보호라는 목표를 달성할 수 있을 것이다.

(3) 직업안정법 강화 - 위장노무도급 근절, 직접고용 원칙

파견법 제정 이전에 파견은 직업안정법상의 근로자공급사업으로서 금지되어 왔으나, 파견법 제정에 따라 1998년 2월 20일 직업안정법 제4조 제7호에 단서 조항을 신설했다. 파견제 시행 과정에서 입증되었듯이 파견제는 고용과 사용의 분리로 인해 중간착취와 인권유린을 항상 전제하고 있다는 점에서 허용되어서는 안 되고, 또한 일시적 인력 수요에 대해서는 기간제 고용(물론 엄격한 사유제한과 기간제한 하에서 허용)으로 대응할 수 있으므로 허용할 필요성도 없다고 볼 것이므로, 파견법은 폐지되어야 할 것이다.

파견법 시행으로 파견제가 근로자공급사업에 대한 규율에서 제외된 것이므로, 파견법이 폐지된다면 당연히 파견은 근로자공급사업으로서 아래와 같이 규율되어야 할 것이다.

파견법 제정 이전이나 이후 할 것 없이 직업안정법과 파견법의 규율을 회피하기 위해, 민법상 도급이나 위임 등의 형식을 빌린 불법 근로자공급 내지 불법 파견이 횡행하고 있다. 파견제를 폐지하고 이를 근로자공급사업으로 엄격히 규제하기 위해서는, 도급 등으로 가장한 불법 근로자공급사업을 근절해야 한다.

불법 근로자공급사업에 대한 규제로는 불법행위에 대한 형사처벌로는 충분하지 않고, 파견근로자와 사용사업주 간에 직접 고용관계를 인정해야 한다. 이에 관한 입법례로는 무허가 불법 파견 시 파견근로자를 사용사업주에게 직접고용된 것으로 간주하는 독일의 경우를 참조할 수 있다.[62]

한편 현행 직업안정법에는 불법 근로자공급을 받은 자에 대한 처벌 규정을

---

62) 파견사업주가 근로자파견법에 따른 허가를 받지 아니한 경우에는 파견계약과 파견근로계약은 무효로 된다(독일 피용자파견법 제9조 제1호). 이와 같이 파견사업주와 파견근로자 사이의 계약이 제9조에 의해 무효로 되면 사용사업주와 파견근로자 간의 근로관계는 노무제공을 개시하기로 한 시점에서 성립한 것으로 한다. 사용사업주가 그 노무제공을 받아들인 후에 비로소 무효로 된 경우에 사용사업주와 파견근로자 사이의 근로관계는 무효의 효력이 발생한 때에 성립한 것으로 한다(법 제10조 제1항).

두지 않고, 파견법에는 파견대상이나 파견기간을 위반하여 파견근로자를 사용한 사용사업주에 대해서 처벌 조항을 두고 있는 바, 파견법 폐지에 따라 직업안정법상에 불법 근로자공급을 받은 자에 대한 처벌규정을 신설해야 한다.

그리고 현재 근로자공급사업, 파견과 도급 등의 구별 기준에 대해서는 '국내 근로자공급사업 허가관리규정'(개정 1995. 2. 15. 노동부 예규 제259호)와 '근로자파견사업과 도급 등에 의한 사업의 구별기준에 관한 고시'(1998. 7. 20. 노동부 고시 제98-32호)가 운용되고 있는데, 실제 이 기준에 입각한 불법 근로자공급사업이나 불법 파견에 대한 관리감독이 이루어지지 않고 있다. 또 현행 노동부고시의 문제점은, 도급계약의 목적, 법률행위의 내용이 무엇인가라는 계약유형에 의한 구별이 아니라 불법 파견업체의 경영규모·능력을 중심으로 구분하고 있다. 도급 형식에 의한 근로자공급이나 파견의 위장이 사업으로서의 실체를 갖춘 기업으로까지 확대되고 있고, 세부적인 구별기준은 공급업자와 사용사업자에 의해 조작이 가능하다는 점을 고려할 때, 사업을 구분의 중심에 두는 것은 도급과 근로자파견사업의 구분을 사업주의 자의에 맡기는 것이나 다름없게 된다. 따라서 위 기준을 간접고용 노동자가 실질적으로 사용사업주에게 종속되어 노무를 제공하고 있는지에 따라 판단할 수 있도록 개정하고, 법규적 효력이 없는 예규나 고시의 형태가 아니라 직업안정법이나 동법 시행령에 규정하고 그 내용을 강화하여 실질적인 관리감독이 이루어지도록 해야 한다.

2. 외주·용역화·분사화에 대한 대응

1997년 경제위기를 지나면서 자본은 구조조정의 기법으로 외주·분사화를 활용하고 있다.

다음은 경제위기를 전후하여 기업의 인사관리가 어떻게 변화했는가를 조사한 한국노동연구원의 자료다.

[표 1] 수평적 조직구조의 도입비율

(단위: %)

구 분	2000년 현재 도입중이거나 실시경험	경제위기 이후 도입된 비율
팀 제	80.1	34.2
소사장제	18.6	44.3
분 사	21.7	74.0
아웃소싱	45.2	57.6
결재라인과 직급 단축	56.8	49.2

* 출처: 한국노동연구원, 『경제위기 이후 인적자원관리와 노사관계 변화』, 31쪽

[표 2] 주요 아웃소싱 분야

(단위: %)

순 위	아웃소싱 분야	실시경험 비율
1	생산의 일부	52.3
2	전산	10.9
3	인사(총무·회계)	9.9
4	경비	9.5
5	식당	6.8
6	영업(판매)	5.9
7	미화	5.0
8	물류	4.5

* 출처: 한국노동연구원, 『경제위기 이후 인적자원관리와 노사관계 변화』, 33쪽

위의 표를 보면 아웃소싱(외주, 용역 등)과 분사의 태반이 1997년 경제위기 이후 도입되었다는 것을 알 수 있다. 그리고 경비, 식당 등 일찍부터 용역화가

진행되었던 주변업무뿐 아니라 생산, 영업 등 핵심업무에서도 외주·용역화가 진전되고 있음을 알 수 있다.

기업이 외주·용역화를 할 때 내세우는 가장 흔한 논리가 "경쟁력 향상을 위해 주변적·부수적 업무를 외주·도급화한다"는 것이다. 이러한 논리를 정규직 노동자들이 무비판적으로 수용하는 경우도 많다. 그러나 주변적 업무에서부터, 또는 노동조합의 조직력이 취약한 영역부터 시작된 외주·용역화는 순식간에 전 영역으로 확산된다. 대학노조의 경우 경비·청소업무의 용역화는 이미 1995년경에 완성되었고 사무보조업무(행정조교)에서 계약직이 광범위하게 도입되었다. 처음에 하위기능직부터 단계적으로 용역화가 진행되었기 때문에 노동조합의 반발이 적었지만 2000년경부터 사무직까지 파견제가 확대되었다. 2000년 서울대시설관리노조를 필두로 수많은 대학에서 간접고용화된 시설관리노동자들이 독자노조를 건설하고, 행정조교들도 노조를 결성하여 대학노조에 가입하고 있지만 아직까지 대학노조 지부 차원에서의 조직화 노력이나 연대는 미약하다. 대학발전을 위해 불가피하다는 논리가 먹혀들고 있는 것이다. 이런 상황에서 2001년 말 이미 전국 40여개 대학에서 사무직 파견이 시행되었고 현재까지 계속 확대되고 있다.

외주·용역화는 사실상 정규직 노동자에 대한 본격적 구조조정의 전단계라 할 수 있다. SK텔레콤의 경우 파견제가 합법화되기 이전부터 전화상담 업무에 불법적으로 파견노동자를 사용하고 있었다. 2000년 6월이 되어 파견노동자의 직접고용이 문제가 되자 사측은 파견노동자 전원을 강제사직시키고 2~3개월짜리 단기계약직으로 전환시켰다가 2000년 8월 이후 '위탁'이라는 명목으로 위장도급으로 전환했다. 2001년 1월에는 전화상담원들이 주축이 되어 'SK텔레콤비정규직노조'를 결성하였으나 행정관청의 부당한 신고필증교부 지연과 SK텔레콤의 집요한 회유·협박으로 노조가 와해되었다. 이후 사측은 전화상담 업무와 채권·미납팀을 분사시키고 정규직에게 정리해고 대신 분사화를 받아들일 것을 강요했다. 분사 이후 파견·용역이 다시 급속히 늘어나고 있다.

앞에서 서술한 노동조합의 대응사례를 살펴보면 외주·용역화를 구조조정의 일환으로 인식하고, 정규직 조합원들의 고용안정을 위해서라도 외주·분사화를 막아내고 간접고용 노동자를 조직할 것을 조합원에게 설득하고 투쟁을 이끄는 노동조합이 결국 구조조정에 대해 대응할 수 있는 행동의 폭도 훨씬 넓어진다는 사실을 알 수 있다.

3. 간접고용 노동자 조직화 및 노동3권 보장

간접고용 노동자의 조직화는 저임금·무권리의 간접고용문제를 해결하기 위한 가장 실천적인 방안이다. 그러나 앞서 살펴본 여러 가지 제약으로 인해 간접고용 노동자의 조직화가 대단히 어렵다는 것을 알 수 있다. 파견법으로 인한 주기적 해고, 사용업체의 일방적 도급(용역)계약해지와 교체요구 등에 맞서 조합원들의 고용불안을 일정정도 막아낼 수 있어야 기본적 조직화도 가능하고 노동조합도 유지가능하다.

우선 기존 정규직노조가 간접고용 노동자를 조합원으로서 조직하고 이들의 고용불안에 맞서 투쟁하는 것이 절실히 필요하다. 이 경우 조합원인 파견·용역노동자를 직접고용으로 전환시켜내는 투쟁을 함께 하지 않으면 안 된다.

간접고용 노동자를 독자조직하게 된 경우라도 정규직노조의 연대투쟁이 없으면 노조를 유지하기가 어렵다. 이미 상당수의 금속사업장 노조가 쟁취한 것처럼 최소한 간접고용 노동자에 대한 부당노동행위 금지를 요구해야 한다. 이것은 사내하청업체만이 아니라 특히 원청업체에 대해 강제하는 것이 필요한데 대부분의 경우 원청업체의 지휘·압박에 의해 하청업체의 부당노동행위가 자행되기 때문이다. 문건으로 폭로되었던 기아자동차의 사내하청노조에 대한 대응방안이나 캐리어나 대우조선의 경우 존재가 확인된 블랙리스트의 예에서 볼 수 있듯이, 원청업체의 부당노동행위를 막아내는 것이 보다 근본적인 문제이다. 그리고 현대중공업노조의 예처럼 노조 소식지를 통해 사내하청 노동자의 목소리를 대변하거나, 신호제지노조의 사례처럼 사내하청노동자와의 간담회를 노조가 진행하는 것도 필요하다. 이런 실천을 통해 사내하청노동자들이 해고에 대한 불안감에서 오는 위축을 씻어버리고 집단적으로 만나서 스스로 요구를 정립하는 것이 사내하청노동자들의 조직화에 유리한 기반이 되기 때문이다.

간접고용 노동자의 노동3권이 실질적으로 보장될 때라야 정규직노동자의 노동3권도 온전한 힘을 발휘할 수 있다. 많은 노동조합에서 장기간 전면파업을 해도 용역, 비정규직 노동자들이 일을 하면 파업의 파괴력이 발휘되지 못하는 것을 경험하고 비정규직 노동자의 문제를 심각하게 생각하기 시작했다. 신호제지, 대경산업 등의 예에서 알 수 있는 것처럼 간접고용, 비정규직 노동자들이 조직되고 정규직노조와 공동투쟁을 할 수 있도록 노력할 때 외주·도급화에 대한 저지나 정규직화에 대한 요구에 실제적 힘이 실릴 수 있다.

4. 정규직화·직영화 쟁취

흔히 간접고용 노동자의 정규직화는 현실적 사정에 비추어 무리한 요구라고 생각한다. 그러나 민주노총 소속의 상당수 노조에서 투쟁을 통해 이것을 쟁취하고 있다. 민주노총 임단협 보고서를 검토해 보면 2001년에 비해 2002년에 훨씬 더 많은 사업장에서 정규직화를 쟁취한 사실을 알 수 있다. 사실상 정규직화 요구의 실현가능성을 좌우하는 것은 간접고용 노동자의 조직화 정도, 정규직노조의 의지와 실천, 구조조정에 대해 기존노조가 대응해 왔던 방식, 정규직노조의 현장통제력 등이다.

우리는 간접고용 노동자의 정규직화를 내걸고 그 조건을 마련해가는 것이 간접고용문제 해결을 위한 노동조합의 대응력을 더욱 확장시켜 줄 수 있다고 판단한다. 간접고용 노동자들은 고용불안을 구조화하는 '간접고용'을 벗어날

전망이 없을 때 위축되고, 조직하기가 훨씬 더 어렵다. 짧게는 2~3개월, 길어도 1~2년밖에 고용이 유지되지 않는다고 생각될 때 간접고용 노동자들은 노동조합을 통한 대안보다는 이직을 하거나 개인적인 방식으로 문제를 해결하려고 한다. 정규직화 쟁취투쟁은 간접고용 노동자들의 현실적 요구이자, 정규직·조직노동자들과의 연대를 가능하게 하는 출발점이 된다.

5. 사용사업주의 책임확대

간접고용은 다중착취의 구조뿐만 아니라 노동자를 실제로 사용하여 이윤을 얻는 자가 사용자로서의 책임을 지지 않는다는 점에서 반사회적, 반인권적 고용형태다. 간접고용 노동자들이 단결하여 노동조건을 향상시키기 위해서는 실제 노동조건을 통제하는 사용사업주를 상대로 활동을 하지 않을 수 없다. 임금수준의 결정에서부터 고용안정, 조합활동에 이르기까지 실제 통제력을 가지고 있는 자가 바로 사용사업주이기 때문이다. 이 때문에 많은 간접고용 노동조합이 반드시 정규직화 쟁취 요구가 아니더라도 노동조건 개선과 고용안정을 위해 사용사업주와의 직접교섭을 요구하게 된다. 사용사업주(원청)의 책임확대는 우선적으로 간접고용 노동자의 노동조건과 단결에 영향을 미치는 만큼 사용자로서의 책임을 지고 교섭요구에 응해야 한다는 것을 의미한다. 우리보다 노동운동이 뒤떨어진 일본에서도 파견·도급노동자의 노동조건과 단결에 지배력을 가지고 있는 사용사업주는 단체교섭의무를 지는 것이 판례[63]를 통해 인정되고 있다.

한편 자동차업종처럼 사내하청뿐 아니라 부품업체 노동자에 대한 완성차업체의 통제력이 있는 경우에도 원청업체의 부당노동행위와 임금삭감 압박에

---

63) 사용사업주의 파견노동자에 대한 단체교섭의무를 인정한 대표적 판례로 아사히방송(朝日放送)사건(일본 최고재판소, 1996. 7. 28. 선고)을 들 수 있다(제6장, 2. '(2) 사용사업체를 상대로 하는 교섭요구' 참조).

대한 원청·하청노조 공동의 대응이 요구된다. 사내하청, 파견처럼 원청의 사업장 내에서 원청으로부터 직접적인 통제를 받는 것은 아니지만, 부품업체 노조는 원청의 끊임없는 부품단가 인하 압력에 따른 노동조건 저하, 노조활동에 대한 탄압에 시달리고 있다. 하청업체에서 노조가 결성되었을 때 원청이 납품선을 바꾸거나 거래를 중단함으로써 노조와해를 시도하는 사례가 비일비재하다. 이에 금속연맹에서는 2003년 완성차업체 공동요구안에 원·하청문제를 포함시키는 고민을 하기도 했다. 그 내용은 △현재 납품 중인 후속차량의 아이템은 특별한 사유가 없는 한 납품선을 바꿀 수 없다, △납품은 노조가 있는 사업장에 우선권을 부여한다, △업체지도 등 부품·하청업체에 대한 지배 개입을 중단한다, △모듈화는 노동조합과 합의 하에 실시한다 등이었다.64) 그리고 세원테크노동조합 투쟁에 현대·기아차노조가 연대투쟁을 결의한 것처럼 부품업체 노동조합에 대한 탄압에 원·하청노조가 공동투쟁을 벌이는 것이 바로 사용사업주의 책임을 확장하는 가장 실천적인 노력이라 할 것이다.

또한 간접고용 노동자에게 빈발하는 노동재해에 대해 사용사업주가 책임을 지게 하고 간접고용 노동자의 건강권 확보를 위한 공동의 노력을 정규직노조와 함께 벌이는 것도 중요하다. 대부분의 간접고용 노동자들이 노동재해를 당해도 계약해지가 두려워 산재처리도 받지 못한 채 개인적으로 치료하거나 심지어는 노동재해를 이유로 해고당하기도 한다. 간접고용 노동자들이 실제 일하는 장소가 사용사업주의 사업장인 만큼 노동재해에 대한 책임, 그리고 노동자건강권 확보를 위한 책임을 사용사업주가 지게 하는 것이 당연하다. 상당수의 사내하청노동자들이 정규직이 기피하는 유해하고 위험하고 힘든 업무에 투입되면서도 제대로 된 안전교육이나 안전장비지급이 이루어지지 않는다. 정규직노조는 유해하고 위험한 업무에 비정규직이 투입되는 것을

---

64) 전국금속산업노동조합연맹, "원하청 불공정거래 시정을 위한 기자회견 및 간담회"자료,
   2002. 5. 8.

막으면서 동시에 간접고용 노동자에게도 안전장비가 충분히 전달되고, 안전교육이 시행되도록 요구해야 할 것이다. 또 2002년 노동자건강권 투쟁의 새로운 계기를 마련했던 근골격계 대응투쟁이 간접고용 노동자에게까지 확대될 수 있도록 노력해야 할 것이다.

6. 간접고용 노동자에 대한 차별철폐

간접고용 노동자에 대한 차별철폐는 간접고용 노동자들의 권리보장을 위해서도 중요한 과제이지만, 정규직과 비정규직을 분할하는 자본의 논리에 맞서는 실천이라는 점에서도 중요하다. 차별은 임금에서만 나타나는 것이 아니다. 작업복, 휴게실, 의무실, 안전장비, 출입증, 셔틀버스, 식당 등 노동현장 곳곳에서 정규직과 비정규직을 나누고 차별하는 통제기제들이 깔려 있다. 이러한 분할과 차별에 맞서 노동조합이 현장에서부터의 차별철폐운동을 벌이는 것이 조합원들이 비정규직노동자 문제를 생각하고 느끼는 데 많은 변화를 줄 수 있다. 그리고 이런 과정에서 자본이 왜 비정규직을 확대하는지, 또 비정규직의 문제가 얼마나 심각한지, 결코 남의 문제가 아니라는 점도 깨달을 수 있게 될 것이다.

흔히 '정규직화'와 '차별철폐'를 대립시키면서 '정규직화'는 비현실적인 요구이고 '차별철폐'는 현실적 요구라고 생각하는데 이야말로 실천에서 괴리되어 있는 생각이다. '차별'은 그저 존재하는 것이 아니라 자본이 오랫동안 체계적으로 만들고 정당화논리로 주입시켜온 통제의 기제이다. 이런 차별을 철폐한다는 것은 자본의 현장통제전략에 정면으로 맞선다는 것을 의미한다. 당연히 이것은 노동조합의 의지만으로는 되지 않는다. 당장 조합원들이 비정규직에 대한 차별이 자연스럽다고 생각하고, 나아가 비정규직의 열악한 노동조건이 정규직의 노동조건을 적정수준에서 보장해 준다고 생각하고 있는 것이 현실이다. 일례로 현대중공업에서 노조 소식지에 사내하청 노동자에 대한 고정란을 만들어서 기사를 싣자 노조 사무실로 조합원들이 항의전화를 하는 사례도 있었다. 자본이 정규직과 비정규직을 철저히 분리시킴으로써, 비정규직 노동자들이 자신들과 동등한 대우를 받으면 부당하다고 생각하는 것이 현실이다.

차별철폐투쟁은 현장에서 대중적인 운동으로 발전해야 한다. 그러기 위해서는 부서별, 반별로 정규직과 간접고용 노동자들이 공동활동을 하는 시도가 다양하게 만들어져야 한다. '정규직화'의 목표 아래 끈질기고 중장기적인 안목으로 진행되어야 한다. 그리고 차별철폐투쟁은 간접고용 노동자들의 조직화를 엄호하는 방향으로 진행되어야 한다. 예를 들면 사내하청노동자들의 경우 시급을 높이려면 다른 사내하청업체로 이직을 하는 것이 일반적인데, 사내하청업체간 그리고 개인간의 임금차이, 정규직과의 임금차이 등에 대해 공론화하고 서로의 요구를 조직할 수 있어야 할 것이다.

노동조합에 의한 근로자공급사업의 문제점

1. 근로자공급사업에 대한 문제제기

(1) 노동조합에 의한 근로자공급사업 허용의 취지

일반적으로 근로자공급사업을 금지하는 규정의 취지는 실질적 사용자가 노동법상 책임을 회피하여 해당 근로자의 조건이 열악해지는 것을 방지하고자 하는 데 있다. 그렇다면 근로자공급사업이 원칙적으로 금지돼 있는데도 불구하고 노동조합에 한하여 예외적으로 허용되는 취지는 무엇인가?

헌법재판소는 근로자공급사업을 "자유로이 할 수 있도록 맡겨둘 경우 중간착취, 강제근로 및 인권침해의 가능성이 높을 뿐 아니라 약취·유인 및 인신매매 등 범죄와 연계될 수도 있으므로, 법은 근로자공급사업을 전면금지하고 다만 노동부장관의 허가를 얻은 자에 대하여만 이를 인정하면서 국가의 엄격한 감독을 받게 하고 있는 것"이라 보았다. 또 노동부는 "중간착취, 강제근로 및 인권침해의 가능성이 있고 약취·유인 및 인신매매 등 범죄와 연계될 수도 있기 때문에 질서유지와 공공복리를 위하여 일반적으로 금지한 다음 위험성이 적은 노동조합에만 허용하고 있는 것"이라 하고 있다.

김형배 교수는 노동조합에 의한 근로자공급의 예외를 인정한 이유로 첫째, 사실상 광범위하게 존재하고 있는 근로자공급사업을 전면금지하게 되면 종래의 노동력수급체계에 많은 지장을 주게 되고 이를 다른 합법적인 공공직업소개만으로 대체할 수 없다는 점, 둘째, 근로자공급에 대한 수요가 있음에도 불구하고 합법적인 공급이 이루어지지 않는다면 결국 위법한 근로자공급사업이 만연할 우려가 있는 점을 들고 있다. 결국 노동조합에 의한 근로자공급사업은 근로자공급사업에 따른 폐해를 발생시키지 않으면서 근로자공급사업이라는 목적달성을 촉진할 수 있다고 한다.65)

이승욱 교수는 노동조합에 의한 근로자공급사업을 예외적으로 허용하는 취지는, 중간착취의 우려가 없는 노동조합으로 하여금 근로자공급사업을 하도록 하여 근로자공급사업이 요구되는 불가피한 경제적 요청을 충족시키면서 국가의 직업소개기능의 보완적 역할을 하도록 하는 데 그 취지가 있다고 한다.66)

우리 직업안정법의 모델이 된 일본 직업안정법의 경우 제45조에서 노동조합에 의한 근로자공급사업 허용을 규정하고 있다. 이 직업안정법 제45조의 입법취지에 대해서는 대체로 첫째, 노동조합의 목적·성격을 고려하였을 때 노동조합에 의한 근로자공급사업에서는 신분적 지배관계나 중간착취의 폐해가 생기지 않는다는 점, 둘째, 노조의 근로자공급사업은 종래의 근로자공급사업자의 기능을 민주적인 방법으로 달성하는 것이 되고, 근로자의 직업안정 및 산업이 필요로 하는 노동력의 충족에 기여하는 점 등을 들고 있다.67)

그러나 이러한 설명에 대해서는 다음과 같은 의문이 생긴다.

---

65) 김형배, 『항운노조 조합원과 사용자 사이의 법적 관계』, 무지개, 1996, 249~250쪽. 김형배 교수는 다시 馬渡淳一郎 교수의 견해를 근거로 하고 있다(馬渡淳一郎, 1992, 67쪽 이하 참조). 그런데 馬渡淳一郎교수는 근로자공급사업금지규정 자체가 전근대적 고용관행의 배제를 목적으로 하고 있을 뿐 현재의 노동현실에서도 의미를 상실하였고, 근로자파견법의 제정에 따라 3자간 노무공급계약이 자유롭게 허용되어야 한다고 주장하는 입장이다.

66) 이승욱, 「항만근로자의 근로조건 결정」, 한국노동법학회 2002년 하계학술발표회, 27쪽.

67) 西谷敏·脇田滋 편, 『派遣勞働の法律と實務』, 勞働旬報社, 1987, 250~251쪽. 그런데 한 가지 유의할 점은 일본에서는 근로자공급사업금지규정을 두게 된 입법연혁이 당시에 만연하던 노동보스에 의한 인부공급업을 규제하기 위한 것이었고, 예외적으로 노동조합에 의한 근로자공급사업을 허용하게 된 취지도 종래 노동보스가 담당하던 근로자공급사업을 노동조합이 대체하도록 함으로써 '노동의 민주화'를 촉진하고자 하는 정책적 고려가 있었다는 사실이다(高梨昌 편저, 『詳解勞働者派遣法』, 日本勞働協會, 1985, 84~85쪽).

첫째, 노동조합에 의한 근로자공급사업에서는 영리적 목적의 근로자공급사업과는 달리 중간착취나 신분적 지배의 폐해가 적을 것은 수긍할 수 있다. 그러나 근로자공급사업금지규정의 취지를 단순히 중간착취나 봉건적 고용의 배제만이 아니라 사용자책임회피방지에 있다고 볼 경우 문제는 여전히 남는다. 이미 살펴 본 항운노조 판례에서 알 수 있는 것처럼, 법원은 계속적으로 근로계약관계의 존재여부를 노동법상 사용자책임 인정의 핵심지표로 삼고 있다.68) 이러한 법원의 태도가 지나치게 형식적인 것이라 하여도, 근로자공급사업을 통해 공급된 노동자의 지위가 직접고용된 노동자보다 열악한 사실만은 부인할 수 없다.

둘째, 근로자공급사업이 요청되는 불가피한 경제적 필요성에 대한 의문이다. 이미 설명한 대로 일본에서는 직업안정법이 제정될 당시 만연하고 있던 노동보스에 의한 인부공급업을 금지하면서, '노동의 민주화'라는 정책적 고려

---

68) 일본에서도 노동조합에 의한 근로자공급사업에서 사용사업주와의 근로관계 성립이 부인된 판례가 있다.

일례로 도변창고(渡邊倉庫, 와타나베창고)사건(東京地裁 1986. 3. 25. 판결)을 들 수 있는데, 이는 1년마다 근로자공급계약을 갱신하여 10년간 같은 사용자에게 공급되고 있던 조합원이 공급인원의 감축으로 인해 취업할 수 없게 되자, 사용자에 대하여 해고예고수당의 지급을 청구한 사건이다. 이 사건판결에서 법원은 노동조합에 의한 근로자공급사업의 취지를 "사용자는 높은 임금을 지급하는 대신 필요할 때 필요한 만큼 일정수준의 노동력을 공급받을 수 있고, 근로자도 자기 노동력의 처분을 노조에게 맡김으로써 취업기회를 확보하여 취업장소에 관계없이 높은 임금을 얻을 수 있다는 점"에 있다고 하면서 "따라서 근로자공급사업을 이용하여 취업하거나 노동력의 공급을 받고 있는 한, 사용하는 측의 필요성이 없게 되면 그 사용관계도 종료하는 것이 본래 예정되어 있는 것이라 할 수 있다. 설령 이 사용관계가 장기간 반복갱신되었다고 하더라도 이를 이유로 통상의 고용관계의 성립을 인정하고, 그 중단에 대하여 해고의 법리를 적용하는 것은 당사자의 의사에 반하는 것이며 근로자공급사업의 존립기반을 위태롭게 하는 것이다"고 판시한 바 있다. 이 판결의 문제점은 차치하더라도 당사자간의 계약의사를 중시하는 법원의 태도에 비추어 보면, 노동조합에 의한 근로자공급사업의 경우 노동자(혹은 노동조합)측이 실질적 사용사업주와의 근로관계 성립을 인정받는 것이 곤란해지는 궁지가 발생하는 것만은 부인할 수 없다.

에서 혹은 미약한 공공직업소개기능을 보조하기 위한 목적에서 예외적으로 노동조합에 의한 근로자공급사업을 허용하였다. 한편 근로자공급사업의 발생기반은 그 나라의 경제구조 혹은 사회구조와 관련이 있다고 한다. 즉 도시의 반실업상태의 노동력의 사회·경제적 성격과 하도급제 혹은 근로자공급사업에 의존하는 상업자본적 구조가 그 발생기반이라고 한다.[69]

이처럼 근로자공급사업은 전근대적 고용형태에 의존하는 자본의 요구와 공공직업안정기관의 미비라는 사회적 요인으로 인해 발생하였다고 할 수 있다. 이후 산업구조의 고도화와 경제·사회적 발전에 따라 전근대적 고용형태가 축소되어 왔다고는 해도, 신자유주의의 전면화와 노동력이용의 탄력화에 대한 자본의 공격이 격심해지면서 이러한 고용형태는 현대적 자본에 의해서도 지속적으로 활용되고 있다. 요컨대 근로자공급사업의 존속이 요구되는 경제적 필요성이라는 것이 노동법적 시각에서 보자면 노동력사용에 따른 법적 책임을 벗어나고자 하는 자본의 요구에 있다고도 할 수 있다.[70]

셋째, 산업에 필요한 노동력의 공급 및 근로자의 직업안정에 있어 근로자공급사업이 바람직한 것인가라는 의문이다. 이미 서술한 것처럼 공공직업안정기관의 취약함이 근로자공급사업 존치의 현실적 근거로 제기되곤 한다. 그러나 근로자의 직업안정 및 근로권의 실현을 위해서는 직업안정사업의 공공성의 원칙과 직접고용원칙이 중요하다는 점은, 20세기 이래 국제노동기구(ILO)를 비롯한 국제기구와 여러 국가의 입법정책을 통해 견지되어온 내용이다. 비록 1970년대 이래 이러한 원칙들이 흔들리고, 신자유주의가 득세하면서

---

69) 김형배, 1996, 241~242쪽.

70) 淸正寬 교수는 타인의 노동력을 자기를 위하여 이용한다는 근로자공급사업에서의 사용관계 그 자체는 전근대적인 관계를 본질적으로 수반하는 것이 아니고, 오히려 근대시민법의 이론에 기초한 노동력이용의 일형태로 파악해야 한다고 한다. 즉 기업·사업주는 근대시민법상의 자유의 하나로서 노동력이용형태 선택의 자유를 가진다고 보고, 근로자공급사업은 이 근대시민법상의 자유에 봉사하는 측면을 가진다는 것이다. 여기에 근로자공급사업에 의해 공급된 근로자를 노동조건의 보장과 고용보장이라는 두 가지의 측면에서 보호해야 할 노동법상의 요청이 생긴다(淸正寬, 1987, 170쪽).

그마저 더욱 후퇴하고 있는 게 사실이지만, 여전히 직업안정사업의 공공성 원칙과 사용자책임회피금지원칙은 여러 나라의 입법을 통해 견지되고 있다.71)

우리의 경우 특히나 공적 직업안정기관의 역할이 미약하고 항만하역업·건설업 등에서 경기·물동량의 변동에 따르는 기업의 위험을 노동자에게 전가시키는 극단적으로 불안정한 고용형태가 일반화되어 있다. 이러한 고용불안 및 열악한 노동조건을 극복하기 위해서는 노동조합에 의한 근로자공급이라는 '차악(次惡)'이 아니라 공공직업안정기능의 강화와 상용화(직접고용)라는 최선의 방향을 모색할 수는 없는 것인가?

---

71) ILO는 오랫동안 직업안정을 위하여 직업안정기관의 공영제, 민간직업소개사업의 금지(또는 규제)의 원칙을 유지해왔다. ILO의 유료직업소개소(개정)협약(제96호, Convention concerning Fee-Charging Employment Agencies(Revised 1949))에서는, 영리목적의 유료직업소개소를 장래에 폐지할 것을 조건으로 폐지시까지의 감독을 정한 제2부와 궁극적 폐지가 아닌 감독만을 정한 제3부를 택하여 비준할 수 있도록 하였다. 그런데 1997년 채택된 민간직업소개소에 관한 협약(제181호, Convention on Private Employment Agencies)과 권고(제188호)는 노동시장의 유연화 이데올로기를 수용하여 종래의 민간직업소개소에 대한 규제의 입장에서 인정의 방향으로 전환한 바 있다. 이 협약은 적용대상에 (a)구인 및 구직의 수요를 서로 연결시켜주는 서비스(다만 이로 인해 발생할 수 있는 고용관계의 관련당사자는 되지 아니할 것), (b)노동자에게 작업을 배분하고 감독하는 자연인 또는 법인인 제3자(사용자기업)가 노동자를 이용할 수 있도록 노동자들을 고용하는 서비스, (c)권한 있는 기관이 대표적인 노사단체와 협의한 후에 결정하는, 특정 구인·구직 결합을 목적으로 하지 않는 구직관련 기타(정보제공 등) 서비스가 포함된다고 정하고 있다(제1조 제1항).

이러한 ILO협약의 변화는 노동시장의 유연화 이데올로기가 전면화되면서 고용안정을 위한 직업소개의 공영제 입장에서 후퇴한 것으로 볼 수 있다. 그러나 협약은 직업소개의 무료원칙(제7조), 파견노동자의 결사의 자유, 단체교섭권, 최저임금, 노동조건, 사회보장, 직업훈련, 안전위생, 재해보상, 사용자 파산시 임금채권보호, 모성보호 등에 대한 규정을 두고 있고(제11조), 각 회원국의 법률과 관행에 따라 파견업체와 사용업체 간에 사용자책임을 분배할 수 있도록 정하고 있는 등(제12조) 민간직업소개의 남용으로부터 노동자를 보호할 필요성을 강조하고 있다.

(2) 노동조합에 의한 근로자공급사업의 쟁점

한편 현재 노동조합이 수행하는 근로자공급사업과 관련하여 노동법적 시각에서 제기할 수 있는 몇 가지 의문이 있다.

첫째, 노동조합이 특정 조합원의 공급을 거부하거나 노동자의 산재, 작업량 축소 등을 이유로 사용사업주가 취로(就勞)를 거부한 경우, 이러한 거부를 '해고제한의 법리'로 다툴 수 있을 것인가 하는 문제다.

예를 들어 전북서부항운노조 사건의 경우 산재를 당한 조합원이 해당 작업을 수행할 수 없게 되자, 사용사업주가 취로를 거부하고 이에 따라 노조가 해당 조합원을 공급하지 않은 사실에 대해 대법원은 해고가 성립하지 않는다고 보았다.72)

조합원의 산재 등을 이유로 공급 및 취로가 거부된 경우 판례는 해당 조합원과 노동조합 사이에 근로계약관계가 존재하는지에 대해서는 견해가 나누어지면서도, 결론적으로는 산재로 인해 해당 업무를 감당할 수 없게 되었다는 사실만으로 공급 및 취로를 거부한 게 부당하지 않다고 보았다. 반면 그러한 공급 및 취로 거부가 사용사업주의 요구에 의해 이루어진 것임에도, 사용사업주에 의한 사실상의 해고조치라는 점은 전혀 고려하지 않았다. 그러나 사용사업주와 공급된 노동자 사이에 사용종속관계가 존재한다면 사용사업주의 취로 거부는 사실상 해고에 해당한다고 보아 근로기준법 제30조·제31조에 따라 그 정당성을 판단해야 할 것이다.

둘째, 조합 탈퇴·제명 등을 이유로 한 노동조합의 공급 거부 및 사용사업주의 취로 거부에 대해서는 숍(shop)조항73)의 유효성 문제를 검토해 보아야

---

72) 대법원 1998. 1. 20. 선고 96다56313 판결.

73) 숍(shop)조항이란 조합원 자격을 노동자의 채용 및 계속고용의 조건으로 하는 단체협약상의 조직강제조항이다. 숍의 형태로는 조합원만을 채용, 계속 고용할 것을 요구하는 클로즈드숍(closed shop)과, 채용시 조합원일 필요는 없지만 채용 후 일정기간 내에 조합에 가입할 것을 강제하는 유니언숍(union shop) 등이 있다.

한다. 노조법은 노동자가 "어느 노동조합에 가입할 것 또는 탈퇴할 것을 고용조건으로 하거나 특정한 노동조합의 조합원이 될 것을 고용조건으로 하는" 사용자의 행위를 부당노동행위로 금지하고 있다(노조법 제81조 제2호 본문). 다만 "노동조합이 당해 사업장에 종사하는 근로자의 3분의 2 이상을 대표하고 있을 때에는 근로자가 그 노동조합의 조합원이 될 것을 고용조건으로 하는 단체협약의 체결은 예외로 하며, 이 경우 사용자는 근로자가 당해 노동조합에서 제명된 것을 이유로 신분상 불이익한 행위를 할 수 없다"(노조법 제81조 제2호 단서)라고 규정하고 있다. 이 규정과 관련하여 특정 노조에의 가입을 고용조건으로 하는 유니언숍(union shop)조항이 유효하기 위해서는 해당 사업장에 종사하는 노동자의 3분의 2 이상을 조직하고 있는 노동조합과 체결한 단체협약에 의할 것을 요건으로 한다고 해석되고 있다. 그리고 유니언 숍 조항이 유효한 경우에도 사용자는 노동조합과의 관계에서 특정 노동자를 해고할 의무를 부담하는 것뿐이고, 이것이 곧바로 해당 해고의 정당성을 충족하는 것은 아니라고 한다. 즉 유니언숍 조항에 근거한 해고가 정당하기 위해서는 그것이 노동조합의 단결권을 옹호하기 위해 행해질 것이 요구되고, 해당 노조에 가입하지 않거나 탈퇴, 제명된 조합원이 다른 조합에 가입하거나 새로운 조합을 결성한 경우는 유니언숍 조항이 적용되지 않는다.74)

그런데 노조법 제81조 제2호 단서에서 허용하고 있는 제한적 조직강제에 클로즈드숍(closed shop)까지 포함되는 것인가는 분명하지 않다. 통설은 이 조항이 유니언숍 조항을 의미한다고 보지만, 클로즈드숍 조항을 포함한다고 보는 견해도 있다.75) 종업원을 대상으로 하는 기업별 노동조합이 지배적이었 던 우리나라의 현실에서는 클로즈드숍 조항의 적법성이 직접적으로 다투어진 사례는 없다. 다만 일본에서는 학릉운송(鶴菱運送)사건76)에서 노동조합을

---

74) 김유성, 1999, 337~342쪽 참조. 같은 취지의 것으로는 대법원 1995. 2. 28. 선고 94다15363 판결(풍양운수사건)이 있다.

75) 임종률, 『노동법』 제3판, 박영사, 2002, 254쪽.

탈퇴한 노동자에 대하여 사용사업주가 취로를 거부한 것이 부당해고에 해당하지 않는다고 보았다.

실제 항운노조가 체결하고 있는 단체협약상의 관련 조항을 살펴보면, 전국항운노동조합연맹과 한국항만운송협회가 1995년 체결한 단체협약 제4조는 "①상용 및 일용근로자의 고용권은 갑(항만운송협회)의 회원사가 보유한다. 다만 을(항운노조)이 공급하는 근로자에 대하여는 그러하지 아니하다. ②을의 작업권에 속하는 업무에 있어서는 을의 조합원 외에는 취업기회를 주지 아니한다"고 정하고 있다. 또 사용자는 원칙적으로 조합원의 취업을 거부할 수 없으나 다음의 경우에는 예외적으로 취업을 거부할 수 있다(제12조). 즉 가)조합원이 노동조합이 발행하는 등록증을 소지하고 있지 아니한 때, 나)형사상 범죄로 인하여 유죄판결을 받았을 때, 다)조합원이 노동조합의 규약에 의하여 제명 또는 자격이 정지되었을 때, 라)신체 및 정신상 그 작업을 감당하기 곤란할 때, 마)근무상 부정행위가 있음이 명백하고 노사가 이를 인정한 때 등이다.

철도, 육상하역분야에서 항운노조와 대한통운주식회사가 체결한 1995년 단체협약에서는 "노무자의 고용권은 회사가 보유하되 조합원의 작업에 속하는 업무에 있어서는 조합원 외에는 고용하지 아니한다"(제4조)고 규정하고 있다. 부산공동어시장과 부산항운노동조합이 체결한 1994년 단체협약에서는 "①근로자의 시한고용77)권은 갑이 보유하되 을의 조합원 이외에는 고용하지 아니한다, ②갑은 을의 조합에서 징계당한 자는 고용하지 아니한다"(제6조)고

---

76) 橫浜地裁 1979. 12. 21. 판결. 여기서 법원은 해당 노동자와 사용사업주 사이의 법률관계는 노동조합에 의한 공급이 있는 한 성립되는 사용관계(다시 말해서 취업에 대하여 임금이 지급된다는 의미에서는 고용관계이지만, 공급이 존재하는 한에서 존속하는 특수한 고용관계)라고 하면서, 해당 노동자와 사용사업주는 공급이 존재하는 한에서 존속하는 사용관계로 인식하고 이에 따른다는 의사로 서로 취업·사용하고 있으므로 공급노조로부터 탈퇴한 노동자에 대하여 사용사업주는 당연히 취로를 거절할 수 있다고 판시하였다.

77) 상용노동자의 고용이 아니라 일시적인 노동자의 고용이기 때문에 이를 '시한고용'이라고 표현한다.

규정하고 있다. 부산항운노조와 (주)한진 부산남부지점 간에 체결된 2001년 단체협약에서는 "갑의 작업을 위하여 을이 노무공급을 하되 이를 성실히 이행키로 하며, 을의 조합원 외는 취업하지 못한다"고 규정하고 있다. 또 농산물도매시장 중매인조합과 서울지역시장노조 동부시장지부[78]가 체결한 2001년 단체협약에서는 "갑은 갑의 농수산물 도매시장에서 이루어지는 상·하차 및 제반작업에 대한 모든 권한을 을만 인정하며, 을은 갑의 지시에 따라 이를 성실히 수행한다"(제2조 제1항)고 규정하고 있다.

이상과 같은 단체협약의 실태를 보았을 때 항운노조 등 근로자공급사업을 하는 노동조합의 작업권으로 인정되는 범위에서는 클로즈드숍 조항이 체결되고 있음을 알 수 있다. 이러한 클로즈드숍조항이 허용되는 이유에 대해, 하역노동자들의 열악한 노동조건과 고용불안에 대한 노무관리 및 노동복지의 책임을 노조에게 전가하는 대가로써 정책적으로 허용되었다고 설명된다.[79] 이러한 정책적 이유가 노동자의 단결선택권을 제한하는 클로즈드숍조항의 유효성을 인정하는 근거가 될 수 있을지는 의문이다.[80] 또 복수노조의 출현에 따라 클로즈드숍조항의 적법성이 실제로 문제가 되는 사례가 나타날 것이다.[81] 무엇보다도 클로즈드숍조항에 근거한 사용자의 취로거부, 즉 해고의

---

78) 이 노조는 규약변경을 통해 2001년 5월 민주노총 서울지역본부를 상급단체로 하는 동부지역시장노동조합으로 조직을 변경하였다.

79) 즉 정부는 노조에게 클로즈드숍제를 인정해 주어 조합원을 강력한 리더십을 통해 통제하도록 함으로써 노사관계의 안정을 도모하고자 하였고, 하역회사 입장에서는 항만노동의 파동성·계절성으로 인하여 상시고용을 회피하게 되는 만큼 클로즈드숍제에 의해서 노동자를 안정적으로 공급받을 수 있었고, 노조의 경우에는 조합의 영향력 증대와 조합의 교섭력 강화를 위해서 클로즈드숍제의 실시가 요구되었다. 결국 항만노동의 특수성에 따른 노사정 3자간의 타협에 의해 클로즈드숍제가 인정되었다는 것이다(김형배, 1996, 24쪽).

80) 이승욱 교수는 항만노동의 특수성과 현실적 필요성을 고려한다고 하더라도, 법률이 아닌 단체협약에 의해 헌법상 기본권인 단결권을 본질적으로 침해하는 것을 내용으로 하는 클로즈드숍조항의 합법성이 인정될 수 있는 여지는 없다고 한다(이승욱, 2002, 48쪽).

81) 미국에서는 1947년 태프트하틀리법에 의해 클로즈드숍조항을 사용자(법 제8조(a)(3)) 및 노동조합(법 제8조 (b)(2))의 부당노동행위로, 이를 금지하고 있다. 이에 따라 미국의

정당성에 대해서는 노동조합의 단결권을 옹호하기 위한 경우에 한정하여
엄격하게 적용해야 할 것이다.

셋째, 노동조합에 의한 근로자공급사업에서 노동조합이 사용업체로부터
작업비를 수령한 후 조합비 등을 공제하고 개별 조합원에게 분배하는 것이,
근로기준법이 정한 임금전액지불 및 임금직접지불의 원칙에 위배되지 않는가
의 문제다.

근로기준법은 제42조 제1항에서 "임금은 통화로 직접 근로자에게 그 전액
을 지급하여야 한다. 다만 법령 또는 단체협약에 특별한 규정이 있는 경우에는
임금의 일부를 공제하거나 또는 통화 이외의 것으로 지급할 수 있다"고
규정하고 있다. 이 규정의 해석에 관하여 사용자가 조합비를 일괄공제
(check-off)한 후 임금을 지급하는 것은, 단체협약에 그러한 조항이 있고,
또 개별 노동자의 동의가 있다고 인정되는 경우에 한하여 정당하다고 보는
것이 통설이다.82)

그런데 노동조합에 의한 근로자공급사업의 경우에는 이러한 조합비일괄공
제가 아니라 사용업체가 공급된 노동자들의 노동의 대가를 노동조합에 지급
하고, 노동조합이 이를 일괄수령하여 조합비 등을 공제한 후 개별 조합원에게
분배지급하는 방식이 통상적이다. 노동조합이 공급하는 노동자에 대하여

노동조합은 사용자단체와 공동으로 하이어링홀(Hiring Hall, 고용사무소) 혹은 디스패칭홀
(Dispatching Hall, 파견사무소)을 설립하여 운영하고 있다. 단속적인 작업이 반복되는
건설과 항만산업, 전문적 기능을 요구하는 전기기술산업, 연예산업 등에서, 노동조합과
사용자가 공동으로 운영하는 기구를 통한 사용자의 채용의무를 단체협약상에 규정한
것을 하이어링홀 혹은 디스패칭홀 제도라고 한다. 그 대표적인 예로 미국항운노조(ILWU,
International Longshoreman and Warehouse Union)와 태평양해사산업협회(PMA, Pacific
Maritime Association)간에 체결된 단체협약에 의해 노사공동위원회가 운영하는 디스패칭
홀이 있다. 그런데 NLRB(연방노동관계위원회)는 노동조합이 하이어링홀을 운영함에
있어 조합원 자격을 이유로 차별하는 것은 부당노동행위라고 판단하고 있다. 즉 비조합원
또는 다른 노동조합의 조합원이라는 사실을 이유로 한 노무공급에 대한 차별은 금지되고,
차별적이지 않은 노무공급만이 허용된다(이승욱, 2002, 48~51쪽).

82) 김유성, 1999, 113~114쪽 ; 김형배, 1998, 268쪽 ; 임종률, 2002, 370쪽 등.

조합비를 걷는 것 자체는 단결유지를 위하여 필요한 행위로서 중간착취에 해당하지 않는다고 할 수 있겠지만, 사용업체로부터 공급된 노동자의 노동에 대한 대가를 일괄지급 받아 조합비 등을 공제한 후 다시 배분하는 것은 임금의 직접지불원칙에 위배된다고 생각한다. 오래전 판례이긴 하지만 대법원도 노동조합이 그 조합원을 대신하여 사용자에 대하여 임금청구권을 행사할 수 없다고 본 사례가 있다.[83]

2. 근로자공급사업이 대안이 될 수 있는가

(1) 근로자파견제에 대한 대안으로서 근로자공급사업의 모색

지금까지 살펴본 것처럼 노동조합에 의한 근로자공급사업은 입법취지상 예외적·제한적 의미를 인정할 수 있다 하더라도, 사용자책임회피금지의 원칙에 있어서나 노동권의 실현에 있어 대단히 많은 문제점을 내포하고 있는 제도라고 할 수 있다. 그런데 최근 들어 근로자파견제에 대한 대안으로서 노동조합에 의한 근로자공급사업을 적극적으로 모색하는 흐름이 나타나고 있다.

한국노총은 현행 근로자파견법이 중간착취, 하도급을 위장한 불법파견, 등록형·모집형 파견 등 직업소개와의 무차별성, 허용 외 직종의 불법파견 성행, 사용자 책임, 파견노동자의 노동3권 보장, 감시감독의 어려움 등 문제가 중첩되어 나타나고 있으며, 이러한 문제점들은 부분적 법개정과 보완으로 해결될 수 없으며 전면적 재검토가 필요하다고 제기한다. 그러면서 전면적 재검토의 내용으로서 ①유·무료 직업소개, 하도급, 파견, 직접고용의 경계를 분명히 하고 사용자책임, 수수료 혹은 임금, 기관요건, 노동3권 보장, 벌칙 등을 통일적 법률로 재정비하도록 한다, ②일정한 요건을 충족하는 노동단체

---

83) 대법원 1960. 11. 17 선고 4293민상326 판결.

나 비영리 사회단체 등이 비영리의 목적으로 근로자공급사업에 참여하거나,
기존의 파견노동자 등 직접 이해당사자가 자기 권익 추구를 위하여 자발적으
로 근로자공급사업에 참여할 경우, 이에 대한 정부의 지원을 강화한다는
것을 제시하고 있다. 그리고 이를 구체화하기 위하여 노사정 및 관련 사회단체,
전문가 등으로 구성된 근로자공급사업에 관한 법률정비위원회(가칭)를 노사
정위원회 산하에 설치·운영할 것을 제안하고 있다.[84]

한국노총 내부에서도 구체적 실현방안에 대한 논의가 마무리되지 않은
것으로 알려져 있는데, 노동조합·시민단체·정부(지자체포함)·사용자단체
등의 협력사업형태로 근로자공급사업을 하는 방안, 한국노총이 독자적으로
근로자공급사업을 하는 방안, 비정규직노조 등이 협의체를 구성하여 근로자
공급사업을 하는 방안, 한국노총 회원조합의 공동출자로 파견회사 형태의
비영리기업조합을 설립하여 파견사업을 하는 방안 등을 검토하고 있다고
한다.[85] 그리고 이러한 방안을 검토할 때 고민하는 지점은 무료의 근로자공급
사업을 통한 중간착취 제거, 간접고용 노동자들의 조직화 및 조직확대, 중앙단
위협약을 통한 임금·노동조건 개선 등이라고 한다.

---

84) 2000년 이래 노사정위 경제사회소위원회와 비정규특위에서 논의를 진행하는 과정에서
한국노총은 계속 현행 파견법 유지를 주장하다가 직업안정법 개정을 통한 파견법 대체를
주장한 바 있다(한국노동조합총연맹, 『노사정위 비정규특위 의견에 대한 한국노총의
입장』, 2002. 7. 3., 5~8쪽). 이 문서에서 한국노총은 근로자공급사업에서의 민간부분의
경쟁체제를 근본적으로 부정하려는 것이 아니라고 밝히고 있다. 즉 일정한 요건을 갖춘
비영리부문의 근로자공급사업에 대하여 정부가 지원함으로써, 저임금 단순인력 중심의
거래와 인건비 중간수취에 집중되어 온 민간의 경쟁질서를 일정한 수준으로 유도하자는
데 목적이 있다고 한다. 따라서 고임금 전문인력의 경우는 일정한 요건 위에서 민간의
경쟁체제를 유지하고, 저임금·단순인력 등 노동시장에서 열악한 지위에 있는 노동자들의
공급에서는 공공성이 강한 비영리관계기간의 설립을 통하여 민간부분의 인건비 중간수
취를 목적으로 한 공급사업의 질서를 바로잡자는 것이라고 설명하고 있다.
85) 한국노총, 『근로자파견법 및 직업안정법 개정방향』 토론회 자료집, 2003. 11. 20.

(2) 근로자공급사업이 해결책이 될 수 있는가

1998년 근로자파견제의 합법화는 IMF 경제위기 속에서 노동운동을 사회적으로 압박하여 노동유연화에 대한 자본의 요구를 관철시킨 것이었다. 그러나 근로자파견법 제정 이후 6년이 지나는 동안 벌어졌던 사태들은 노동운동진영의 우려와 반대가 현실화되었음을 보여주었다. 지난 6년간의 경험을 우리는 '안정적인 일자리의 파괴'와 '노동기본권의 무력화', 그리고 '저임금·주기적 해고·노예노동의 확산'이라 요약할 수 있다.

2000년 파견노동자들에 대한 대량해고사태 이후 파견·용역노동자들은 여러 가지 악조건 속에서도 노동조합을 조직하고 간접고용을 철폐하기 위한 투쟁을 지속적으로 벌여 왔다. 이런 투쟁 속에서 "파견법 철폐"는 이제 노동운동 전체의 공동 요구로 인식되고 있다. 단적인 예로 2000년 당시 파견법 철폐가 아닌 파견법 개정 요구를 제출했던 한국노총과 시민단체마저도 이제는 파견법 폐지와 대체입법, 불법파견 근절을 요구로 내걸고 있다. 파견제 합법화 이후 노동의 현실과 파견노동자들의 고통을 직시하는 사람이라면 누구라도 "파견법 철폐"가 절실하고 현실적인 요구임에 동의하지 않을 수 없게 된 것이다.

그렇다면 한국노총이 검토하고 있는 노동조합에 의한 근로자공급사업은 현행 근로자파견법에 대한 대안이 될 수 있는가? 앞의 1. '(2)노동조합에 의한 근로자공급사업의 쟁점'에서 근로자공급사업을 둘러싼 노동법적 쟁점에 대해 서술하였다. 여기에서는 노동조합에 의한 근로자공급사업에 대한 노동운동적 문제제기를 하고자 한다.

첫째, 노동조합 등에 의한 근로자공급사업이 간접고용 노동자들의 고용불안·열악한 노동조건을 개선할 수 있을 것인가?

간접고용 노동자들의 처지를 흔히 '저임금, 무권리, 노예노동'으로 표현한다. 간접고용 노동자들의 고용불안 및 열악한 노동조건의 근본적 원인은, 실질적 사용자가 노동법상 사용자책임을 부담하지 않는 데 있다. 사용사업주는 노동시간, 임금, 고용유지 등 제반의 노동조건에 대해 실질적인 지배력과 결정권한을 가지고 있다. 그럼에도 노동법상 사용자로서의 책임은 형식적인 근로계약체결의 당사자인 파견사업주가 부담하도록 되어 있어, 사실상 간접고용 노동자들의 권리는 보장받을 길이 없게 되어 버린다. 또한 사용사업주는 '파견(용역)계약해지'라는 합법적 방식을 통해 자유로이 간접고용 노동자를 해고할 수 있고, 노동조합을 무력화시킬 수 있다.

앞에서 서술한 것처럼 노동조합에 의한 근로자공급사업에 있어서도 이러한 문제점들은 엄연히 남아있다. 오히려 노동조합에 의한 근로자공급사업이라는 측면에서 간접고용에서의 노동관계 인정이 더욱 곤란해지는 어려움마저 있다. 위법한 근로자공급사업으로 공급된 노동자와 사용사업주 간의 고용관계의 인정에 대해 법원은 부정적이다. 노동조합에 의한 근로자공급사업의 경우에는 더더욱 부정적이다.[86]

물론 노동조합에 의한 근로자공급사업은 영리적 근로자공급사업에 비해 중간착취의 폐해를 줄일 수 있는 가능성은 있다. 그러나 이것도 가능성에 불과한데, 왜냐하면 현재 파견비의 결정은 사용사업주가 가지는 압도적 경제력과 비용삭감압력으로 인해 최저임금수준을 약간 상회하는 선에서 결정되고 있기 때문이다. 즉 중간착취의 여지는 줄일 수 있을지 모르지만 근본적으로 저임금으로 간접고용 노동자를 사용하고자 하는 사용사업주에 대한 대항력을 가지기에는 한계가 있다.

둘째, 노동조합 등에 의한 근로자공급사업으로 간접고용 노동자들을 조직하고 조직을 확대할 수 있을 것인가?

---

86) 게다가 보다 현실적인 문제로서 노동조합이 근로자공급사업을 수행할 수 있는 사용사업체를 확보하는 과정에서, 사용사업체가 실질적 사용자로 인정될 소지가 있는 것들은 최대한 회피하려 할 것이라는 문제도 있다. 한국노총 내부검토문서도 이 점을 인식하여 "파견을 공급으로 대체할 경우 직접고용에 대한 사용회사의 부담이 해결되지 않으면 공급자체를 거부할 것"이라면서, "사용회사의 노무관리부담을 덜어 주어야 할 것" 등을 지적하고 있다.

　노동조합이 근로자공급사업 혹은 근로자파견사업을 수행할 경우 해당 노조의 조합원이 되는 방식으로 구직을 하는 것이니만큼 조직률이 올라갈 것을 충분히 기대할 수 있다. 우리는 이미 이와 유사한 사례를 경험한 바 있는데 IMF 경제위기를 지나면서 급증한 실업자들을 대상으로 하여 노동조합이 무료취업알선센터를 운영하면서 조합원, 준조합원 등으로 조직해 본 경험이 있다. 대표적 예로 구 건설일용노조의 경우 공공근로사업과 맞물린 무료취업알선사업 등을 통해 1997년 당시 전국 7개 조직 2,000여명에서 1999년 30개 조직 17,000명(그러나 조합비 납부수준은 2,000명)으로 조직이 확대된 적이 있었다. 그러나 취업알선과 상담위주로 조합활동이 진행되면서 현장에서의 노동조건에 대한 개입력이 약하고 조합원의 결합력이 취약한 점이 한계로 지적된 바 있다.[87] 또 구 서울지역인쇄노조의 경우 1998년부터 무료취업알선센터를 운영하고 있는데, 이 곳을 거쳐 가는 인쇄업종 노동자들을 통신원으로 조직하여 상호정보교류와 소식지 배포 등을 하고 있으나 노조로의 조직화는 잘 되지 않고 있다고 한다.

　이러한 경험들에서 알 수 있는 것은 무엇인가? 단순히 취업을 알선하는 것만으로는 조합원 숫자가 늘어나는 것 이상의 조직력 강화·확대를 기대할 수 없다는 사실이다. 물론 근로자공급사업의 경우 단순한 취업알선보다 조합원의 결합력이 높아질 수는 있을 것이다. 그러나 이것은 '취업'을 매개로 하는 조직통제의 강화일 수는 있어도 곧바로 조직력의 강화·확대로 연결될 수는 없다. 건설산업연맹이 건설현장에서의 노동시간 단축투쟁, 건설사업장에서의 단체협약 쟁취투쟁에 분투하고 있고, 인쇄노조도 인쇄업체가 밀집해 있는 지역을 대상으로 하는 선전전, 노동감독, 단체협약 쟁취투쟁에 고심하고 있는 것은, 노동조합이 노동현장의 노동조건을 통제하고 조합원의 현장활동을 조직하지 않는다면 조직력 강화·확대는 요원하다는 사실을 보여주는 것이다.

---

87) 백석근, 「비정규직 노동자 현실과 건설일용노동자 조직화 경험」, 1999/11.

셋째, 노동조합 등에 의한 근로자공급사업이 노동시장을 통제하는 방안이 될 수 있는가?

노동시장통제를 통한 노조의 조직력·영향력 강화는 직종별 노동조합의 전통에 맞닿아 있다. 그러나 지금 불안정노동자의 문제는 반숙련 노동대중의 탄력적 사용과 관련된 것이다.[88] 한국노총이 제안하고 있듯이 "고임금 전문인력의 경우는 민간의 경쟁체제를 유지하고, 저임금 단순인력 등 노동시장에서 열악한 지위에 있는 노동자들의 공급에서는 비영리관계기관의 설립을 통하여 공급사업의 질서를 바로잡는다"는 것은 비현실적이다. 저임금 단순인력의 경우 노동시장의 진입장벽이 없기 때문에 노동시장을 통제한다는 것이 그만큼 불가능하다. 우리보다 노동조합에 의한 근로자공급사업이 다양하게 전개되고 있는 일본의 경우도 가장 큰 어려움은 공급처의 확보라고 한다. 그래서 궁여지책으로 노조가 '기업조합'이나 '주식회사' 형태로 파견회사를 직접 설립하는 경우도 적지 않다고 한다.[89]

현재 단순한 고민 이상으로 근로자공급사업권 확보를 활동과제로 잡고 있는 노동조합의 예로 지역건설일용노조를 들 수 있다. 특히 포항지역건설노조의 경우 '단체협약의 지역적 구속력 관철', '근로자공급사업권 쟁취', '퇴직공제제도 조기시행' 등 3대 사업을 결의한 바 있다. 그런데 이러한 사례는 지역공단을 배경으로 한 동질적 작업조건의 존재, 기능공·직종을 중심으로 하는 노동조합의 강력한 현장 조직력, 단체협약을 체결하고 그 이행을 강제할 수 있는 파업 조직력 등에 기반을 둔 것이다.[90] 다시 말하자면 근로자공급사업

---

88) 이것은 정규직 노동자가 고숙련·핵심노동력이고 비정규직 노동자가 반숙련(혹은 미숙련)·부수노동력이라는 의미가 결코 아니다. 이러한 도식은 이데올로기에 불과하다. 현재 비정규직은 이전에 정규직이 담당하던 '핵심' 업무에까지 확대되어 있으며 실제 기업의 골간노동력을 구성하고 있다. 오히려 신자유주의 노동유연화는 노동조직방식의 변화를 통해 반숙련·불안정 노동대중을 계속 양산하면서 노동착취를 극단화하고 있다고 보는 것이 맞다.

89) 이정희, 「일본 비정규노동운동 현장을 가다」, 《월간 비정규노동》, 한국비정규노동센터, 2002. 7·8, 150~151쪽.

권을 확보함으로써 노동시장을 통제한 것이 아니라 노동조합의 조직력·투쟁
력을 바탕으로 지역 노동시장을 통제함으로써 역으로 근로자공급사업권
확보를 고민하게 된 경우다.

넷째, 노동조합 등에 의한 근로자공급사업이 "간접고용 철폐" "비정규직의
정규직화"라는 노동운동진영의 요구에 부합하는 것인가?

2000년 이래 비정규직 노동자의 조직화와 투쟁이 활발해지면서 비정규직
노동자들은 "비정규직 철폐", "비정규직의 정규직화", "파견법 철폐" 등을
핵심 요구로 내걸고 지난한 투쟁을 계속해 왔다. 양대 노총을 비롯한 노동운동
진영도 비정규직 철폐를 공통요구로 하여 다양한 연대투쟁을 전개하고 있다.
그런데 노동조합 등에 의한 근로자공급사업 확대 주장은 결국 간접고용의
존재를 용인한다는 점에서 지금까지의 투쟁요구와 배치된다. 비록 '파견법
대체'라는 구호를 내걸고 있지만, 근로자공급사업 자체가 고용관계와 사용종
속관계의 분리를 바탕으로 하는 반노동적 고용형태로, 직업안정법이 원칙적
으로 금지하고 있다는 점을 상기한다면, '노동조합에 의한' 근로자공급사업도

---

90) 1989년 4월 결성된 포항지역건설노조는 1989년 10월에 사측과 8개 조항의 합의서를
   체결한 이후 계속적으로 단협을 체결하고 있다. 포항지역에는 30~40개의 건설업체들이
   존재하는데, 이들 업체는 포항제철 → 포스코 개발(포항제철의 자회사) → 전문건설업체
   형식의 연결 고리를 갖고 있다. 재하청업체의 경우, 보통 최저 낙찰체로 공사액의 40%
   선에서 공사를 진행한다. 즉, 포항제철의 플랜트(공장·기계 등의 설치)업의 각 직종(용접,
   배관, 제관, 비계, 기계, 철골 등)을 중심으로 노동시간과 업무장소가 동일한 조건을 가지고
   있다.
   교섭대상은 포항지역에 현장을 가지고 있는 30여개 건설업체로 업체대표와 노조가 협약을
   체결한다. 조합원 및 협약적용의 범위는 포항 및 영일지역의 건설업체, 협력업체, 연관업체
   의 일용직 노동자로 되어 있다. 포항지역건설노조는 현장활동을 중심으로 하는 조직력,
   지역 플랜트건설업에 종사하는 노동자의 2/3 정도를 조직한 장악력, 매년 파업투쟁을
   통해 단체협약의 준수를 관철시킬 수 있는 투쟁력을 갖춘 것으로 평가되고 있다. 포항지역
   건설노조의 사례는 실제 노동시장 통제를 위해서는, 지역에 종사하는 과반수 이상의
   노동자를 조직할 수 있고 현장활동을 통해 조직을 강화하며, 투쟁력을 통해 현장을 장악해
   야만 한다는 사실을 보여준다.

결국 근로자공급사업인 점에서 본질이 다르지 않다.

몇 년간의 비정규직 노동자들의 지난한 투쟁을 통해 이제야 노동운동진영 내에 '파견법 철폐'의 공감대가 형성되고 있는 시점에서 제기되는 근로자공급사업 대안론은 또다시 투쟁전선을 교란시킬 위험성도 가지고 있다.

참고문헌

강성태 (2002), 「위법한 파견근로와 사용사업주의 책임」,《노동법연구》제13호,
　　　서울대노동법연구회.
고준기 (2001), 「사용자의 개념 - 입주자대표회의의 사용자성 검토를 중심으로」,
　　　《노동법학》제14호, 한국노동법학회.
김선수 (2000), 「단체교섭 상대방으로서의 사용자개념의 확대」,『노동법의 쟁점
　　　과 과제』, 김유성교수화갑기념논문집, 법문사.
＿＿＿ (2001), 「파견근로자 사용사업주의 노동단체법상의 사용자책임」,『파견
　　　노동자의 법적 지위』, 파견철폐공대위·민주노총 토론회자료집.
민주주의법학연구회 노동법분과 편 (2001),『간접고용 제한법제의 국제비교』.
박수근 (2000), 「근로자파견의 기간제한과 직접 고용의 문제」,《노동법학》제11
　　　호, 한국노동법학회.
윤애림 (2002), 「노동조합에 의한 근로자공급사업에 대한 노동법적 재검토」,《노
　　　동법연구》제13호, 서울대 노동법연구회.
＿＿＿ (2003),『다면적 근로관계에서의 사용자 책임』, 서울대 법학과 박사학위
　　　논문.
전국민주노동조합총연맹 (2003),『파견법 5년 그 실상과 대책』, 토론회 자료집
　　　(2003. 7. 8).
전국불안정노동철폐연대 (2002),『2002년 간접고용 실태보고서』.
조경배 (2000), 「위법한 근로자공급사업에 있어서의 사용사업주와 공급근로자
　　　간의 근로계약 성립여부」,『노동법의 쟁점과 과제』, 김유성교수화갑기
　　　념논문집, 법문사.
＿＿＿ (2001a), 「직접고용의 원칙과 파견근로」,《민주법학》제19호, 민주주의
　　　법학연구회.
＿＿＿ (2001b), 「부당노동행위의 주체로서 사용자 개념 - 간접고용을 중심으로」,
　　　《노동법연구》제11호, 서울대노동법연구회.
＿＿＿ (2002), 「판례평석 : 불법파견과 직접고용 간주규정의 적용에 관한 제문제」,

《노동변론》제4호, 민주사회를위한변호사모임.

______ (2003), 「비정규직 근로자의 노동단체권 보장에 관한 연구」,《민주법학》제23호, 민주주의법학연구회.

조임영 (2001a), 「위장도급과 법적 규제」,《민주법학》제19호, 민주주의법학연구회.

______ (2001b), 「근로자파견사업자의 범위」,『2000 노동판례 비평』, 민주사회를위한 변호사모임.

______ (2001c), 「프랑스 노동법상 간접고용의 규제와 노동자보호」,『간접고용제한법제의 국제비교』, 민주주의법학연구회 노동법분과.

______ (2001d), 「미국 노동법상 노동자파견과 공동사용자개념」,『간접고용제한법제의 국제비교』, 민주주의법학연구회 노동법분과.

최홍엽 (2000b), 「근로자파견과 집단적 노사관계」,《노동법학》제10호, 한국노동법학회.

______ (2000c), 「근로계약의 기간」,『노동법의 쟁점과 과제』, 김유성교수화갑기념논문집, 법문사.

______ (2001a), 「위법한 근로자공급에 대한 법적 규율」,『파견·용역노동자의 법적 지위에 관한 토론회 자료집』, 파견철폐공대위·민주노총(2001. 3. 8.).

______ (2001b), 「파견기간 초과시 고용간주규정의 해석」,《노동법연구》제10호, 서울대노동법연구회.

______ (2001c), 「독일의 간접고용 규제」,『간접고용 제한법제의 국제비교』, 민주주의법학연구회.

______ (2002), 「근로자파견법상 직접고용간주규정의 적용범위」,《노동변론》제4호, 민주화를위한변호사모임.

파견·용역노동자 노동권쟁취와 간접고용철폐를 위한 공동대책위원회 (2000), 『2000년 간접고용 실태보고서』.

파견철폐공대위·민주노총 (2001),『파견노동자의 법적 지위』, 토론회자료집.

3부

특수고용

특수고용 개념과 자본의 특수고용형태 활용 과정 및 양태

1. 특수고용형태란 무엇인가 - 개념 및 등장 배경

특수고용이란 사용자가 노동자를 개인사업자로 등록하도록 하는 등의 방식으로 사업자화하여 근로계약 대신 위탁, 도급 등의 계약을 체결하고 일을 시키는 형식의 고용형태를 말한다. 학습지 교사, 레미콘 운송차주, 보험모집인, 애니메이터, A/S기사 등과 같이 개인사업자화되어 노동자성이 부정되고 있는 다양한 이들이 특수고용형태 노동자로 불리고 있다. 그러나 이는 조직되어 있거나 조직화의 시도가 있어 잘 알려진 사례들일 뿐이며, 이들 이외에도 사용종속관계가 부정되어 노동자로 인정되지 않거나, 그러한 가능성이 높은 다양한 노동자군이 존재하고 점차 늘어나고 있는 실정이다.

이들 특수고용 노동자들은 실질적으로는 사용자의 사업에 편입되어 사용자에게 근로를 제공하고 그 대가로 지급받는 보수가 유일한 생계의 원천이므로 노동자에 해당함에도 형식적으로는 독립사업자로서의 외양을 띠고 있기 때문에 노동법의 보호영역 밖에 방치되어 있다. 그러나 이들의 노동자성 부정과 실질적 사용자의 법적 책임 면탈(免脫)은 특수고용화의 결과라기보다는 자본에 의해 의도된 것이다.

특수고용 노동자군이 형성되게 된 배경에는 특수고용화할 수 있는 업종이나 업무의 특성, 그리고 해당 업종의 내외부적 요인들이 작용하였다. 사용자가 정규직으로 고용해도 되지만 특수고용형태를 활용함으로써 더 많은 이윤을 창출할 수 있다는 점, 눈에 띄는 통제 없이도 노동강도를 더 강화시킬 수 있는 형태로 변형되기가 쉬운 업종이나 업무라는 특성도 일면 존재하며, 성수기와 비수기의 격차로 인한 비용부담을 노동자에게 전가시키는 데는 특수고용형태가 보다 용이하다는 이유도 찾아볼 수 있다. 한편 열악한 노동자의 지위를 이용한 고소득에의 유인이 성과에 따른 수당체계를 스스로 받아들이게 하는 조건이 되기도 하였다. 그러나 이를 특수고용형태 등장의 주된 이유로 볼 수는 없다고 생각된다. 즉 업무나 사업의 특성이라는 것은 사측의 비근로자화 의도를 실현하기 쉬운 조건에 불과하다.

특수고용화 시도의 근저에는 성수기와 비수기의 격차로 인한 비용부담보다는 진행되고 있거나, 곧 나타날 노동자의 집단화와 그를 통한 노동조건 향상 요구 등으로 인한 장래 비용부담을 막아내겠다는 의도가 깔려 있다고 볼 수 있다. 즉 집단화된 노동자의 힘을 분산시키고 무력화할 수 있는 노무관리 체계의 필요성이 존재하였으며, 관리감독이 어렵다는 업종의 특성은 정규직으로의 고용 불가능이 아니라 오히려 개인사업자화를 통해 고용을 외부화하여 사용자로서의 법적 책임으로부터 벗어나면서도 여전히 노동자를 사업에 종속시켜 둘 수 있는 가능성으로 존재하였던 것이다.

이는 현재 특수고용형태에 묶여있는 노동자들이 과거에는 정규직형태로 고용되어 있었다는 사실과 그들이 정규직에서 특수고용으로 전환되는 과정을 보면 잘 드러난다. 특수고용 노동자들 역시 처음에는 정규직으로 고용되어 지금과 동일한 노동을 하고 있었으나, 사용자가 경영 및 노무관리의 필요성에 따라 정규직에서 특수고용으로 전환시킨 것이다.

2. 도입 과정 - 정규직의 비정규직으로의 전환 과정

학습지 교사들의 경우 90년대를 전후하여 정규직에서 위탁계약직으로 전환되기 시작했는데, 이는 1989~1991년에 걸친 과외금지 조치 완전 해제와 그에 따른 학습지의 독점력 약화, 업체간의 치열한 경쟁이 그 배경을 이룬다. 보급 확대를 위해 실적에 따른 수당지급을 적극적인 유인책으로 삼아 위탁계약제를 도입했으며, 이에는 학습지 시장의 확대에 따라 증가하는 학습지 교사들을 기존의 방식으로는 효율적으로 관리하기 어렵다는 측면도 작용했다. 또한 1987년 노동자대투쟁 이후 학습지회사에도 노동조합이 생기고 처우 개선과 승진적체 해소를 위한 몇 차례의 파업 시도가 나타나자 이에 맞서기 위한 필요성도 컸다. 대교의 경우 1988년 노조 설립 후 이듬해 위탁계약제를 도입했고, 재능교육은 1989년 노조 설립 직후에, 구몬도 1992년 노조 설립 직후 위탁계약제를 도입하여 노조를 와해시켰다.

이같이 학습지의 경우, 시장의 변화에 따라 정규직형태로는 관료제적 통제방식이 일정한 한계에 부닥치자 위탁계약이라는 형태로 그 노동통제방식을 바꾸어, 개인사업자 형태로 노동자에게 비용을 전가함으로써 노동비용의 절감, 고용의 외부화를 통한 조직 관리의 효율화, 노조 등 집단행동에 대한 효과적인 대비 등을 이루어낸 것이다. 재능교육의 사측 문서를 보면 위탁계약직 도입 사유에 대해 "사원 개인에게 돌아가는 노동비용을 절감하고, 회원수 증가에 비례하여 교사수가 급증함에 따라 발생하는 인사관리상의 어려움을 해소하기 위한 것"이라고 밝히고 있다.

건설운송의 경우, 레미콘 차량의 강제불하를 통해 이른바 '지입차주'의 형태로 정규직 노동자를 특수고용으로 전환시켰고, 이후 건설운송에 몸담게 된 노동자들의 경우도 이들 불하차량을 인수하거나 차량을 지입하는 방식을 통해 특수고용형태로 편입되었다. 1990년 동양, 쌍용 같은 시멘트 회사, 대기업에서 먼저 일본 쉐어(share)제 모델을 도입하여 차량 불하 및 도급으로의 전환을 추진해 나갔고, 레미콘연합회의 적극적인 권장에 따라 1993년부터는 일반 레미콘 업체에도 이 같은 경향이 보편화되었다. 차량 운영에 따른 각종 세금, 공과금 등 비용과 위험 부담을 떠넘김에 따라 사측으로서는 막대하게 비용을 줄일 수 있고, 당시 사업장별로 건설되고 있던 노동조합을 무력화하기 위한 수단으로도 도급 전환은 매우 매력적이었다. 사측은 한편으로는 도급전환 시 수입 증대라는 당근, 한편으로는 도급거부 시 해고 위협이라는 채찍을 통해, 일방적으로 불하 및 도급을 확대시켜 나갔다. 또한 당시 주택 500만호 건설 등, 건설 부양책으로 레미콘 업체나 시설이 급증했으나 공사가 완료되어감에 따라 레미콘 가동률이 현저히 떨어져 1995~96년경에는 평균 50% 정도에 머물게 되자 차량 불하를 통해 그 위험을 노동자에게 전가했고, 이 같은 경향은 건설 경기의 지속적인 하락에 따라 더욱 급증해 현재에 이르게 되었다.

애니메이션 노동자들의 경우도 80년대만 해도 정규직 사원으로 기본급도 있었으며, 성공하지는 못했으나 두세 차례 노동조합 결성을 시도하기도 했다. 애니메이션 분야는 업체의 영세성으로 인해 비수기 때의 비용부담을 노동자에게 전가시키려는 것이 특수고용화의 주된 이유로 드러나고 있다. 25개 정도 되는 대규모 업체가 외국, 주로 미국에서 직접 하청을 받고, 나머지 225개 정도의 소규모 업체가 재하청을 받는 구조로, 미국 애니메이션 시장에 대한 의존도가 매우 높다. 애니메이션 업계의 성수기와 비수기는 이러한 의존성에 의해 발생하는데, 미국의 애니메이션 노동자들이 3개월가량 겨울휴가를 보냄으로써 봄을 전후한 시점에 한국 업체의 비수기가 형성된다는 것이다. 이런 비수기까지 고정적으로 월급을 지불하는 걸 아까워한 사측은 능력대로 받는 것이 좋지 않겠냐고 감독들을 설득하여 1989년부터 개별계약 제도를 도입, 모든 애니메이션 노동자들을 개인사업자화했다.

린나이코리아 A/S 기사들의 경우도 과거에는 정규직이었으나, 1987년 대투쟁 이후 정규직이 노동조합을 조직하고 임금인상이 계속되자, 생산직 중심의 정규직 노조를 흔드는 과정에서 사측은 A/S 관련부서로의 부당배치를 감행하고, 이후 특수고용화하는 방식을 사용하였다.

A/S 실적에 따른 수당 지급으로 급여 체계를 바꾸어 서비스대행계약제도를 도입했는데, 보일러라는 업종의 특성상 비수기가 형성되는 여름철의 위험비용을 노동자에게 전가하려는 이유도 존재했다.

린나이코리아만이 아니라 제품판매를 위해 질 높은 A/S가 필수적으로 확보되어야 하는 업종, 즉 A/S의 경쟁력이 제품의 경쟁력을 대체하는 업종에서는 영업촉진과 효율적인 노무관리를 위해 이 같은 위탁계약제가 계속적으로 확산되어 왔으며 정규직 고용은 거의 이루어지지 않고 있다.

이렇게 사용자가 특수고용형태를 도입하는 목적은 세 가지로 정리해 볼 수 있다. 첫째, 사업운영 내지 경기변동의 불확실성에 따른 위험과 비용을 노동자에게 전가하기 위해, 둘째, 이와 연동하여 개인사업자화 및 성과급 내지 수당제로의 전환을 통해 고용을 외부화하고, 노동통제의 내면화를 꾀하여 보다 효과적인 노동통제를 이뤄내려고, 셋째, 노동과정의 개별화를 강화해 집단성을 해체하는 한편, 고용자체를 불안정하게 만들어 기존의 노동조합을 무력화하고 노동조합으로의 조직화를 봉쇄하려는 것이다.

이러한 특수고용형태의 도입은 자본이 구조조정의 필요성에 따라 추진한 것으로 그 과정에서 있었던 수당·수수료 체계의 도입, 즉 능력과 실적에 따라 돈을 받고 그에 따라 현실 수입이 늘어난다는 사측의 공세는 열악한 노동조건 속에 근무해 왔던 노동자들에게는 충분한 유인책이 될 수도 있었으며, 이로 인해 자본은 특수고용형태를 노동자 스스로가 선택했다는 논리를 펴기도 한다. 그러나 특수고용이 도입되는 과정에서 유인책만 던져졌던 건 아니었다. 해고의 위협이라는 폭력이 뒤따랐다. 특수고용 노동자로의 전환은 결코 스스로 한 선택이 아니라 사측의 특수고용화 정책이 노동자들에게 일방적으로 관철된 과정이었다.

3. 노동자성이 부정되는 방식

앞서 말했듯이 특수고용이란 '개인사업자화'되어 노동자성이 부정되고 있는 고용형태다. 이를 좀더 구체적으로 살펴보고, 그 속에서 특수고용 노동자들의 노동자성이 어떤 방식으로 부정되고 있는지를 보자.

특수고용형태의 노동자성이 배제되는 공통의 지점을 살펴보는 것은 중요하다. 특수고용형태는 전형적인 근로계약관계의 핵심적인 개념인 사용종속관계를 의도적으로 배제하기 위한 몇 가지 기제들을 포함하고 있으며, 이러한 특성들은 특수고용 노동자의 노동자성을 부정하는 근거로 작용하기 때문이다. 또한 이와 함께 특수고용이 도입되어 있는 각 직종의 개별적인 특성을 함께 살펴보아야 하는데, 이는 특수고용형태가 활용되는 공통의 지점이 있기도 하지만, 다양한 지점에서 다양한 이유로 이들의 노동자성이 부정되고 있기 때문이다.[1]

따라서 법원이나 노동부의 형식적인 판단에 의해 노동자성이 부정되고 있기는 하나, 법원 판결에서 또는 노동부, 노동위원회의 결정에서 노동자성을 부정하는 이유로 들고 있는 구체적인 근거들을 살펴보는 것은 자본에 의해 노동자성이 탈각되는 양상과 지점을 밝혀냄으로써 자본의 특수고용화 전략이 활용되는 지점을 예상, 이에 대한 대응책을 마련하기 위해 의미 있는 일이라 생각된다.

---

[1] 아래 서술되는 특수고용형태의 속성들이 모든 특수고용 노동자에 공통된 것은 아니다. 그러나 이 가운데 단 한가지의 속성만 가지고 있더라도 다른 사유들과 함께 전체적으로 판단되기보다는 그 하나의 사유로 노동자성이 부정되고 노동법상의 보호에서 배제되고 있다. 실제 특수고용은 사용자의 도입 목적에 따라 다양한 양상으로 드러나고 있다. 단 한 가지 사유로도 노동자성이 부정될 수 있다는 것은 법원이 법적 보호를 적용할 '노동자'라는 개념 자체를 얼마나 시대에 뒤떨어지게 판단하고 있는지 끊임없이 의심을 사고 있는 요소다.

(1) 사업자로서의 외관

그 첫 번째가 사업자로서의 형식을 띠고 있다는 점이다. 사업자등록을 하는 방식이든, 세법상 자유직업소득자로 구분되어 사업소득세를 납부하든 이들은 일정정도 사업자로서의 양상을 띠고 있다. 그러나 이는 노동자의 요구 혹은 개인의 의지에 따라 이루어진 것이 아니며, 취업을 위해 어쩔 수 없이 사업자등록을 할 수밖에 없는 경우거나 세법상 편의에 의해 분류되어 있는 것일 뿐이다.

특수고용형태 가운데는 취업을 위해서는 사업자등록이 필수인 업무[2]가 있으며, 특별히 사업자등록을 하지 않는 학습지 교사, 보험모집인, 애니메이터 등은 세법상 자유직업소득자라 하여 사업소득세를 납부해야 하는 형편이다. 그럼에도 자본의 강요에 의한, 혹은 세법상 단순한 세금납부 기준에 의한 '사업자등록'과 근로소득세가 아닌 '사업소득세의 납부'는 특수고용 노동자의 노동자성을 부정하는 자의적인 근거가 되고 있다.

(2) 성과에 따른 수당·수수료 체계의 급여

노동자성을 부정하는 두 번째 이유는 기본급이 정해져 있는 전형적인 임금체계가 아닌 실적 또는 성과에 따른 수당 내지 수수료 등으로만 구성된 급여를 지급받기 때문이라는 것이다. 100% 성과급제로 운영되고 있다고 볼 수 있는데, 근로기준법에 의하면 100% 성과급이라는 것은 기본적인 생활급이 보장되지 않으므로 근로기준법 제46조[3]에 의해 무효가 되지만 특수고용 노동자에게는 오히려 이것이 노동자성을 부정하는 근거의 하나가 된다.

---

2) 사측의 요구에 의해 레미콘 운전기사의 경우 레미콘 차량을 소유하고 사업자등록을 하여야만 취업을 할 수 있으며, 린나이코리아 A/S기사의 경우에도 서비스대행점 계약을 위해서는 사업자등록을 하여야만 했다.

3) 근로기준법 제46조 (도급근로자) 사용자는 도급 기타 이에 준하는 제도로 사용하는 근로자에 대하여는 근로시간에 따라 일정액의 임금을 보장하여야 한다.

수당체계는 특수고용 노동자의 노동강도를 통제하는 가장 주요한 수단으로 작용하며, 또한 동시에 특수고용 노동자들이 '고소득자'라는 허상을 만들어내 사회적으로 특수고용형태 종사자는 노동자가 아니라는 개념을 형성시킨다. 그러나 그 실체를 들여다보면 '고소득자'라는 것이 허상에 불과하다는 사실이 금세 드러난다. 노동부 연구용역자료에 의하더라도 학습지 노동자들의 주당 평균근로시간은 무려 67.5시간인데 비해 연간평균소득이 1,600만원가량에 머물고 있다.4) 즉 평균 월 130만원 남짓의 소득을 얻기 위해 하루 10시간 내지 11시간의 장시간 노동을 해야만 하는 것이다. 또한 그 노동의 내용에 있어서도 무거운 교재를 들고 가가호호 방문하여 수업을 진행하고 회비 수금을 해야 한다. 또 근로기준법 적용에서 배제되므로 산전후휴가라는 것도 없어 출산시기가 되면 계약을 해지당할 수밖에 없는데, 회원 관리가 강제되므로 출산 직전까지도 일을 할 수밖에 없는 경우가 많아 유산율이 높다.

레미콘운송차주들의 경우도 마찬가지인데, 월 300만원가량의 소득이 있다고 하더라도 도로교통비, 유류비, 감가상각비, 사업소득세 등을 제하고 나면5) 실수입은 절반 정도에 지나지 않는다. 2001년 경총의 조사를 보더라도 레미콘운송차주의 월평균 수입이 2,714,539원이라고 하는데, 그렇다면 실수입은 150만원에도 미치지 못하며, 4대 보험, 휴일·휴가, 퇴직금 등의 적용이 전혀 없다는 것을 감안하면 통상의 근로자보다 훨씬 열악한 수준이다. 또한 비수기에는 휴업수당이라는 것도 없으므로 거의 수입이 없는 상태가 되어 생활안정이 보장되지 않으며, 그로 인해 성수기 때 더욱 장시간 노동에 매달릴 수밖에 없는 것이다.

---

4) 한국노동연구원, 『특수고용관계종사자 실태조사』, 2002. 11.

5) 도로교통비, 유류비, 감가상각비 등은 사용자가 부담하여야 할 몫임에도 불구하고 노동자에게 전가된 비용이다.

(3) 임금의 지급방식

세 번째로 임금의 지급방식을 이유로 노동자성을 부정하기도 한다. 골프장 경기보조원의 경우, 고객으로부터 직접 임금을 지급받는데 이것이 사용자에 의해 지급되지 않으므로 임금이 아니라고 보아 노동자성을 부정하고 있는 것이다. 하지만 골프장 경기보조원의 노동자성이 인정된 소수 사례에서는 사용자가 캐디피(캐디봉사료)를 한꺼번에 모아서 경기보조원에게 지급하였으므로 '임금'에 해당하고 따라서 해당 사업장 경기보조원들은 근로기준법상의 노동자라는 판결을 내리고 있다. 이는 임금지급 방식이 어떠한가에 따라서도 노동자냐 아니냐가 결정될 수 있다는 것으로, 현재 판례의 이러한 법해석 태도에 따른다면 사용자가 강구하는 약간의 변칙에 의해서도 노동자성은 박탈될 수 있다는 것을 보여준다.

(4) 계약의 명칭

네 번째로 이들은 '근로계약서'가 아니라 '위탁계약서' 내지는 '도급계약서' 혹은 '대행점(대리점)계약서' 등 근로계약을 다른 형식의 계약으로 위장하는 명칭의 계약서를 작성한다. 위탁 혹은 도급계약서에는 기본적이고 포괄적인 내용만이 기재되어 있는 경우가 많다. 노동자인지 아닌지의 판단에 있어 계약의 형식을 불문한다고 하나,[6] 계약의 명칭이 '근로계약서'가 아닌 위탁, 도급계약서라는 이유로 사실상 노동자성을 부정하고 있다.

---

6) 근로기준법상 근로자 여부는 계약이 민법상의 고용계약이든 도급계약이든 계약의 형식에 관계없이 그 실질에 있어 근로자가 사업 또는 사업장에 임금을 목적으로 사용종속관계에서 사용자에게 근로를 제공하였는지 여부에 따라 판단한다(노동부 2000. 7. 24. 근기68207-2214).

(5) 계약의 부재 및 계약 상대방의 은폐

또한 골프장 경기보조원의 경우에는 사용자와 어떠한 계약도 체결하고 있지 않다. 근로기준법상 구두의 근로계약이 부정되지 않으며, 묵시의 근로계약이 성립된 것으로 볼 수 있음에도 불구하고 계약서가 존재하지 않는다는 것이 오히려 노동자성을 부정하는 근거가 되고 있다. 이들에게 지시를 하는 사용자는 은폐된 채 골프장을 이용하는 이용객과의 계약관계로 전환되어 노동자로서의 권리를 보장받지 못하는 상황인 것이다.[7]

(6) 취업규칙의 적용 여부

여섯 번째로 취업규칙 등 사규가 적용되지 않는다는 것이 노동자성을 부정하는 근거가 되기도 한다. 취업규칙이라는 명칭의 규정은 특수고용 노동자에게 적용되지 않는다. 그러나 사업장에는 취업규칙이라는 명칭은 아니지만 취업규칙의 역할을 하는 다양한 세부규정들이 존재한다. 재능교육의 '학습지교사 업무관리지침', 레미콘 회사의 '운행관리규칙' 등이 그것인데, 이들은 수많은 계약해지사유와 업무에 있어서의 세세한 지침을 그 내용으로 하고 있다. 그러나 이에 대하여는 정규직과 다른 규정이 적용되고 있다는 이유로, 혹은 그 명칭이 취업규칙이 아니라 업무의 운영을 위해 필요불가결한 기본적 규정이라는 이유로 특수고용 노동자들은 취업규칙의 적용을 받지 않는 것으로 해석되고 따라서 노동자성을 부정하는 근거가 된다.

---

7) "위 캐디들이 소외회사와 근로계약을 체결하였다고 보기보다도 오히려 위 회사의 중개로 내장객과 고용 내지 도급계약을 체결하고 내장객의 경기를 보조하는 업무에 종사한다고 봄이 상당하다 할 것이고 다만 캐디들이 위 회사로부터 출근시간, 근무상태, 내장객의 경기과정에서 생긴 잔디파손부분의 손질이나 청소 등에 관하여 일정한 범위 내에서 지시감독을 받고 있는 것은 위 골프장 시설을 이용함에 부수하여 질서를 유지하는데 필요한 최소한의 범위에 국한되어 있는 만큼 그것만으로는 위 캐디들과 회사 및 내장객 사이의 법률관계를 달리 볼 수는 없다 할 것"이라 하고 있다(서울고등법원 1990. 2. 1. 선고 89구9762 판결).

더구나 이러한 형식적인 노동자성 인정의 지표들은 점점 더 노동자성을 희석화하는 방향으로 진행되고 있는데, 재능교육의 경우 학습지 교사 업무관리지침을 사규에서 제외하여 독립시키고, 명칭을 변경하는 등 학습지 교사들이 자기 회사 소속의 노동자가 아니라 독립적인 개인사업자라는 주장을 뒷받침하려 하고 있고, 레미콘의 경우 징계에 관한 세부적인 규정을 정하고 있던 운행관리규칙을 대폭 축소 완화시키거나 계약서의 수정과 함께 삭제하는 경향을 보이고 있다.

또한 이러한 취업규칙이 존재하지 않는 경우라 하더라도 계약서상에서 필요충분한 모든 통제 조항들을 두고 있다. 최근에는 계약서 역시 노동자성을 약화시키는 방식으로 문구의 변경이 이루어지고 있는데, 예를 들면 대체근로가 가능하다거나 다른 사업장의 업무를 할 수 있다는 등 사업자성을 강화시키는 문구를 계약서에 포함시키고 있다. 그러나 이것은 계약 형식의 변화에 불과할 뿐 실제 통제의 정도는 약화되지 않는 경우가 많다.

(7) 상시적이고 직접적인 관리감독, 업무지시의 유무 - 외근형 노동

일곱 번째는 노동과정의 특성이다. 특수고용형태의 대부분은 사용자의 상시적인 지시를 받지 않고 일정정도 자율성이 보장된 상태에서 노동을 한다. 법원은 노동자성 인정을 위해서는 상시적이고 세부적인 업무지시를 요하며, 그러한 업무지시가 없다는 이유로 노동자성을 부정하고 있는데, 그 자율성이라고 해봐야 학습지 교사의 회원 방문 순서, 수업 내용, 레미콘 운송차주의 운행경로 등에 관한 세부적 통제를 하지 않는다는 정도다.

그러나 이에 대하여는 형식적으로 지시의 전달 여부를 판단할 것이 아니라 실제 그러한 효과를 가지는 통제를 회사가 수행하고 있는가를 보아야 할 것이다. 앞서 언급한 수당체계에 의해 기본적인 노동강도의 통제는 철저하게 이루어지고 있다. 또한 법원에서 요구하는 요건에도 부합하는 요소들, 즉 노동과정에서의 회사측의 통제도 찾아볼 수 있는데, 학습지 교사의 경우

수업시간의 길이나 지정된 수업일의 준수 등이 강제되기도 하며, 수업내용에 대한 교육, 회원 관리 방법 등에 관한 교육을 받는다. 레미콘 운송차주 역시 출하시간, 거래처 도착시간, 복귀시간 등을 회사에서 모두 파악할 수 있는 것이 사실이며, 납품처를 정하는 것은 당연히 사측에 의해 이루어진다.

이 역시 다분히 계약의 형식, 사업자등록 등 다른 형식적 지표에 의한 판단일 수밖에 없다고 보는데, 왜냐하면 레미콘 운송차주의 경우 회사에의 사용종속을 인정하면서도 '레미콘 사업의 특성상 필요한 업무통제'라는 식으로 노동자성을 부정하고 있으며, 특수고용 노동자와 노동과정 및 형태가 유사한 정규직 영업사원의 경우 그들에 대한 노동자성은 인정하고 있기 때문이다.[8]

(8) 상시적이고 직접적인 관리감독, 업무지시의 유무 - 재량형 노동

특수고용 노동자로 분류되는 직종 중 방송사 구성작가, MC, 리포터 등 방송프로그램 제작스텝, 영화제작스텝 등은 전문직, 또는 프리랜서라는 이름으로 노동자성이 부정되고 자유직업이라는 외피를 강요받고 있다.

이러한 직종은 사업의 성격상 반드시 필요한 업무이나 노동자의 재량이 업무수행의 질에 미치는 영향이 커서, 그 노동의 질에 대한 통제가 필요한 업무라고 할 수 있는데, 최근 행정법원 판결[9]에서는 "구성작가가 제공하는

---

8) 회사에서 지급되는 고정급보다 리베이트에 의존하는 광고외근원이라도 사용종속관계가 인정된다면 직원으로 보아야 한다(대법원 1988. 11. 8 선고 87다카683 판결).

[요지] 근로기준법 제14조 소정의 근로자란 직업의 종류를 불문하고 사업 또는 사업장에 임금을 목적으로 근로를 제공하는 자로서 근로에 대하여 사용자의 지휘, 감독을 받는 자이다. 광고외근원이 근무시간과 장소에 대한 구속이 없고 광고유치활동에 관하여 구체적인 지시를 받지 않는다고 하더라도 이는 광고외근원의 업무의 특수성 때문에 그러하는 것이지 이것만을 가지고 사용자의 지휘감독을 받지 않는다든가 회사와의 관계가 고용관계 아닌 위임관계이고, 회사의 직원이 아니라고 말할 수는 없을 것이다.

9) 서울행정법원 2002. 11. 19. 선고 2002구합13079 판결(부당노동행위구제재심판정취소).

노무가 원고회사의 방송프로그램 제작에 있어서 중요한 부분에 속하고, 구성작가가 원고회사의 직원인 PD 등 스텝들과 함께 팀을 이루어 PD의 책임과 주도 하에 업무를 수행함이 일반적인 점 등 노무의 성질 면에 있어서 종속성이 있다고 볼 수 있는 징표가 없지는 않다"고 하면서도, 구체적인 사실관계에서 업무수행에 대한 지시감독과 통제가 없고, 비품·작업도구 등이 노동자 개인의 소유이고, 보수가 근로시간에 의해 결정되는 것이 아니며, 보수가 근로의 대상적 성격을 가진 것이라 보기 어렵다는 이유로 노동자성을 부정하고 있다.[10)

또한 "노무의 성질 면에서의 종속성의 징표 및 구성작가의 업무가 창조적, 전문적 영역에 속하여 구체적 업무수행과정에 대한 원고회사측의 관여는 간접적인 형태로 이루어질 수밖에 없다는 특성 등을 감안하더라도, 구성작가가 원고회사에 대하여 종속적인 관계에서 노무를 제공하였다고 할 수 없으므로"라고 하여 창조적·전문적 업무라는 특성과 그에 따라 직접적인 통제가

---

10) 노무 공급과 관련한 구성작가와 원고회사 사이의 상호 관계의 면을 살펴보면, 위 인정사실과 같이 구성작가가 스텝회의에 반드시 참석하여야 할 의무가 있다고 할 수 없고, 본래의 업무인 프로그램 내용 구성 및 원고 작성 업무 이외에 출연자 섭외, 촬영·편집시 동행 참여 등 프로그램 제작 과정 전반에 대한 참여가 강제되어 있는 것도 아닌 점, 다만 구성작가가 원고회사로부터 도급 내지 위임받은 창작물의 특성상 담당 PD 및 다른 제작진과의 원활한 협조가 필수적이어서 스스로 PD를 책임자로 하는 팀 체제에 합류하는 것일 뿐이고, 실제로 팀 체제 내에서 PD 등이 구성작가의 업무수행을 지시감독하는 관계에 있다고 보기는 어려운 점, 원고회사측이 구성작가의 모집, 채용, 교육 등에 관여하고 있지 않고, 근무시간과 근무장소를 통제하고 있지도 않으며, 달리 원고회사측이 구성작가의 업무수행과정에 구체적, 직접적으로 관여하고 있다고 볼 만한 아무런 징표가 없는 점, 구성작가의 업무에 대체성이나 독자적 영업가능성이 없다고 할 수 없고, 원고회사에만 전속되어 있는 것도 아니며, 비품·작업도구 등의 소유, 이용이 전적으로 구성작가 개인에게 맡겨져 있는 점, 보수 결정이 기본적으로 개인의 능력과 구성능력 및 프로그램 자체의 난이도에 따라 이루어질 뿐 근로시간 등과는 무관하며, 기본급이나 고정급이 따로 정하여져 있는 것도 아니어서 근로 자체의 대상적 성격을 가진 것으로는 보기 어려운 점 등에 비추어 볼 때, 구성작가의 노무 제공이 원고회사에 의하여 종속성이 인정될 정도로 지휘·감독(지배·관리)된다고 볼 수 없다.

이루어지지 않는다는 것을 노동자성 부정의 이유로 들고 있다.

시측은 일종의 재량형 노동에 종사하는 자의 노동자성을 부정하며 '창조적·전문적인 성질의 업무이므로 도급계약을 통해 해당 업무를 수행한 것'이라고 주장한다. 그러나 이 창조적·전문적이라는 업무의 특성은 일부에게는 사실이기도 하지만, 대부분에 경우에는 허구며 노동자성을 은폐하기 위한 자본 이데올로기의 하나로 작용한다.11)

(9) 생산수단의 소유 여부

생산수단을 소유하고 있다는 이유로 노동자성이 부정되는 사례도 있다. 레미콘 운송차주의 경우 회사가 업무수행을 위해 차량을 제공하는 것이 아니라 자신의 차량을 소유하고 있다는 것이 노동자성 부정의 이유가 되고 있다.12) 그러나 이들에게 있어서 생산수단의 소유는 사업자로 활동하기 위한

---

11) 위 구성작가의 사례 역시 마찬가지이다. 창조적·전문적 업무의 허구성은 구성작가의 노동자성이 다루어진 부당노동행위구제신청에서의 노동조합의 주장에서도 언급되고 있는데, 노동조합은 재심신청 과정에서
　－ 피신청인 회사가 특정 프로그램을 방영하기로 결정하면, 이에 따라 구성작가들은 조사, 취재, 창작, 구성, 원고에 관련된 부분적 업무를 수행하고 있을 뿐이므로, 구성작가의 업무수행은 독자적인 창작과정으로 이루어지지 않고, PD로부터 구체적인 업무지시를 받아 수행되고 있다는 사실.
　－ 구성작가의 근무시간 및 근무장소는 PD에 의해 정해지고 있다는 사실.
　－ 구성작가들은 임의적으로 방송 원고를 작성하거나, 자신이 작성한 방송 원고로 다른 방송사(MBC, KBS, SBS 등)들을 접촉, 방영 여부에 대한 영업행위를 행하는 것은 전혀 생각할 수 없는 상황이라는 것.
　－ 출연자 섭외, 촬영구성, 편집구성, 심지어는 출연자들에 대한 출연료 지급(피신청인 회사가 지급한 출연료를 출연자들에게 전달) 등에 이르기까지 프로그램 제작의 전반적인 과정에 참여하고 있다는 사실 등을 주장한 바 있다.

12) "레미콘차량의 명의와 소유권이 원고들에게 있어 그 책임 하에 차량관리를 할 뿐만 아니라 이를 타인에게 매각하는 것도 가능(서울행정법원 2002. 5. 3. 선고 2001구50964 판결)", "피신청인들은 레미콘 차량을 소유하고 있으면서 부품교환 등 차량관리를 회사의 간섭 없이 전적으로 피신청인들의 책임 하에 하고 있다(서울고등법원 2001. 12. 28. 선고

노동자의 선택이 아니라 사용자에 의해 그렇게 제한되고 강요된 것이다.

레미콘 운송차주는 차량을 소유하고 있지 않으면 취업할 수 없는 조건에 있다. 즉 취업의 요건으로 사업자등록증과 함께 업무의 수행을 위해 필수적으로 차량이 요구된다. 뿐만 아니라 차량의 관리 및 사용에 대해서도 차량의 소유자로서 차주가 행할 수 있는 권한이 극히 제한되어 있어 단지 사용자 회사의 업무를 위해서만 사용하도록 되어 있음에도 단지 명목상의 소유자가 차주라는 것으로 인해 노동자성이 부정되고 있다.[13]

린나이코리아 A/S기사의 경우도 마찬가지인데, 린나이코리아 A/S기사들의 부당해고 및 부당노동행위구제신청에 대한 인천지방노동위원회 결정문에서는 "신청인들은 사업에 필요한 비품·장비 등을 스스로 준비하여 소유한 상태에서 서비스 업무를 수행"한다는 사실을 노동자성 부정의 하나의 근거로 사용하고 있으나, 린나이코리아(주)의 '2001년 대행점 재계약 지침서'에서는 대행점 인가를 위한 구비서류의 하나로 '차량등록증 사본'을 제출하도록 하고 있어 계약을 위해 차량을 소유하고 있어야만 한다. 이처럼 특수고용노동자는 '사업자에의 선택'을 능동적으로 하는 것이 아니라 다른 노동자들과 동일하게 사측에 의해 일방적으로 정해진 취업요건에 맞추어 사용자의 고용결정을 기다릴 수밖에 없는 입장인 것이다.

2001라183 판결).", "레미콘 차량의 명의와 소유권이 전적으로 참가인들에게 있어 그 책임 하에 차량관리를 할 뿐만 아니라 이를 타인에게 매각하는 것도 가능(서울행정법원 2002. 4. 30 선고 2001구48374 판결)."

13) 미화레미콘 구계약서 "제9조 (차량관리 및 사용) 1. "을"은 제1조의 차량을 "갑"이 지정하는 레미콘 운반도급 업무 수행에만 사용하여야 한다. 2. "을"은 제1조의 차량을 "갑"이 인정(주, 박차 확인 등)하는 경우를 제외하고 외부 건설기계 대여업 관리업체로 변경할 수 없다. 3. "을"은 제1조의 차량을 레미콘 운반도급 업무를 수행하지 않을 때에는 개인 책임관리 하에 주차시켜 놓아야 한다. 다만, "갑"이 지정하는 때는 예외로 할 수 있다.
신계약서에는 "제3조 (차량관리 및 사용) "을"은 차량에 대한 건설기계 대여업 관리업체를 변경코저 할 때에는 사전에 "갑"과 상호협의 하여야 한다"라고만 규정하고 있으나 사실관계는 다르지 않다.

4. 노동통제 방식

위의 요소들이 노동자성을 부정하는 근거로 사용되고 있으나 이는 매우 형식적인 요소들을 중심으로 판단하고 있는 것이다. 전통적인 근로관계에서의 인격적 통제를 철저히 배제하고 오히려 '사업자'임을 강조하며 사용자와 대등한 계약의 당사자고, 독립된 사업자임을 강조하고 있지만, 다른 측면에서 필요한 정도의 충분한 통제를 행하고 있다. 성과에 따른 수당체계를 통해 노동자 스스로 노동강도를 일정 수준 이상으로 유지, 강화하도록 만들고 있으며, 다양한 계약해지 사유 및 단기계약을 통해 노동강도의 증가와 사업에의 종속성을 더욱 심화시키고 있다.

특수고용 노동자들에 대한 자본의 노동통제는 주로 수당·수수료체계, 사업자 이데올로기, 단기계약의 특성을 중심으로 하여 통제를 내면화하는 방식으로 이루어지며, 필요에 의해 특수고용 노동자들이 완전한 '개인사업자' 의식을 갖지 않도록 외부적 기제를 이용하여 사용자로서의 통제를 행하기도 한다.

(1) 내적 통제기제

① 수수료체계와 저임금을 통한 장시간 노동 강요

특수고용 노동자들의 노동과정은 산술적으로 실적·성과의 산출이 용이하다는 특징이 있다. 보험의 경우는 몇 건의 보험을 신규로 계약했는지, 몇 건의 계약이 유지되고 있는지, 학습지의 경우 학생 수가 몇 명인지, 지도하는 과목이 몇 과목인지, 레미콘의 경우 운반회전수가 얼마인지, 애니메이터의 경우 몇 장의 그림을 그렸는지, 자동차의 경우 몇 대의 차량을 판매했는지, 정수기 코디의 경우 몇 대의 정수기를 판매·대여·관리하는지, 그리고 텔레마케터의 경우 통화횟수가 얼마인지 측정이 가능하다. 이렇게 산술적으로 측정

가능한 업무로 인하여 건당 수수료를 매기고, 그 수수료는 아주 낮게 책정되어 있다. 이렇게 건당 수수료 체계와 저임금(낮은 수수료율 혹은 낮은 단가 책정 등)을 통해 생활가능한 임금수준을 얻기 위해서는 스스로 장시간노동을 할 수밖에 없도록 만든다.

② 차등 수수료 체계 및 수수료의 변동을 통한 노동강도 강화

학습지의 경우 성과에 따라 수수료율의 차등을 두어 증원 및 회원관리 업무를 더욱 강제하고 있으며, 또한 수수료 체계는 수시로 그것도 일방적으로 노동자들에게 불리하게 변동되어, 낮은 수수료 체계로 나타나는 저임금을 극복하기 위해서는 실적·성과를 높이는 방법밖에는 없게 되고, 따라서 노동자들은 노동강도를 더욱 강화하게 된다.

초기 특수고용으로의 전환 시에 학습지 대교의 경우 일괄 55%라는 파격적인 수수료 제시로 저항 없이 위탁계약직으로 전환시켰지만, 이후 관리수수료는 37%~52% 수준으로 하락하였다. 대교는 37%~52%의 관리수수료체계와 누적순증수수료(해당제품 월회비+5,000원)를 주축으로 하던 이 '밀레니엄 제도'를 또다시 '프로수수료체계'로 일방적으로 변경하였는데, 프로제도는 기존의 밀레니엄 제도보다 노동자들에게 더 불리한 체계다.

프로제도는 최초 수수료율을 38%로 인상하고 성과수수료를 대폭 인상하였다고 하나, 성과수수료가 높은 메이저(Major) 제품의 경우에는 해지가 많아 수당이 삭감되고, 신규가입이 많은 마이너(Minor) 제품은 그전과 동일, 한자의 경우에는 오히려 하락한 것으로 보인다. 또한 수수료율을 38%~41%까지로 변경·하락시켰는데, 최초계약부터 17개월까지는 38%, 그 후 30개월까지는 39%의 수수료율을 가지며, 30개월 이후에는 '업적평가기간 중 순증 제로(zero) 이상 또는 휴회14)율 5%미만'을 만족하였을 경우에만 40%로 올라갈 수 있다.

---

14) 학습지 회원이 탈퇴하는 것을 말하는데, 학습지업종에서는 회원의 가입·탈퇴를 입회·휴회라고 표현한다.

40% 승률 후 12개월이 경과되어야 41% 승률로 올라갈 수 있는데, 이 때도 동일한 승률조건을 만족해야만 한다.

재능교육의 경우에는 계속해서 마이너스 성과 월별정산을 도입하고자 시도하고 있는데, 이는 아직까지 노동조합의 반대로 인해 도입되고 있지는 않으나, 이 제도가 시행된다면 노동자들의 임금의 불안정성은 더욱 심해질 것이며, 임금수준의 유지를 위해 노동시간은 더욱 길어지게 될 것이 분명하다.

③ 계약해지

특수고용 노동자들의 경우 근로계약이 계약기간을 정한 도급계약의 형식을 띠고 있기 때문에 계약이 유지되는 일정기간동안만 고용을 보장받을 수 있다. 이 기간은 1년 혹은 그보다 짧은 6개월, 3개월 등으로 정해지는데, 이러한 계약기간 설정과 점점 단축되는 계약기간은 재계약을 위해 사측에 순종적일 수밖에 없는 노동자들을 만들어낸다. 또한 특수고용 노동자들은 부당하게 계약이 해지되더라도 부당해고로 다툴 수가 없어 이러한 고용의 불안정성과 그로 인한 내적 통제는 더욱 심하게 나타난다.

또한 법원에서는 노동조합 활동을 이유로 한 계약해지에 대하여 부당노동행위가 분명하다 하더라도 계약기간의 만료로 인한 근로관계의 종료일 뿐이므로 부당해고가 아니라는 판정을 하고 있어, 계약기간의 설정이 노동자들의 노동조합활동까지 봉쇄하고 있다는 것을 알 수 있다.

④ 자본의 이데올로기 유포를 통한 내적 통제 강화

가. 사업자 이데올로기와 무임노동

사측은 단지 근로계약서가 아닌 위탁계약서·도급계약서, 급여명세서가 아닌 수당·수수료지급명세서, 근로소득세가 아닌 사업소득세 등 문서로 나타나는 노동자성 부정뿐만 아니라, 끊임없는 교육과 선전으로 특수고용 노동자들에게 개인사업자 이데올로기를 주입시킨다. 그를 통한 노동자의식의 희석화 및 개인사업자로서의 인식강화는 개인사업자이니 자기사업은 자기가 관리해야 된다는 의식을 형성, 무임금노동을 양산해내고 있다.

구성작가들의 경우 이들 본래의 업무인 아이템 선정, 원고작성, 자료조사, 촬영구성안 작성, 회의참여 등 이외에도 홍보문안 작성, 공문작성 및 발송, 자료 대출과 복사, 소품구입, 출연자 안내 및 접대, 배차신청, 사무실 잡일 등 구성작가 본래의 업무를 벗어난 프로그램 방영에 필요한 일반적인 보조업무들을 도맡아 하고 있다. 하지만 이러한 업무에 대한 임금은 지급되지 않는다. 전문직, 프리랜서라는 이름으로 포장시켜 놓고, 알아서 일을 해야 하는 전문직이니 프로그램과 관련한 모든 업무를 처리하라고 떠넘기고 있다. 또한 보험모집인이나 학습지 교사의 경우에는 회원의 유지와 증원을 위한 업무를 스스로 떠안고 있다.15)

나. 고성과·고소득 이데올로기를 통한 노동강도 강화

개인의 성과와 실적에 따라 수당과 수수료를 지급받으므로, 개인이 더 높은 성과를 내면 더 많은 수당을 받을 수 있다고 한다. 즉 개인사업자이니 성과는 개인의 노력에 따라서 나타난다는 것이다. 이러한 이데올로기는 실적이 낮은 사람을 '게으르고 무능한 사업자'로 만들어, '게으르고 무능하지 않은 사업자'가 되기 위해 노동자들은 스스로 노동강도를 강화할 수밖에 없게 된다.

이는 때때로 노동자들 사이에 위계를 형성하기도 하는데, 노동자간 위계의 형성 및 그를 통한 노동강도 강화는 지국별 성과 측정, 순위 선정을 통해 조장되기도 한다. 아직까지 성과 순위에 따른 인센티브 체계가 보이지는 않지만, 집단인센티브 체계가 형성된다면 이는 노동자간 경쟁의 격화로 이어

---

15) 이데올로기적 통제와는 다른 측면에서 사측의 강제에 의한 무임노동도 존재하는데, 학습지 교사의 집금업무, 교육에의 참가 의무, 린나이코리아 A/S기사의 내근업무 등이 그것이다. 그 외 다양한 부수적 업무들이 특수고용 노동자들에게 전가되고 있으며, 이는 기존의 정규직의 구조조정과 연동되어 나타나고 있다.

지게 될 것이 분명하다.

다. 회사의 이윤과 노동자 개인 소득의 동일시

자본은 이렇게 노동자들을 '사업자'로 탈바꿈시키면서도 자신의 이윤을 위해 노동자들을 회사에 심정적으로 종속시키고자 한다. 즉 소속 회사의 브랜드 이미지가 곧 노동자의 성과로 연결될 수밖에 없음을 강조하여 업계에서의 순위를 상승시키기 위해 노동자들을 채찍질하는 것이다. 노동자들로 하여금 자신이 성과를 올리면 회사의 업계 순위가 올라가고 그러면 그 이미지를 활용하여 더 많은 성과를 올릴 수 있을 것이라는 생각을 하게 만드는데, 이는 또 다시 노동강도와 무임금노동의 증가로 귀결될 뿐이다. 실제로 재능교육의 경우 동종업계 순위 2위에서 4위로 하락하면서 이 순위가 회복되지 않고 있는데, 사측은 이를 노동조합 탓으로 돌려 노동자들로 하여금 노동조합을 교사들의 성과를 하락시키는 주범으로 인식하게 만들고 있으며, 노동자들은 쉽게 이에 동조하고 있는 형편이다.

⑤ 노동시간의 확장과 개인시간의 잠식

일반 노동자에게는 개인시간과 노동시간이 공간적으로 명확하게 분리되어 있지만 특수고용의 경우 작업장과 개인적인 삶의 공간 구분이 사라지면서 노동시간의 시간적 범위가 무제한적으로 늘어난다. 보험모집인의 경우 보험계약을 유지하기 위해 고객들에 대한 애프터서비스를 자청할 수밖에 없다. 고객들의 경조사 때마다 보험모집인 노동자들은 팔을 걷어붙이고 달려들어야 한다. 결혼식, 장례식, 자녀들의 졸업·입학 챙기기, 김장 담가주기 등 보험계약을 유지하기 위한 노동시간이 일상을 잠식한다. 학습지 노동자들도 이동시간이나 쉬는 시간에 조금이라도 짬이 나면 지역 내에 전단지를 돌리며 홍보활동을 하도록 교육받는다.

이러한 노동시간의 무제한적 확장은 개인사업자 이데올로기에 의해 은폐되고 있으며, 수많은 무임노동을 교묘하게 강요하고 있다.

(2) 외적 통제기제

① 해촉(해고)에의 위협을 통한 노동통제

특수고용직 노동자들의 계약서에는 계약해지나 해촉의 사유들을 설정하고 있어 상시적인 해고의 위협에 시달리게 된다.

보험모집인 노동자들은 실적 미달 시 수당 삭감뿐만 아니라, 최근 수개월간 연속하여 업적 및 유지 불량자, 표준활동기준 불이행자는 '강격(降格)'하도록 하고, 또 대납을 거부하거나 실적이 낮으면 관리자들은 해촉의 위협을 서슴없이 행사하고 있다. 또 재능교육의 경우에는 재능스스로선생님 관리 규정 제16조에서 계약해지라고 하여 관리과목수의 현저한 미달 등 직무수행 능력의 부족을 해고사유의 하나로 규정하고 있다.

자본은 노동강도의 일정수준 유지 및 강화를 위해 수당체계를 내적 통제기제로 활용하는 한편, 자본이 설정한 '개인사업자'가 완전한 '개인사업자'가 되지 않도록 '실적의 미달을 이유로 한 해고'라는 외적인 강제를 동원하고 있는 것이다.

② 친절도 측정(해피콜)을 통한 감정노동 강요

보험, 학습지, 텔레마케터, 골프장 경기보조원, 정수기 코디 등 특히 여성이 대다수를 차지하는 특수고용의 경우 과도한 감정노동을 요구한다. 판매하는 상품과 서비스에 대한 지식을 가지고 고객에게 전달해주면 되지만, 거기에 서비스정신으로 무장한 친절성을 강요한다. 친절성이 곧 노동자 개인의 능력이 되는 것이다.

A/S업무, 텔레마케터, 학습지, 웅진코웨이코디 등은 모두 '해피콜'이라는 서비스 질에 대한 평가기제를 가지고 있으며, 이를 재계약 여부 판단의 근거로 사용하고 있다. 이를 통해 관리감독이 어렵다는 외근업무의 노동통제

를 효과적으로 수행하며, 또 한편으로 과도한 감정노동을 강요하고 있다.

또 해피콜은 아니나 텔레마케터의 경우 통화내용 전체를 녹음하여 이를 평가하여 점수에 반영하며, 기준 이하의 점수가 일정 횟수를 넘어서면 징계하기도 한다.

③ 관리노동의 특수고용화를 통한 노동통제 강화

정규직의 영역으로만 생각되어 온 관리직의 경우에도 특수고용화가 파급되고 있는데, 이는 기존의 정규직을 특수고용직으로 전환시키는 것과는 다른 방식으로 진행되고 있다.

재능교육의 경우 사업부제 팀장제도를 시행하면서 정규직 관리자의 자연 감원분을 특수고용직으로 대체하는 것을 통해 관리노동을 특수고용화하여 특수고용 노동자들 내부의 위계를 형성하고 있으며, 팀원인 교사들의 성과에 따라 팀장의 성과급이 결정되도록 하여 팀원에 대한 노동통제를 강화하는 한편 사측과의 직접적인 연결고리를 약화, 단절시키려 하고 있다. 대교의 경우에는 각 파트장을 '프로리더'라고 하여 프로리더의 관리 하에 있는 노동자 수를 기존의 두 배로 증가시키고 관리자수를 감소시키는 한편 프로리더의 권한을 강화하여 노동에 대한 통제를 강화시키고 있다.

5. 특수고용형태의 계속적인 확대 및 가능성

자본의 비근로자화 시도는 특수고용의 도입 및 전환이라는 하나의 단계로 일단락되는 것이 아니라, 일상적 구조조정을 통해 끊임없이 강화되고 있다. 특수고용 노동자들이 조직되고 특수고용 노동자의 노동자성 인정 요구가 높아지고, 또 한편으로 이들에 대한 노동법적 보호의 필요성이 논의되면서 자본은 기존의 특수고용형태에 대해서도 노동자로서 인정될 수 있는 여지들을 계속해서 배제해나가는 과정을 거치고 있다.

이뿐만 아니라 이미 특수고용형태의 활용은 수많은 업종에서 나타나고 있는데, 개인성과의 측정이 가능한 업무거나 간접적으로도 노동량 및 질에 대한 통제가 가능한 업무에는 1인 도급, 혹은 소사장이라는 명칭으로 특수고용형태가 도입되고 있다. 또한 노동조합의 결성시도가 있는 경우에는 어김없이 고소득의 유인을 던지면서 특수고용화를 시도하여 집단적 힘을 무력화시키고 있다.

현재 조직되어 있는, 혹은 존재하는 특수고용형태 노동자들뿐만 아니라 아직은 정규직의 고용형태를 가진 업종이거나 다른 형태의 비정규직 노동자인 경우에도 특수고용화될 가능성은 충분히 존재한다고 생각된다. 즉 자본 사이에 점차로 확산되고 있는 특수고용화 정책은 단지 현재 존재하는 특수고용 노동자들에게만 해당되는 이야기가 아니며, 특수고용화의 가능성이 조금이라도 있는 업종·업무라면 이러한 위협에 이미 노출되어 있다는 것이다.

(1) 관리업무 일부를 노동자에게 전가시키는 방식으로 노동자성 약화 및 노동강도 강화

특수고용이 확대되면서 관리노동의 일부가 특수고용 노동자에게 전가되는 현상을 찾아볼 수 있다. 예를 들어 재능교육은 사업부제 팀장제도를 도입하여 특수고용 내부에 관리체계를 형성하고 있는데, 위탁교사팀장은 학습지 교사로서의 자신의 업무와 함께 팀원을 관리하는 역할을 함께 수행하고 있다. 집단성과급제를 통한 팀간 경쟁의 격화는 아직 보이지 않으나, 교사 성과에 따라 팀장의 성과급이 결정되고 있어 종전에는 사측에 의해 수행되었던 휴회관리나 실적의 강제가 팀장에 의해 이루어지고 있는 실정이다. 보험모집인의 경우에도 팀장은 관리노동이라 불릴 정도의 역할을 하지는 않으나 팀 연락체계의 최상위자 역할을 수행하고 있다. 골프장의 경우 캐디피(캐디봉사료)를 회사가 아닌 고객이 지급하는 방법으로 변경하고 캐디자치회나 조장 제도를 도입하고, 골프장 경기과 직원이나 캐디마스터와의 협의를 거쳐 조장회의 차원에서 자율수칙, 자치규정, 근무규정, 경운직(경기운영직) 규칙을 제정하고 캐디피의 액수를 정하도록 하는 등 노동자성을 배제하기 위한 조치들을 지속적으로 강구하고 있다.

이 같은 조치들은 실질적으로 보았을 때는 노동조건이나 종속적인 관계의 변화 없이 단지 종속관계에 대한 형식적인 징표를 배제하는 방식의 변화라는 점을 지적할 수 있겠지만, 자치회라는 방식을 활용하거나 특수고용내부에 위계설정을 통하여 일정한 범위 내에서 사측과의 단절을 통한 노무관리방식의 변화를 내포한다는 점에서 주목해야 할 것이다.

뿐만 아니라 내근업무와 관리노동만을 수행하는 특수고용 노동자도 나타나고 있다. 웅진코웨이 코디 팀장의 경우에는 특수고용 노동자인 코디가 승진하여 팀장이 되는데, 이들은 독자적으로 내근업무를 수행하고 그에 대한 업무평가와 함께 자신이 관리하는 코디들의 실적에 따라 성과급을 지급받는다. 관리노동의 성과급화는 특수고용 노동자의 경우가 아니더라도 이미 이루어지고 있었던 것인데, 재능교육의 경우에도 정규직 관리자의 임금체계의 일부는 학습지 교사들의 실적에 따라 변경되도록 구성되어 있고, 여타 직종에서도 다양한 작업단위를 구성하고 해당 그룹 구성원의 실적이 그룹 관리자 혹은 팀장의 임금결정에 영향을 미치도록 임금체계를 구성하는 경우를 볼 수 있다. 그러나 이와 다르게 관리노동을 특수고용 노동자에게 전가하는 방식과 결부된 관리노동의 성과급화는 기존 관리직 노동자의 임금체계조차 완전 성과급제로 전환되지 않을까 하는 우려를 가지게 한다.

(2) 지시감독의 계속적 약화 및 다양한 외근형 업무에 특수고용형태 활용

학습지의 경우 인터넷 학습시스템의 구축 및 이전을 통해 재택근로를 도입, 지시감독의 측면을 극히 미미하게 만들어 특수고용 노동자들을 전통적 노동자 개념에서 계속적으로 멀어지게 하고 있다. 인터넷 학습시스템으로는 대교의 마이더스, 재능교육의 아-제이드(E-JAID), 웅진의 숙제도우미 사이트 등이 대표적인데, 아직 전면적으로 시행되고 있는 것은 아니지만, 이를 통해 교사들의 노동강도를 강화하고 업무 방식을 더욱 개별화함에 따라 학습지 교사의 노동자성을 약화시키고 노동조합을 무력화시키려는 시도를 하고 있다.

또 학습지 교사, 보험모집인, 레미콘 운송차주 등과 같이 노동과정이 주로 사업장 밖에서 이루어져 상시적인 지시감독은 어렵지만 간접적 통제는 가능한 업무, 즉 수당체계로의 전환을 통해 노동강도를 더욱 강화시키고 필요충분한 통제를 행할 수 있는 업무에 있어서는 특수고용형태가 충분히 도입될 수 있고 실제로 이미 특수고용화가 진행되고 있다. 화물차 운전기사, 퀵서비스 노동자, 보험모집인과 유사한 카드 설계사, 검침원 등이 이에 해당하며 그 외 판매업무, 영업업무, 배달이나 운송 등의 업무에도 특수고용형태의 도입이 가능하다고 볼 수 있다.

(3) 개인성과의 측정이 가능한 다양한 업무에 특수고용형태 활용

통상 특수고용 업종이나 사업장으로 꼽히는 경우 외에 다른 일반 업종이나 사업장에서도 이 같은 특수고용화는 더욱 늘어나고 있다.

특수고용의 성과에 따른 수당·수수료 체계는 과거 개수임금(個數賃金, 실적급 임금)체계와 유사한 측면을 가지는데, 이미 오래 전 영세업체를 중심으로 횡행했던 소사장제나 제화 및 의류업계의 객공제(소사장제와 유사한 도급제)에서 그 모습을 찾아볼 수 있고, 최근에는 해고 위협을 무기로 이 같은 소사장제나 객공제로 강제 전환하는 사례가 늘어나, 서울의류업노조의 미스지콜렉션이나 서울제화공노조의 미소페, 소다의 경우 개인사업자 철회·부당해고 철회 등의 투쟁을 벌이기도 했다.

또한 최근 제조업 내에서도 기존 정규인력을 1인 도급사업자로 전환하는 등 특수고용형태 활용이 나타나고 있으며,16) 전기·가스·통신 등의 구조조정

---

16) 최근 한라공조에서는 노동자에게 개인사업자등록을 하게 하고 지게차를 임대하는 방식으로 특수고용으로의 전환을 꾀하였다. 다만, 공사현장의 일용직 노동자를 특수고용화한

과정에서 이미 최말단의 노동자는 거의 대부분이 도급노동자화나 특수고용
화되어 있다. 뿐만 아니라 안양보건소에서는 의사와 간호사에게 개인사업자등
록을 하게 하여 특수고용으로 전환하고자 하는 시도가 있었으며,17) 환자를
치료하는 대가를 병원과 50 : 50으로 배분하여 지급받는 완전성과급의 물리
치료사도 생기고 있다. 이는 거의 모든 노동자들이 특수고용전환을 통해
비근로자화될 수 있다는 위협마저 느끼게 한다.

이를 볼 때 집단적 노동과정이 불필요한 업무, 개별적으로 업무를 수행할
수 있어서 그 성과에 따라 임금을 지급할 수 있는 것이라면 특수고용 형태의
도입이 가능하다고 보아야 할 것이다. 즉 사업이나 업무의 특성상 성과·수수료
체계로의 전환이 가능하고 그를 통해 사용자의 비용부담을 덜 수 있는 업무라
면 특수고용화가 충분히 예상될 수 있다.

(4) 필요인력을 알선의 형태로 사용, 고용관계를 은폐하는 경우

사업의 핵심업무거나 핵심업무가 아니더라도 사업장에서 확보하고 있을
필요가 있는 인력을 안정적으로 수급하기 위해 직접고용이 아닌 다른 형태로
노동자를 사용하고 있는 경우가 있는데, 골프장의 경기보조원처럼 사용자와
노동자의 관계가 은폐되고, 시설의 이용자와 노동자만의 관계로 사실이 왜곡
되는 경우다. 또한 이들의 경우 임금이 사측으로부터 지급되는 것이 아니라,
시설이용자에 의해 지급되는 봉사료 명목의 수입만이 존재하고, 고용계약에

경우에 대하여 "전체적으로 보아 임금을 목적으로 종속적 관계에서 사용자에게 근로를
제공하였다고 인정되는 이상, 근로자에 관한 여러 징표 중 원심 판시와 같이 임금, 근무일수
등 근로조건에 관한 일부의 사정이 정규직 근로자와 다르다고 하여 그러한 사유만으로
근로기준법상의 근로자가 아니라고 할 수는 없다"고 하여 노동자성을 인정하고 있다(대법
원 2001. 7. 13. 선고2000도6086 판결).
17) 노동자들은 이에 응하지 않고, 전원 해고되어 투쟁을 전개하였으며, 이에 대하여 경기지노
위는 이들의 근로기준법상 근로자성을 인정한 바 있다(경기지방노동위원회 2003. 7. 9.
2003부노21 안양시청 부당노동행위구제신청, 2003부해136 안양시청 부당해고구제신청).

따른 종속관계 하에서 지급되는 것이 아니라 하여 임금성이 부정되고 있다. 즉 사측과 직접적인 고용계약을 맺고 있지 않다는 것이 노동자성을 부정하는 이유가 되고 있는 것이다.

이처럼 고객에 의해 지불되는 봉사료가 임금의 근간을 이루는 노동자들의 경우에는 임금지급 방식의 변경만을 통해 직접고용이 아니라 취업기회의 알선 또는 제공이라는 방식으로 종속성이 은폐되고 있다.

캐디피를 노조법 제2조[18]에서 정한 '기타 이에 준하는 수입'에 해당한다고 적극적인 해석을 내리고, "캐디피의 지급방법을 내장객이 캐디에게 직접 지급하는 방법으로 변경하였다고 해도 이는 캐디피의 지급의무가 있는 것으로 보이는 소외회사가 소외회사의 골프장에서 경기에 임하려면 어차피 캐디피를 지불해야만 할 입장에 있는 내장객으로부터 캐디피를 수령한 것으로 하고 그 대신 내장객에게 캐디에 대한 캐디피의 지급을 위임한 것으로 보아야 할 것이므로 캐디피의 지급방법 변경으로 캐디피의 지급주체가 달라진다고 볼 수는 없을 것"이라는 판결[19]도 있으나, 다른 판결에서는 대부분 고객에 의해 직접 지급되는 팁이나 봉사료 등의 임금성을 부정하고 있다.

"팁이 전적인 수입으로 되는 접객원의 경우는 사용자가 팁을 일정액으로 정하거나 사실상 일정액을 받도록 직·간접적으로 규제하고 팁을 사용자가 관리 분배하는지 여부 등도 함께 살펴보아야 한다. 유흥업소의 접대부는 최소계약기간의 정함이나 취업규칙 등이 없고, 출·퇴근이 비교적 자유로우며, 팁 이외에 고정급이 없으며 업주가 그 액수를 통제하거나 사용·관리하지 않고, 근로소득세를 원천징수하는 일도 없는 점 등에 비추어 근로기준법상의 근로자가 아니다"라는 대법원 판결[20]이나, "내장객의 경기보조업무를 수행한

---

18) 현행 노조법 제2조 (정의) 이 법에서 사용하는 용어의 정의는 다음과 같다.

　1. "근로자"라 함은 직업의 종류를 불문하고 임금·급료 기타 이에 준하는 수입에 의하여 생활하는 자를 말한다.

19) 대법원 1993. 5. 25. 선고 90누1731 판결.

20) 대법원 1996. 9. 6. 선고 95다35289 판결.

대가로 내장객으로부터 직접 캐디피(caddie fee)라는 명목으로 봉사료만을 수령하고 있을 뿐 골프장 시설운용자로부터는 어떠한 금품도 지급받지 아니하고, ……여러 사정을 종합하여 볼 때, 골프장 시설운영자에 대하여 사용종속 관계 하에서 임금을 목적으로 근로를 제공하는 근로기준법 제14조 소정의 근로자로 볼 수 없다"고 한 사례[21]에서도 보듯 손님이 지불하는 팁 또는 봉사료 명목의 수입에 대해서 사용자가 지급하지 않는다 하여 임금성을 부정하고 있는 것이다. 또한 설사 사측이 지급했다 하더라도 편의를 제공한 것일 뿐이라는 판결도 있어 봉사료가 임금의 근간을 이루는 경우 법원에서 노동자성을 인정받기란 참으로 힘들다는 것을 알 수 있다.[22]

팁이나 봉사료의 임금성에 대해서 지급방식에 따라 판단하게 되면 새롭게 등장하는 다양한 서비스 직종의 노동자들, 예를 들어 식당이나 호텔 등에서 손님들에게 일정액의 봉사료를 받고 주차를 대행하는 노동자들의 경우에도 특수고용 노동자로 분류되어 노동자성이 부정될 수 있다.

또 병원의 간병인이나, 장례식장에서 일하는 노동자들의 경우에도 실적에 따른 급여형태의 임금을 받는 경우가 있는데, 이들의 경우 실질적인 노무제공은 환자나 이용자들에게 하게 되고, 이용자들이 지급하는 수수료가 이들 임금의 근간이 된다.

골프장 경기보조원이나 호텔 주차요원, 간병인이나 병원의 장례식장에서

---

21) 대법원 1996. 7. 30. 선고 95누13432 판결.

22) 서울행정법원 2001. 8. 21. 선고 2000구30598 판결에서는 "캐디피는 캐디가 내장객의 요구에 따라 내장객이 당연히 하여야 하는 여러 가지 활동을 대신하여 주고 그에 따른 대가로 내장객으로부터 지급받는 금원에 불과하고, 골프장 운영자가 캐디에게 그 지급의무를 부담하고 있다고 할 수 없으며, 따라서 캐디가 내장객으로부터 자신의 용역제공의 대가인 캐디피를 지급받지 못한 경우에도 골프장 측에 캐디피의 지급을 청구할 수 있는 것은 아니다. 정리 전 회사의 경기과 직원들이 경기를 마친 내장객들로부터 캐디피를 수령하여 캐디에게 지급한 적이 있다고 하여도 이는 캐디들의 편의를 위한 것일 뿐이므로 이러한 사정만으로 정리 전 회사가 캐디피의 지급의무를 부담하는 것이라고 볼 수는 없고……"라고 했다.

일하는 노동자 등은 이용자와 직접 계약을 맺고 있는 듯한 외관을 띠고 있고, 노무제공이 이루어지는 사업장과는 계약을 체결하고 있지 않으며, 이들의 임금의 근간은 이용자가 지급하는 수수료이고 또한 이용자로부터 직접 지급받는 형식을 취하고 있다. 그러나 이들은 사업장에서 필요에 의해 확보하고 있는 인력이며 직접적인 계약을 통해 고용하고 있는 것이 아니라 알선 혹은 취업기회의 제공이라는 방식으로 위장되어 사용되고 있다. 노무제공이 이루어지는 사업장에서 직접 확보하고 있는 경우도 있고, 외부업체를 통해 확보하는 경우도 있는데, 외부업체를 통해 확보하고 있는 경우에는 실제 근로시간이나 기타 근로조건 등에 있어서 노무제공이 이루어지는 사업장의 지시를 따라야 하는 경우도 있어 간접고용 여부도 문제될 수 있다.

(5) 소사장제 형태, 프랜차이즈 계약을 활용한 특수고용화

전국적인 사업망 확보, 지역 구석구석에서 고객을 만날 필요가 있고 그를 통해 이윤을 확보하는 업무의 경우에는 소사장제를 통해 비정규직을 확산시키고 있다.

대교는 2000년부터 시행해 온 사업부제 지구장의 도입을 전면화하고 프랜차이즈 계약으로 이를 전환하여, 정규직인 지국장 산하에 지구장 라인을 소사장화하겠다는 구조조정안을 추진하고 있다.23) 또한 처음에는 직영 소사장제에서 시작하여 위탁 소사장제를 전면화할 계획을 가지고 있다. 린나이코리아도 협력점, 대행점, 지정점 등의 다양한 이름의 소사장제를 도입하여 노동자들을 특수고용화하였다. 동종 A/S 업계에서 이는 유사한 방식으로 진행되었으며, 귀뚜라미 보일러에서는 대리점 체계가 린나이코리아보다

---

23) 대교의 '소사장제 실행 전략(안)'에 따르면, 소사장제 도입을 통한 사업 효율성 확보방안으로서, △성과급 중심의 소사장제 지점장 경영방식 도입을 통한 사업 효율화, △지점장·파트장 등 정규직의 소사장제를 통한 인력문제 해결, △교사의 중·장기적 비전제시 등을 들고 있다.

먼저 시행된 것으로 보인다.

홍익매점과 같은 영업직 노동자들의 경우 영업이라는 특성을 계기로 개인 도급을 추진하는 일도 많다. 홍익매점 노동자들은 철도홍익회의 성과급 영원사원이라는 형태로 근무를 해오면서, 하루 16시간 이상의 장시간 노동으로 가족까지 나와 일해야 하며 한 달 2,600만원 정도의 매출을 일으켜야 받는 급여가 100만원 정도, 그것도 같은 매점에서 근무하는 영업보조원과 나눠야 한다. 홍익회는 홍익매점노동자들이 성과급 영업사원이라는 이유로 수십 년간 급여 동결은 물론, 열차판매원과는 달리 연월차수당, 시간외수당, 학자금보조, 휴일 등을 전혀 부여하지 않았다. 그런데 철도청 자체의 구조조정 계획에 따른 감원 필요성이 제기됐고 성과급 영업사원 형태에서 완전히 노동자성을 배제한 특수고용형태로의 전환을 위해 각 매점별로 노동자들을 개인사업자화하는 개별용역 전환을 추진했다. 홍익매점 노동자를 개인사업 자화하여 경쟁을 부추기고 매장관리 비용 등 각종 비용을 노동자에게 전가하려는 속셈에서였다. 이 같은 결정이 나온 데에는 2000년 11월 홍익회 성과급영업사원도 노동자에 해당하므로 퇴직금을 지급해야 한다는 취지의 대법원 판결의 영향이 많이 작용했다. 처음만 하더라도 말로는 희망자에 한하여 용역으로 전환하고 전환하면 개인사업자로 높은 소득을 올릴 수 있다며 회유했지만, 2001년까지 100% 용역전환 추진이라는 계획 하에 노동자들을 개별적으로 협박하여 용역전환을 강행하였다.

자동차판매 영업소에는 크게 본사의 직영영업소와 대리점의 두 종류가 있는데, 여기에서도 특수고용화가 진행되었다. 직영영업소에 고용된 판매사원은 본사직원으로서 동일한 급여체계와 인사규정의 적용을 받고 있는 반면에 대리점의 경우는 대리점별로 채용이 되며, 독립된 별도의 사업체이기 때문에 고용되어 있는 판매사원의 규모나 급여체계 역시 파악하기 어려운 상황이다. 또한 직영영업소의 경우 IMF 이전의 700여개의 지점들이 구조조정과 대리점 형태로의 전환을 통하여 300여개의 지점으로 줄어들었으며, 이

과정에서 본사 영업사원이 대리점 소속으로 변경되는 구조조정의 경우가 많았다. 이러한 대리점 소속 영업사원의 경우 기본급이나 국민건강보험의 혜택마저도 받지 못하고 있는 실정이며, 오로지 영업실적에 따른 수당에만 의존하고 있는 것으로 파악되고 있다.

(6) 다른 비정규직 형태와의 중첩적 활용

성과급 체계의 도입이 가능한 직종, 개별적 노동과정을 가진 업무의 경우 특수고용화의 가능성을 가지고 있으며, 이는 또한 다른 비정규직 형태와 중첩된다. 린나이코리아나 한솔교육 등 전국적 대리점 체계를 형성하고 있는 곳에서는 특수고용화된 1인 노동자가 대리점에 고용됨으로써 본사에는 간접적으로 고용되는 이중의 문제를 가지고 있으며, 파견업체를 통한 학습지 교사 고용도 진행되고 있다.

초기 소사장제를 이용한 간접고용, 불법파견이 문제되었던 대성산소의 경우에는 특수고용의 형태를 도입하고 있어 비정규직, 간접고용, 특수고용 등이 동시에 존재하며, EBS의 경우에는 FD라는 동일한 업무에 특수고용과 파견노동자가 동시에 존재한다. 하나의 업체에, 동일한 업무에 여러 가지 비정규직 형태가 동시에 존재하고 있는 것이다.

또한 이들 특수고용은 모두가 계약기간을 정한 계약직 노동자들이다. 계약직이 초기 비정규직의 유형으로 활용될 때와는 달리 지금은 비정규직의 유형이라기보다는 오히려 비정규직 형태의 고용 속에 내재된 하나의 특성으로 나타나고 있다. 계약기간이 정해 있기 때문에 재계약을 위해서 노동강도를 스스로 강제하고 노동조합으로 조직되기 어려운 측면이 존재한다.

자본에 대항한 조직과 투쟁 – 법적 문제를 중심으로

1. 특수고용 노동자의 노동조건(실태)

(1) 노동3권의 박탈

특수고용 노동자들의 경우 노동자성 시비로 인해 행정관청으로부터 노조 설립신고필증을 교부받는 일조차 쉬운 일이 아니다. 1999년 12월 특수고용 노동자들의 단위노조 설립신고필증 교부 문제가 불거졌던 재능교사노조의 경우 한 달여에 걸친 파업투쟁 끝에 설립신고필증을 교부받을 수 있었고, 건설운송노조의 경우는 행정관청과의 실랑이 끝에 설립신고필증을 교부받았다. 그러나 보험모집인노조는 생명보험사, 손해보험사의 반발을 우려한 노동부가 보험모집인은 노동자로 볼 수 없다는 이유로 설립신고를 반려했다. 영등포구청과 강남구청은 2000년 10월 30일 전국보험모집인노동조합과 한국보험산업노동조합의 설립신고서를 각각 반려하였다.

학습지노조 대교지부의 경우는 노동자성 인정 문제 외에도 복수노조라는 암초에 걸려 노조활동을 보장받지 못하고 있다. 사측이 노동자성 시비와 더불어 복수노조를 이유로 지속적으로 단체교섭을 거부하면서 노조를 탄압하자, 노조는 법원에 단체교섭응낙가처분신청을 냈으나 법원은 노동자로 단정하기 어렵고 법률상 단체교섭응낙가처분을 할 수 있는지 의문이라는 점에서 가처분의 요건에 부합하지 않는다는 형식적인 이유를 내세워 기각하였다.

2001년 하반기 이후 행정법원은 캐디의 노동조합법상의 노동자성을 부인하고, 각 지방노동위원회는 방송사 구성작가의 부당노동행위 구제신청을 각하하는 일이 벌어졌고, 2002년 들어서는 충남지노위에서 건설운송노조의 쟁의조정신청을 각하시키는 등 노동3권이 계속 위협받으면서 오늘에 이르고 있다.

초기 재능교사노동조합이나 건설운송노동조합 등의 특수고용 노동조합들은 사용자에 대한 투쟁을 통해 노동조건을 상승시키고 단체협약을 체결하는 등 노동조합으로서의 활동을 해왔다. 그러나 사용자들의 의도적 단체협약 위반과 고소고발의 과정, 법원에서의 소송 등에서 노동자성이 계속해서 부정되었고 사용자들은 노동자성을 부정하는 판결을 얻기 위해 공세적으로 소송을 진행하고 있다. 이에 따라 노동3권을 인정받고 단체협약을 체결하고 쟁의행위까지도 합법적으로 하였던 노동조합들조차 사실상 노동3권을 완전히 박탈당하고 있는 실정이다.

(2) 기본 생활급의 보장이 없는 임금체계

특수고용직 노동자들의 임금체계는 100% 성과급의 형태를 띤다. 학습지 교사의 경우 신규회원의 증가나 월회지 등록에 따른 회비의 수금실적에 따른 수수료로, 보험모집인들의 경우 보험모집실적에 따라 월 40,000원 내지 150,000원의 기본수당, 모집수당, 수금수당, 유지수당, 성과수당, 정착수당, 상여수당, 자동이체수당 등 각종 수당체계로, 레미콘 노동자들의 경우 회전당 또는 km당 단가를 바탕으로 한 운반도급비로, 골프장 경기보조원의 경우 회전수와 내장객의 수에 따른 봉사료 명목의 캐디피로, 방송사 구성작가와 진행자들의 급여는 프로그램 제작비 내의 원고료로, 린나이 A/S기사의 경우 건당 수수료에 유상 수리 시 부품 대금 및 출장료, 기술료 명목으로 서비스 대금의 일정비율을 지급받는 등 특수고용 노동자들은 공통적으로 실적에 따른 수당·수수료 명목의 임금을 지급받는다.

이러한 임금체계는 일단 노동자들의 내면화된 통제를 강화하는 기제로 작동한다. 실적에 따라 능력에 따라 받을 수 있다는 환상은 노동자들에게 회사의 직접적인 통제가 없거나 강하지 않다 하더라도 스스로 노동강도를 강화하는 결과로 나타난다. 이는 양날의 칼로, 성수기 때 일정 정도의 소득을 보장받는다 하더라도, 계절적·산업적 일의 변동이 심한 레미콘 운송업무, 보일러 A/S업무, 애니메이터 등의 경우 비수기 때 기본적인 생활급마저 보장받지 못하는 상반된 결과를 드러내게 된다. 실질적 생계의 보장이 가능하지 않은 임금구조는 노동자들에게 일정정도의 안정된 소득을 담보할 수 없게 만들어 생활의 불안정성을 가중시키는 가장 고통스러운 측면으로 작용한다.

(3) 해고 위협

특수고용 노동자들은 사용자의 일방적이고도 정당하지 못한 해고가 부당해고로 인정되지 않는 가운데, 사측의 노동탄압에 대응할 수 있는 기초적인 방어막조차 형성할 수 없는 상황에 처해 있다. 노동자가 아니기 때문에 근로기준법상의 해고제한의 법리를 적용하지 않는다는 것이고, 특수고용 노동자들이 부당해고에 대해 노동위원회에 구제신청을 하면 각하되고 마는 것이다. 특수고용 노동자들에게 있어 계약해지는 당연히 고용의 박탈, 즉 해고에 해당되지만, 근로계약관계가 아닌 민법상 도급관계의 해지에 해당된다는 말로 채무불이행으로 인한 정당한 계약의 파기에 해당되어 부당해고로 받아들여지지 않고 있다. 간혹 심정적으로 부당한 계약해지라 생각되더라도 노동위원회는 어찌할 수 없으니 공정거래위원회로 제소하라는 식이다.

> ▶ 피신청인들에 대하여 취업규칙이나 복무규정, 인사규정의 적용이 없고, 피신청인들이 계속하여 출근하지 아니하여 레미콘 운반 업무에 종사하지 아니 하더라도 계약 해지 등의 불이익을 받을 뿐이고 결근을 이유로 징계처분을

받는 것은 아니다.(서울고등법원 2001. 12. 28. 선고 2001라183 판결)

▶ 취업규칙이나 복무규정 및 인사규정의 적용을 받고 있지 않음에 따라 교육 불참 등 위탁계약을 성실히 이행하지 않거나 해태하였을 경우에도 계약해지나 종료시에 고려대상이 될 뿐 징계 등 어떠한 제재도 받지 아니하였으며 …….(경남지방노동위원회 2002. 5. 6. 2002부해15, 부노11)

▶ 일반사원에게 적용되는 취업규칙과는 다른 별도의 '생활설계사 규정'을 적용받으며, …… '생활설계사 규정'에 일반적 취업규칙 규정과 달리 징계에 관한 규정이 없고, 위촉 및 해촉에 관한 규정만 있는 사실 등을 고려할 때, 근로기준법상의 근로자가 아니라는 피신청인의 주장은 이유가 있다.(서울지방 노동위원회 2001. 6. 13. 2001부해282, 부노52)

이와 같이 계약해지, 해촉이 해고로 인정되지 않으면서 사측의 부당해고에 노동자들은 맨몸으로 노출될 수밖에 없다.

뿐만 아니라 특수고용직 노동자들의 계약서상 계약해지나 해촉의 사유들이 워낙 광범위하여 회사에서 노동자들을 해고할 근거를 마련하고 계약해지를 행할 수 있는 길은 충분히 열려있다.

앞에서 살펴본 것처럼 보험모집인 노동자들은 실적 미달 시 수당 삭감뿐만 아니라, 최근 수개월간 연속하여 업적 및 유지 불량자, 표준활동기준 불이행자는 '강격(降格)'하도록 하고 보험사고자 또는 모집질서 위반자, 부실 가동자 또는 표준활동기준 장기간 불이행자, 기타 소속 점포장의 지시에 불응하는 자는 '해촉'하도록 하여, 보험모집인의 업무수행에 대한 불이익한 제재가 가해지고 있다.

재능스스로선생님 관리 규정 제16조에서는 계약해지라고 하여 관리과목 수의 현저한 미달 등 직무수행 능력의 부족을 사유로 하거나, 월 회비 등을 유용·횡령한 경우, 회사가 발행한 교재를 본래의 목적 이외에 사용하거나 과외지도를 한 경우, 회사의 공신력과 명예를 실추시키는 중대한 과실을 범한 경우, 과실 또는 고의로 회사에 재산상의 손실을 끼친 경우, 근무성적이 현저히 미달한 경우, 기타 회사가 정한 규정 또는 지시사항을 위반하였을 때를 해고사유로 규정하고 있다. 일반적인 취업규칙상의 해고 등 징계사유와 거의 동일하게 규정되어 있다.

방송사 구성작가와 진행자의 경우, 해고의 경우에 대해서는 어떠한 기준도 없고 자신이 맡던 프로그램이 중단되거나, 아니면 PD와의 관계가 좋지 않거나 하면 "내일부터 나오지 말라"는 말 한마디로 사실상 해고를 당하고 있다. 이에 채용과 해직의 기준 마련이 노조의 주요 요구일 수밖에 없는 열악함이 존재한다.

건설운송 노동자들의 경우, 2002년 파업종료 이후 노조탄압을 목적으로 한 부당해고건이 계속 지방노동위원회, 중앙노동위원회에 계류 중이지만 모두 패소하고 있다. 부당노동행위가 심각했던 사업장이니 만큼 120여명에 달하는 부당해고자가 발생했지만, 파업기간동안 부당하게 해고된 노동자들은 아직도 일터로 돌아가지 못하고 일대차(일용) 시장을 떠돌고 있는 것이 현실이다.

이렇듯 손쉬운 해고의 위협은 노동자들의 고용을 불안케 하고 노동조건을 파괴하고 무권리 상태로 내모는 가장 기본적인 요소로 작동하게 된다.

(4) 유급휴가(연월차휴가, 유급 주휴일, 생리휴가, 산전산후휴가)

특수고용 노동자들의 경우 휴일이나 휴가를 보장받지 못한다. 연월차휴가, 생리휴가, 산전산후휴가 모두 보장되지 않는다. 건설운송노동자들의 일요일 휴무도 노동조합 결성과 2001년 150여일간의 파업투쟁을 통해 쟁취한 눈물겨운 성과다. 게다가 급여를 실적에 따른 수당의 형태로 받기 때문에 휴일을 보장받는다 하더라도 쉬는 만큼 급여는 줄기 마련이다. 이러한 상황 속에서 노동자들은 일요일에도 편하게 쉬지 못한다. 노동력 재생산에 필요한 만큼의 휴식을 보장받아야 할 권리, 건강하게 일할 권리는 노동자의 주요한 권리지만 특수고용 노동자들은 이러한 기본적 권리로부터도 너무나 멀리 있다.

따라서 대부분의 특수고용직 노동자들의 경우 연월차, 생리휴가조차 없는 가운데 자기 몸을 혹사시키면서 하루하루를 힘겹게 살아갈 수밖에 없다. 출산휴가가 보장되지 않는 학습지 교사 노동자들의 경우, 출산과 회사 중 하나를 택해야만 한다. 출산을 마치고 다시 돌아오려 해도 회사는 기다려주지 않는다. 회사와의 계약해지를 원한다 해도 다른 교사에게 인수인계를 하지 못하면 계속적으로 회원 방문 업무를 수행해야 한다. 2000년 수원지역에서 임신 7개월된 교사가 관리를 다른 교사에게 업무를 인계하지 못하고 계속 근무를 하다 유산한 일도 있다. 그러나 이러한 예는 학습지 노동자들에게는 놀랍지 않은, 흔하게 발생하는 사건들이 돼버렸다.

(5) 퇴직금, 사회보험 등의 미적용

안정적인 삶을 영위할 수 있는 제반의 권리는 노동자에게 있어 또 하나의 핵심적인 권리다. 퇴직금과 사회보험 적용의 문제는 특수고용 노동자들에게 있어서 노동조건 개선의 일·이차적 과제로 꼽히는 부분이다. 고용의 불안정성에 퇴직 이후의 불안정성까지 더해져 해고나 퇴직 이후의 삶에 대한 불안감은 무엇보다도 심각한 부분이다.

경기보조원들은 굴곡이 심한 코스를 20kg의 무거운 가방을 끌며 일을 한다. 성수기에는 뙤약볕 아래서 하루 12~13시간의 고된 노동을 연일 계속하기도 한다. 이로 인해 어깨, 무릎, 허리 등 온갖 관절이 마모되고 강한 햇볕으로 인한 안구 질환, 타구사고나 골프채에 맞는 상해 등 숱한 재해에 방치되어 있다. 또한 경기보조 업무를 수행하는 동안에도 30여 가지가 넘는 농약을 코스에서 사용하면서 생리불순, 유산 등 모성보호라는 측면에서는 무방비 상태에 놓여있다. 심지어는 일사병으로 쓰러져 죽은 경우도 있으나 보상 한 푼 없이 당해야 하는 경우도 있었다.

런나이코리아 A/S 기사 역시 업무수행으로 인한 부상 시 전적으로 개인

부담으로 치료하고 있으며 성수기(동절기)에는 근무시간 제한 없이 A/S업무를 수행해야 하는 등 과도한 업무를 처리해야 한다.

방송사 구성작가나 진행자들 역시 4대보험이 적용되지 않는다. 업무상 재해가 있을 경우 거의 대부분 개인이 전적으로 부담하며, 또 업무상 재해를 당하면 거의 대부분 자동해고가 되기 때문에 그 피해는 엄청난 것이다. 업무상 재해로는 진행자들의 경우 촬영현장 등을 오가며 생기는 교통사고가 있고, 작가들은 견경완장애로 치료를 받는 경우가 많다.

(6) 고용의 불안정

특수고용 노동자들의 경우 근로계약이 계약기간을 정한 도급계약의 형식을 띠고 있기 때문에 계약이 유지되는 기간 동안만 고용을 보장받을 수 있다. 이는 노동자성 인정만으로 해결될 수 없는 문제로 해마다 계약갱신을 반복해야 하고, 계약갱신의 주도권을 회사측이 가지고 있어서 노동조건의 하락을 감수할 수밖에 없는, 비정규직 노동자 전체의 문제다. 또한 특수고용 노동자들은 부당하게 계약이 해지되더라도 부당해고로 다툴 수가 없어 고용의 불안정성은 더욱 심하게 나타난다.

2. 특수고용 노동조합의 결성과 운영

(1) 노동조합 결성

특수고용 노동자들은 노동자성 시비로 인해 행정관청으로부터 노조 설립 신고필증을 교부받는 일조차 쉬운 일이 아니다. 따라서 이 같은 우려로 인해 처음에는 프레아 컨트리클럽의 경우처럼 기존 노조의 조합원 가입이나 88 컨트리클럽의 경우처럼 지부 형태로 설립하는 방식을 취했다. 이후 독자적으로 단위노동조합을 설립하는 과정에서 골프장 경기보조원의 경우 노조법상 노동자성을 인정한 대법원 판례에 의해 설립신고 과정에서 노동자성에 대해 별 시비 없이 넘어갈 수 있었고, 전국애니메이션노조는 개인사업자로 되어있음에도 불구하고 별 문제 없이 구청에서 설립신고필증을 교부받기도 했다. 그리고 재능교사노조는 한 달여에 걸친 파업투쟁 끝에 설립신고필증을 교부받을 수 있었고, 건설운송노조의 경우는 행정관청과의 실랑이 끝에 설립신고필증을 교부받았다.

그러나 보험모집인노조는 생명보험사, 손해보험사의 반발을 우려한 노동부가 보험모집인은 노동자로 볼 수 없다는 이유로 설립신고를 반려했다. 그 이유인즉, 출퇴근 및 활동구역에 있어서 특별한 제한을 받지 않고, 보험모집, 수금업무 등에 있어서도 각자의 재량과 능력에 따라 업무를 수행하고 있어 회사로부터 직접적이고 구체적인 지휘감독을 받는다고 보기 어려우며, 보험모집실적에 따라 수당을 지급받고 있으며, 실적 미달 시 수당감소, 당사자간 약정에 의한 해촉 이외에 별도의 징계 등 제재조치가 없을 뿐만 아니라, 보험모집활동 이외에 겸업이 가능하여 회사에 전속되어 있다고 보기도 어려우므로, 보험모집인은 회사에 대하여 종속적 노동관계에 있다고 볼 수 없어 노조법상 근로자가 아니라는 것이었다.

앞에서 살펴본 대로 학습지산업노조 대교지부는 노동자성 인정 문제 외에도 복수노조라는 암초에 걸려 노조활동을 보장받지 못하고 있다. 사측이 단체교섭을 거부하면서 노조를 탄압하자, 노조가 법원에 단체교섭응낙가처분신청을 냈고, 법원은 노동자로 단정하기 어렵고 법률상 단체교섭응낙가처분을 할 수 있는지 의문이라는 점에서 가처분의 요건에 부합하지 않는다는 이유를 내세워 기각을 해버린 것이다.[24]

---

24) 서울지방법원 2001. 7. 9. 2001카합317 결정. 한편 사측의 노조 탄압의 일환으로 행해진 조합원들에 대한 계약해지와 관련하여 노동위원회에 구제신청을 제기했으나 노동자가 아니라는 이유로 대부분 각하 결정이 내려졌다고 한다.

(2) 노동조합활동

① 소규모로 산재해 있는 조합원

　현재 조직된 특수고용 노동조합의 대다수는 전국단위 노동조합이다. 재능교육교사노동조합의 경우에는 회사체계가 전국적으로 구성되어 있는 것에 따른 것이나, 그 외에는 업종노조의 성격을 갖고 있기 때문에 전국단위의 노동조합으로 건설된다. 학습지의 경우 대부분 지국체계를 가지고 있는데, 지국은 전국에 산재해 있을 뿐만 아니라 소규모 단위로 흩어져 있으므로, 조합원은 노동조합의 영향이 미치지 않는 곳에서 사측의 일상적 노동탄압에 그대로 노출되는 경우가 허다하다. 사측의 압력에 의해, 그리고 정규직의 인사고과가 학습지 교사의 실적과 연결되어 있어 정규직 관리자가 노동조합의 탄압에 앞장서게 되는 것이다.

② 노동자성 불인정에 따른 조직의 어려움

　또한 법적으로 노동자성이 인정되지 않고, 회사에서는 사업자라는 것을 끊임없이 강조하기 때문에 조직되지 못한 노동자들의 경우에는 스스로가 노동자라는 인식을 쉽게 가지지도 못한다. 뿐만 아니라 노동자가 아니라 사업자라는 자본의 주장은 단지 노동조합에 대한 탄압만으로 나타나는 것이 아니라 개별 노동자 하나하나에 침투하여 노동조합으로 조직화하는 게 쉽지 않다.

　예를 들어 유사한 특수고용 노동자에 대한 법원의 노동자성 부정 판결이 하나 나오면 사측은 이를 개별 노동자의 집으로 직접 우편배송한다든지, 사업장 내에 대자보로 부착한다든지 하는 방식으로 법원의 보수성을 최대한 활용하여 노동조합의 조직확대를 어렵게 하고 있다.

③ 노동과정과 임금체계로 인한 문제

　특수고용 노동자의 업무는 개별적 노동과정으로 이루어진다. 학습지 교사의 방문교육이나 보험모집인의 회원증원을 위한 영업활동, 골프장 경기보조원의 경기보조업무 등 특수고용 노동자의 업무는 집단화된 과정으로 수행되지 않는 것이 대부분이다.25) 이는 노동조합의 조직에 있어서도 어려움으로 작용한다. 따라서 우리는 기존의 노동과정이 집단화되어 있는 노동자들을 조직하는 것과는 다른 방식의 조직과정과 노동조합 운영방식을 고민하지 않을 수 없다.

또한 이러한 개별적 노동과정으로 인하여 특수고용 노동자들의 임금체계는 100% 성과급체계로 이루어진다.26) 즉 개인의 실적에 따라 개인의 임금이 정해지는 것이다. 따라서 특수고용 노동자에게는 무노동 무임금의 원리가 철저하게 적용되고 있다.27) 이는 조합활동에도 영향을 미치게 된다.

노동조합에서 회사측과의 교섭과 투쟁을 통해 노동조합 교육시간을 얻어낸다 하더라도 이는 개별 조합원에게 돌아갔을 때는 무임금 교육(노동)시간일 수밖에 없게 된다. 따라서 이러한 노동조합의 투쟁의 성과가 수당·수수료체계 하에서는 그 의미가 상쇄될 수밖에 없는 상황이다. 또, 특수고용 노동조합

---

25) 레미콘 노동자의 경우 운송업무 자체는 개별화되어 있으나, 주·박차 공간으로서의 사업장이 특정되어 있어 운송업무 자체의 개별화가 노동조합 활동 자체에 미치는 영향은 크지 않은 듯하다.

26) 이러한 특수고용 노동자군에 대해서도 회사측에서는 팀제 도입, 집단성과에 대한 인센티브제, 특수고용 노동자에게 팀장의 직위와 직무를 부여하여 관리노동의 일부를 담당하도록 하는 등의 방식을 통해 개별화된 노동과정을 노동강도 강화 차원에서 묶어내는 모습을 일부 보이고 있다. 이는 노동강도의 강화, 노동자들간의 경쟁격화와 자기통제의 강화를 막아내기 위한 대응을 고민해야 하는 측면도 있지만, 자본에 의해 개별화된 노동이 다시금 자본의 이윤실현을 위해 어떻게 집단화되는가와 함께 그 속에서 특수고용 노동자의 집단화를 역으로 이용할 수 있는 방안, 즉 조직화 방안을 어떻게 새롭게 고민해야 하는가의 문제를 던지고 있다고 생각된다.

27) 때로는 무임금노동의 사례가 보이기도 한다. 가령 린나이코리아 A/S기사의 경우 주3시간 정도의 내근업무를 수행하는데, 정규직이 아닌 A/S기사들은 건당 수수료를 지급받기 때문에 출장업무가 아닌 내근업무는 A/S기사들에게는 수수료가 발생하지 않는, 즉 임금이 지급되지 않는 무임금노동인 것이다. 학습지 교사의 조회나 마감업무 등에 따로 수당이 지급되지는 않으므로 이 역시 무임금노동이라 볼 수 있을 것이다.

가운데 조합 전임자를 받아낸 노동조합은 재능교사노동조합뿐인데, 재능교사노동조합의 경우도 회사측이 인정한 전임에 대해서는 임금에 준하는 급여를 지급하지만, 그 인원만으로 조합운영이 어렵기 때문에 반전임자를 두게 된다. 그러나 반전임자를 두기 위해서는 노동조합 활동을 하고자 하는 조합원들이 자신의 수업 수를 줄이고 나머지 시간에 조합활동을 하는 방식일 수밖에 없기 때문에 당연히 임금수준이 하락된다.

또한 수당·수수료체계는 쟁의행위의 효과를 반감시키는 것으로도 나타난다. 정규직노동자의 경우에도 파업 시 무노동무임금의 원리가 적용되기는 하나, 파업 이후 돌아갈 사업장이 있고 복귀하는 순간부터 임금이 지급되지만, 특수고용 노동자의 경우, 특히 증원의 방식으로 급여를 올려가는 학습지교사나 보험모집인의 경우 파업이라는 쟁의행위는 상당히 다른 양상의 결과를 빚게 된다. 실제 파업투쟁을 한 바 있는 재능교사노동조합에서 토로하는 바는 이러하다. 회원의 증원과 수업수를 늘리는 것을 통해 급여를 인상시킬 수 있는 체계이므로 파업 중 임금이 없는 것은 물론이거니와, 파업 이후에도 이 여파는 계속된다는 것이다. 파업으로 인해 회사측 역시 손실을 입지만, 파업기간 동안의 휴회(회원탈퇴)로 인해 줄어든 회원수는 노동자 급여의 삭감으로 나타나게 되므로, 이는 파업을 어렵게 할 뿐 아니라 장기간의 투쟁을 어렵게 하고 자본의 이윤실현을 멈추는 파업의 효과를 반감시켜 버리게 된다.

④ 자본의 이데올로기 공세에 따른 어려움

가. 사업자로서의 인식 강요

자본은 특수고용 노동조합을 무력화시키기 위해 노동자성을 부정한 판결들을 최대한 활용하며, 특수고용 노동자들의 노동조합으로의 결집을 막는다. 그러면서 조합원이든 비조합원이든 관리자이든, 특수고용직들은 노동자가 아니라 '개인사업자'라는 인식을 심기 위해 노력한다. 한 예로 재능교육에서는 학습지 교사들을 '사장님' 혹은 '사업자님'이라 부르며 회사측에서 전혀 통제를 하지 않고 통제할 수도 없음을 강조한다. 이는 재능교육만이 아니라 다른 특수고용 노동자들에게 있어서도 다르지 않다. '사장님'이라는 이름 속에 경제적 종속과 착취의 관계를 은폐시키고 있는 것이다.

나. 고소득의 허상

자본은 또한 일한 만큼 벌 수 있고, 열심히 일하면 고소득을 누릴 수 있다는 논리를 열심히 편다. 실제로 자본뿐만이 아니라 노동자들이 스스로 이 체계를 원하기도 하며, 이 과정에서 성과가 낮은 이들에 대하여 노동자들 스스로 그 이유를 '개인의 게으름'에서 찾기도 한다. 그러나 이를 특수고용 노동자들의 특성이고 이들만의 문제라고 볼 수는 없다. 회사측에서 성과급체계를 도입하고자 할 때 노동자들이 겪게 되는 유혹도 마찬가지다. 정규직에게 있어서 성과급체계의 도입을 저지하는 것은 노동조합의 설득과 노동조합의 투쟁으로 말 그대로 '저지'하는 문제로 그칠 테지만, 특수고용 노동자에게는 이것이 선택의 여지조차 없이 처음부터 자본에 의해 강제되는 것이다. 결국 자본은 이 체계를 어떻게 해서든 관철시키려는 자신의 의도는 철저히 숨긴 채, 특수고용 노동자들이 그것을 '원한다'고 호도해버린다.

또한 자본은 정규직에 비해 고소득을 누린다는 논리로 특수고용 노동자들과 정규직, 혹은 다른 비정규직 노동자들과의 분리를 끊임없이 시도하며 실제로 정규직을 비정규직보다 열악한 노동조건 하에 두기도 한다.[28] 그러나 매달 지급되는 액이 고액이라 하더라도 그 액수에 비해 특수고용 노동자들이 감수해야 하는 장시간 노동과 건강권의 박탈을 비교하여 과연 그것이 고소득 인가라는 질문을 던졌을 때 수긍할 수는 없을 것이다.

---

28) 실제로 퇴직금이나 여타의 복지후생 등을 따져본다면 정규직의 노동조건이 훨씬 상회할 가능성이 크다. 그러나 눈에 보이는 현실적인 조건의 차이는 자본의 이러한 이데올로기 공세에 힘을 불어 넣어준다.

다. 정규직 개념의 왜곡을 통한 비자발적 선택

또 노동자들 스스로 정규직화를 요구하지 않는다는 사측의 논리도 만만치 않다. 예를 들어 형식적으로 주어진 출퇴근의 자유는 특수고용 노동자들이 다시 정규직화되기를 거부하는 하나의 이유가 되기도 하는데, 그러나 이는 단지 취업규칙이나 계약상으로 강제되지 않을 뿐, 노동과정 속에 고강도의 노동이 강제되고 있으며, 성과급체계와 맞물려 높은 수준을 이루고 있다는 사실을 간과해선 안 된다.

더 중요한 것은 정규직의 노동조건 자체를 아주 낮은 수준으로 떨어뜨려 특수고용 노동자들이 스스로 정규직을 거부하게 하는 여건을 형성하기도 한다는 점이다. 자본은 정규직의 개념 자체를 '전일제 노동, 사측의 징계위협, 상시적인 업무지시감독과 통제 등'으로 설명하여, 정규직이 비정규직보다 반드시 좋은 것이 아님을 강조하며 비정규직의 불만을 약화시키고 정규직화의 요구를 주춤거리게 만들고 있는 것이다.

라. 기타

그 외에도 다양한 이데올로기들이 작용한다. 학습지의 경우 '선생님'이라는 직업적 특성이 노동자성을 은폐시키는 이데올로기로 작용하기도 하고, 보험모집인의 경우 고객의 생명을 살리는 직업이라는 인식도 작용한다.

3. 단체교섭 및 쟁의행위

(1) 단체교섭 거부의 부당노동행위

노조 설립신고필증을 교부받아 노조설립을 하였다 하더라도, 건설운송노조의 경우에서 보듯 사측이 노동자성을 빌미로 노조를 인정하지 않고 교섭거부, 노조탄압 등을 자행하는 것이 사실 가장 큰 문제다. 노동부의 적법한 설립신고필증 교부도, 법원의 노동자성 인정 판결도, 대법원의 확정 판결 전까지는 절대 노동자로 인정할 수 없다는 레미콘연합회의 말 한마디가 현실에서는 노동자를 위축시키는 데 엄청난 힘을 발휘하고 있다. 골프장의 경우도 노조설립신고필증 교부와 무관하게 노동자도 아니고 우리와 어떤 계약도 체결한 바 없다는 것을 빌미로 노조를 무조건 인정하지 않고, 노캐디 선언 등을 통한 집단해고와 직장폐쇄를 단행하기도 하였다. 학습지 교사의 경우, 재능교육교사의 파업 투쟁은 노조의 실체를 인정받고 단체교섭 및 2000년 단체협약, 2001년 임금협상 타결에 이르기까진 했으나, 임협 과정에서 도 사측은 노동자성을 문제 삼아 조인식을 미루면서 결국 노사화합선언문을 유도해냈다. 린나이의 경우도 조합원 자격 및 해고자를 문제 삼아 계속 교섭을 회피·지연하였으며, 전국애니메이션노조의 경우도 사측과의 교섭에 서 마찬가지의 문제들을 겪었다. 전국여성노조 방송국 지부도 마산 MBC를 상대로 단체교섭을 요청했으나 사측은 노동자가 아니라는 이유만으로 노조의 요구를 일축했고, 이에 대해 경남지방노동위원회에 부당노동행위구제신청 을 제기했으나 각하되었다.

특수고용 노동자는 근로기준법상 노동자가 아니라는 이유를 내세워, 이러한 단체교섭거부가 부당노동행위는 아니라는 판정을 하고 있는 것이 현행법 하에서의 법원, 노동위원회 등의 태도다. 법적 구제절차에 기대지 못하고 있는 것이 특수고용 노동조합이 처한 실정이다. 심지어 검찰에서도 부당노동 행위 고소고발에 대해 노동자가 아니고 노동조합이 아니라는 이유로 사측을 처벌하지 않는다. 현재 이를 해결할 방법으로는 노동조합의 투쟁만이 유일할 뿐이다.

(2) 조정신청과 쟁의행위

① 조정신청과 노동자성 시비로 인한 문제

한편 특수고용 노동자들은 쟁의행위에 들어가는 경우 역시 노동자성 시비

로 인해 쟁의행위의 정당성을 부인당할 소지를 안고 있다. 과거 일부 지방노동
위원회는 노동조합의 조정신청에 대해 노동자성을 문제 삼아 각하하거나
행정지도를 내린 바 있다.

이에 우리위원회는 노조측의 노동쟁의 조정신청 사항에 대한 노사간 주장사항
과 쟁점사항을 확인하기 위하여 조정위원회를 개최하였는 바, '노동쟁의'라
함은 노동조합과 사용자 또는 사용자단체간에 임금, 근로시간, 복지, 해고
기타 대우 등 근로조건의 결정에 관한 주장의 불일치로 인하여 발생한 분쟁상태
를 말한다고 되어 있다. 그러나 (주)경기레미콘에 소속되어 있는 자들은 일반
레미콘 회사의 지입제와는 달리 다른 형태를 보이고 있다. 예를 들면 차량의
소유를 기사들이 하고 있고 회사가 관여하고 있지 않는 점, 차량의 도색 및
회사 마크를 회사의 강요에 의하지 않고 차량 소유자들이 자유롭게 하는 점,
회사에서 유니폼을 제공하지 않고 있는 점, 출퇴근시간을 기사들의 자율적으로
하고 있다는 점, 시간 구속에 있어서는 업무가 많을 시에는 순번을 당겨주라고
한 것은 사실이나 순번을 사용자가 관여하지 않고 기사들이 순번제를 자율로
정하여 시행하고 있는 점, 업무가 없을 시에는 회사 주선 또는 개인이 다른
사업체로 가서 일을 자유롭게 할 수 있도록 되어 있는 점, 휴무, 휴일에 있어서는
회사의 용차 확보를 위하여 서로간 요청하고 회사가 운송계약을 해지한다는
규정이 없고 휴무, 휴일을 회사가 개입 간섭을 하고 있지 않다는 점, 실제로
1주일 이상 휴무한 사실을 이유로 계약해지한 적도 없고, 회사는 기사들이
휴무할 경우 용차를 쓰고 있는 점, 본인이 없을 때 대리운전이 회사의 사전
승인 없이 자유롭게 할 수 있다는 점, 대리기사를 쓸 경우 회사가 관여하지
않을 뿐 아니라 그 비용을 기사가 직접 지급하고 있다는 점 등으로 보아 노동조합
및 노동관계조정법 상 근로자로 볼 수 없으므로 '노동쟁의'로 인정하기 어렵다.
(경기지노위 2001조정28, 행정지도)

이는 극소수의 노동위원회에서만 문제가 되었던 것이나 2003년 초 건설운
송노조 1개 분회에 대하여 대법원에서 근로기준법상 노동자성을 부정한
판결을 내린 바 있어 노동위원회로부터 조정종료결정을 받고 합법적으로

파업투쟁을 진행하는 것이 불가능해질 수 있는 가능성 또한 존재한다. 대법원의 결정에 따라 노동위원회와 노동부 등에서 어떠한 태도를 취할 것인가는 아직 명확하지 않지만, 비정규노동자에 대한 법적 보호의 필요성에 대한 인식이 사회적으로 확대되면서 우려처럼 노동부, 노동위원회 등에서 노동자성이 전면 부정되고 있지는 않다. 대법원 판결 이후 최근 건설운송노동조합의 쟁의조정신청은 각하되지 않고 받아들여지고 있으며, 노동위원회로부터 조정종료 결정을 받고 있어 아직까지는 노동조합설립신고필증을 받은 적법한 노동조합으로 인정하고 있는 듯하다. 아래 결정문에서도 보듯이 노동위원회는 동종의 업체라 하더라도 구체적인 노동실태가 다를 수 있으므로 다른 사업장에 대한 법원의 판결을 가지고 노동부로부터 적법하게 설립신고증을 교부받은 노동조합의 적법성을 부인할 수 없다는 입장을 취하고 있다.

신청인은 노조법 관련규정에 의거하여 행정관청으로부터 적법하게 노동조합설립신고증을 교부받은 합법적인 노동조합으로서 노동관계 당사자는 노동쟁의가 발생한 때에는 직접 노사협의 또는 단체교섭에 의하여 이를 자주적으로 해결하도록 노력하고(노조법 제48조), 정당한 이유 없이 단체교섭을 거부하거나 해태하여서는 아니 된다(노조법 제30조)고 규정되어 있어 당사자간 자주적·자율적 해결을 원칙으로 하고 있다. 그럼에도 피신청인 사용자들은 노동조합의 거듭된 단체교섭 요청에도 불구하고 최근 일부사업체 레미콘운송차주들에 대한 법원의 판결을 들어 신청인 노동조합의 조합원들은 회사로부터 구체적인 지휘·감독을 받지 않고 업무수행의 재량성을 인정받는 독립된 운송사업자로 노조법상의 근로자가 아니므로 운송비 등은 노조법상의 교섭대상으로 볼 수 없다며 노동조합의 인상요구 안에 대한 대안을 제시하지 않을 뿐만 아니라 교섭자체를 거부하고 있다. 최근 법원의 일부 사업체의 레미콘운송차주들에 대한 근로자성을 부인하는 판결로 인해 노동조합 인정여부에 대한 논란이 있는 것은 사실이나, 특히 레미콘업체의 근로조건 및 근로형태의 다양성으로 인해 근로자성 여부는 당사자간의 계약 및 그 이행방법의 실질적 내용을 가지고 판단하여야 할 사항으로 일부 사업체의 판결을 피신청인 회사에 직접적으로 적용할 수 없다. 더구나

신청인 노동조합은 적법하게 노동조합설립신고증이 교부된 만큼 권한 있는
기관으로부터 구체적으로 이 노동조합의 적법성을 부인하는 최종결정이 있기
까지는 그 실체를 인정하고 대화와 타협의 자세로 자주적·자율적인 해결을
위해 노력을 하여야 할 것이다.(중앙노동위원회 2003. 5. 21. 2003조정10)

② 쟁의행위 시 발생하는 민형사 문제

노동조합법에 따르면 노동조합의 쟁의행위에 대해서는 민형사상 책임을
면할 수 있도록 되어 있다. 그러나 특수고용 노동조합은 노동부의 설립신고필
증을 받았음에도 불구하고 노동조합의 적법성이 검찰과 법원에 의해 부정되
고 있다. 노동조합이 노동위원회의 조정절차를 거치고 적법하게 쟁의행위를
했는데도 그에 대하여 법원이 업무방해금지가처분을 내리고 있으며, 업무방
해로 고소되고, 손해배상청구를 당하고, 조합비가 가압류되고 있는 실정이다.
특수고용 노동조합이 쟁의행위를 하고자 하면 갖가지 노동조합원활동금지가
처분, 업무방해배제 등 가처분 신청, 업무방해에 대한 형사고발, 손해배상청구
등의 법적 소송이 불거지는 것이다.

이러한 법적 소송을 통한 노동조합에 대한 탄압은 신종노동탄압이라 불리
며 노동자성이 인정되는 노동조합에 대해서도 마찬가지로 일어나는 일이지
만, 특수고용 노동조합에 있어서는 이러한 소송들이 또 다른 의미를 갖고
있다. 즉 소송을 통해 자본이 얻고자 하는 궁극적인 목표는 '노동자성의
부정'이다. 이순산업의 예에서도 노동조합원활동금지가처분 신청에 대해
인천지방법원 부천지원이 판결[29]에서 사측의 가처분 신청을 일부 받아들였으
나[30] 노조법상의 근로자에 해당한다는 결정을 내리자 신청이 기각된 부분에

---

29) 2001. 4. 13. 2001카합160 결정.

30) 1. 피신청인들은 다음 각 호의 행위를 하여서는 아니된다.

　　가. 정당한 이유없이 신청인의 레미콘 운반요청을 거절하는 등의 방법으로 신청인
　　　　회사의 업무를 방해하는 행위.

　　나. 노동조합활동과 연계하여 신청인 회사의 출입문 또는 신청인 회사의 출입하는
　　　　차량의 소통에 이용되는 도로 등에 피신청인들 소유의 레미콘 차량이나 기타 장애물

대하여 사측이 다시 고등법원에 항소하여 노동자로 볼 수 없다는 결정을
얻어낸 바 있다.

4. 단체협약 체결의 성과와 한계

(1) 단체협약 체결에 있어서의 성과

특수고용 노동조합 가운데 재능교육교사노조, 건설운송노조, 골프장 경기
보조원 노동조합 중 일부는 단체협약을 체결하는 성과를 거두기도 했다.

근로기준법상 노동자성이 부정돼 법적 보호를 받을 수 없는 부분의 일부를
단체협약을 통해 얻어내고 있는데, 재능교육교사노동조합의 경우 산재보험
이나 모성보호가 적용되지 않아 계약을 해지할 수밖에 없었던 것을 단체협약
에 일시계약정지에 대한 규정을 두어[31] 개선시켰으며, 대영루미나 컨트리클

을 설치하여 신청인 회사의 레미콘 운반을 방해하는 행위

다. 노동조합활동과 관련없이 언론, 출판물에 광고를 게재하거나, 인터넷에 게시물을
게재하는 등의 방법으로 신청인 회사와 그 소속 임직원의 명예를 훼손하거나
모욕하는 행위 또는 신청인 회사의 정상적인 업무수행을 방해하는 행위.

31) 제28조 (일시 계약 정지)

재능 선생님이 다음 각 호에 해당하는 경우 일시 계약기간을 정지한다.

1. 관리 중, 관리 외 부상으로 14일 이상 입원 및 요양이 필요한 경우 : 6개월

2. 질병, 출산으로 인한 요양 : 3개월

제29조 (계약 정지자의 처우)

① 계약 정지 기간 중 관리 중 부상, 출산으로 인한 정지기간은 근무기간에 통산한다.

② 회사는 계약기간 정지자의 누계 순증수와 저축수당 지급 등 제반조건을 복귀 후
종전 기준에 따라 인정한다.

③ 전조 1호의 관리 중 부상일 경우 아래와 같이 생계비를 보조한다.

1. 2주 이상 입원 : 20만원

2. 3주 이상 입원 : 30만원

3. 4주 이상 입원 : 50만원

여기서 입원이라고 하면 입원, 입원에 준하는 요양을 말한다.

럽의 경우에도 모성보호를 단체협약을 통해 쟁취했다.[32]

또 특수고용 노동자들은 법적으로 해고에 대한 보호가 전혀 이루어지지 않으나, 건설운송노동조합의 경우 단체협약에 일방적으로 근로조건을 변경하거나 계약을 해지할 수 없도록 정하여 노동자들의 고용안정을 꾀하고 있다.[33]

그리고 특수고용 노동자들은 수당·수수료체계를 취하고 있어 8시간을 초과하여 근로하더라도 시간외 수당이나 휴일근무에 대한 가산수당 등이 발생할 여지가 없으나, 건설운송노조 청해분회에서는 단체협약으로 정휴제를 실시[34]하여 특정 일요일에 근무할 경우 기본회전수에 관계없이 일정액을

---

32) 제56조 (생리 및 검진휴가) 회사는 여자인 일반조합원에게 월 1일의 생리휴가와 임신 중인 경우 정기검진휴가를 유급으로 실시한다. 또한 도우미조합원에 대하여도 이에 준하는 휴가를 무급으로 사용하게 한다.
제57조 (임신한 여성조합원의 근로전환) 회사는 임신 중인 여성인 일반조합원의 요구가 있을 시 본인의 의사에 따라 보다 경미한 작업으로 배치 전환하여야 하며, 또한 도우미 조합원에게는 본인이 희망할 경우 출산시까지 무급으로 임신휴가를 사용할 수 있다.
제59조 (유급유산휴가) 임신 중인 여성인 일반조합원이 임신 4개월 이전에 유산을 하였을 때는 30일간의 유급유산휴가를 부여한다. 다만 여성인 도우미조합원은 무급으로 한다.
제61조 (육아휴직) 다만 도우미 조합원인 경우 이를 무급으로 실시하며 휴직후 업무의 복귀를 보장한다.
33) 〈삼광산업(주) 2001년 단체협약〉
제5조 (일방적인 근로조건 변경 및 계약해지의 금지)
회사는 조합의 동의 없이 조합원의 근무지 변경, 근로조건 변경과 조합원에 대한 일방적인 계약해지를 할 수 없다.
〈청해레미콘 2002년 단체협약〉
제4조 (일방적인 도급계약 해지의 금지)
회사는 일방적인 레미콘 도급 운반계약을 해지할 수 없다.
34) 〈청해레미콘 2002년 단체협약〉
제10조 (정휴제 실시)
1. 1, 3주 일요일은 휴무를 실시한다.
2. 2, 4, 5주 일요일은 부득이 예정이 잡힐 시 근무할 수 있다. 단 근무자에 한하여 기본회전수에 관계없이 80,000원을 추가지급한다.

추가 지급하도록 정하여 휴일근무에 대한 보상조치를 확보하고 있다.

(2) 단체협약 체결의 한계

그러나 단체협약 체결은 노동자성의 부정으로 인해 어쩔 수 없는 한계를 가지기도 하는데, 재능교육교사노동조합의 경우 사측은 여전히 임금을 인정하지 않고 수수료라는 명칭을 고집하여 이를 병행[35]키로 하였고 그 과정에서 노조가 임금협약이란 명칭을 고수한다는 핑계를 내세워 합의 후 협약체결을 부당 지연하는 처사를 보이기도 하였다. 그리고 아직까지는 임금 부분을 제외한 휴일·휴가·노동시간 등의 근로기준법상의 기준 적용이나 4대 보험의 적용은 여전히 협약에서 빠져 있는 상태다. 골프장 경기보조원 최초로 단체협약을 체결한 88 컨트리클럽의 경우도 "노사가 합의하여 경기보조원 근무규정을 마련한다. 현행 자치회 및 자치규정, 조장제도는 폐지하되, 단 경기보조원의 배치, 근태, 제재에 관한 사항은 회사에서 주관한다, 노조와 회사는 12월까지 단체협약을 체결한다"는 협약안을 체결했으나 "노조단협안 중 근로기준법과 관련된 사항은 근로기준법 개정 후 2개월 이내에 합의한다"고 되어 있어 한계를 노정했다.

뿐만 아니라 이렇게 투쟁을 통해 쟁취한 단체협약 체결의 성과도 사측의 단체협약 위반 앞에서 어이없이 무너지기도 하는데, 재능교육교사노조의 경우 회사측은 단체협약을 체결하여 놓고도 합의한 내용을 이행하지 않았고, 그에 대한 노동조합의 고소에 대해 검찰은 노동자가 아니므로 노동조합이라 볼 수도 없고 이미 체결한 단체협약을 단체협약이라 볼 수도 없다는 결정을 내렸다. 즉 투쟁을 통해 근로조건을 개선시키더라도 결국은 법적으로 노동자성이 인정되지 않기 때문에 이를 사측이 위반하더라도 단체협약 위반의 부당노동행위에 해당되지 않는다는 것이다.

---

35) 임금 부분 노사협약의 명칭은 「2001년 수수료·수당(회사) 임금·급료 또는 기타 이에 준하는 수입에 관한 사항(조합) 협약서」로 돼있다.

● 서울지방 검찰청, 분류기호 및 문서번호 9168, 2002. 9. 11. 2002형제
36013호 공소부제기이유고지

○ 피의자가 단체협약을 위반한 사실은 인정되나,

○ 단체협약은 근로자 단체인 노동조합이 근로조건 기타 노동관계에 관한
 사항에 대하여 사용자와 단체교섭을 통해 합의한 내용을 협약의 형식으로
 체결한 것이라 할 것인 바,

○ 본건 고발인인 재능교육 교사노조가 근로자 단체인지에 관해 살피건대,

– 피의자는 재능교육 교사는 회사와 사이에 위탁계약을 체결하고, 기본급의
 정함이 없이 위탁업무 수행실적에 따른 수수료만을 지급받는 등으로 회사와의
 관계에 있어 사용종속관계 하에서 임금을 목적으로 근로를 제공한 근로자로
 볼 수 없다고 주장하고,

– 단체협약, 위탁계약서의 각 기재내용도 피의자의 변소에 부합하고,

– 재능교육 교사가 회사를 상대로 제기한 퇴직금 지급청구 사건과 관련하여
 대법원 판결도 재능교육 교사의 근로자성을 인정하지 아니하였음.(기록 제
 151정 내지 제160정 대법원 판결 참조)

– 따라서 재능교육 교사를 근로자라고 볼 수 없어 재능교육 교사노동조합은
 비록 그 명칭이 노동조합이고, 설립신고를 하였다고 하더라도 그 실체는
 근로자의 단체라고 볼 수 없음.

○ 따라서 피의자와 재능교육 교사노조간에 체결된 본건 단체협약은 위탁자와
 수탁자 단체(재능교육 교사노조) 간의 사법상의 계약관계에 불과하고 노동조
 합및노동관계조정법의 적용을 받는 단체협약이라 할 수 없어 피의자가 이를
 위반하였다고 하여도 민사적인 계약불이행 책임은 별론으로 하고 형사적인
 죄책을 묻기는 어려움.

○ 혐의없음.

이는 건설운송노동조합의 경우에도 마찬가지다.

● 수원지방검찰청, 사건번호 2001형제58681, 58683, 92793, 92794호,
문서번호 2002–257 공소부제기이유고지

…… 운송차주들이 전적으로 독립된 운송사업자의 성격만을 가진다고 보기 어려운 측면은 있으나, 이는 앞에서 살펴본 바와 같이 개별사업자 체제로는 해결할 수 없는 레미콘업의 특성에 따른 불가피한 상황에 불과하고 오히려 운송차주들은 회사의 정식직원들에 비하여 정하여진 근무시간과 근무장소에 구속을 받는 편이 아니고 스스로가 제3자를 고용하여 업무를 대행하는 것이 불가능하지 않다는 점, 레미콘운송차량의 소유권은 운송차주들에게 있고 근로소득세를 원천징수한 것이 아니라 오히려 각자 사업자등록을 하여 사업소득세 및 부가가치세를 납부하였다는 점, 취업규칙·복무규정·인사규정 등의 적용을 받지 아니하고 기본급이나 고정급, 퇴직금이 정하여져 있지 아니하며, 다른 관계법령에 의하여도 근로자로서 취급하고 있지 않는 점, 연혁적으로도 운송차주들이 스스로 근로관계에서 벗어나 독립적인 사업자로서의 지위를 선택하였다는 점 등에 비추어 보면, 운송차주들은 노조법에서 상정하는 근로자로 보기는 어렵고 독립된 운송사업자로 보아야 할 것이므로 일반 근로자와 같은 사용종속관계에서 근로를 제공하였다고 보기는 어려움. …… 최근에도 다른 레미콘 회사의 레미콘 운송차주들도 노조법상 근로자로 볼 수 없다는 지방노동위원회의 결정(경기지방노동위원회 2001. 4. 20. 2001조정28호 결정)과 중앙노동위원회의 판정(중앙노동위원회 2001. 11. 20. 2001부해435호 재심판정)이 있으며 (위 서울지검 사건 결정문 참조), 법원 판례상으로도 레미콘 운송차주들이 노조법상의 근로자로 확고하고 일관되게 인정되지 아니한 이상(대법원 판례는 레미콘 운송차주들이 '근로기준법' 상 근로자가 아니라고 일관되게 판시하고 있고<대법원1997. 11. 28. 선고97다7998호 사건, 대법원 2001. 8. 21. 선고2001도2778호 사건>, 최근의 하급심 법원판결<광주지방법원 목포지원 2001. 11. 9. 선고 2001카단5562 업무방해배제 등 가처분사건>은 레미콘운송차주들은 '노조법' 상의 근로자가 아님을 명백하게 밝히고 있음) 피의자에게 노조법위반의 고의(범의)가 있다고 단정하기는 어려움.

이는 특수고용 노동조합이 노동부로부터 설립신고필증을 교부받아 적법한 노동조합으로 인정받고, 쟁의행위를 통해 유의미한 단체협약을 체결하는 성과를 거두기는 했으나, 이 역시 노동자성을 완전히 쟁취하지 못하면 한계를 가질 수밖에 없다는 것을 적나라하게 보여주는 사례다.

5. 근로자 지위, 조합원 지위의 부정

쟁의행위 시 발생할 수 있는 사측으로부터의 각종 고소고발에 대해서는 앞서 언급한 바 있다. 그리고 이러한 고소고발이 당면 투쟁에 대한 대응으로만 그치는 것이 아니라 궁극적으로는 노동자성 자체를 부정하는 결론으로의 귀결을 의도하는 것이라는 점을 앞서 언급한 이순산업의 사례와 또 하나 씨케이인프라시스(이하 CKI)분회 사례에서 살펴볼 수 있다.

CKI의 경우 근로기준법상 노동자성에 대해 다투어진 사례로 "해당 사업장의 근로자가 아니다(근로기준법상 근로자가 아니다)"라는 결정이 대법원의 판결36)로 나왔으나, 근로기준법상 근로자와 노동조합법상 근로자를 동일하게 판단하는 법원의 입장에 비추어 볼 때 명시하지는 않았으나 노조법상 노동자성까지도 부정된 것이라고 볼 수 있는 여지도 존재하며, 2003년 현재 아직 대법원 계류 중이지만 이순산업의 경우에는 고등법원 판결에서 명확하게 노조법상 노동자가 아니라고 밝히고 있다.

> ▶ 원고의 운송차주들이 원고의 지시에 따라 원고가 제조한 레미콘을 원고가 지정한 장소에 운송해야 하는 등 그 업무 내용이 원고에 의하여 정해지고, 운반의뢰 불이행이나 구내 도박 및 음주 등의 경우에 배차중지 등의 불이익을 받을 수 있으며, 원고로부터 근무태도에 대하여 교육받는 등 업무수행 과정에 있어서도 원고의 구체적인 지휘·감독을 받아 마치 고용관계에 유사한 외관을 형성한 면이 없지 않지만, 그와 같은 사실만으로 운송차주들이 원고의 근로자라고 단정할 수는 없고, 오히려 원고가 레미콘을 필요로 하는 건설현장으로부터 공급주문을 받는 주체인 이상, 운반도급계약의 상대방인 운송차주들로 하여금

---

36) 2003. 1. 10. 선고 2002다57959 판결, 근로자지위부존재확인.

운반장소를 지정하여 운송을 위탁하는 것은 운반도급계약의 기본적인 내용에 속하는 사항이고, 운송차주들이 원고가 제조한 레미콘을 위와 같은 방식으로 운반하는 것은 레미콘의 정확한 강도와 규격에 대한 품질보증이 필요하고 생산 후 90분 이내에 현장에 도착해야 하는 레미콘 자체의 특성에 기인하는 바가 크며, 레미콘 제조사가 레미콘의 타설시간을 조정할 수 있는 것이 아니라 수요자인 건설현장의 공정관리상 원하는 시간에 맞추어 타설하여야 하는데, 운송차주들이 건설현장에서 원하는 시간을 개별적으로 파악하기는 어려우므로 일반적으로 원고가 운송차주들에게 출하시간을 알려줄 수밖에 없는 점, 운송차주들이 원고의 물량을 안정적이고 독점적으로 운반함으로써 자신들의 경제적 이익을 증대시키기 위해 원고와 장기간의 운반도급계약을 체결한 이상 원고의 신용과 영업상의 이익을 위하여 그 업무수행 과정에서 어느 정도 원고의 지휘·감독을 받는 것은 불가피한 점, 운송차주들의 복귀시간이 정해져 있지 않고 그 복귀여부도 자유로운 점, 운송차주들이 스스로 제3자를 고용하여 업무를 대행하는 것이 불가능하지 않은 점, 레미콘 운송차량의 소유권이 운송차주들에게 있고 그 차량의 관리를 운송차주들 스스로 하여 온 점, 근로소득세를 원고가 원천징수한 것이 아니라 운송차주들이 각자 사업자등록을 하여 사업소득세 및 부가가치세를 납부한 점, 운송차주들이 취업규칙·복무규정·인사규정 등의 적용을 받지 아니하고, 기본급이나 고정급이 정하여져 있지 아니한 점 등을 종합하면, 위 운송차주들의 일원인 피고들은 원고에 대하여 종속적인 고용관계에서 노무에 종사하고 그 대가로 임금 등을 받는 원고의 근로자라고 볼 수 없다고 판단하였는바, 기록 및 앞서 본 법리에 비추어 보면, 원심의 위와 같은 사실인정과 판단은 정당한 것으로 수긍이 가고, 거기에 상고이유 제1점의 주장과 같은 채증법칙 위배나 법리오해 또는 판단유탈 등의 위법이 있다고 할 수 없다.(대법원 2003. 1. 10. 선고 2002다57959 판결)

▶ 가. 피보전권리에 대한 판단(피신청인들이 노동조합법상의 근로자인지 여부)

(1) 노동조합법 제2조 제4호는 노동조합의 주체는 근로자임을 명시하고 있고, 같은 조 제1호는 근로자라 함은 '직업의 종류를 불문하고 임금·급료 기타 이에 준하는 수입에 의하여 생활하는 자'를 말한다고 규정하고 있는 바, 이러한

노동조합법상의 근로자에 관한 정의는 근로기준법 제14조의 근로자 정의(근로자라 함은 '직업의 종류를 불문하고 사업 또는 사업장에 임금을 목적으로 근로를 제공하는 자'를 말한다)와 비교하여 볼 때, '사업 또는 사업장'을 요건으로 하지 않는 점에서 일응 차이가 있는 듯이 보이나, 근로기준법이나 노동조합법이나 종속노동의 대가로 생활을 영위하는 자의 보호를 목적으로 하는 점에서는 차이가 없고, 다만 근로기준법은 특정의 사용자와 근로자의 현실적인 근로관계를 규율대상으로 하는 반면에('사업 또는 사업장'을 요건으로 한다) 노동조합법은 그와 같은 현실적인 근로관계에 있어서의 근로조건의 유지·개선 등을 효과적으로 달성할 수 있는 근로자의 자주적인 단결권 등의 보장을 그 입법목적으로 하는 것이어서 단지 근로자 보호를 위한 방법론적인 차이가 있는 것에 불과한 것이다.

따라서 노동조합법상의 근로자에 해당하는지 여부를 판단함에 있어서도 그 계약이 민법상의 고용계약이든 또는 도급계약이든 그 계약의 형식에 관계없이 그 실질에 있어 근로자가 임금 등을 목적으로 종속적인 관계에서 사용자에게 근로를 제공하였는지 여부에 따라 판단하여야 할 것이고(대법원 1993. 5. 25. 선고 90누1731 판결, 1996. 7. 30. 선고 95누13432 판결 등 참조), 근로자인지 여부를 판단하는 기준인 사용종속성이나 근로의 대상성에 관한 판단에 있어서 근로기준법과 노동조합법 사이에 어떤 차이가 있다고 할 수 없으므로, 근로자가 담당하는 업무의 내용이 사용자에 의하여 정하여지고, 취업규칙·복무규정·인사규정 등의 적용을 받으며, 업무 수행과정에 있어서도 근로자가 시간과 근무장소가 지정되고 이에 구속을 받는지 여부, 근로자 스스로가 제3자를 고용하여 업무를 대행케 하는 등 업무의 대체성 유무, 비품·원자재·작업도구 등의 소유관계, 보수가 근로 자체의 대상적(對償的) 성격을 갖고 있는지 여부와 기본급이나 고정급이 정하여져 있는지 여부 및 근로소득세의 원천징수 여부 등 보수에 관한 사항, 근로제공 관계의 계속성과 사용자에의 전속성의 유무와 정도, 사회보장제도에 관한 법령 등 다른 법령에 의하여 근로자로서의 지위를 인정받는지 여부, 양 당사자의 경제·사회적 조건 등을 종합적으로 고려하여 사용종속성과 근로의 대상성 여부를 판단하여야 할 것이다.(대법원 1997. 11. 28. 선고 97다7998판결 등 참조)

(2) 이 사건의 경우, 피신청인들을 비롯한 레미콘운송차주들은 기록에 의하여 인정되는 아래의 여러 사정들에 비추어, 신청인 회사에 대하여 사용종속관계 하에서 노무에 종사하고 그 대가로 임금 등을 받아 생활하는 노동조합법 소정의 근로자라고 볼 수 없다.(서울고등법원 2001. 12. 28. 선고 2001라183 판결, 노동조합원활동금지가처분)

그 외에도 검찰에서는 일관되게 특수고용 노동자의 노동자성을 부정하여 사측의 근로기준법이나 노동조합법 위반혐의에 대해 '혐의 없음' 결정을 내리고 있으며, 재능교육교사노동조합에 대한 결정도 그 연장선에 있는 것이다. 설사 재능교육이 단체협약의 의도적 위반을 통해 검찰로부터 노동자성 부정의 결정을 받아내려는 의도를 사전에 가지고 있지 않았다 하더라도 이를 시작으로 특수고용 노동조합에 대한 단체협약 위반의 부당노동행위는 얼마든지 법적 제재를 받지 않고 저질러 질 수 있는 것이다.

이러한 소송은 지금까지 노동조합이 부당해고 및 부당노동행위에 대항, 법적 투쟁의 일환으로 진행해 사측이 그에 대응해왔던 것과는 전혀 다른 양상이다. 노동조합 투쟁의 한 방편으로써의 소송이 법원이나 노동위원회, 검찰 등의 보수적인 결정에 부딪치게 되자, 오히려 자본이 공세적으로 소송을 제기하고 있다. 법원은 사업자등록증이나 사업소득세의 납부, 근로계약서가 아닌 위·수탁계약서 혹은 도급계약서의 작성 등의 형식적인 요건들을 근거로 노동자성을 부정하고 있다. 따라서 사측은 법적으로 불리할 것이 없다는 판단 하에 법원의 판결, 이왕이면 대법원의 판결로 "노동자가 아니다"라는 결정을 확고히 받아두기 위해 소송을 진행하고 있으며, 그 과정에서 노동자성을 박탈하려는 노력들을 꾸준히 계속하고 있다. 계약서상 독립된 사업자처럼 위장할 수 있는 몇 가지 조항을 넣고 불필요한 통제조항들을 삭제하거나, 실제로 필요한 통제들을 행하면서도 세부적인 운영수칙을 삭제하는 등 노동자성이 부정될 수 있는 형식적 근거들을 갖추어 나가고 있는 것이다.

6. 마치며

결국 이 같은 특수고용 노동자의 노동조건 실태, 조직화 및 투쟁에 있어서의 어려움은 특수고용 노동자들이 노동자로 인정받지 못하기 때문에 발생하는 것이다.

일부이기는 하지만 특수고용 노동자들이 노동조합을 결성하고 단체협약을 체결하는 등 투쟁의 성과를 거두고 노동자성 인정과 근로기준법 적용의 요구를 높여 왔으나, 투쟁을 통해 쟁취한 단체협약조차 부정되고 있는 상태에서 노동조합의 조직력은 갈수록 취약해지고 있다. 또 조직력의 약화와 함께 투쟁을 통한 노동조건의 개선과 노동자성 쟁취보다는 법제도 개선투쟁으로 집중되는 모습을 보이기도 한다. 그러나 조직력이 취약한 상태에서 법제도 개선요구는 한계를 가질 수밖에 없는데, 최근 드러나듯이 특수고용 노동자에 대한 정권의 태도는 노동자성을 인정하지는 않되, 다만 몇 가지 유인조건을 던져주고 불만을 잠재우는 방식으로 흘러가고 있다.

특수고용 노동자에 대한 노동법 적용 방안

1. 노동법적 보호 요구의 의미

(1) 노동법 적용 대상을 재규정할 필요성

현재 특수고용 노동자에 대한 노동법 적용의 논의는 노동자로서의 인정 위에서 필요한 법 내용을 어떻게 적용할 것인가가 아니라 노동자는 아니지만 필요최소한의 보호를 어떻게 행할 것인가의 방식으로 이루어지고 있다. 그러나 특수고용 노동자에게 필요한 것은 시혜적인 몇 가지 조치가 아니며, 역사적으로 노동법이 비탄력적으로 '노동자'라는 특정 집단을 획일되게 정하고 그 특정집단에 대해서만 보호를 베풀어온 것 또한 아니다. 산업사회 초기 아동노동의 보호를 위해 노동법이 만들어진 이후 사회의 변화에 따라 노동법은 필요에 따라 보호의 범위를 확장해 오고 있으며, 그 과정에서 수많은 노동자의 투쟁이 있었음은 물론이다. 오늘날 노동법적 보호를 누구에게 어떻게 적용할 것인가, 그리고 노동법이 지우고 있는 사용자 책임을 누구에게 어떻게 부여할 것인가에 있어서 역시 노동법의 적용을 받는 '노동자'의 범위를 현실에 맞게 재구성해야 할 필요가 있으며, 특수고용 노동자에 대한 노동자성 인정 및 노동법 적용도 그 차원에서 논의되어야 한다.

현재 법원이나 검찰 등의 노동법 적용 범위에 대한 해석, 즉 '노동자'의 범위에 대한 해석은 전통적 근로관계에서 사용자와 노동자를 구분하던 것에서 벗어나지 못하고 있다. 근로계약서라는 명칭의 계약을 맺고 사용자에 의해 상시적으로 업무지시를 받으며 노동을 하는 노동자만이 아니라 현실에서는 다양한 형태의 노동자군이 형성되고 있다. 그런데 이를 단지 노동법의 완전한 적용을 받는 근로자와 그로부터 완전히 배제되는 독립사업자로 이분화한다는 것은 현실의 고용관계를 설명하지 못할 뿐더러 필연적으로 보호의 필요성에도 불구하고 법의 보호에서 배제될 수밖에 없는 노동자군을 만들어낸다. '개인사업자'로 위장되어 있는 특수고용 노동자들이 그러하다.

따라서 노동법이 오늘날의 현실에서 제 역할을 하기 위해서는 특수고용 노동자의 실태에 기반한 법해석과 적용, 또 필요하다면 법의 개정이 필요하다. 그리고 이를 위해서는 무엇보다도 먼저 노동법적 책임에서 끊임없이 달아나고자 하는 자본의 의도를 간파하는 것이 필요하다. 특수고용 노동자들이 노동법의 보호에서 배제되어 온 과정이 철저하게 자본에 의해 의도되고 기획되어 온 과정이었기 때문이다.

(2) 특수고용 노동자에 대한 노동법적 보호의 필요성

특수고용 노동자의 실태에서 이미 살펴보았듯이 이들에 대한 노동법 적용의 필요성과 절실함은 크게 다음과 같은 네 가지 측면에서 살펴볼 수 있다.

① 기본적 근로조건의 보장

가. 기본적인 생활임금의 보장

특수고용 노동자들의 임금체계는 100% 성과급의 형태를 띠며, 학습지 교사와 보험모집인들의 경우 실적에 따른 수수료·수당 체계로, 레미콘 기사들은 회전당·km당 단가를 바탕으로 한 운반도급비로, 골프장 경기보조원들은 봉사료 명목의 캐디피로, 일한 실적에 따라 임금을 받는다. 또한 노동자성이 부정되고 근로기준법이 적용되지 않아 퇴직을 하여도 퇴직금을 받을 수 없다. 이러한 임금체계는 노동자들의 자발적 장시간노동을 강제하고 있는 것이다.

또한 계절적·산업적 변동이 심한 산업의 경우 성수기에는 일정 소득이 보장된다 하더라도 비수기에는 기본적인 생활급마저 보장받지 못하는 상반된 결과가 나타나게 된다. 그러므로 특수고용 노동자들의 기본적이고도 인간다운 삶의 보장을 위해서 특수고용 노동자들의 임금형태에 맞는 최저임금제의 적용이나 휴업수당의 적용 등이 필요하다.

그럼에도 이러한 보호의 필요성이 고려되지 않은 채, 100% 성과급 임금체계라는 것이 오히려 노동자성을 부정하는 근거로 작용하고 있는 것이 지금의 상황이다.

나. 유급휴가 보장(연월차 휴가, 유급 주휴일, 생리휴가 등)의 필요성

특수고용 노동자들의 경우, 휴일이나 휴가를 보장받지 못한다. 또한 급여를 실적에 따른 수당의 형태로 받기 때문에 휴일을 보장받는다 하더라도 쉬는 만큼 급여는 줄기 마련이다. 이러한 상황 속에서 노동자들은 일요일에도 쉬지 못하며, 연·월차, 생리휴가조차 없는 가운데 자기 몸을 혹사시키면서 하루하루를 힘겹게 살아갈 수밖에 없다.

② 사용자의 일방적인 해고로부터의 보호 필요성

특수고용 노동자들의 경우 사용자의 일방적이고도 정당하지 못한 해고가 부당해고로 인정되지 않는다. 이는 특수고용 노동자들의 근로자성이 여러 차례 법원에 의해 부정돼 왔기 때문이며, 이로 인해 특수고용 노동자는 언제 계약해지 당할지 모르는 불안정한 고용상태에 늘 놓여있다.

이렇게 사용자에 의한 일방적인 해고는 노동자성을 반증하는 단면임에도 불구하고, 오히려 노동자가 아니므로 일방적으로 해고해도 된다는 결론을 끌어내고 있는 것이 판례의 태도다.

③ 4대 보험 적용의 필요성

특수고용 노동자들은 4대 보험이 적용되지 않는다. 이는 특수고용 노동자가 개인사업자이기 때문이 아니라, 4대 보험 적용 여부 자체가 사용자에 의해 일방적으로 결정될 수 있기 때문이다. 사용자는 책임을 회피하기 위해 정규직을 고용하여 할 수 있는 업무를 (혹은 이전까지 정규직이 해왔던 업무를) 특수고용으로 전환하여 동일한 일을 시키면서도 사용자로서 부담해야 할 책임을 지고 있지 않으며, 4대 보험 역시 마찬가지다.

④ 노동3권의 완전한 보장

또한 특수고용 노동자들은 노동조합설립신고필증을 받고 적법하게 노동조합을 설립, 노조활동을 하고 있음에도 불구하고 실제에 있어서는 노동3권을 완전하게 보장받지 못하고 있다. 사측은 노동자가 아니라는 주장을 하며 단체교섭을 거부·지연시키고 있고, 단체협약 위반에 대한 처벌조차 제대로 이루어지지 않고 있다. 또 노동조합 활동을 하다가 계약해지가 되더라도 부당해고, 부당노동행위로 인정받지 못하여 당연하게 보장되어야 할 노동3권이 형식적으로 주어져 있을 뿐, 실질적인 권리로서 보장되지 않고 있다.

(3) 노동법 적용 요구의 의미

특수고용 노동자들의 대부분은 사용자에게 종속되어 노무를 제공하고 있는 엄연한 '노동자'다. 특수고용 노동자들은 다양한 근로조건 하에 놓여있기 때문에, 형식적인 측면에서는 사용자에게의 종속성이 강하게 드러나기도 하고, 좀더 약화된 모습으로 나타나기도 한다. 그러나 특수고용 노동자들은 종전과는 다른 측면에서 자본에 대한 종속성을 더욱 강하게 드러내고 있다. 수당·수수료 체계를 통한 노동의 통제는 노동자 스스로 자신을 착취할 수밖에 없는 구조를 만들어내 노동강도를 일정수위 이상으로 유지·강화시키고 있고, 계약해지나 재계약 거부가 해고로 인정되지 않는 상황에서 자본에게 고용에 관한 전권을 내주고 있는 상황이다. 또한 이들에게 '개인사업자'라는 명칭을 덧씌우고 있지만, 이들은 오히려 자본에게 종속되지 않으면 근로조차 할 수 없는 처지에 있는 것이다.

이러한 종속의 지점들을 간파하지 못한 채 상시적으로 사업장 내에서 업무에 관한 지시감독을 받으며 근로하는 자만을 '사용종속관계'에 놓여있는 '노동자'로 판단한다면 이의 범위는 점점 더 축소될 수밖에 없을 것이며, 종속되어 있으면서도 노동자가 아닌 것으로 되는 열악한 계층을 계속해서 만들어낼 것이다.

또한 특수고용 노동자에 대한 노동법 적용은 몇 가지 시혜적인 조치를 베푸는 것이 아니라 노동자성을 인정하는 것에서부터 출발해야 한다. 즉 노동관계법의 기본인 근로기준법과 노동조합법상의 노동자로 인정해야 한다.

4대 보험을 관련법을 개정해서 적용하겠다거나 노동조합법을 일부 적용하겠다는 등의 논의는 근본적으로 특수고용 노동자들의 노동자성을 부정하는 시각과 연결되어 있다. 특수고용 노동자에 대한 노동법 적용 요구는 단지 몇 가지의 보호를 쟁취하자는 것이 아니라 자본에 의해 왜곡된 고용형태 하에 놓여있는, 당연히 노동자로 해석되어야 할 사람들에게 노동법을 적용하라는 너무도 당연한 요구다. 노동자성을 인정하지 않는 상태에서의 법개정이나 특별법의 제정 등은 앞서 말했듯이 노동자가 아닌 자로 해석되는 수많은 새로운 고용형태들을 양산할 수밖에 없으며, 노동법적 책임의 탈피를 끊임없이 시도하고 있는 자본에게 또 다른 탈출구를 열어주는 것에 지나지 않는다.

기본적으로 노동자 개념의 확장 - 즉 노동자 여부를 판단하는 '사용종속' 개념의 확장 - 을 통한 노동자로의 인정과 함께 노동자에게 적용되는 가장 기본적인 법인 근로기준법과 노동조합법의 적용이 이루어져야 한다. 왜냐하면 여타 노동법의 적용은 모두 이 두 법의 적용에서 출발하기 때문이다. 그 이후 법 조항 가운데 일부를 적용하느냐 마느냐의 논의는 근로실태에 따라 구체적으로 다루어도 충분하다.

2. 법 해석에 의한 노동법 적용범위의 확장

(1) 특수고용 노동자의 노동자성에 대한 사례별 판정례

① 학습지 교사

학습지 교사의 노동자성 여부에 대한 사례는 그다지 많지 않고, 법원의 판례로는 1996년 판결이 하나 있을 뿐이다. 재능교육교사노동조합에 대한 검찰의 노동자성 부정 결정에서도 이 1996년 판결을 근거로 들고 있다. 이 대법원 판례에서는 "학습지 등을 제작·판매하는 회사와 위탁업무계약을 체결한 교육상담교사의 경우, 그 위탁업무의 수행과정에서 업무의 내용이나 수행방법 및 업무수행 시간 등에 관하여 그 회사로부터 구체적이고 직접적인 지휘·감독을 받고 있지 아니한 점, 그 회사로부터 지급받는 수수료는 그 위탁업무 수행을 위하여 상담교사가 제공하는 근로의 내용이나 시간과는 관계없이 오로지 신규 회원의 증가나 월회비의 등록에 따른 회비의 수금 실적이라는 객관적으로 나타난 위탁업무의 이행 실적에 따라서만 그 지급 여부 및 지급액이 결정되는 것이어서 종속적인 관계에서의 근로제공의 대가로서의 임금이라 보기 어려운 점 및 그 밖에 업무수행 시간의 정함이 없는 점 등 여러 사정을 종합하여 볼 때, 교육상담교사는 그 회사와의 사이에 사용·종속관계 하에서 임금을 목적으로 근로를 제공한 근로자로 볼 수 없다"[37]고 하였다.

검찰에서도 학습지 교사의 노동자성을 부정하고 있으며, 노동위원회 역시 노동자성을 부정, 부당해고·부당노동행위에 대해서는 각하 결정을 내리고 있다.

---

[37] 대법원 1996. 4. 26. 선고 95다20348 판결.

② **보험모집인**

보험모집인과 관련해서는 "회사에 출근의무가 부과되고 있으며, 매일 근무 상황을 보고받고 계약권유의 장소나 상대방에 대하여 개별적, 구체적으로 지시를 받거나 매월 고정급을 지급받으며, 일정한 제재를 받는 경우에는 노동자로 인정"한 사례(법무 811-2351, 1981. 1. 23.)도 있지만, 대법원 판례는 "보험모집인에 대하여는 별도의 규정을 두고 있고, 위 규정에 따라 위임 또는 위촉계약으로 업무를 받으며, 실적에 따라 일정비율의 제수당을 지급받을 뿐이고 기본급이나 고정급이 따로 정해져 있지 아니하며, 출퇴근 사항이나 활동구역 등에 특별한 제한을 받지 않는 등 구체적 지휘감독을 받지 않는다"[38]는 이유로 노동자성을 부인하고 있다.

중앙노동위원회에서는 전국보험모집인노조 위원장 등이 교보생명을 상대로 제기한 부당해고구제신청 사건에서 이례적으로 공익위원회 전원회의까지 소집한 끝에 결국 노동자가 아니라는 이유로 신청을 각하했다. 중앙노동위원회는 판정서에서 출퇴근에 강제성이 없고, 구체적인 지휘·감독을 받지 않고, 기본수당이 중개수수료의 성격을 띠고 있고, 겸업이 금지되어 있지 않고, 타인이 보험모집업무를 대체할 수 있고, 근무시간이나 근로장소가 지정되어 있지 않고, 사회보험관련법상 근로자로 인정받지 못하고 있으며, 자유직업소득자로 분류되어 사업소득세를 납부하는 등 8가지 이유를 들어 보험모집인의 노동자성을 부인했다.[39]

③ **골프장 경기보조원**

골프장 경기보조원이 근로기준법상 노동자인지 여부에 대하여 대법원 판례로는 "시설운영자가 봉사료 금액을 결정하고 월 단위 등으로 봉사료를 회비에 가산하여 시설이용료와 함께 그 총액을 일괄하여 납부 받은 경우에는

---

38) 대법원 1990. 5. 22. 선고 88다카28112 판결.
39) 중앙노동위원회 2001. 4. 16. 2000부해637, 638 및 2000부해166, 167.

동 봉사료가 근로제공에 대한 급여라고 해석함으로써 노동자로서의 지위를 인정"한 경우40)도 있고, 다른 사례로 "골프장 캐디가 시설운영자와 근로계약, 고용계약 등의 노무공급계약을 전혀 체결하고 있지 않고, 내장객의 경기보조 업무를 수행한 대가로 내장객으로부터 직접 봉사료만을 수령하고 있을 뿐 시설운영자로부터는 어떠한 금품도 지급받지 아니하고, 골프장에서 용역을 제공함에 있어 그 순번의 정함은 있으나 근로시간의 정함이 없으며, 시설운영 자로부터 구체적이고 직접적인 지휘, 감독을 받지 않는다는 것을 근거로 노동자성을 부인"한 경우41)도 있다.

그러던 중 골프장 경기보조원들의 노조설립이 활성화되고 그에 따른 법적 분쟁이 노동위원회 구제신청으로 여러 차례 제기되었는데, 경기지방노동위 원회가 2000년 12월 26일 한양 컨트리클럽사건42)에서, 12월 27일 한성 컨트리 클럽 사건43)에서 경기보조원의 근로기준법상 노동자성을 인정하여 부당해고 구제명령을 내리면서 이후 노동위원회 차원에서는 경기보조원의 노동자성을 인정하는 판정이 잇따라 내려졌다. 경기지노위는 한성 컨트리클럽 사건에서 경기보조원들의 채용과정이 일반직원들과 다르지 않고, 업무수행 시 회사의 지휘·감독을 받으며, 출퇴근·휴일 사용 등에 회사의 통제를 받고, 조장회의

---

40) 대법원 1992. 4. 28. 선고 91누8104 판결.

41) 대법원 1996. 7. 30. 선고 95누13432 판결.

42) 한양 컨트리클럽은 43세 정년을 넘었다는 이유로 38명의 경기보조원을 2000년 1월 1일자로 해고했다. 이에 노동위원회에 구제신청을 하였지만, 근로기준법상의 노동자 여부가 먼저 가려져야 한다는 취지로 경기지방노동위원회가 노동부에 다시 해석요청을 해 12월에야 부당해고 판정을 받을 수 있었다.

43) 한성 컨트리클럽은 경기보조원들이 노동조합을 결성하자, 근로관계가 아니라서 교섭을 할 필요가 없다며 계속 부당노동행위를 일삼다가 급기야 2000년 8월 경기보조원 탈의실에 소독약을 뿌려 모두 밖으로 몰아내고서는, 일방적으로 캐디제도를 폐지하고 전동차량(self-cart) 방식으로 골프장운영방침을 변경하겠다면서 경기보조원 280명 전원을 해고했다. 이후 4개월간 경기보조원들은 회사 앞에 천막을 치고 원직복직을 향한 피눈물 나는 투쟁을 해야 했다.

등 자치기구는 회사 목적을 위한 의사전달기구에 불과하며, 회사가 캐디피 책정 및 지급에 직·간접적으로 관여하고 있고, 회사는 골프장 경기보조원을 선발, 채용할 때에 회사가 임의로 지정하는 내장객에게 노무제공을 하기로 하고, 그 대가로 회사가 일정한 금액의 캐디피를 지급하는 것으로 하는 묵시적인 근로계약이 있다고 볼 수 있고, 임금체계나 보험적용 여부만으로 노동자 여부를 판단하는 것은 적절치 못하다는 이유로 골프장 경기보조원의 노동자성을 인정하였다.44)

그러나 노동위원회와 달리 이후 행정법원에서는, 관악 컨트리클럽 사건에서 구체적인 업무 지휘감독이 없고, 캐디 업무가 골프장 운영에 있어 필요불가결한 것이 아니고, 캐디피를 골프장 운영자가 지급하고 그 액수를 정했다 하더라도 골프장 운영자에게 캐디피 지급의무가 있다고 보기 어렵고, 캐디 업무 시 순번의 정함이 있다 하더라도 퇴근 시간에 정함이 없고, 휴업수당이나 근로소득세 등이 없고, 업무 태만 시 순번이 맨 끝으로 배정되는 불이익이 있더라도 달리 징계처분은 없었던 바, 근로기준법상 노동자가 아니라고 판결했다. 나아가 2001년 8월 21일 프라자 컨트리클럽(한화 개발) 사건에서는 근로기준법상 노동자와 노동조합법상 노동자를 달리 볼 이유가 없다면서 노조법상의 노동자성마저 부정하여 사측의 단체교섭거부 및 해태를 부당노동행위로 인정하지 않았다.

④ 레미콘 운송차주

레미콘 기사의 노동자성과 관련하여 서울지방노동위원회는 노조설립을 이유로 분회장 등 노조 간부를 해고한 미화콘크리트 사건에서, 개인사업주에 불과하다는 사용자 주장에 대해 개인사업자로 인정받기 위해 필수적인 경쟁시장이 존재하지 않으며 경쟁시장에서 경쟁할 수 있는 영업의 자유도 전혀

---

44) 경기지노위 2000. 12. 27. 2000부노104, 2000부해385, 2000부노108, 2000부해405, 2000부해
446.

없는 점을 감안해 볼 때 레미콘기사는 회사의 사업장에서 종속적인 관계에서 사용자에게 근로를 제공한 근로자로 볼 수 있다고 하였다.45)

이어 인천지방법원 부천지원은 이순산업 등 사측이 건설운송노조 이순분회 등을 상대로 제기한 노동조합활동금지가처분 사건에서 레미콘 기사들은 노동조합법상 노동자에 해당된다고 결정46)했다. 이 결정은 노동자성 인정에 관한 형식적 징표는 노동자로 부인할 만한 사정이 없다고 할 수는 없으나 이는 사용자가 일방적으로 정할 수 있는 사항이라는 점에서 부수적으로만 고려해야 할 것이고 실질적인 징표를 보았을 때 사용자에게 종속된 상태에서 근로를 제공했다고 보아야 할 것이라고 하면서, 나아가 노무공급관계의 성립과 종료는 오로지 신청인에 의하여 정하여지고, 운송차주들이 담당하는 레미콘 운반업무는 신청인의 사업에 필수적 내지 본질적인 것이며, 운송차주들이 사업자로서의 독립성 및 전문성을 가지지 못하여 독자적으로 시장에 접근할 수 있는 기회가 완전히 봉쇄되어 있으며, 보수의 액에 있어서도 운송차주들의 실수입이 신청인 회사 정규직원의 보수와 현격한 차이를 보이지 아니하는 점 등에 비추어 보아도, 신청인 회사의 운송차주들은 신청인에게 종속된 상태에서 근로를 제공하는 노조법상의 근로자에 해당한다고 봄이 상당하다고 보았다.

그러나 2003년 1월 10일 대법원은 씨케이인프라시스(이하 CKI)에 고용된 레미콘 노동자들을 상대로 한 사측의 '근로자지위확인소송'에서 레미콘 노동자의 노동자로서의 지위를 부정하였다. 노동자들이 현장에서 엄연히 지켜야 할 조건인 출근시간은 타설시간을 맞추어야 하는 레미콘업계의 특수한 업무 조건 때문인 것으로 치부되었고, 사측의 명백한 지휘감독은 물량을 안정적이고 독점적으로 운반하기 위해 장기간의 운반도급계약을 체결한 회사의 신용과 영업상 이익을 위한 불가피한 것으로 해석되었다.47)

---

45) 서울지방노동위원회 2001. 2. 13. 2000부노262.

46) 인천지법부천지원 2001. 4. 13. 2001카합160 결정.

47) 대법원 2003. 1. 10. 선고 2002다57959 판결, 근로자지위부존재확인.

⑤ A/S 기사

노동부 행정해석 중 '정수기' A/S 용역기사에 대하여 근로기준법상 근로자로 볼 수 있다고 한 사례[48]도 있으나, 린나이코리아 A/S기사들에 대하여 인천지방노동위원회에서는 A/S기사들이 사업자등록증을 발급받고 사업을 수행하고 있으며, 사업소득세를 납부하고 있고, 비품·장비 등을 소유하고 있으며, 여타 사회보장제도가 적용되지 않는다는 점 등을 들어 노동자성을 부정한 사례[49]가 있으며, 2003년 행정법원에서도 노동자성을 부정하는 판결[50]이 나왔다.

⑥ 방송사 구성작가 등

방송사 구성작가, MC, 리포터 등에 대한 행정법원 판결에서는 근무시간, 장소, 업무수행 과정 등에서 지시감독 및 통제가 있다고 볼 수 없고, 비품·작업도구 등을 스스로 소유하고 있으며, 구성작가 등이 받는 보수를 근로의 대가인 임금으로 볼 수 없다는 이유로 노동자성을 부정[51]하고 있다.[52]

---

48) 노동부, 2001. 10. 10. 근기 68207-3448.

49) 인천지노위 2001. 10. 25. 2001부노47, 부해194, 린나이코리아 부당해고 및 부당노동행위 구제신청사건.

50) 서울행정법원 행정5부(재판장 김창석 부장판사)는 20일 C정수기업체가 "정수기 용역기사는 근로자가 아닌데 산업재해보험료를 부과한 것은 부당하다"며 근로복지공단을 상대로 낸 산재보상보험료 부과처분 취소 청구소송에서 원고승소 판결했다.
재판부는 판결문에서 "정수기 용역기사들의 경우 출퇴근시간 및 업무처리계획 등에 관해 원고로부터 지시나 감독을 받지 않는다는 점, 기본급 없이 업무실적에 따라 수수료를 지급받고 국민연금이나 고용보험 등 사회보장제도뿐만 아니라 취업규칙이 적용되지 않는다는 점 등에 비춰 근로기준법상 근로자로 보기 어렵다"고 밝혔다.
근로복지공단은 재작년 C사의 용역기사로 일하던 박모씨가 업무상 재해로 사망하자 유족보상금 등을 지급한 뒤 용역기사를 근로자로 간주, C사를 상대로 산재보험료 등을 부과했다.(《한국일보》 2003. 5. 20.자 기사)

51) 서울행정법원 2002. 11. 19. 2002구합13079 결정.

52) 고등법원에서도 마찬가지 이유로 노동자성을 부정하였다(서울고등법원 2003. 11. 6.

⑦ 애니메이션 노동자

원화, 동화, 칼라 등 애니메이션 제작 업무를 담당하는 노동자들의 경우 대부분 프리랜서 형태로 업체에서 배정한 일감을 도급 형식으로 수행하고 그에 따른 단가를 지급받는다. 1990년 이전에는 애니메이션 노동자들도 정규직 노동자였으나 사측의 의도에 따라 이제는 대부분 프리랜서로 바뀐 상태다. 그러나 법적으로 노동자성이 부인된 사례는 특별히 찾아볼 수 없으며, 2000년과 2001년에 퇴직금 소송에서 대법원의 노동자성 인정판결을 받은 바 있으며, 노동부에서는 만화영화 제작업체 직원에 대하여 급여형태가 실적급제로 전환되었고, 사업소득세를 납부하고 있기는 하나, 업무수행에 있어 회사의 지휘·감독을 받고 있는 점, 지각 또는 무단결근 등의 경우에 제재 조치를 행하는 점, 출퇴근시간이 정해져 있는 점, 작업도구를 회사에서 구입·제공하고 있는 점 등을 들어 노동자성을 인정하고 있다.53) 대법원 판결에서는 임금을 '급여'라는 명목으로 지급하였으며, 회사가 제공하는 공간에서 회사가 제공하는 물품을 사용하여, 회사가 요구하는 스케줄에 맞추어 작업을 해야 한다는 것을 노동자성 인정의 주된 근거로 삼았다.

⑧ 텔레마케터

문의전화에 대한 설명, 고객관리, 판매 등 전화를 통한 마케팅 업무를 담당하는 텔레마케터의 경우 파견직, 임시직, 위탁계약직이 섞여 있다. 개인사업자 형식의 텔레마케터 노동자들은 사측과의 위탁계약 하에 전화상담 업무를 수행하고 있고, 기본급 외에 판매액의 일정비율을 수당으로 지급받는 형태도 있고 전액 수당제인 경우도 있다고 한다. 보험모집 텔레마케터에 대해 노동자성이 다투어진 사례가 있는데, 노동부에서는 위촉계약을 체결하고 사업소득세를 납부한다는 점, 자신의 재량에 따라 자율적으로 업무를

선고 2003누72 판결).

53) 노동부, 2000. 7. 24. 근기 68207-2214.

수행한다는 점, 수당과 상여금 등이 자신의 모집 실적에 따라 지급된다는 점, 취업규칙 등 제규정이 적용되지 않는다는 점 등을 근거로 노동자성을 부정하고 있다.54)

(2) 판례의 사용종속관계 판단의 기준과 적용의 문제점

① 사용종속관계 판단의 기준 및 적용

사용종속관계가 인정되는 노동자에 해당하는지를 판단하기 위해 판례에서 주로 제시하는 10가지 기준은 다음과 같다.

①업무의 내용이 사용자에 의하여 정해지는지 여부

②업무수행 과정에 있어서도 사용자로부터 구체적이고 직접적인 지휘감독을 받는지 여부

③사용자에 의하여 근무시간과 근무장소가 지정되고 이에 구속을 받는지 여부

④근로자 스스로가 제3자를 고용하여 업무를 대행케 하는 등 업무의 대체성이 있는지 여부

⑤비품·원자재·작업도구 등의 소유관계

⑥근로제공관계의 계속성과 사용자에의 전속(專屬)성의 유무와 정도

⑦취업규칙·복무규정·인사규정 등의 적용을 받는지 여부

⑧보수에 관한 사항 (보수가 근로 자체의 대상적(代償的) 성격을 갖고 있는지 여부와 기본급이나 고정급이 정해져 있는지 여부 및 근로소득세의 원천징수 여부 등)

⑨사회보장제도에 관한 법령 등 다른 법령에 의하여 근로자로서의 지위를 인정받는지 여부

⑩기타 양 당사자의 경제·사회적 조건

---

54) 노동부 2001. 8. 2. 노조 68107-874.

이 10가지 기준은 노동자성 판단과 관련하여 좀더 주요하게 고려되어야 할 실질적 징표(①~⑥)와, 사용자에 의해 일방적으로 결정될 수 있는 것이어서 노동자 여부를 가림에 있어서는 부차적으로 고려되어도 무방한 형식적인 징표(⑦~⑨)로 나누어 볼 수 있다. 즉 10가지 기준은 모두 동일한 무게로 적용될 수 있는 것은 아니라는 점이 중요하다.

인천지방법원 부천지원 판결에서도 "…… 나아가 현대에 들어와 나타나고 있는 취업·고용형태의 다양화 현상을 노동관계법이 적정하게 규율하기 위하여는 위에서 언급한 여러 가지 요소를 입체적으로 고려하여 사용종속관계의 유무를 판단하여야 할 것인 바, 위 고려요소 중 ①항 내지 ⑥항 기재의 요소는 사용종속관계의 유무를 판단함에 있어 중요한 요소로서 고려하여야 할 실질적 징표라고 할 것이고, ⑦항 내지 ⑨항 기재의 요소는 그 내용이 사용자가 자신의 우월한 경제·사회적 지위를 이용하여 일방적으로 결정하는 것이 가능하다는 점을 감안하여 볼 때 사용종속관계의 유무를 판단함에 있어서 부수적인 요소로서 고려되어도 무방한 형식적 징표라고 할 수 있을 것이며, 이와 같이 실질적 징표와 형식적 징표를 종합하여 고려하여도 사용종속관계의 판단이 어려울 경우에는 나아가 ⑩항의 양당사자의 경제·사회적 조건에 대한 검토도 필요하다고 할 것"이라고 하여 이 판단의 징표들이 모두 동일한 무게로 나열될 수 없고, 실질적인 징표를 주요하게 고려하여야 하고, 사용자에 의해 임의로 결정될 수 있는 형식적 징표는 부수적으로 고려해도 무방하다고 보고 있다.

그러나 위 사례들에서 본 것처럼 법원은 주로 구체적인 지시감독이 있었는지 여부를 가지고 판단하지만, 지시감독 여부를 매우 협소하게 해석하여 업무의 시작에서부터 종료에 이르기까지의 상시적인 지시감독이 존재하는지를 주로 보고 있다. 취업규칙의 적용을 받는지, 기본급이 정해진 임금체계를 가지고 있는지, 사업소득세를 납부하고 있는지, 근로소득세를 납부하고 있는지의 여부와 같은 형식적인 기준들을 가지고 노동자성을 부정하거나 때로는 종속성을 인정하면서도 사업의 특성상, 혹은 계약의 내용상 나타날 수밖에 없는 종속의 정도라고 보아 노동자성을 부정하는 모습을 보이고 있는 것이다.

② 형식적인 징표에 무게를 둔 판결의 문제점

계약당사자간의 계약이 노동법의 적용을 받아야 할 근로관계에 해당하는지, 계약의 당사자가 노동법상의 사용자와 노동자에 해당하는지를 판단하기 위해서는 계약당사자들이 맺은 계약의 명칭이 도급계약이든 위·수탁계약이든, 임금체계에 기본급이 설정되어 있든 그렇지 않든, 취업규칙의 적용을 받든 취업규칙이 존재하지 않든 관계없이 사실관계에 따라 판단해야 한다. 즉 양당사자가 무엇을 의도했든 그 계약관계가 노동법이 적용돼야 할 것이라면 그 효과는 강제적으로 부여되는 것이다. 이 때 판단에 주요하지 않은 형식적인 지표들, 더구나 경제적·사회적 우위에 있는 사용자에 의해 일방적으로 결정될 수 있는 지표들은 배척되어야 함이 당연하다 할 것이다.

그렇지 않고 현재의 특수고용 노동자에 대한 대다수 판결들이 보이고 있는 태도와 같이 형식적인 측면을 주요하게 고려한다면, 이는 사용자에 의해 형식적 징표의 변화와 그를 통한 근로관계 은폐에 대응할 도리가 없게 된다. 사용자는 형식적 징표들의 변화를 통해 노동자성을 약화시키려는 시도를 끊임없이 하게 될 것이고, 노동법의 적용을 받는 범위는 점점 더 축소될 수밖에 없을 것이다.

이미 자본의 이러한 시도는 여러 곳에서 나타나고 있는데, 레미콘 회사들의 경우에는 계약서의 변경을 통해, 재능교육은 사규의 변경을 통해, 애니메이션 회사들은 임금의 명칭 변경을 통해 노동자성을 약화시키려는 의도를 드러내고 있다. 건설운송노동조합의 한 분회였던 미화레미콘의 구 계약서와 신계약서를 비교해보면 사측의 이러한 의도가 잘 드러나는데, 서울지방노동위원회에서 노동자성 인정 결정이 난 이후의 신계약서에는 구계약서의 많은 조항이 삭제되거나 간략화되었고, 구계약서에 별표로 규정돼 있던 징계규정의 성격을 가지는 운행관리수칙이 삭제되었다.

▶ 〈미화레미콘 구 계약서〉

　　※ 구계약서에는 징계규정이라 볼 수 있는 '운행관리수칙'이 별표로 들어가 있음.

제9조 (차량관리 및 사용)

1. "을"은 제1조의 차량을 "갑"이 지정하는 레미콘 운반도급 업무 수행에만 사용하여야 한다.

2. "을"은 제1조의 차량을 "갑"이 인정(주, 박차 확인 등)하는 경우를 제외하고 외부 건설기계 대여업 관리업체로 변경할 수 없다.

3. "을"은 제1조의 차량을 레미콘 운반도급 업무를 수행하지 않을 때에는 개인 책임관리 하에 주차시켜 놓아야 한다. 다만, "갑"이 지정하는 때는 예외로 할 수 있다.

제10조 ("을"의 책임과 의무)

"을"은 본 계약을 수행함에 있어 다음 각호의 사항을 필히 준수하여야 한다.

1. "을"은 "갑"의 레미콘 운반지시에 따라 성실한 자세로 최선을 다하여 레미콘 운반도급업무를 수행하여야 하며 일체의 사고를 미연에 방지를 하고 레미콘 운반도급 업무수행 또는 "을"로 인하여 발생하는 각종 사고 및 제3자에 대한 민, 형사상의 모든 책임을 진다.

2. "을"은 본 계약을 수행함에 있어 레미콘의 타설장소의 현장조건, 장거리 출하 등 어떠한 경우라도 성실히 수행하여야 한다.

3. "을"은 "갑"의 수요처 또는 "갑"이 지정하는 공장에서도 레미콘 운반도급 업무수행을 본 계약에 의하여 성실하게 수행하여야 한다.

4. "을"은 제1조의 차량을 직접 운전하여야 하며 부득이한 경우에는 "갑"의 사전 서면승인을 받아 일정기간 대리운전을 시킬 수 있다. 다만, 대리운전자는 "갑"이 정한 기준에 적합한 자이어야 하며, 대리운전자가 본 계약을 위반하였을 때에는 "을"이 본 계약을 위반한 것으로 한다.

5. "을"은 제1조의 차량에 대하여 제세공과금 등을 법정기간 내에 납부하여야 함은 물론 차량의 각종 보험(책임보험, 대인, 대물, 자손을 포함한 종합보험,

운전자 상해보험 등)에 가입하여야 하며, 매 가입시마다 가입사실을 증명할 수 있는 증서 또는 서류의 사본을 "갑"에게 제출한다.

6. "을"은 "갑"의 레미콘 공장의 신설, 증설, 통폐합으로 공장별 레미콘 물량의 편중("갑"의 관계회사를 포함한다) 등이 있을 경우에는 따로 정하는 것이 없는 한 본 계약을 준용한다.

7. "을"은 본 계약을 체결한 후 15일 이내에 관할세무서로부터 부가가치세법에 의한 사업자등록증을 "을"의 명의로 발급 받아 그 사본을 "갑"에게 제출하여야 한다.

8. "을"은 "갑"의 승낙 없이 제1조의 차량에 대하여 마크 및 도색을 변경하여서는 아니 된다.

9. "을"은 "갑"이 허용하지 않는 단체구성, 집단행위, 노동쟁의와 유사한 불법쟁의, "갑"의 경영질서를 파괴행위, 레미콘 운반도급 지시 거부 등을 선동하거나 이에 동참하여서는 아니 된다.

10. "을"은 레미콘 운반도급 업무를 수행함에 있어 제품의 손실 및 불량방지를 위하여 제반조치를 취하여야 한다.

11. "갑"의 운송 지시사항 등을 준수하여 제품이 반송되거나 폐기 또는 불량품이 발생하지 않도록 하여야 한다.

12. "을"은 폐레미콘이 발생하였을 경우에는 즉시 "갑"에게 보고하고 "갑"이 정하는 장소에 신속, 정확하게 폐기처리하여야 한다.

13. "을"은 차량의 정비를 무허가 정비업소에 하여서는 아니 된다.

14. "을"은 차량에 대한 사전 점검 및 예방수리를 철저히 하여 레미콘 운반도급 업무에 지장이 없도록 하여야 한다.

제11조 (유사계약 체결 금지)

"을"은 본 계약의 유효기간 내에 "갑" 이외의 제3자와 본 계약과 유사한 계약을 체결할 수 없다.

제14조 (타공장 지원시 운반도급료 정산)

"을"은 "갑"의 요청이 있을 때에는 "갑"이 지시하는 공장("갑"의 관계회사를 포함한다.) 또는 장소에서도 레미콘 운반도급 업무를 본 계약에 의하여 성실히 수행하여야 하며…….

제19조 (계약해지)

1. "갑"은 "을"이 다음 각호의 1에 해당하는 행위를 하였을 경우에는 서면 또는
   구두통고로서 본 계약을 해지할 수 있으며 "을"은 이에 대한 어떠한 이의도
   제기할 수 없다.
 가. 부정한 방법으로 본 계약을 체결하였을 때
 나. 본 계약업무 수행과 관련하여 부정한 행위를 하였을 때
 다. 본인의 사망 또는 형사사건으로 구속 또는 입건되었을 때. 단, 제1조의
   차량을 직접 운전하다 발생한 사고로 인한 것으로서 "갑"이 인정하는 경우에는
   예외로 할 수 있다.
 라. 법원의 파산선고, 금치산자, 한정치산자로 선고되었을 때
 마. 정신병자, 마약환자, 또는 본 계약을 수행할 수 없는 환자로 판명되었을
   때
 바. 제20조 2항의 규정에 의해 본 계약의 기간이 연장되지 아니한 때
 사. "을"이 제16조의 규정에 의한 손해배상금을 즉시 배상하지 않았을 때
 아. 제1조의 차량을 운전할 수 있는 면허가 취소되었을 때
 자. 제10조의 규정을 위반 또는 이행하지 않았을 때
 차. 제10조 8항의 규정에 의한 사업자등록증이 취소 또는 말소가 되었을 때

(중략)

5. "갑"은 경기가 침체되고 레미콘의 수요가 급격히 감소하여 영업이 어렵다고
   판단하였을 때에는 본 계약의 계약기간이 만료되기 전이라도 본 계약을
   해지할 수 있으며 이 때에 "갑"은 "을"에게 30일전에 해지통지함으로써
   본 계약은 해지된다.
6. 제5항의 규정에 의해 본 계약이 해지될 경우 "을"은 "갑"에 대하여 본 계약
   해지로 인한 손해배상을 청구할 수 없다.

(중략)

제26조 (계약문구의 해석)
본 계약의 해석에 이의가 있거나 명시되지 않은 사항은 동사의 관례에 의하여

"갑"과 "을"이 협의하여 결정하되 결정되지 않은 사항은 "갑"의 해석에 따른다.

※ 별표 - 운행관리수칙
본 운행관리수칙은 계약서 제10조 규정 외에 세부 운행수칙으로 "을"은 다음
각 호의 사항을 필히 숙지 준수하여야 하며 위반시 회사의 조치(경고, 승무대기,
계약해지 등)에 대해 어떠한 이의도 제기할 수 없다.

- 다　　음 -

1. 회사의 명예를 손상시키는 일체의 행위시 계약해지한다.
2. 회사 거래처에 대하여 금품 등의 요구를 한때는 승무대기 5일, 재발시 계약해
   지.
3. 차량을 운전, 대기 중에는 항상 복장 및 용모를 단정히 하여야 한다.
4. 회사의 직원 및 동료간에 폭언, 폭력, 협박, 절도, 사기, 도박, 파렴치한
   행위 등을 행한 경우 승무대기 5일, 재발시 계약해지한다.
5. 마약, 환각제 등 향정신성 의약품의 복용시 계약해지한다.
6. 음주 후 회사 내의 출입 및 운행시 승무대기 3일, 재발시 계약해지한다.
7. 출하 업무 종료 전에 임의로 운반업무의 종료, 세차 등의 행위시 승무대기
   3일.
   회사의 레미콘출하 업무가 종료될 때까지 공장 내에 대기하여 레미콘 운반업
   무를 수행할 수 있도록 대기하여야 한다. 다만, 부득이한 때에는 회사의
   사전승인을 받아 종료할 수 있다.
8. 차량은 항상 청결하여야 하며 지정된 장소 이외에서 세차 위반시 본인이
   모든 책임을 진다.
9. 공장 내에서는 절대 서행, 경적 사용금지 등 제반 안전수칙을 준수하여야
   한다.
10. 차량의 주차시는 질서정연하게 주차시켜야 한다.
11. 회사의 업무지시에 순응하여야 한다.
12. 레미콘을 현장 타설 후 회사에 도착 즉시 인수증을 출하실에 제출하여야
    하며 미제출시 운반인정 없으며 재발시 승무대기 3일

13. 회사의 시설물을 이용할 시에는 선량한 관리자로서의 의무를 다하여야
하고 시설물에 대해 훼손 또는 방실 등을 했을 경우 본인 변상 조치하며
고의로 했을 경우는 계약해지한다.
14. 지정된 대기시간 위반(조조 출하시간 포함)시 승무대기 3일
15. 야간, 조조 출하업무 회피(무단조퇴 포함)시 승무대기 3일
16. 지정된 휴무일 이외의 무단 휴무(무단결근) 시 승무대기 5일
17. 타공장 레미콘 운반도급 업무 지원지시 위반시 승무대기 3일
18. 중기의 수리를 고의로 지연시키는 행위시 승무대기 3일
19. 폐레미콘 및 잔량 처리 위반시 승무대기 5일
20. 지정 장소 외에서의 중기 세차 및 드럼 홉바 세척시 승무대기 3일

▶ 〈미화레미콘 신 계약서〉

  ※ 신 계약서에는 '운행관리수칙'이 없음.

제2조 (을의 책임과 의무)

"을"은 본 계약을 수행함에 있어 다음 각호의 사항을 필히 준수하여야 한다.

1. "을"은 사전정비와 안전운전에 유념하여 일체의 사고를 미연에 방지하고
본 계약 수행 중 발생하는 모든 사고 및 재해에 대하여 민, 형사상의 책임을
진다.
2. "을"은 본 계약을 수행함에 있어 레미콘 타설장소의 현장조건, 장거리 출하에도
성실히 수행하여야 한다.
3. "을"은 "갑"의 레미콘공장의 신설, 증설, 이전, 통폐합으로 공장별 레미콘
물량의 편중("갑"의 관계회사를 포함한다. 이하 같다)이 있을 경우에는 따로
정하는 것이 없는 한 본 계약을 준용한다.
4. "을"은 레미콘 운반도급 업무를 수행함에 있어 제품의 손실 및 불량방지를
위하여 제반조치를 취하여야 한다.
5. "을"은 폐레미콘이 발생하였을 경우에는 즉시 "갑"에게 보고하고 "갑"이 지정하
는 장소에 신속, 정확하게 폐기처리하여야 한다.
6. "을"은 "갑"과 협의하여 타레미콘사에서 영업을 할 수 있다.
7. "을"은 "갑"의 제품판매 영업활동을 할 수 있다.

제3조 (차량관리 및 사용)

"을"은 차량에 대한 건설기계 대여업 관리 업체를 변경코저 할 때에는 사전에 "갑"과 상호협의하여야 한다.

제11조 (계약해지)

"갑"은 "을"이 다음 각호의 1에 해당하는 행위를 하였을 경우에는 서면 또는 구두 통고로서 본 계약을 해지할 수 있다.

(1) 부정한 방법으로 본 계약을 체결하였을 때

(2) 회사의 명예를 손상시키는 일체의 행위

(3) 본 계약 이행과 관련하여 부정한 행위를 하였을 때

(4) "을"이 본 계약을 위반 또는 이행하지 않았을 때

(5) "을"이 제9조의 손해배상금을 즉시 배상하지 않았을 때

(6) "을"의 사업자등록증이 취소 또는 말소 되었을 때

(7) 본인의 사망 또는 형사사건으로 구속 또는 입건되었을 때

(8) 법원의 파산선고, 금치산자, 한정치산자로 선고된 때

(9) "을"이 차량 운전면허가 취소된 때

(10) 정신병자, 마약환자 또는 부상 또는 질병으로 업무수행을 할 수 없는 자로 판명되었을 때

(11) 제2조의 규정을 위반 또는 이행하지 않았을 때

제15조 (계약문구의 해석)

본 계약서의 해석에 이의가 있거나 명시되지 않은 사항은 "갑"과 "을"이 협의하여 결정하되 합의되지 아니한 사항은 관계법령 및 일반관례에 따른다.

재능교육의 경우 기존 사규집에 포함돼 있던 교사관리규정을 사규집에서 제외시켜 따로 업무지침으로 독립시켰고, 어느 애니메이션 업체의 경우 노동조합의 항의에 의해 원래대로 돌아가긴 하였지만, '급여' 명목으로 임금이 통장에 입금된 사실이 노동자성을 인정받는 근거가 되었다고 판단하자 '공사대금', '작업비' 등의 명목으로 임금을 입금시킨 사례가 있다.

③ 실질적 징표의 협소한 해석으로 인한 문제점

또한 실질적 징표를 기준으로 판단함에 있어서도 기존의 판례는 지나치게

협소하게 판단하여 노동자의 범위를 축소시키는 측면이 존재한다. 업무의 내용이 사용자에 의하여 정해지는지 여부나, 수행과정에 있어서의 지휘 감독 여부, 근무시간과 근무장소의 지정 등을 판단함에 있어서도 기존의 판례들처럼 좁게 해석할 것이 아니라, 통제의 정도가 포괄적이고 간접적인 것이라 하더라도 해당 업무의 수행을 통제하기에 충분한 정도인지를 보면 될 것이다. 노동자성이 문제된 특수고용 노동자들의 경우는 직접적이고 상시적인 감독이 존재하지는 않으나, 포괄적인 업무의 지정, 장소의 지정 및 업무수행에 대한 감독이 이루어지고, 그것만으로 해당 사업을 영위하기에 충분한 통제의 정도가 되거나 때로는 오히려 수당체계를 통해 더더욱 강한 통제의 효과를 얻기도 한다.

또한 제3자를 고용할 수 있는가, 비품·원자재·작업도구 등을 소유하고 있는가를 계약서상에 명시하고 있는지, 차량의 소유자가 누구인지 등의 형식적인 것만을 보고 판단할 게 아니라 실제로 그러한 정도가 개인으로서 사업을 영위하기에 충분한 정도인지가 함께 고려되어야 할 것이다. 업무의 타인대체 가능성을 계약서에 명시하고 있다고 하더라도 이는 대부분 노동자성을 약화시키기 위해 사용자에 의해 삽입된 조항일 뿐이며, 차량이나 작업도구를 소유하고 있다 해도 이는 취업을 위해서 필요한, 즉 자본에 의해 강제된 것일 뿐이기 때문이다.

(3) 새로운 판단기준을 통한 노동자 개념의 확대[55]

이처럼 기존의 사용종속관계의 판단기준으로는 현실의 근로관계를 담아낼 수 없다는 문제점이 존재하며, 노동법이 적용되지 않는, 노동자이면서도 노동자로 인정되지 않는 열악한 노동자군을 점점 더 양산하게 된다. 노동자 개념의 확대, 즉 노동자성 여부를 판단하는 종속성의 개념을 확장시켜야

---

55) 아래 다섯 가지 기준은 윤애림, 「특수고용노동자의 근로자성과 입법의 방향」, 민주주의 법학연구회, 『민주법학』 제23호, 2003에서 가져온 것이다.

한다. 현재의 특수고용 노동자들의 근로실태에 비추어 다음과 같은 지점들이 종속성의 새로운 지표로 고민될 수 있을 것이다.

① 노무이용자가 가지는 권한

노무이용자(기업)가 노무공급관계의 성립 및 종료에 대한 주도권을 가지고 있다는 점은 사용종속관계를 보여주는 중요한 지표이다. 판례는 특수고용노동자들의 채용과정이 정규직노동자와 다르고 취업규칙상 징계규정이 없고 다만 계약해지사유가 정해져 있을 뿐이라고 하여, 해당 관계가 일반 채권계약과 다르지 않다고 보았다. 하지만 채용과정을 정규직과 달리 하는 것은 기업의 내부노동시장에서의 위계화를 목적으로 하는 노무관리전략의 일환으로서 여타의 비정규직(계약직, 시간제, 파견제) 사용에 있어서도 동일하게 나타나는 현상이다. 특수고용형태에서도 일정한 자격에 대한 심사와 업무수행내용의 일방적 결정이라는 징표가 나타날 뿐 아니라, 다양한 불이익처분 및 계약해지권을 통해 업무수행과정을 지휘·감독하고 있다. 따라서 노무공급관계의 형성과 존속에 관하여 노무이용자가 주도권을 가지고 있거나, 계약서·업무지침·복무규정 등 명칭을 불문하고 업무수행내용이 정해지고 이것을 위반하였을 때 사실상의 불이익이 가해진다면 사용종속관계를 인정해야 한다. 특히 노무이용자가 임의로, 또는 고지만으로 노무공급관계를 해지할 수 있는 권한을 가지고 있다면 종속성을 추정하는 데 중요한 고려요소가 될 것이다.[56)]

---

56) 노동자성 판단과 관련하여 미국 판례는 "사용자가 언제든지 해당 노무공급관계를 종료시킬 수 있는 권한이 있다는 사실은 통상적으로 독립적인 노무공급자가 향유하는 작업에서의 완전한 통제와 양립할 수 없다. 그러므로 사용자의 이러한 권한은 근로자의 종속을 보여주는 중요한 조건으로 고려되어야 할 것이다. 그리고 아마도 그 일 자체의 최종적 결과와 상관없이 언제든지 특정 노무공급을 중지시킬 수 있는 무제약적인 권한을 가지고 있다는 사실보다 더욱 결정적인 단일 요소는 없을 것"이라고 지적하고 있다(14 Ruling Case Law 72).

② 포괄적 의미의 지휘감독권

대법원은 종래 업무지시가 구체적인 경우에는 사용종속관계를 긍정하고, 포괄적인 경우에는 계약이행과정에서 필요한 지시에 불과하다고 하여 노동자성을 부정한다. 그러나 중요한 것은 업무지시가 구체적이냐 포괄적이냐는 것이 아니라 해당 업무의 특성에 비추어 보았을 때 지시의 구체성이 노동자를 통제하기에 충분한가의 문제다. 업무수행이 주로 회사 밖에서 이루어지거나 서비스의 제공이라는 업무의 특성상 그때그때마다 지휘·감독이 어려운 경우, 기업은 대개 업무수행방식의 표준화, 일상적인 직무교육, 체계적인 보고 및 모니터링 체계, 성과급제 등의 방식으로 통제를 하게 된다. 그런데 이러한 통제방식의 변화는 노동시간의 탄력화, 연봉제 등 성과급제의 확산, 팀제의 도입 등으로 정규직노동자에게도 널리 확산되고 있다. 따라서 업무수행과정에 대한 전통적 방식의 지휘·감독이 없다는 것이 사용종속관계를 부인하는 근거가 될 수 없고, 반대로 교육참가의무, 업무수행지침에의 복종의무, 성과급제를 통한 통제 등이 있다는 것은 노동자성을 확인하는 지표가 돼야 한다.

③ 보수에 관한 사항 – 사용자의 위험과 비용 전가여부

판례는 지금까지 보수 중 기본급 내지 고정급이 정해져 있는지 여부, 휴업기간 중 보수가 지급되었는지 여부 등을 중요시하여 보수가 근로시간이 아닌 업무실적에 따라 결정되는 경우에는 노동자성을 부정하고 있다. 그러나 이것은 연봉제 등의 확산으로 통상의 노동자 임금도 업무실적에 따라 지급되는 사례가 늘고 있을 뿐 아니라, 성과에 기초한 보수체계가 노동자를 통제하는 새로운 방법으로 등장하고 있는 현실을 간과한 것이다. 게다가 근로기준법 제46조는 도급제 근로자에 대해 규정하고 있는데, 이것은 보수의 결정 및 지급방식이 사용종속관계 판단에 주요요소가 될 수 없음을 반증하는 것이다.

또 하나 주목할 만한 사실은 특수고용형태에 있어서 도급제 임금이라고 하는 것이 노동자를 통제하는 수단이 된다는 점이다. 학습지 교사의 경우는 담당하는 학생 수만 파악하면 수업하는 시간을 계산할 수 있으며, 레미콘 운전사들도 운송거리만 알면 대략의 근무시간의 계산이 가능하다. 근로시간의 정함이 노동의 양을 평가하기 위한 것이라면 특수고용형태 노동자들에게 있어서는 도급제 임금이 노동의 양과 질을 평가하는 방법이라고 할 수 있다. 그리고 완전성과급제는 회사측에서는 법정수당 등 비용을 절감할 수 있는 수단이 되는 동시에, 특수고용노동자에게는 스스로 노동강도를 높이도록 만드는 매개가 된다.

④ 제공된 노무와 해당 사업과의 관계

노동자성을 가름하는 또 다른 지표는 제공된 노무가 '자신의 업'으로서 제공된 것인가 '타인의 업'을 위하여 제공된 것인가라는 질문을 던지는 것이다. 즉 노무공급자가 자신의 목적에 따라 노동력을 사용하는 것이 아니라 노무이용자인 기업의 목적에 따라 종속적 노동을 제공하고 있는가를 살피는 것이다.[57] 이것은 근로자와 독립계약자를 구분할 때 '위탁 내지 도급계약'이라는 계약의 형식에 얽매이지 않고 제공되는 노무 자체의 성격을 실질적으로 검토하는 방법으로서, 미국·독일 등의 판례법리에서 사용하는 주요 지표다.[58]

---

57) 이러한 종속성의 지표를 강성태 교수는 '사업결합성'이라 부르고, 최영호 교수는 '조직적 종속성'이라 부르고 있다. 여기서 공통적으로 종래 판례가 제공되는 노무 자체에 대한 고려, 즉 제공된 노무와 해당 사업과의 관계에 대한 검토가 없었다는 점을 지적하고 있다(강성태, 『근로자의 개념』, 서울대 박사학위논문, 1994, 132쪽 이하 ; 최영호, 「특수고용형태 노무자의 노동자성 판단기준」, 『민주노총 토론회 자료집』, 2001. 11. 8. 5쪽).

58) 독일연방노동법원은 자유공동작업자(die freien Mitarbeit)의 노동자성 인정여부를 다툰 재판에서, "라디오, 텔레비전의 공동작업자는 사업자와 같이 자신이 설정한 목적에 따라 자기책임 하에 시장에서의 위험을 부담하면서 자신의 노동력을 사용하는 것과는 다르게 타인이용적인 처분에 맡겨져 있는 상태"에 있다고 보아 노동자성을 인정하였다(AP Nr. 26).
미국 판례법리에서도 이러한 지표를 확인할 수 있는데 예를 들어 Mitchell v. John R. Cowley & Brother Co. 사건(292 F. 2d 105)에서 법원은 노무공급자가 개인적 노무의 수행과 구별되어 사업에 실제로 편입되어 있었는지의 여부는 본질적인 중요성을 가지는 요소라고 구체적으로 해당 업무가 그 회사의 사업에서 핵심적인 부분인가 여부를 지표로 삼을 수 있다. 이것은 노무공급자가 수행하는 업무가 기업의 목적 수행에 중요하거나 필요불가결할 경우 기업이 그 노무관리에 상당한 힘을 쏟는 것이 일반적이어서 노무제공과정에 사용종속관계가 형성될 개연성이 크다는 점을 이유로 한다. 판례 중에도 이것을 판단지표로 사용한 예가 있다.[59] 실제 학습지 업체 중 94.7%, 보험회사의 100%, 골프장들의 75%가 특수고용 노동자들이 핵심업무를 담당하고 있다고 밝힌 조사결과도 이러한 지표의 현실적합성을 보여주는 것이다.[60]

또 하나 기준이 될 수 있는 것은 해당 노동자가 제공하는 노무와 회사가 이용하는 다른 노무와의 관련성의 정도이다. 회사는 해당 업무를 수행함에 있어 특수고용 노동자를 사용할 수도 있고 정규직을 고용할 수도 있다. 만일 특수고용 노동자가 회사의 직원이나 다른 특수고용 노동자들과 팀을 이루어 노동을 한다거나 밀접한 관련을 맺으면서 노무를 제공한다면 이는 사용종속관계의 지표가 될 수 있다.[61]

지적하였고, Real v. Driscoll Strawberry Association, Inc. 사건(603 F. 2d 748)에서는 공급된 노무가 관련된 사용자의 사업의 내부적인 부분을 구성하였는가의 여부는 공정근로기준법의 목적을 달성하기 위한 근로자와 독립계약자의 구분에 있어 유용한 요소 중의 하나라고 하였다.

59) "시청료 징수 업무 자체가 피고 공사 운영에 필요불가결한 것으로…… 피고 공사는 위탁직이건, 계약직이건 징수원을 항상적으로 확보하여 징수업무 등에 종사시킬 필요성이 있었고…… 실질적으로는 피고 공사에 사용종속되어 있는 근로자로 봄이 상당하다"(서울지법 남부지원 1990. 6. 26. 89가합3473 결정). 또한 앞서 소개한 부천지원 판결에서도 운송차주들이 담당하는 레미콘 운송업무가 레미콘회사의 사업에 필수적·본질적이라는 점을 노동자성 인정근거의 하나로 밝힌 바 있다.

60) 김소영·김태홍, 『근로자로 보기 어려운 여성취업자의 실태 및 개선방안』, 노동부연구용역 보고서, 1999, 60쪽.

61) 독일의 자유공동작업자(die freien Mitarbeit)의 노동자성 인정여부를 다툰 재판에서도, 이른바 '팀 노동(Teamarbeit)'이 종속노동임을 나타내는 중요한 사실적 징표로 평가되었다. 즉 독일 연방노동법원 1978년 3월 15일자 판결은 방송국에 전속된 리포터가 시나리오 작성 중 자신의 노동력을 자유로이 배분할 수 있었다고는 하지만, 시나리오 내용 등에

특수고용 노동자가 담당하는 업무가 과거 정규직이 담당하던 업무였는지, 현재 동일한 업무를 담당하는 노동자가 있는지 여부도 노동자성을 판단하는 중요한 지표가 될 수 있다. 레미콘 운전사들의 경우 과거 정규직으로 고용되어 있다가 회사의 구조조정에 의해 특수고용직으로 전환된 대표적 사례다. 그 업무가 해당 회사에서 정규직에서 특수고용직으로 전환된 사실이 있는 경우나, 해당 노동자 자신이 과거 정규직이었다가 전환된 경우라면 보다 강하게 사용종속관계를 추정할 수 있다.

또한 일정자격요건을 갖춘 특수고용형태 노동자들을 정규직으로 전환하는 단체협약조항이나 내부규정이 있다면 이는 노동자성을 강화하는 지표가 될 것이다. 이것은 수습으로 있다가 정식사원이 되는 것처럼 특수고용형태가 독자적 계약형태가 아니라 정규직이 되기 위해 거쳐야 하는 단계로서 회사의 인사관리의 한 방법에 불과한 것이기 때문이다.

⑤ 노무공급자의 사정

지금까지 판례는 '업무의 대체성 여부', '원자재나 작업도구 등의 소유관계', '근로제공관계의 계속성과 사용자에의 전속(專屬)성의 유무와 정도' 등 "양 당사자의 경제·사회적 조건 등을 종합적으로 고려하여 판단하여야 할 것"을 기본시각으로 제시하면서도, 실제 적용에 있어서는 계약상 규정되어 있는지 여부만을 형식적으로 살피고 있다. 다만 앞의 부천지원 판결이 "운송차주들 스스로가 제3자를 고용하여 업무를 대행하는 것이 사실상 불가능하며, 레미콘 운반차량의 소유권은 비록 운송차주들에게 있으나 실제로 운송차주들이 차량의 소유권을 행사하여 이를 개인적 용도로 사용하거나 여가시간을 이용하여 다른 회사의 운송업무를 할 수 없으며, 운송차주들은 계약된 기간

관해 편집부의 편집인과 밀접한 협동이 요구되었던 점, 시나리오 작성에 계속된 필름촬영, 커트, 편집에 있어서 필름제작팀에서의 협동을 필요로 했다는 점에서 팀 노동의 성격이 있다는 사실을 노동자성을 인정하는 중요한 지표로 삼았다(AP Nr. 26).

동안 계속하여 전적으로 신청인에게 근로를 제공하여야 하고 운송차주들이 스스로 다른 사업장에 근로를 제공할 수 없는 점, …… 운송차주들이 독립성 및 전문성을 가지지 못하여 독자적으로 시장에 접근할 수 있는 기회가 완전히 봉쇄되어 있는 점에 비추어 보아도 회사의 운송차주들은 회사에게 종속된 상태에서 근로를 제공하는 노조법상의 근로자에 해당한다"고 판시한 것이나, 대법원이 "캐디의 업무의 성질이나 소외회사에 의하여 근무시간 등이 정해져 있고 매일 출근하여야 하는 관계상 다른 회사에의 취업이 사실상 곤란하여 캐디들은 소외회사에 거의 전속되어 있다고 보여지는 점"을 노동자성 인정의 적극적 요소로 판시한 사례는 주목할 만하다.

이처럼 사용자에 대한 노무공급의 계속성과 전속성의 정도, 시설·장비 및 주요 재료의 소유관계, 이익과 손실에 대한 독자적 기회의 존재 여부, 제3의 노동력의 이용 여부 등은 사용종속관계를 판별하는 지표로서 사용될 수 있다. 여기서 주의할 것은 이러한 지표를 외관상 판단해서는 안 되고, 노무공급자가 이익과 손실에 대한 위험과 기회를 부담하면서 독자적인 목적에 따라 영업할 가능성이 있는가와 관련하여 실질적으로 검토해야 한다는 점이다. 단적인 예로 레미콘 운전사의 경우처럼 고액의 장비를 소유하고 있는 경우라 하더라도 이러한 장비소유가 독자적 기업의 실체를 이루는 것이 아니라 노무제공을 위한 수단이 된다면 오히려 노동자성을 추정하는 요소로 봐야 하기 때문이다.

정리하자면 위 ①~③의 지표는 기존 판례의 판단기준을 보다 현실에 적합하게 수정해야 할 부분이고, ⑤의 지표는 종래 형식적으로 검토되던 부분을 제공되는 노무의 성격에 따라 종합적으로 검토해야 할 부분이며, ④의 지표는 종래 판례가 간과했던 종속성의 요소를 주목해서 봐야 할 부분이라 할 수 있다. 한 가지 덧붙일 것은 기존 판례가 채택했던 판단 기준 중 취업규칙의 적용여부, 보수의 지급방법, 세법이나 사회보험법에서 근로자 인정여부 등 사용자가 좌우할 수 있는 형식적 지표들은 사용종속관계의 판단에서 부수적으로만 고려되어야 한다는 점이다.

3. 법 개정에 의한 노동법 적용범위의 확장

(1) 특수고용 노동자와 관련한 노사정위 공익위원안의 문제점

노사정위는 그동안 특수고용 노동자와 관련하여 노조법상 노동자성 인정, 사회보장관련 법제의 적용 확대, 근로기준법 중 일부 조항의 적용, 경제법리에 의한 보호 등의 여러 가지 안을 검토했으나, 이는 특수고용 노동자의 노동자성을 원칙적으로 인정하지 않는 것에서 출발하여 필요한 법적 보호를 일부 적용하는 방향으로 맞추어져 있었다.

아니나 다를까 2003년 이에 관한 노사정위원회 공익위원안은 '특별법' 제정이라는 방향으로 제출되었는데 그 내용을 보면, 적용범위에 관하여 '근로기준법 또는 노동조합 및 노동관계조정법상 근로자에 해당되지는 않지만 이와 유사한 지위에 있는 자로서 사회적 보호가 필요한 자'라는 범주를 설정하고, 그 구체적 범위 마련에 있어서는 "①특정사업주를 위하여 노무를 제공하고 이로 얻은 수입으로 생활할 것, ②타인을 고용하지 않고 본인이 직접 노무를 제공할 것, ③노무제공에 있어서 직간접적인 사용자의 지휘감독을 받을 것"을 고려한다고 했다.

보호의 구체적인 내용을 보면, "정당한 사유 없는 계약해지로부터의 보호, 성희롱으로부터의 보호, 보수에 대한 보호방안을 조속히 강구"하도록 하고, "기타 보호사항(모성보호, 휴일·휴가제공 등)은 적절한 수준에서 보장하는 방안을 검토"하겠다고 했으며, 사회보험과 관련해서는 "산업재해보상보험은 조속히 적용", "기타 사회보험의 경우 그 적용하는 방안을 추후 검토"하겠다고 했다.

또한 노동3권의 완전 적용이 아니라, 이미 조직된 노동조합조차 인정하지 않는 것과 마찬가지라 할 수 있는 "단체조직권, 교섭권, 협약체결권을 부여"한 다는 입장을 나타냈으며, "유사근로자단체의 설립, 교섭사항, 활동전임자의 지위, 성실교섭의무, 교섭거부금지, 협약의 효력, 부당행위(Unfair Practice) 금지 등에 대해서는 노동관련법상의 관계조항을 준용하여 구체적인 방안을 마련", 분쟁조정과 관련해서는 "교섭결렬시 분쟁조정을 위해 직권중재가 이루어지도록 하고, 그 분쟁조정에 관한 절차는 노동조합및노동관계조정법상 관계규정을 준용"한다고 하여 노동자로서의 인정 및 노동3권의 인정은 전혀 찾아볼 수가 없었다.

이는 특수고용 노동자들의 노동자성을 인정하지 않고, '근로자에 해당되지는 않지만 이와 유사한 지위에 있는 자'라는 개념을 설정, 노동자로 인정되어야 할 자들을 유사한 자로, 유사한 지위에 있는 자에 해당하는 자를 완전한 비노동자의 범주로 묶어 버리게 될 소지가 다분하다.

노동자성을 인정하지 않는 전제 위에서 출발하기 때문에 개별법적 보호에 있어서도 제한적일 수밖에 없으며, 더구나 제시된 '유사한 지위에 있는 자'를 판단하는 세 가지 기준을 어떻게 적용할 것인가에 있어서 기존 사용종속관계 판단 기준이 형식적인 요소들을 중심으로 하여 노동자성을 부정해 온 상황을 그대로 답습하게 될 가능성이 짙다. 더 큰 문제는 당연히 보장되었던 노동3권이 부정됨으로써 그나마 특수고용 노동자들이 보유했던 권리는 한층 더 후퇴할 수밖에 없게 되었으며, 선심 쓰듯 내주는 직권중재가 노동자의 권리를 어떻게 박탈할 것인지는 불을 보듯 뻔하다.

고용형태는 점점 더 다양화되고, 현재 존재하는 특수고용 노동자만이 아니라 전통적인 노동자 개념으로 포괄하기 어려운 노동자군이 늘어나고 그 스펙트럼 또한 매우 다양해질 것이다. 그렇다면 그 때에는 그들에 대한 노동법적 보호를 어떻게 시행할 것인가. 자본은 유사노동자에 대한 책임을 기꺼이 지는 것이 아니라, 노동자들을 유사한 지위에 있는 자로, 그리고 더 나아가 완전한 사업자의 외관을 갖추도록 계속해서 자신이 고용한 사람들을 노동법의 범위 밖으로 밀어낼 것이며, 법원은 노동법 적용 대상을 자의적으로 선택하는 역할을 하게 될 것이다. 사용자가 설치한 덫에 끊임없이 발목을 잡히면서 말이다.

(2) 근로기준법 개정을 통한 노동자 개념의 확장 필요성

① 노동자성 인정과 근로기준법 적용

이미 근로기준법 제14조의 개정을 통하여 노동자 개념을 확장, 특수고용 노동자들의 노동자성을 인정해야 한다는 법개정 요구안이 여러 번 제출된 바 있다.[62]

---

62) 2000년 9월 19일, 비정규 노동자 권리보장을 위한 법개정안 공청회에서 비정규 노동자 기본권 보장과 차별철폐를 위한 공동대책위원회(비정규 공대위)는 다음과 같이 근로기준법 제14조(근로자의 정의)와 근로기준법 제15조(사용자의 정의)를 개정하여 특수고용 노동자를 보호하여야 한다는 법개정 요구안을 제출한 바 있다.

제14조 (근로자의 정의) ① 이 법에서 근로자라 함은 직업의 종류를 불문하고 사업 또는 사업장에 임금을 목적으로 근로를 제공하는 자를 말한다.

② 독립사업자의 형태를 취하고 있는 경우에도 특정사용자의 계산으로 또는 특정사용자의 사업에 편입되어 그 업무를 수행하고 대가를 얻는 경우에는 근로자로 본다.

근로기준법 제15조 (사용자의 정의) ① 이 법에서 "사용자"라 함은 사업주 또는 사업경영담당자 기타 근로자에 관한 사항에 대하여 사업주를 위하여 행위하는 자를 말한다.

② 근로계약 체결의 형식적 당사자가 아니라고 하더라도 당해 근로자의 근로조건 등의 결정에 대하여 실질적인 지배력 또는 영향력이 있는 자는 사용자로 본다.

③ 전항의 실질적 지배력 혹은 영향력이 있는 자는 임금, 근로시간, 복지, 해고 등 그가 영향을 미친 근로조건에 한하여 근로계약체결 당사자와 함께 연대책임을 진다.

또한, 이와 함께 노조법상의 사용자 개념에 대한 개정안을 함께 제출하고 있다.

노동조합및노동관계조정법 제2조 (정의) 이 법에서 사용하는 용어의 정의는 다음과 같다.

2. "사용자"라 함은 사업주, 사업의 경영담당자 또는 그 사업의 근로자에 관한 사항에 대하여 사업주를 위하여 행위하는 자를 말한다. 근로계약 체결의 형식적 당사자가 아니더라도 당해 노동조합 또는 근로자에 대해서 실질적인 지배력 또는 영향력이 있는 자도 같다.

특별법의 제정이나, 개별법의 개정을 통한 사회보험의 적용, 노조법 개정을 통한 노동3권의 일부적용이 아닌, 근로기준법의 적용 요구는 바로 노동자성 인정의 핵심이 근로기준법의 적용일 수밖에 없기 때문이다. 법체계상으로도 근로기준법과 노동조합법상의 근로자 개념을 기본으로 하여 그 외 개별법 - 최저임금법, 산업재해보상보험법, 고용보험법, 교원의 노동조합설립 및 운영 등에 관한 법률 등 - 을 적용하고, 개별법의 성격에 따라 적용범위가 더 제한되거나 보호의 내용이 더 강화되거나 하는 방식으로 진행되고 있다. 따라서 근로기준법 적용이 아닌 다른 방식의 보호는 기본적으로 노동자성을 부정하는 시각과 연결될 수밖에 없다.

또한 근로기준법이 설정한 '근로자'의 개념은 확고부동한 고정적인 것이 아니며, 사회의 변화에 따라 보호되어야 할 사람의 범위를 확장, 변화해 가야 하는 성질의 것이다. 현실의 다양한 고용관계의 등장에 따라 보호되어야 할 사람에 대한 보호, 고용관계에 대하여 책임을 부담해야 할 사람에 대한 책임 부여의 역할을 해야 하는 것이 근로기준법이고, 제반 노동법의 역할이다.

② 근로기준법의 적용 가능성

노사정위원회나 정부는 특수고용 노동자의 노동과정의 특성상 근로기준법이 적용이 어렵다고 주장하면서, 보호가 필요한 일부 지점에 대하여 개별법 개정 혹은 특별법의 제정을 통하여 적용하겠다고 하지만, 현행 근로기준법 규정을 적극적으로 해석한다면 근로기준법 적용이 불가능하지 않다.

가. 노동과정상 드러나는 근로기준법 적용의 가능성

■ 근로시간 산정과 관련하여

특수고용 노동자들의 노동과정이 사업장 외부에서 이루어지고, 근로시간 산정이 어렵다고 하나, 출퇴근 시간을 사용자가 인지하는 것은 얼마든지 가능하며, 근로시간 산정이 노동량을 측정하고 그에 따른 임금 지급을 위한 것이라 한다면 특수고용 노동자들의 노동량은 다른 방식으로 산정될 수 있다. 학습지 교사의 경우는 담당하는 학생 수만 알면 수업하는 시간을 계산할 수 있으며, 레미콘 운전사들의 경우도 운송거리만 알면 시간의 계산이 가능하다. 또한 임금만 실적에 따른 수당으로 지급될 뿐이지 사실상 사업장 내에서 노동하는 홍익매점 노동자, 골프장 경기보조원, 텔레마케터 등은 당연히 근로시간 산정이 가능하다.

노동시간 혹은 노동량을 측정하는 것이 불가능하다 할지라도 근로기준법 적용이 멀어지는 것은 아니다. 이는 근로기준법 자체가 이미 노동시장의 유연화와 함께 수차례 개악의 과정을 거치면서 폭넓은 유연성을 가지고 있기 때문에 가능한 것이기도 한데, 근로기준법 내에는 이미 외근을 주로 하는 근로형태나 재량근로 등이 존재함을 인정하고 있으며, 그에 관한 규정을 두고 있다.

근로기준법 제56조 (근로시간 계산에 관한 특례) 제1항은 "근로자가 출장 기타의 사유로 근로시간의 전부 또는 일부를 사업장 밖에서 근로하여 근로시간을 산정하기 어려운 때에는 소정근로시간을 근로한 것으로 본다. 다만, 당해 업무를 수행하기 위하여 통상적으로 소정근로시간을 초과하여 근로할 필요가 있는 경우에는 그 업무의 수행에 통상 필요한 시간을 근로한 것으로 본다"고 하여 근로시간 측정이 어려운 경우에 대하여 이미 규정을 두고 있는 것이다.

또한, 동조 제3항은 "업무의 성질에 비추어 업무 수행방법을 근로자의 재량에 위임할 필요가 있는 업무로서 대통령령이 정하는 업무는 사용자가 근로자대표와 서면합의로 정한 시간을 근로한 것으로 본다"고 하여 주로 노동자의 재량에 의해 수행되어야 할 업무에 대하여도 규정하고 있고, 시행령에서 '①신상품 또는 신기술의 연구개발이나 인문사회과학 또는 자연과학분야의 연구 업무, ②정보처리시스템의 설계 또는 분석 업무, ③신문·방송 또는 출판사업에 있어서 기사의 취재·편성 또는 편집업무, ④의복·실내장식·

공업제품·광고 등의 디자인 또는 고안 업무, ⑤방송프로·영화 등의 제작사업에 있어서 프로듀서 또는 감독업무, ⑥기타 노동부장관이 정하는 업무'를 그 대상으로 정하고 있다. 골프장 경기보조원, 학습지 교사 등의 업무가 아직 이에 해당하지는 않으나, 실제 시행령에서 정하고 있는 업무들은 골프장 경기보조원이나 학습지 교사 등과 비교해볼 때, 업무에 있어서의 재량권을 훨씬 더 많이 부여받고 있는 업무들로 볼 수 있다. 이는 업무에 관한 조금의 재량권이 있다는 것이 근로자성을 부정하는 근거가 될 수는 없다는 사실을 보여준다.

■ 퇴직금 제도 설정과 관련하여

특수고용 노동자의 임금이 실적에 따른 수당으로 지급되기 때문에 퇴직금을 지급한다면 평균임금을 어떻게 산정할 것인가의 문제를 제기하기도 한다. 실제로 평균임금 산정이 어려운 이유 중의 하나는 사용자가 부담해야 할 비용을 특수고용 전환을 통해 노동자에게 전가하고 있기 때문에 현상적인 소득과 실수입이 차이가 난다는 것인데, 이는 평균임금의 산정 기준을 정하면 되는 것이지 적용이 불가능한 근거가 되지는 못한다. 근로기준법에서 역시 근로기준법 제19조[63)]에 따라 평균임금 산정이 어려운 경우를 이미 예정하고 있으며,[64)] 특수고용 노동자보다 평균임금의 산정이 더 어려울 것으로 예상되

---

63) 제19조 (평균임금의 정의)

　① 이 법에서 "평균임금"이라 함은 이를 산정하여야 할 사유가 발생한 날 이전 3월간에 그 근로자에 대하여 지급된 임금의 총액을 그 기간의 총일수로 나눈 금액을 말한다. 취업 후 3월 미만도 이에 준한다.

　② 제1항의 규정에 의하여 산출된 금액이 당해 근로자의 통상임금보다 저액일 경우에는 그 통상임금액을 평균임금으로 한다.

64) 시행령 제3조 (일용근로자의 평균임금)에서는 "일용근로자에 대하여는 노동부장관이 사업별 또는 직업별로 정하는 금액을 평균임금으로 한다"는 규정을 두고 있고, 시행령 제4조 (특별한 경우의 평균임금)에서는 "법 제19조, 이 영 제2조 및 제3조의 규정에 의하여 평균임금을 산정할 수 없는 경우에는 노동부장관이 정하는 바에 의한다"고 하여 근로기준

는 일용노동자에 대하여도 근로기준법 제19조에 따라 퇴직금 지급을 위한 평균임금을 산정하고 있다.

나. 기체결된 단체협약 내용상에서 드러나는 근로기준법 적용의 가능성

■ 기본 생활임금의 보장(최저임금 및 휴업수당의 또 다른 접근)

학습지 교사의 위탁계약서를 보면 최저 기본 과목수라고 하여 100과목을 정하고 있는데, 이는 일종의 임금 최저선을 정한 것이며 특수한 형태의 기본급이라고 할 수 있다. 보험모집인의 경우에도 실적, 출근과 유지율에 의하여 분할로 수당을 지급 받고 있는데, 여기서 출근일을 바탕으로 한 기본수당이 존재하는 경우가 있다. 물론 이러한 기본 과목수 혹은 일정 출근율을 전제로 한 기본수당은 노동강도가 일정 수준 이하로 하락하지 않도록 통제하기 위한 사측의 기제이기도 하지만, 이는 시간단위로 설정되지 않더라도 기본적 생활임금의 설정(최저임금을 위반하지 않는 수준의 임금결정)이 가능함을 보여준다.

또한 노동조합 차원에서는 현실적인 대안으로 단체협약을 체결하면서 최소한의 생계비나마 사측이 책임을 지도록 하는 실질적 노력을 기울이고 있다.

대영루미나 컨트리클럽의 경우에는 단체협약으로 '생계보상비' 조항[65]을

법 제19조에 따른 평균임금 산정이 어려운 경우를 이미 예정하고 있다. 다만, 이에 따라 정한 고시는 없을 뿐이며, 이를 고시하지 않은 행정입법 부작위는 위헌이라는 헌법재판소의 판결이 이미 난 바 있다.

노동부장관으로 하여금 평균임금을 정하여 고시하도록 한 산업재해보상보험법 제4조 제2호 단서 및 근로기준법시행령 제4조에도 불구하고 이를 고시하지 않은 행정입법 부작위는 위헌이다(헌법재판소 2002. 7. 18. 선고 2000헌마707 판결).

65) 제101조 (생계 보상비)
1. 회사는 비시즌(1월~3월) 기간에 도우미 조합원에게 2002년부터 개인당 월 10만원씩 지급한다.
2. 회사는 타구 사고시 부상을 입었을 경우, 진단서를 제출할 경우 진단서에 명시된

체결, 최저 생계와 산재발생 시 처우에 대해 규정하고 있으며, 건설운송노동조합의 모범단협안에서도 비수기 때의 월 기본급을 요구[66]하고 있으며, 일명 프리랜서로 불리는 방송사 구성작가, 진행자들로 구성된 전국여성노조 방송사지부의 경우 역시 주요 요구로 최저임금보장, 근속별 고료기준설정, 불방 시 고료 지급 등을 통해 원고료·진행료를 사회적 수준에 맞게 현실화하고 기준을 마련할 것을 요구하고 있다.

이러한 예들이 보여주듯이 임금의 불안정성이 특수고용직 노동자들의 가장 기본적인 어려움임을 고려했을 때, 특수고용 노동자들의 기본적이고도 인간다운 삶의 보장을 위해서는 기본적으로 특수고용 노동자들의 임금형태에 맞는 최저임금제의 적용이나 휴업수당의 적용 등이 적극적으로 고민될 수 있을 것이며, 더 나아가 단체협약상으로는 이러한 100% 성과급 임금체계에서 오는 삶의 불안정성을 극복하고 안정된 임금체계, 즉 기본급을 쟁취하고 그 비율을 점차 높여나가는 방안이 요청된다고 하겠다. 또한 이러한 단체협약 규정을 참조하여 현재 유명무실하게 되어 있는 도급근로자에 대한 임금보장 조항을 현실화하는 방안을 검토해야 할 것이다.

■ 휴일, 휴가 등의 보장 및 그를 통한 고용의 보호

특수고용 노동자들은 노동자성이 부정되어 유급휴일이나 휴가가 보장되지 않는다. 그러나 유급은 아니더라도 일부 단체협약을 통해 이를 규정하고 있는데, 이 역시 단체협약을 통하여 근로기준법상의 보호 내용에 접근하고 있음을 보여준다.

재능교육교사노조의 2000년 단체협약[67]에는 질병, 부상, 출산 등으로 인해

근무치 못한 기간에 대하여 근무로 인정하여 치료비 및 정신적 피해보상까지 인정하여 입원기간 내의 기간을 산출하여 일괄계산 한다.

66) 제5장 레미콘 운송비 제24조 (운송비의 정의와 구성)
  2. 제 수당 (중략)
    (4) 회사는 비수기 1월, 2월은 기본급 100만원을 보장한다.

요양이 필요한 경우 계약을 일시 정지할 수 있도록 하고, 계약정지자의 처우에 관한 내용을 규정하고 있다. 또한 대영루미나 컨트리클럽의 단체협약[68])에서는 일반조합원에 준하여 특수고용 여성 노동자에게 모성보호휴가를 부여할 것을 정하고 있다.

이들 조항에서 보듯이 휴일, 휴가의 보장은 법적으로는 보호되지 않는 휴일과 휴가를 적용하여 노동자의 건강권을 지키겠다는 의미도 있지만, 특수고용 노동자의 경우 업무상 재해나 출산 등을 위하여 장기간의 휴식이 필요할 때 고용관계 자체를 해지시킬 수밖에 없는 위치에 있었기 때문에 휴일,

---

67) 〈재능교육교사노조 2000년 단체협약〉

제28조 (일시 계약 정지)

재능 선생님이 다음 각 호에 해당하는 경우 일시 계약기간을 정지한다.

　1. 관리 중, 관리 외 부상으로 14일 이상 입원 및 요양이 필요한 경우 : 6개월

　2. 질병, 출산으로 인한 요양 : 3개월

제29조 (계약 정지자의 처우)

① 계약 정지 기간 중 관리 중 부상, 출산으로 인한 정지기간은 근무기간에 통산한다.

② 회사는 계약기간 정지자의 누계 순증수와 저축수당 지급 등 제반조건을 복귀 후 종전 기준에 따라 인정한다.

③ 전조 1호의 관리 중 부상일 경우 아래와 같이 생계비를 보조한다.

　1. 2주 이상 입원 : 20만원

　2. 3주 이상 입원 : 30만원

　3. 4주 이상 입원 : 50만원

여기서 입원이라고 하면 입원, 입원에 준하는 요양을 말한다.

68) 제56조 (생리 및 검진휴가) 회사는 여자인 일반 조합원에게 월 1일의 생리휴가와 임신 중인 경우 정기검진휴가를 유급으로 실시한다. 또한 도우미조합원에 대하여도 이에 준하는 휴가를 무급으로 사용하게 한다.

제57조 (임신한 여성조합원의 근로전환) 회사는 임신 중인 여성인 일반조합원의 요구가 있을 시 본인의 의사에 따라 보다 경미한 작업으로 배치 전환하여야 하며, 또한 도우미조합원에게는 본인이 희망할 경우 출산 시까지 무급으로 임신휴가를 사용할 수 있다.

제59조 (유급유산휴가) 임신 중인 여성인 일반조합원이 임신 4개월 이전에 유산을 하였을 때는 30일간의 유급유산휴가를 부여한다. 다만 여성인 도우미조합원은 무급으로 한다.

제61조 (육아휴직) 다만 도우미 조합원인 경우 이를 무급으로 실시하며 휴직 후 업무의 복귀를 보장한다.

휴가의 보장과 함께 고용을 보장하고자 하는 측면을 동시에 갖는다.

■ **그 밖의 고용보장 조항**

그 외에도 단체협약을 통해 부당해고나 경영상 해고로부터 고용을 보호하기 위한 조항들을 두고 있는데, 재능교사노동조합의 경우에는 영업양도 시 고용 및 근로조건의 승계에 관한 규정[69]을 두고 있고, 대영루미나 컨트리클럽의 경우에는 집단해고 시 해고수당지급에 관한 규정[70]을 두고 있다. 또한 건설운송노동조합 단체협약안에는 일방적인 근로조건 변경 및 해고금지에 관한 조항[71]을 두었고, 이를 실제 단체협약으로 체결하고 있다.

③ **근로기준법 적용의 구체적 방향**

이처럼 특수고용 노동자에 대한 근로기준법 적용은 불가능한 것이 아니다. 특수고용 노동자에 대한 노동법적 보호가 전반적으로 배제되는 가운데 몇 가지를 특별히 적용하는 방식으로 진행되는 것이 아니라, 노동자성을 인정하는 전제 위에 고용형태의 변화와 보호규범의 성질에 따라 그 적용을 구체화시켜야 하는 것이며, 근로실태에 비추어 일부조항의 적용이 제외될 수도 있겠으나, 때로는 더욱 강하게 보호되어야 할 영역도 있다.

---

69) 제58조 (재능 선생님 보호)
회사는 지국관리국을 통폐합하거나 기업의 합병, 양도 등에 있어 재능선생님의 일하는 조건, 근무기간, 노조단체협약 승계 문제에 있어서 조합/회사 협의회를 통하여 협의하여야 한다.
70) 제36조 (집단해고) 2. 회사는 제1항의 집단해고를 하는 경우에는 당해 조합원에 대하여 계속 근로년수 1년에 대하여 일반조합원의 경우에는 기본급 12개월분을, 도우미 조합원인 경우 월통상임금 12개월분을 특별해고수당으로 지급한다.
71) 건설운송노동조합 단체협약안 제7조 (일방적인 근로조건 변경 및 해고의 금지)
① 회사는 조합과 합의 없이 조합원의 근무지변경, 근로조건변경과 조합원에 대한 일방적인 해고를 할 수 없다
② 계약기간 만료시 정당한 사유 없이 재계약을 거부할 수 없다.

고용·취업형태의 차이와 관계없이 적용되어야 할 조항들, 예를 들어 연장, 야간, 휴일근로에 대한 제한과 수당지급, 연월차유급휴가, 생리휴가 및 모성보호 등은 장시간노동을 제한하고 노동자의 건강권 확보를 위한 최소한의 규범인 만큼 고용형태와 무관하게 동일하게 보장돼야 할 것이다. 부당해고에 대한 제한이나, 퇴직금에 관한 규정, 산업재해에 대한 보상 또한 마찬가지다. 퇴직금이나 산재보상과 관련해서는 평균임금의 산정방법을 일정하게 정한다면 동일하게 적용하지 못할 이유가 없다.

또한 100% 성과급 임금체계이므로 기본 생활임금을 보장할 수 있도록 더욱 폭넓게 보호조항을 두어야 할 것이며,[72] 특히 비수기시 일정액의 임금을 보장할 수 있도록 휴업수당과 관련해서도 더욱 강화된 보호가 있어야 한다.

다시 한번 강조하지만 특수고용 노동자에 대한 근로기준법 적용은 충분히 가능하다. 특수고용형태에 대한 법개정 논의는 특수고용 노동자의 노동자성을 인정하는 것에서부터 시작해야 한다.

---

72) 근로기준법 제46조에서는 '도급근로자'라는 제목으로 "사용자는 도급 기타 이에 준하는 제도로 사용하는 근로자에 대하여는 근로시간에 따라 일정액의 임금을 보장하여야 한다"고 정하고 이를 위반하였을 경우 500만원 이하의 벌금을 부과하도록 규정하고 있다. 근로기준법이 이러한 규정을 둔 이유는 노동자의 임금이 노동시간에 따라 정해지지 않고 노동의 성과에 따라 정해지는 도급제의 경우, 노동자가 일정 수준의 임금을 확보하기 위하여 스스로 노동강도를 높이면서 중노동에 혹사당하게 될 위험이 많기 때문에, 이러한 경우에도 일의 성과에 관계없이 최소한의 보장급을 정하도록 하여 최소한의 보호를 하기 위한 것이다. 그러나 이 조항을 적용할 수 있도록 구체적인 기준을 법에서 정하고 있지 않아서 유명무실하게 되고 있다. 궁극적으로는 기본급이 보장되는 임금체계를 쟁취하는 것이 필요하겠지만, 법상으로 기본적인 생활이 가능하도록 도급근로자에 대한 임금 규정을 보완하여 법의 실효성을 높이는 것도 필요하다.

노동자성 인정 투쟁의 의미와 투쟁의 확대

1. 구조조정 저지투쟁 일환으로서의 특수고용화 저지투쟁

특수고용형태 직종의 초기 전환과정에서는 노동조합의 대응을 찾아보기가 어려운데, 이는 당시 특수고용화가 가져올 위험에 대해 해당 노동조합이나 노동자, 그리고 여타 운동진영에서조차 제대로 인지하지 못했던 것에서 그 일차적 원인을 찾을 수 있을 것이다. 또한 저항이 있었다 하더라도 특수고용 전환의 과정에서 사측은 정규직 노동자보다 훨씬 높은 수준의 조건을 제시하기 때문에 열악한 노동조건에 처해 있던 개별노동자들은 이를 받아들일 수밖에 없는 배경이 있었다. 이는 지금에 있어서도 다르지 않을 것이라 생각되는데, 최근에도 초기 노동조합 조직과정에서 사측이 몇몇 노동자들을 특수고용화시켜 노동자들을 분리시키고 노동조합 건설의 움직임을 봉쇄하는 사례를 찾아볼 수 있다.

특수고용화 시도를 막기 위해서는 우선 특수고용 노동자들의 열악한 현실을 계속해서 알리고, 특수고용 전환 이후 다가올 노동조건 하락이나 무권리 상태에 대하여 폭로하는 것이 필요하다. 또한 지금까지의 과정을 볼 때, 실리주의적 노동조합운동으로는 자본의 특수고용화 시도와 그를 통한 노동자 착취, 노동조합 탄압을 막아내지 못할 것이 자명하다 할 것인데, 왜냐하면 특수고용화 시도는 노동자들의 낮은 노동조건을 빌미로 높은 임금이라는 허상을 가지고 노동자들에게 개별적으로 접근해 오기 때문이다. 노동조합이 실리주의적 투쟁으로만 일관하였을 때, 개별노동자들은 자신의 노동조건

향상을 위하여 노동조합으로의 결집과 투쟁보다는 특수고용화를 통해 '개별적으로 살아남기'를 선택할 가능성이 다분하다.

'특수고용화를 어떻게 저지할 것인가'의 차원에서만 접근할 것이 아니라 전반적인 구조조정에 대하여 노동조합이 어떻게 대응해야 하는가의 문제를 깊이 고민해야 한다. 현장에서의 자본의 통제와 일상적인 구조조정에 민감한 노동조합, 작은 변화라 하더라도 현장에 어떻게 영향을 미치는가를 끊임없이 분석하고 대응하는 노동조합, 그리고 그러한 현장투쟁의 과정 속에서 노동자들로부터 신뢰를 획득하고 있는 노동조합은 자본의 특수고용화 시도에 대해서도 힘 있게 대응할 수 있을 것이다. 어떠한 위기가 닥치더라도 노동조합의 투쟁을 통해 이를 저지하고 극복할 수 있다는 인식과 신뢰가 형성된다면 사측이 아무리 좋은 조건을 제시하더라도 노동조합의 설득보다 힘을 가지지는 못할 것이다. 반면 이러한 일상적인 현장투쟁과 긴장감이 없다면 특수고용 도입에 부딪쳐서 아무리 그 문제점에 대해 말로 설득을 하더라도 그 설득은 힘을 잃게 될 것이다.

2. 노동기본권 쟁취투쟁으로서의 노동자성 쟁취투쟁

노동자로서의 권리를 온전히 쟁취하지 못하고 있는 것은 노동자성이 부정되는 특수고용만이 아니라 다른 비정규직이나 정규직 노동자들에게 있어서도 마찬가지다. 기간제 계약에 의해 해고로부터 보호를 받지 못하는 수많은 비정규직 노동자들, 사용사업주의 사용자 책임 회피로 인해 노동기본권을 보장받지 못하고 고용불안에 시달리고 있는 간접고용 노동자들, 이뿐만 아니라 정규직 노동자들 역시 계속되는 구조조정 속에서 자신들의 권리를 하나하나 빼앗기고 있는 상태이며, 합법적인 파업 한번하기도 쉽지 않은 상황이다. 노동3권이 완전히 보장되지 않는 교원이나 공무원은 말할 것도 없다.

특수고용 노동자들의 노동자성을 인정하지 않는 것 역시 노동자들을 '사업

자'로 위장하여 이들의 노동기본권을 제한하고 있는 것으로, 특수고용 노동자
들의 노동자성 쟁취 요구는 단지 노동법의 조항들을 적용하라는 차원이
아니라 노동자로서 당연히 가져야 할 기본적 권리를 찾자는 운동이다. 특수고
용 노동자들의 노동자성 인정 요구는 이들에게만 국한된 제한적인 요구가
결코 아니다.

특수고용 노동자들은 노동자성 인정 요구를 가지고 전체 노동자들의 기본
권 쟁취투쟁에 함께 해야 하며, 전체 노동자들은 특수고용 노동자들의 노동자
성 인정 투쟁에 지원과 연대를 아끼지 말아야 한다.

3. 노동자성 쟁취로 향해가는 구체적 당면 요구의 배치

(1) 임금인상 투쟁에서의 전술적 고려

지금까지 특수고용 노동조합의 당면 투쟁과제들이 운송단가 인상, 수수료
율 인상 등의 실리적인 투쟁에 머물렀다는 문제제기들이 많이 있었다. 이러한
투쟁이 노동자성 인정을 전면에 내세우지 않았다 하여 평가절하될 수 있는
것은 아닐 테지만 개인사업자적인 성격을 강화하는 것으로 귀결될 수 있는
문제들에 대해서는 충분히 경계해야 할 것이다. 노동자성 쟁취라는 장기적
요구에 기반하여 당장의 요구를 배치하는 것이 필요하며, 그 가운데 임금인상
요구로써의 운송단가 인상이나 수수료율 인상과 함께 기본급을 쟁취하는
것, 유류비, 세금, 차량유지비 등 사측이 원래부터 부담해야 할 비용을 사용자
에게 되돌리는 것 등은 중요한 의미를 지닌다고 하겠다.

(2) 자본의 이데올로기에 대응하는 투쟁

① 정규직화를 요구하지 않는다는 논리에 대하여

노동자성 쟁취와 관련하여 노동자들 스스로가 정규직을 요구하지 않는다는 논리가 존재하고, 노동자들 스스로도 출퇴근의 자유나 형식적인 통제의 완화로 인하여 정규직화를 적극적으로 요구하지 않는 경우도 있다. 그러나 적절한 휴식의 요구, 출퇴근의 자유, 자기 노동에 대한 타인 통제의 완화 등은 노동자가 당연히 요구하고 추구할 수 있는 권리며 당연히 가져야 할 권리다. 자본이 특수고용화를 통하여 노동자가 당연히 가져야 할 권리를 개인사업자만이 가질 수 있는 권리인 양 위장하는 것 역시 폭로되어야 한다.

② 자기노동의 통제와 노동자 의식

특수고용 노동자들을 사업자로 위장시킴으로써 자본은 또 다른 위험을 안을 수밖에 없다. 즉 사용자가 직접적인 통제는 행사하지 않는 것처럼 상황을 왜곡하는 한편, 저임금·성과급 체계를 통해 교묘하게 노동을 강제하고 있는데, 노동자가 일을 좀 적게 하고 낮은 임금을 감수하겠다고 하면 자본은 이윤창출의 한계 혹은 하락에 부딪칠 수밖에 없게 된다. 이를 노동조합 차원에서 자본의 이윤통제 및 노동강도 통제를 위하여 활용할 수 있지는 않을까?

물론 노동자들이 개별적으로 사측에 맞서 자신의 노동강도를 통제하고자 할 때는 자본이 주장하는 '사업자' 논리와 구분되지 않는 문제도 발생한다. 즉 프리랜서인데 왜 회사가 나의 성과나 노동을 강제하려고 하느냐는 논리로 맞설 수밖에 없게 되는 것이다. 그러면서 노동자로서의 인식보다는 사업자로서의 인식을 강하게 갖게 되기도 한다.

특수고용 노동자가 자기노동에 대한 통제를 행하면서도 사업자로서의 인식이 아닌 노동자 의식을 가질 수 있는 방안에 대한 고민이 필요한 지점이며, 이는 노동자로서 당연히 가져야 할 권리, 즉 적절한 휴식을 취할 권리, 규칙적으로 식사를 할 수 있는 권리, 내일의 건강한 노동을 위하여 오늘 하루의 노동량을 통제할 수 있는 권리와 함께 고민될 수 있을 것이다.

(3) 기간제 계약의 문제

지금까지 특수고용이 활용되었던 직종은 산업 혹은 업종의 환경상 고용의 불안정성이 크지는 않았다고 할 수 있다. 학습지 시장의 계속적인 확장이나, 건설경기의 부양 등으로 특수고용 노동자들 역시 기간을 정한 계약을 맺으면서도 노동조합 간부의 해고 등에 있어서 문제된 사례 외에는 계약기간의 설정 자체가 고용의 불안정과 크게 직결되지는 않았던 게 현실이다. 그러나 산업환경의 변화에 따라 이러한 상황이 변화될 수 있을 것으로 보인다. 지금까지 특수고용 노동조합의 투쟁을 통해 특수고용 노동자들의 노동법적 권리의 박탈과 열악한 노동조건이 어느 정도 알려지기는 했지만, 그 가운데서도 기간제 계약의 문제는 많이 이야기되지 못했다. 산업 자체가 계속적인 확장일로를 밟지 않는다면 기간제 계약은 특수고용 노동자들의 노동조건을 더욱 하락시키고 노동강도 강화에 기여할 것이다. 지금부터라도 기간제 계약의 문제와 그로 인한 종속의 지점들을 부각시키고 투쟁의 과제로 삼는 것이 필요하다 하겠다.

4. 마치며

자본의 계획적인 비근로자화 시도에 의한 종속관계의 은폐, 노동자성의 탈각과 그를 통한 노동법적 책임 회피로 인해 법의 보호에서 배제된 영역 속에 현실의 특수고용 노동자들이 놓여있다. 또한 이렇게 노동자임에도 노동자가 아닌 자로 분류되어 고용과 생활의 불안정을 겪게 될 노동자군은 점점 더 확대될 것이며, '근로자에 해당되지는 않지만 이와 유사한 지위에 있는 자’의 설정에 의해 이는 더욱 가속화될 것이다.

또한 자본의 비정규직 활용은 정규직과 비정규직의 분할 시도를 넘어서 비정규직 내에서조차 다양하게 분리되는 양상을 초래하고 있으며, 그 가운데 특수고용형태는 노동자를 끊임없이 개별화시키고 자본의 다양한 이데올로기 안에 종속되게 만들고 있다. 다양한 비정규직 유형을 중첩시키면서 비정규직화의 최말단에 특수고용 노동자라는 1인을 남겨두고 이들을 노동자가 아닌 사업자라고 부르며 착취하고 있는 것이다.

특수고용 노동자들의 노동자성 인정 투쟁은 단지 현재 특수고용형태로 존재하는 몇몇 업종 노동자들에게 노동법을 적용하자는 투쟁이 아니다. 제조업이나, 의류, 제화, 전기, 가스, 통신 등의 공공부문에서 계속 사용되고 있는 1인 도급 노동자는 특수고용화와 바로 맞닿아 있으며, 소사장제를 통해 좀더 사업자의 형식을 갖춘 노동자군을 양산해내고 있는 것처럼, 특수고용형태는 업종을 불문하고 자본의 전략에 의해 얼마든지 도입될 수가 있다. 이에 더하여 초기의 특수고용 도입과정이 그랬던 것처럼 최근에도 노동조합의 결성 시도가 있을 때는 큰 부담이나 저항 없이 이를 무력화시키기 위한 방편의 일환으로도 특수고용화가 시도되고 있으며, 이러한 특수고용화에 의한 집단적 힘의 무력화는 대공장에서도 여지없이 통용되고 있는 것이다.

특수고용 노동자의 노동자성 인정투쟁은 정규직, 비정규직을 망라해 모두에게 중요한 과제이며, 경각심을 가져야만 한다. 특수고용 노동자가 처해있는 열악한 노동조건의 현실태와 노동자성 인정 투쟁의 중요성을 항상 인식하고 있지 않으면, 저임금 속에서 특수고용 전환의 유혹에 맞닥뜨렸을 때 장밋빛 허상에 현혹되어 누구든 쉽게 자본 이데올로기에 포섭될 수 있기 때문이다.

참고문헌

비정규직기본권공대위 (2000), 「비정규노동자 권리보장을 위한 법개정안」, 2000.
9. 19.

윤애림 (2003), 「특수고용 노동자의 노동자성 판단의 기준과 근로기준법 적용방
안」, 전국불안정노동철폐연대 기관지 《질라라비》 2003. 1.

이병희·이지수 (2003), 「특수고용형태 노동자의 종속성과 보호방법 및 외국의
입법례」, 전국불안정노동철폐연대 법률위원회 10차 워크숍 자료, 2003.
8. 31.

전국불안정노동철폐연대 (2003), 「특수고용 도입·전환과정 및 노동과정 연구」,
특수고용 노동과정연구팀, 전국불안정노동철폐연대·민주노총 지원 11
기 노무사, 2003. 3.~2003. 7., 미발간.

참고자료

대 법 원

제 1 부

판 결

사   건   2003두3402 부당해고구제재심판정취소
원고, 피상고인   1. 지무영
                 2. 왕종현
                 3. 김상범
                 원고들 소송대리인 법무법인 명인
피고, 상고인   중앙노동위원회 위원장
                 소송수행자 최정희
피고보조참가인, 상고인
                 에스케이 주식회사 대표이사 황두열
                 소송대리인 법무법인 세종
원 심 판 결   서울고등법원 2003. 3. 14 선고 2002누2521 판결
판 결 선 고   2003. 9. 23

주 문

상고를 모두 기각한다.

상고비용 중 참가로 인한 부분은 피고보조참가인이 부담하고, 그 나머지는 피고가 부담한다.

이   유

1. 원심은 그 채용증거를 종합하여, 피고보조참가인 회사(이하 '참가인'이라고 한다)는 1997년 8월경부터 주식회사 인사이트코리아(이하 '인사이트코리아'라고 한다)와 업무도급계약을 체결한 이래 그 도급계약을 갱신체결하면서, 원고들을 비롯한 140여명의 인사이트코리아 소속 근로자들을 전국에 소재한 참가인의 11개 물류센터에서 근무하게 하였는데, 위 업무도급계약상 인사이트코리아는 자신이 고용하는 종업원을 관리하고 직접 지휘감독하기 위하여 현장대리인을 선임하여야 하고, 참가인은 계약의 이행에 관한 지시를 현장대리인이 아닌 종업원에게는 직접 행하지 아니하도록 되어 있음에도 불구하고, 참가인은 원고들을 포함한 인사이트코리아 소속 근로자에 대하여 현장대리인은 경유하지 아니하고 업무지시, 직무교육실시, 표창, 휴가사용승인 등 제반 인사관리를 직접 행하여 온 사실, 인사이트코리아는 참가인의 자회사인 주식회사 인플러스가 그 주식의 100%를 소유하고 있는 회사로서, 역대 대표이사는 참가인의 전임 임원이 선임되었고 거의 전적으로 참가인의 업무만을 도급받아 오는 등 형식상으로는 독립 법인으로 운영되어 왔지만 실질적으로 모자(母子)회사의 관계로서 사실상의 결정권을 참가인이 행사해 온 사실을 인정한 다음, 참가인과 인사이트코리아 사이에 체결된 업무도급계약은 진정한 의미의 업무도급이 아닌 '위장도급'에 해당한다고 판단하였다.

기록에 비추어 살펴보면 원심의 위와 같은 사실인정 및 판단은 정당하고, 거기에 참가인이 상고이유에서 주장하는 바와 같은 채증법칙 위배 또는 심리미진으로 인한 사실오인이나 도급계약에 관한 법리오해의 위법이 있다 할 수 없다.

2. 원심이 적법하게 확정한 사실과 기록에 의하면, 인사이트코리아는 참가인의 자회사로서 형식상으로는 독립된 법인으로 운영되어 왔으나 실질적으로는 참가인 회사의 한 부서와 같이 사실상 경영에 관한 결정권을 참가인이 행사하여 왔고, 참가인이 물류센터에서 근로한 인원이 필요할 때에는 채용광고 등의

방법으로 대상자를 모집한 뒤 그 면접과정에서부터 참가인의 물류센터 소장과 관리과장 등이 인사이트코리아의 이사와 함께 참석한 가운데 실시하였으며, 원고들을 비롯한 인사이트코리아가 보낸 근로자들에 대하여 참가인의 정식 직원과 구별하지 않고 업무지시, 직무교육실시, 표창, 휴가사용 승인 등 제반 인사관리를 참가인이 직접 시행하고, 조직도나 안전환경점검팀 구성표 등의 편성과 경조회의 운영에 있어서 아무런 차이를 두지 아니하였으며, 그 근로자들의 업무수행능력을 참가인이 직접 평가하고 임금인상 수준도 참가인의 정식 직원들에 대한 임금인상과 연동하여 결정하였음을 알 수 있는 바, 이러한 사정을 종합하여 보면 참가인은 '위장도급'의 형식으로 근로자를 사용하기 위하여 인사이트코리아라는 법인격을 이용한 것에 불과하고, 실질적으로는 참가인이 원고들을 비롯한 근로자들을 직접 채용한 것과 마찬가지로서 참가인과 원고들 사이에 근로계약관계가 존재한다고 보아야 할 것이다.

그렇다면 참가인이 2000. 11. 1 원고들을 계약직 근로자의 형식으로 신규채용하겠다고 제의한 데 대하여 원고들이 동의하지 아니한다는 이유로 참가인이 원고들의 근로제공을 수령하기를 거부한 것은 부당해고에 해당한다 할 것이다.

3. 원심은, 참가인과 인사이트코리아 사이에 파견근로자보호등에관한법률(이하 '파견근로자법'이라고 한다) 제2조 소정의 근로자파견계약이 성립된 것임을 전제로 하여, 참가인은 파견근로자법이 시행된 1998. 7. 1.이후 2년을 초과하여 원고들을 파견근로자로서 사용하였으므로 파견근로자법 제6조 3항에 의하여 원고들을 고용한 것으로 의제되고, 위와 같은 해석은 원고들이 담당한 업무가 파견근로자법 제5조 제1항 소정의 파견허용업무에 해당하는지 여부에 따라 달라지지 않는다고 판단하였는 바, 파견근로자법은 제2조 제1호에서 파견근로자법이 적용되는 "근로자파견"이라 함은 파견사업주가 근로자를 고용한 후 그 고용관계를 유지하면서 근로자파견계약의 내용에 따라 사용사업주의 지휘·명령을 받아 사용사업주를 위한 근로에 종사하게 하는 것을 말한다고 규정하고 있어서, 참가인과 원고들 사이에 바로 실질적인 근로계약관계가 존재한다고 보아야 할 이 사건에 파견근로자법상의 근로자파견계약이 성립되었음을 전제로

그 제6조 제3항의 고용의제규정이 적용된 결과로서 비로소 그와 같은 고용관계가 성립된 것이라고 본 원심의 판단은 적절하지 아니하지만, 참가인과 원고들 사이에 고용관계가 성립되었다고 보고 참가인이 원고들의 근로제공 수령을 거부한 것은 부당해고에 해당한다고 판단한 원심의 결론은 정당하여 위와 같은 잘못이 판결결과에 아무런 영향이 없다 할 것이므로, 결국 원심판결에 파견근로자법 소정의 고용의제규정에 관한 법리오해가 있다는 등의 피고와 참가인의 상고이유에서의 주장은 받아들이지 아니한다.

4. 그러므로 피고와 참가인의 상고를 모두 기각하고, 상고비용 중 참가로 인한 부분은 참가인이, 그 나머지는 피고가 각 부담하는 것으로 하여 관여 대법관의 일치된 의견으로 주문과 같이 판결한다.

재판장   대법관   배기원
주 심   대법관   이용우
대법관   박재윤

서 울 고 등 법 원

제 4 특 별 부

판 결

사   건   2002누2521 부당해고구제재심판정취소

원고, 항소인   1. 지무영

2. 왕종현

3. 김상법

원고들 소송대리인 법무법인 명인

담당변호사 김도형, 강기탁

피고, 피항소인   중앙노동위원회위원장

소송수행자 최정희

피고보조참가인   에스케이 주식회사

서울 종로구 서린동 99

대표이사 김창근

소송대리인 법무법인 신화

담당변호사 백준현

제1심 판 결   서울행정법원 2002. 1. 25. 선고 2001구43492판결

변 론 종 결   2003. 2. 28.

판 결 선 고   2003. 3. 14.

주　　문

1. 제1심 판결을 취소한다.

2. 중앙노동위원회가 2001. 9. 18. 원고들과 피고보조참가인 사이의 2001부해 184호 부당해고구제재심신청사건에 관하여 한 재심판정을 취소한다.

3. 소송총비용은 참가로 인한 부분은 피고보조참가인의, 그 나머지는 피고의 부담으로 한다.

청구취지 및 항소취지

주문과 같다.

이　　유

1. 인정사실

다음 사실은 당사자 사이에 다툼이 없거나, 갑 제1 내지 4, 6, 8 내지 17호증, 갑 제18호증의 1, 2, 갑 제19호증, 갑 제20호증의 1내지 4, 갑 제21 내지 25호증, 갑 제26호증의 1, 2, 갑 제29호증, 갑 제35호증, 갑 제36호증의 1 내지 5, 갑 제42호증의 1 내지 5, 갑 제44호증의 1, 2, 갑 제48호증, 갑 제49호증의 1, 2, 갑 제50호증, 갑 제51호증의 1 내지 4, 갑 제52호증의 1, 2, 갑 제53호증의 1, 2, 갑 제54호증의 1, 2, 갑 제55호증의 1, 2, 갑 제58호증, 을 제1, 3, 4호증의 각 기재에 변론 전체의 취지를 종합하여 이를 인정할 수 있다.

가. 피고보조참가인 회사(이하 '참가인'이라고 한다)는 1992. 경부터 현대석유 주식회사(이하 '현대석유'라고 한다)와 업무도급계약을 체결하고 현대석유로 하여금 원고의 물류센터의 수·출하 등 사무지원업무를 수행하도록 하여 왔으며, 1997. 8. 경 주식회사 인사이트코리아(이하 '인사이트코리아'라고 한다)가 현대석유의 영업을 양수한 이후에는 인사이트코리아와 사이에 위 도급계약을 갱신체결하며 같은 업무를 수행하도록 하여 왔다.

나. 참가인은 1998. 7. 1. 인사이트코리아와 업무도급계약을 체결하였고, 원고들을 비롯한 140여명의 인사이트코리아 소속 근로자들은 전국에 소재한 원고의 11개 물류센터에서 근무하였다. 원고들은 위 1998. 7. 1. 전부터 인사이트코리아에 고용된 채 원고의 물류센터에서 근무하였는데, 원고 지무영, 왕종현은 서울물류센터에서 출하서기 및 영선원으로 각각 근무하고, 원고 김상범은 대구물류센터에서 보일러 및 저유원으로 근무하였다.

다. 참가인은 위 인사이트코리아 소속 근로자들 중 3개월 내지 1년의 계약직 채용조건에 동의한 134명은 2000. 11. 1. 신규채용 형식으로 직접 고용하였으나, 계약직으로의 채용을 거부한 참가인은 채용하지 아니하여 근로제공의 수령을 거부하였다.

라. 서울지방노동위원회는 2001. 3. 2. 2000부해902 사건의 판정에서 참가인은 파견근로자보호등에관한법률(이하 '파견근로자보호법' 또는 '법'이라고 한다.) 제6조 제3항 본문(이하 '이 사건 규정'이라고 한다)에 따라 참가인에 의하여 고용된 것으로 의제되는 근로자라고 판단하여 원고가 근로제공의 수령을 거부한 것은 정당한 이유없는 해고에 해당한다고 보아 원직복귀 및 임금지급 명령을 하였다.

마. 중앙노동위원회는 2001. 9. 18. 2001부해184 사건의 판정에서 이 사건 규정이 적용될 여지가 없으므로 참가인을 원고들에 대한 사용자로 인정할

수 없다고 판단하여 서울지방노동위원회의 위 초심 명령을 취소하고, 원고들의 부당해고구제 신청을 모두 각하하였다.

바. 참가인과 인사이트코리아가 체결한 업무도급계약에 의하면 인사이트코리아는 자신이 고용하는 종업원을 관리하고 직접 지휘감독하기 위하여 현장대리인을 선임하고 참가인은 계약의 이행에 관한 지시를 현장대리인에게만 행하게 하고 인사이트코리아의 종업원에 대하여 직접 행하지 아니하도록 되어 있는바, 참가인은 원고들을 포함한 인사이트코리아 소속 근로자에 대하여 현장대리인을 경유하지 아니하고 업무지시, 직무교육실시, 표창, 휴가사용승인 등 제반 인사관리를 직접 행하였다.

사. 인사이트코리아는 참가인의 자회사인 주식회사 인플러스가 회사 주식 100%를 소유하였고, 역대 대표이사는 원고의 전임 임원이 선임되었으며, 거의 전적으로 참가인의 업무만을 도급 받아 그 도급금액으로 유지되어 오는 등, 형식상 독립 법인으로 운영되어 왔으나 실질적으로는 모자회사의 관계로 사실상의 결정권을 원고에 의존하는 관계이었다.

2. 이 사건 재심판정의 적법 여부

가. 쟁점

원고들과 피고 및 참가인은 다음과 같이 참가인이 원고의 사용자인지 여부, 바꾸어 말하면 원고들이 참가인의 근로자인지 여부에 관하여 주장이 대립되어, 원고들은 참가인이 원고들의 사용자임을 전제로 원고들의 근로제공의 수령을 거부한 참가인의 행위는 정당한 이유 없는 해고에 해당함에도 그와 반대취지의 이 사건 재심판정은 위법하다고 하고, 피고와 참가인은 참가인이 원고들의 사용자에 해당되지 않음을 전제로 참가인이 원고들의 근로제공의 수령을 거절하였다 하여 해고에 해당되지 아니하므로 이 사건 재심판정은 적법하다고 한다.

먼저, 원고들은, 인사이트코리아와 참가인 사이의 업무도급계약은 실질적으로 근로자파견계약에 해당되는바, 이 사건 규정에 따라 원고들은 늦어도 2001. 7. 1. 참가인의 근로자가 되었다고 주장한다.

이에 대하여 피고는, 인사이트코리아와 참가인 사이의 법률관계가 근로자파견에 해당되는 것이기는 하나 원고들이 파견되어 행한 업무는 법에서 정한 파견허용업무에 속하지 아니하므로 이 사건 규정에 의한 고용의제가 적용되지 않는다고 주장한다.

한편, 참가인은, 위 업무도급계약은 인적 용역의 도급에 해당되는 것으로서 근로자파견계약에 해당하지 않으므로 이 사건 규정이 적용되지 않는다고 주장하고, 그렇지 않다 하더라도 피고의 주장과 같은 이유로 원고들과 참가인 사이에 이 사건 규정에 의한 고용의제가 적용되지 아니한다거나 원고들의 명시적 반대의사 표시, 업무도급계약기간에 의한 기한의 존재, 직접고용 숙고기간의 존재, 근로조건 약정의 결여 등을 이유로 고용의제가 되지 않는다고 주장한다.

그러므로 이 사건의 쟁점은, 첫째 인사이트코리아와 원고 사이의 법률관계가 근로자파견에 해당되는 것인지 여부이고, 둘째 그것이 근로자파견이라고 한다면 이 사건에서 원고들과 참가인사이에 이 사건규정에 의한 고용의제가 적용되는지 여부이다.

나. 관련 법령

별지 기재와 같다.

다. 근로자파견 해당 여부

위에서 인정한 사실에 의하면, 인사이트코리아와 참가인은 형식상 업무도급계약을 체결하였으나 이는 이른바 '위장도급'에 해당하는 경우로서 실질적으로는 인사이트코리아가 참가인과의 사이에 법 제2조 소정의 근로자파견계약을 체결하여 원고들을 참가인에게 근로자파견을 한 것으로 볼 것이다.

라. 이 사건 규정에 의한 고용의제 적용 여부

(1) 원고들과 참가인 사이에 이 사건 규정에 의한 고용의제가 적용되는지 여부는 이 사건 규정과 법 제6조 제1항의 관계를 어떻게 보는지 여부에 달려 있다.

즉, 법 제6조 제1항은 제5조 제1항에 의하여 근로자파견이 허용되는 업무에 있어서 원칙적으로 근로자파견기간은 1년이되, 예외적으로 1년을 연장할 수 있다고 규정하고 있는데, 이 사건 규정이 제6조 제1항 및 제5조 제1항에 의하여 파견이 허용되는 업무가 아닌 업무로서 파견된 경우 2년이 경과하더라도 이 사건 규정에 의한 고용의제가 적용되지 않는다고 보게 된다.

그러나 이 사건 규정은 사용사업주가 2년을 초과하여 계속적으로 '파견근로자를 사용'하는 것을 요건으로 하여 고용의제의 효과가 발생하는 것으로 규정하고 있는바, 법 제2조에 의한 근로자파견이란 '파견사업주가 근로자를 고용한 후 그 고용관계를 유지하면서 근로자파견계약의 내용에 따라 사용사업주의 지휘·명령을 받아 사용사업주를 위한 근로에 종사하게 하는 것'을 말하므로 근로자파견 내지 파견근로자라는 개념에 파견대상업무에 의한 제한이 내재되어 있다고 할 수는 없는 점을 유의하여 과연 이 사건 규정이 법 제6조 제1항을 전제로 하고 있는지 여부를 살펴보아야 할 것이다.

그런데 법 제6조 제1항은 법 제5조 제1항에서 상시적으로 행할 수 있는 근로자파견사업에 대한 파견기간을 정하고 있고, 법 제6조 제2항은 법 제5조 제2항에서 일시적·간헐적으로 행할 수 있는 근로자파견사업에 대한 파견기간을 정하고 있는 바, 법 제6조 제2항이 그 파견기간을 규정한 제5조 제2항에 따르면 법 제5조 제1항에 의하여 파견이 허용되는 업무가 아니라 하더라도 일정한 경우에는 파견이 허용되므로 법 제5조 제1항에 의한 파견허용업무라는 것도 절대적이라 할 수 없는 점, 이 사건 규정이 위 법 제6조 제1항 바로 뒤에 위치하지 아니하고 위 법 제6조 제2항 뒤에 위치한 점 등에 비추어 보면 이 사건 규정이 반드시 법 제6조 제1항, 제5조 제1항만을 전제로 하고 있다고 볼 만한 논리적 필연성이 없고, 오히려 이 사건 규정은 법 제5조 제1항, 제2항과 더불어 제3항, 제4항을 포함하여 파견대상업무가 아니거나 일시적·간헐적 사유가 없거나 노동조합과의 협의절차를 흠결한 경우에도 법 제2조에 규정하고 있는 근로자파견에 해당하는 경우 사용사업주가 파견근로자를 2년 이상 계속하여 사용하면 파견근로자를 직접고용하여 사용하도록 한다는 취지로 규정된 것으로 봄이 타당하다.

파견근로자보호법은 그 제정 이전에 근로자파견사업이 금지되어 있었음에도 불구하고 실제로는 많이 행하여지고 있었던 현실을 감안하여 근로자파견을 제한으로 허용하되 엄격한 통제를 함으로써 인력수급을 원활하게 하고 파견근로자의 고용안정과 복지증진에 이바지하고자 제정된 것인데(법 제1조), 사용사업주가 파견근로자를 사용하는 것을 상시적으로 허용하여 파견근로자로써 정규직 근로자를 대체하도록 하려는 것이 아니라 그때그때의 경영사정에 비추어 예외적·시적인 사용만이 가능하도록 하고, 만일 파견근로자를 장기간 사용하게 된다면 파견근로자와 정규직 근로자의 고용불안이 발생할 수 있으므로 2년의 기간이 지나도 사용사업주가 파견근로자를 계속 사용하고자 한다면 파견근로자를 정규직근로자로 전환시킴으로써 위와 같은 고용불안을 제거하고자 하는 규정이 이 사건 규정이다. 만일 법 제5조 제1항에 의하여 파견이 허용되는 업무로 파견된 근로자에 대하여만 고용의제가 적용된다면 사용사업주는 위 조항에 의하여 허용되는 업무로 파견을 받은 경우에만 고용의제의 부담을 지게 되고 위 조항에 의하여 허용되지 않는 업무로 파견을 받은 경우에는 그러한 부담을 지지 않게 된다. 이는 파견근로자보호법의 '파견근로자의 고용안정'이라는 입법목적에 반하는 것일 뿐만 아니라 오히려 사용사업주로 하여금 위 조항에 의하여 허용되지 않는 업무로 파견받을 것을 부추기는 결과가 되어 명백히 부당하다 아니할 수 없다.

(2) (가) 참가인은, 참가인이 원고들에게 2000. 11. 1. 자로 참가인의 계약직근로

자로 취업하도록 제의하였으나 원고들이 이를 거절하였으므로 이는 법 제6조 제3항 단서 소정의 '당해 파견근로자가 명시적인 반대의사를 표시하는 경우'에 해당하여 원고들에게 이 사건 규정에 의한 고용의제가 적용되지 않는다고 주장하므로 살피건대, 앞서 든 증거에 의하면 원고들은 2000. 7. 1. 참가인의 근로자로 의제되었음을 이유로 계약직 취업을 거절하였음을 알 수 있는 바, 이를 가리켜 이 사건 규정에 의한 고용의제에 '명시적인 반대의사'를 표시한 것이라 할 수는 없으므로 참가인의 위 주장은 이유 없다.

(나) 참가인은 또, 원고와 인사이트코리아 사이의 위 1998. 7. 1. 자 업무도급계약의 계약기간이 6개월로 정하여져 있었고 그 후 1년씩 연장되었으므로 파견근로자의 근로계약 자체에 기한의 정함이 있는 것이라 할 것이고 따라서 참가인에 대하여 기한의 정함이 없는 정규직 근로자로의 고용의제가 적용되지는 않는다는 취지로 주장하나, 파견계약의 기간과 관계없이 2년이 지난 후에도 사용사업주가 파견근로자를 사실상 계속 근로시킨 경우에 이 사건 조항에 의한 고용의제가 적용되는 것이므로 참가인의 위 주장도 이유 없다.

(다) 참가인은 다시, 파견근로자보호법상 사용사업자는 파견근로자에 대한 파견기간 종료 후 직접고용 여부를 고려할 숙고기간이 보장되어야 하는 바 참가인은 숙고기간을 거쳐 원고들에게 계약직 채용제의를 하였으므로 이 사건 조항에 의한 고용의제가 적용되지 않는다고 주장하나, 파견근로자보호법상 숙고기간을 인정하는 규정이 없으므로 참가인의 위 주장 역시 이유 없다.

(라) 참가인은 또한, 참가인의 물류센터에는 원고들과 같은 인사이트코리아 소속 직원들에 해당하는 동일 또는 유사의 직급과 직책이 존재하지 아니하였으므로 의제 근로자에게 적용할 구체적인 근로조건을 약정하여야 했는데 원고들은 피고의 계약직 채용제의를 거절하여 적용할 근로조건을 확정할 수 없으므로 이 사건 조항에 의한 고용의제를 적용할 수 없다는 취지의 주장도 하나, 고용의제의 경우 의제 근로자에게 적용할 근로조건을 정하는 문제가 남기는 하지만 그것을 이유로 이 사건 조항에 의한 고용의제가 적용되지 않는다고 볼 수는 없으므로 원고의 위 주장도 이유 없다.

(3) 따라서, 원고들은 이 사건 규정의 적용으로 늦어도 근로자파견법의 시행일인 1998. 7. 1.부터 2년의 기간의 만료된 날의 다음날인 2000. 7. 1. 경부터는 참가인에게 고용된 것으로 의제되어 참가인은 원고들의 사용자가 되었다 할 것이므로, 참가인이 그 이후 원고들의 근로제공을 수령하지 아니한 것은 정당한 이유 없이 참가인을 해고한 경우에 해당한다.

3. 결론

그렇다면 참가인이 원고들을 부당해고하였다고 볼 수 없다고 본 이 사건 재심판정은 위법하므로 그 취소를 구하는 원고들의 이 사건 청구는 이유 있어 이를 인용할 것인바, 이와 결론을 달리한 제1심 판결은 부당하므로 원고들의 항소를 받아들여 이를 취소하고, 이 사건 재심판정을 취소하기로 하여, 주문과 같이 판결한다.

재판장	판사	이광렬
	판사	국상종
	판사	한창호

■ **유성컨트리클럽노동조합 사건 대법원 판결**

1993. 5. 25. 90누1731   노동조합설립신고수리취소처분취소

원고, 상 고 인   유성관광개발컨트리클럽노동조합 소송대리인 변호사 윤
　　　　　　　　종현 외 3인
피고, 피상고인   대전직할시 유성구청장 소송대리인 변호사 송명관
원 심 판 결   서울고등법원 1990. 2. 1. 선고 89구9762 판결
주　　　　문   원심판결을 파기하고 사건을 서울고등법원에 환송한다.
이　　　　유   상고이유를 본다.

(1) 원심은 소외 유성관광개발주식회사(이하 소외회사라 한다)가 대전 유성구
덕명동 소재 유성컨트리클럽골프장을 운영하면서 골프장내장객의 경기를 보조
하는 캐디 300명 가량을 그 산하에 두고 있는데, 주로 신문에 모집광고를 내어
이력서, 주민등록등본을 제출케 하여 선발, 확보한 후 일정기간 준비를 시켜
정식 캐디로 종사케 한 사실, 위 캐디들은 소외회사와 어떤 형태의 근로계약도
체결한 바는 없고 단지 위 회사의 지시에 따라 특정내장객과 조를 이루어
경기하는 동안 동인의 골프가방을 운반하고 내장객의 요구에 응하여 골프채를
꺼내주며 숲 속에 들어간 공을 찾아주거나 흙에 더럽혀진 공을 닦아 주는
한편 골프채를 휘두를 때 생기는 잔디파손부분을 손질하는 등(잔디파손부분의
손질은 골프규칙상 경기인의 의무로 되어 있다) 내장객이 하여야 할 일들을
대신하여 도와줌으로써 내장객이 그린피를 낼 때 함께 입금시킨 캐디피 금
5,000원을 전달 받는 외에(이 사건 이후에는 내장객으로부터 직접 수령한다)
경기종료 후 위 내장객이 임의로 주는 봉사료를 지급받을 뿐 소외회사로부터
어떤 명목의 임금이나 급료도 지급받지 않고 있으며 소외회사 역시 캐디들의
수입의 다과에 전혀 관여하지 않을 뿐 아니라 갑근세 원천징수도 하지 않고
있는 사실, 소외회사는 캐디들에 대하여 취업규칙을 시행함이 없이 다만 그들이

골프장 시설을 이용하여 수입을 올리는 만큼 시설 내에서의 최소한의 질서유지가 필요하고 또한 내장객에 대한 봉사의 질적 향상을 위해서도 캐디를 통제할 필요성이 있었으므로 캐디마스터를 두어 근무시간을 엄수케 하고 경기보조에 필요한 교육과 내장객으로 인하여 더럽혀진 시설의 청소를 시키되 회사의 지시를 위반하였을 때에는 벌칙으로 근무정지, 배치거부 등의 제재를 가하고 있는 사실, 위 캐디들은 위에서 보는 바와 같은 통제를 받기는 하였으나 그 외에는 원칙적으로 소외회사와 주종관계가 없었으며 예정된 시간표에 따른 내장객의 경기보조업무가 끝나면, 출퇴근이 자유로울 뿐 아니라 한편 캐디조장 제도는 캐디중의 고참이나 모범적으로 근무하는 사람들로 하여금 자치적으로 출근상태를 점검케 하는 것으로서 이를 가리켜 회사의 중간관리체계를 형성하고 있다고 보기는 어려운 사실을 인정한 다음, 위 캐디들은 소외회사와 근로계약을 체결하였다고 보기보다는 오히려 소외회사의 중개로 내장객과 고용 내지 도급계약을 체결하고 내장객의 경기를 보조하는 업무에 종사한다고 봄이 상당하다 할 것이고 다만 캐디들이 소외회사로부터 출근시간, 근무상태, 내장객의 경기과정에서 생긴 잔디파손부분의 손질이나 청소 등에 관하여 일정한 범위 내에서 지시감독을 받고 있는 것은 위 골프장시설을 이용함에 부수하여 질서를 유지하는 데 필요한 최소한의 범위에 국한되어 있는 만큼 그것만으로는 위 캐디들과 소외회사 및 내장객 사이의 법률관계를 달리 볼 수는 없다고 할 것이므로 위 캐디들은 소외회사의 근로자가 아니라는 취지로 판시하였다.

(2) 노동조합법 제3조는 노동조합의 주체는 근로자임을 명시하고 있고, 같은 법 제4조는 근로자라 함은 직업의 종류를 불문하고 임금 급료 기타 이에 준하는 수입에 의하여 생활하는 자를 말한다고 규정하고 있는 바, 노동조합법상 근로자란 타인과의 사용종속관계 하에서 노무에 종사하고 그 대가로 임금 등을 받아 생활하는 자를 말한다고 할 것이고, 타인과 사용종속관계가 있는 한 당해 노무공급계약의 형태가 고용, 도급, 위임, 무명계약 등 어느 형태이든 상관없다고 보아야 할 것이며, 그 사용종속관계는 사용자와 노무제공자 사이에 지휘 감독관계의 여부, 보수의 노무대가성 여부, 노무의 성질과 내용 등 그 노무의 실질관계에

의하여 결정된다 할 것이고, 그 사용종속관계가 인정되는 한 노동조합법상의 근로자로 보아도 무방할 것이다.

기록에 의하면 ① 소외회사에 소속된 캐디들은 내장객의 경기보조업무를 수행함에 있어서 캐디마스터 등 소외회사의 직원의 지시를 받으며, 출근에 있어서도 소외회사에 의하여 지정된 번호순서에 따라 출근시간이 정하여지며, 새벽근무도 해야 하고, 휴장일에도 출근하여 교육이나 골프장 시설청소 등을 해야 하는 등 소외회사의 지휘감독 하에 노무를 제공하여야 하며, 캐디가 캐디마스터 등 소외회사측의 업무지시나 결정에 위반하거나, 무단결근 등의 경우에는 벌칙으로서 캐디들의 수입에 결정적인 타격을 주는 일정기간 근무정지나 배치거부 등의 제재를 가하고 있고, 소외회사측에 의하여 지명된 캐디조장에 의하여 캐디를 통제하고 있는 점, ② 또한 캐디는 내장객보조업무가 종료되면 소외회사로부터 보수 즉 캐디피를 지급받는 바, 위 캐디피는 근로기준법상의 임금이라고 단정하기는 어렵지만 캐디가 소외회사에 의하여 소외회사의 골프장 캐디로 선발, 채용될 때에 캐디와 소외회사 사이에 캐디는 소외회사가 임의로 지정하는 내장객에게 노무제공을 하기로 하고 그 대가로 소외회사로부터 캐디피로서 1경기당 일정한 금원인 금 5,000원을 지급받기로 하는 묵시적인 약정이 있는 것으로 엿보이고, 이와 같은 약정은 고용계약관계에 근사하다고 보이므로 캐디피를 노동조합법 제4조 소정의 "기타 이에 준하는 수입"으로 못 볼 바도 아니라고 보여지는 점(캐디피의 지급방법을 내장객이 캐디에게 직접 지급하는 방법으로 변경하였다고 해도 이는 위에 보인 바와 같이 캐디피의 지급의무가 있는 것으로 보이는 소외회사가 소외회사의 골프장에서 경기에 임하려면 어차피 캐디피를 지불해야만 할 입장에 있는 내장객으로부터 캐디피를 수령한 것으로 하고 그 대신 내장객에게 캐디에 대한 캐디피의 지급을 위임한 것으로 보아야 할 것이므로 캐디피의 지급방법 변경으로 캐디피의 지급주체가 달라진다고 볼 수는 없을 것이다), ③ 그 외에도 캐디의 업무의 성질이나 소외회사에 의하여 근무시간 등이 정해져 있고 매일 출근하여야 하는 관계상 다른 회사에의 취업이 사실상 곤란하여 캐디들은 소외회사에 거의 전속되어 있다고 보여지는 점 등이 엿보이는 바, 이러한 사정들에 비추어 보면 소외회사 골프장 소속의 캐디들은 소외회사와의 사이에 종속적 노동관계에 있다고 보아야 할 것이다.

따라서 위 캐디들은 이를 노동조합법상의 근로자로 볼 수 있음에도 불구하고 이와 달리 이들을 소외회사의 근로자가 아니라고 판단한 원심판결에는 채증법칙을 위배하여 사실을 그릇 인정한 위법 또는 노동조합법상의 근로자에 관한 법리를 오해한 위법이 있다고 할 것이다. 논지는 이유 있다.

(3) 그러므로 원심판결을 파기환송하기로 하여 관여법관의 일치된 의견으로 주문과 같이 판결한다.

대법관	최재호 (재판장)
	배만운
	김석수 (주심)
	최종영

1990. 2. 1. 89구9762   노동조합설립신고수리취소처분취소

원	고	유성관광개발컨트리클럽 노동조합
피	고	대전직할시 유성구청장
주	문	1. 원고의 청구를 기각한다.
		2. 소송비용은 원고의 부담으로 한다.
청 구 취 지		피고가 1989. 7. 1. 원고에 대하여 한 노동조합설립신고수리
		취소처분을 취소한다.
		소송비용은 피고의 부담으로 한다.

이   유

1. 소외 유성관광개발주식회사가 운영하는 유성컨트리클럽의 경기보조인 인 캐디 31명이 1989. 6. 4. 노동조합창립총회를 열어 노동조합을 설립하기로 하여 규약을 제정하고 소외 박경순을 위원장으로 선출한 다음 같은 달 15일 피고에게 노동조합법 제13조에 따른 설립신고서를 제출하여 같은 달 23일 같은 법 제15조 소정의 노동조합설립신고증을 교부받았는데 피고가 같은 해 7. 1. 소외 유성관광개발주식회사와 위 캐디들 사이에는 근로제공과 임금지급의 계약관계가 성립된 바 없어 위 캐디들을 근로기준법상의 근로자로 볼 수 없다는 이유를 내세워 위 1989. 6. 23.자 노동조합설립신고수리처분을 취소하는 처분을 한 사실은 당사자 사이에 다툼이 없다.

2. 원고는 첫째 노동조합법상 행정관청이 노동조합의 설립취소를 할 수 있는 근거규정이 없음에도 불구하고 원고조합에 대하여 설립신고수리처분을 취소하였으니 만큼 이 사건 취소처분은 법적인 근거 없이 이루어진 것으로

위법 부당하고, 둘째 원고의 구성원인 캐디들은 소외회사에 공개채용된 다음 준비기간을 거쳐 정식직원으로 발령을 받았을 뿐 아니라 매주 화요일 전원이 출근하여 소외회사로부터 지시사항을 전달받고 출석을 확인한 후 골프장청소를 해왔으며 조장을 통하여 회사의 통제를 받는 한편 무단결근, 지각 및 규칙위반시 정지, 해고 등의 징계조치를 받고 또한 노무제공의 대가로서 소외회사로부터 고객이 위 회사에 지급한 입장요금인 그린피 중에 포합된 캐디수수료인 캐디피를 지급받음과 동시에 고객이 임의로 지급하는 봉사료를 일급으로 지급받는 점으로 미루어 보아 노동조합법 제4조 소정의 근로자에 해당함이 명백하므로 근로자가 아님을 전제로 한 이 사건 취소처분은 위법 부당하여 어느 모로 보나 취소를 면할 수 없다고 주장함에 대하여 피고는 앞에 나온 처분사유를 들어 이 사건 취소처분은 적법하다고 다투고 있다.

그러므로 먼저 원고의 첫째 주장에 대하여 보건대, 행정법상 처분청이 행정행위를 할 수 있는 권한 속에는 취소권이 포합되어 있다고 풀이함이 상당하다 할 것이므로 이 사건에 있어서도 행정행위에 관한 수권규정 외에 따로 취소에 관한 법적 근거가 필요하지 않다 할 것이고 따라서 원고의 위 주장은 더 나아가 살펴볼 것도 없이 이유 없다 할 것이다.

다음 원고의 둘째 주장에 대하여 보건대, 노동조합법 제3조는 노동조합의 주체는 근로자임을 명시하고 있고, 같은 법 제4조는 "근로자라 함은 직업의 종류를 불문하고 임금, 급료 기타 이에 준하는 수입에 의하여 생활하는 자를 말한다"고 규정하고 있는바, 노동조합법상 근로자란 타인과의 근로계약에 따라 사용·종속관계 하에서 노무에 종사하고 그 대가로 임금을 받아 생활하는 자를 말한다고 봄이 상당하다 할 것이므로 이 사건에 있어 원고조합 구성원인 캐디들이 관연 원고 노동조합을 조직할 수 있는 근로자인지의 여부에 대하여 검토하여 보기로 한다.

각 성립에 다툼이 없는 갑 제4호증(신문광고), 을 제9호증의 2(노동조합법 제4조에 관한 질의), 을 제10호증(불기소, 기소중지사건기록), 을 제14호증(민원 사건처리결과통지), 을 제15호증의 1, 2(사건처리결과통보 및 재심판정서), 을 제16호증의 1, 2(결정서송부 및 결정서), 을 제17호증의 1, 2(사건처리결과통보및 재심판정서), 증인 문기택의 증언에 의하여 진정성립이 인정되는 을 제5호증(기구조직표), 을 제6호증의 1, 2(취업규칙신고서 및 취업규칙), 을 제7호증의 1, 2(골프규칙), 을 제8호증의 1, 2(각 입장요금표)의 각 기재에 위 증인의 증언 및 변론의 전 취지를 종합하면, 소외 유성관광개발주식회사는 대전 서구 괴정동 소재 유성컨트리클럽골프장을 운영하면서 골프장 내장객의 경기를 보조하는 캐디 300명 가량을 그 산하에 두고 있는데, 주로 신문에 모집광고를 내어 이력서, 주민등록등본을 제출케 하여 선발, 확보한 후 일정기간 준비를 시켜 정식 캐디로 종사케 한 사실, 위 캐디들은 소외회사와 어떤 형태의 근로계약도 체결한 바는 없고 단지 위 회사의 지시에 따라 특정 내장객과 조를 이루어 경기하는 동안 동인의 골프가방을 운반하고 내장객의 요구에 응하여 골프채를 꺼내주며 숲 속에 들어간 공을 찾아주거나 흙에 더럽혀진 공을 닦아주는 한편 골프채를 휘두를 때 생기는 잔디파손부분을 손질하는 등(잔디파손부분의 손질은 골프규칙상 경기인의 의무로 되어 있다) 내장객이 하여야 할 일들을 대신하여 도와줌으로써 내장객이 그린피를 넬 때 함께 입금시킨 캐디피 금 5,000원을 전달받는 외에(이 사건 이후에는 내장객으로부터 직접 수령한다) 경기종료 후 위 내장객이 임의로 주는 봉사료를 지급받을 뿐 위 회사로부터 어떤 명목의 임금이나 급료도 지급받지 않고 있으며 위 회사 역시 캐디들의 수입의 다과에 전혀 관여하지 않을 뿐 아니라 갑근세원천징수도 하지 않고 있는 사실, 위 회사는 캐디들에 대하여 취업규칙을 시행함이 없이 다만 그들이 골프장시설을 이용하여 수입을 올리는 만큼 시설 내에서의 최소한의 질서유지가 필요하고 또한 내장객에 대한 봉사의 질적 향상을 위해서도 캐디를 통제할 필요성이 있었으므로 캐디마스터를 두어 근무시간을 엄수케 하고 경기보조에 필요한 교육과 내장객으로 인하여 더럽혀진 시설의 청소를 시키되 회사의 지시를 위반하였을 때에는 벌칙으로 근무 정지, 배치거부 등의 제재를 가하고 있는 사실, 위 캐디들은 위에서 보는 바와 같은 통제를 받기는 하였으나 그 외에는 원칙적으로 위 회사와 주종관계가 없었으며 예정된 시간표에 따른 내장객의 경기보조업무가 끝나면 출·퇴근이 자유로울 뿐 아니라 한편 캐디조장제도는 캐대 중의 고참이나 모범적으로 근무하는 사람들로 하여금 자치적으로 출근상태를 점검케 하는 것으로서 이를 가리켜 회사의 중간관리체계를 형성하고 있다고 보기는 어려운 사실을 각 인정할 수 있고 위 인정에 일부 저촉되는 갑 제5호증의 1 내지 10(각 자술서)의 기재와 증인 박성의의 증언은 이를 믿지 않는 바이며 달리 위 인정을 움직이기에 족한 증거가 없다.

위 인정사실에 의하면, 위 캐디들이 소외회사와 근로계약을 체결하였다고 보기보다도 오히려 위 회사의 중개로 내장객과 고용 내지 도급계약을 체결하고 내장객의 경기를 보조하는 업무에 종사한다고 봄이 상당하다 할 것이고 다만 캐디들이 위 회사로부터 출근시간, 근무상태, 내장객의 경기과정에서 생긴 잔디파손부분의 손질이나 청소 등에 관하여 일정한 범위 내에서 지시감독을 받고 있는 것은 위 골프장시설을 이용함에 부수하여 질서를 유지하는 데 필요한 최소한의 범위에 국한되어 있는 만큼 그것만으로는 위 캐디들과 회사 및 내장객 사이의 법률관계를 달리 볼 수는 없다 할 것이므로 위 캐디들이 위 회사의 근로자임을 전제로 한 원고의 위 주장 역시 이유 없다 할 것이다.

3. 그렇다면 피고가 원고에 대하여 한 이 사건 취소처분은 적법하므로 위 처분이 위법하다 하여 그 취소를 구하는 원고의 이 사건청구는 이유 없어 이를 기각하기로 하고, 소송비용은 패소한 원고의 부담으로 하여 주문과 같이 판결한다.

판사　　　　　김연호 (재판장)

서태영

홍성무

인 천 지 방 법 원 부 천 지 원

제 2 민 사 부

결   정

사   건 2001카합160 노동조합원활동금지가처분

신 청 인 이순산업주식회사

부천시 오정구 내동 220-6

대표이사 정기철

대리인 변호사 조영길, 이평근

피 신 청 인 1. 최대의

2. 김영남

3. 유문국

4. 고 욱

피신청인들 대리인

법무법인 다산종합법률사무소 담당변호사 김칠준

변호사 김선수, 김진, 강문대

법무법인 시민종합법률사무소 담당변호사 김도형

법무법인 내일종합법률사무소 담당변호사 이오영

법무법인 덕수 담당변호사 도재형

주　　　문

1. 피신청인들은 다음 각 호의 행위를 하여서는 아니된다.

　가. 정당한 이유 없이 신청인의 레미콘 운반요청을 거절하는 등의 방법으로 신청인 회사의 업무를 방해하는 행위.

　나. 노동조합활동과 연계하여 신청인 회사의 출입문 또는 신청인 회사의 출입하는 차량의 소통에 이용되는 도로 등에 피신청인들 소유의 레미콘 차량이나 기타 장애물을 설치하여 신청인 회사의 레미콘 운반을 방해하는 행위.

　다. 노동조합활동과 관련 없이 언론, 출판물에 광고를 게재하거나, 인터넷에 게시물을 게재하는 등의 방법으로 신청인 회사와 그 소속 임직원의 명예를 훼손하거나 모욕하는 행위 또는 신청인 회사의 정상적인 업무수행을 방해하는 행위.

2. 신청인의 나머지 신청을 기각한다.

신 청 취 지

별지 기재와 같다.

이　　　유

1. 기초사실

소명자료에 의하면 인정되는 사실은 다음과 같다.

　가. 신청인은 1998. 10.경 설립된 레미콘 제조 및 판매업을 주된 영업으로 하는 회사로서 신청인 회사의 레미콘운송차주들은 피신청인들을 포함하여 69명인데, 그 중 59명은 지입차주이고 10명은 신청인으로부터 레미콘운반차량

을 불하받은 사람들이다.

나. 피신청인들은 신청인 회사와 도급 형태의 레미콘운반계약을 체결하고 신청인 회사가 제조한 레미콘을 수요자에게 운반하는 업무를 담당하고 있다.

다. 그런데 피신청인들과 같은 계약조건을 가진 전국의 레미콘운송차주들은 2000. 9. 17. 전국건설운송노동조합을 설립하고, 2000. 9. 19. 영등포구청에 신청외 장문기를 대표자로 하고 '서울 영등포구 대림1동 700-4'를 주된 사무소의 소재지로 하여 위 노동조합의 설립신고를 하고 2000. 9. 22. 영등포구청장으로부터 노동조합 설립신고증을 교부받았으며, 피신청인들을 포함하여 신청인 회사와 레미콘운반도급계약을 체결한 레미콘운송차주들은 2000. 11. 17. 피신청인 최대의를 대표자로 하여 위 노동조합 이순분회를 설립하고 위 노동조합으로부터 2001. 2. 3. 분회로서의 인준을 받았다.

2. 당사자의 주장 및 쟁점

가. 신청인의 주장

피신청인들은 독립적 운송사업자로서 근로기준법이나 노동조합및노동관계조정법(이하 '노조법'이라고 한다)상의 근로자가 아니므로 노동조합을 결성할 지위에 있지 아니함에도 불구하고 노동조합을 설립한 후 쟁의행위를 빙자하여 별지 신청취지 기재의 행위를 하고 있으니 그 행위의 금지를 구하고, 가사, 피신청인들이 근로기준법이나 노조법상 근로자에 해당한다고 할지라도 정당한 쟁의행위의 한도를 넘는 행위의 금지를 구한다.

나. 피신청인들의 주장

피신청인들을 포함한 신청인 회사의 운송차주들은 노조법상 근로자에 해당하므로 노동조합을 결성하였고 신청인을 상대로 단체교섭을 요청하였으나 신청인이 이에 응하지 아니한 채 피신청인들이 결성한 노동조합의 존재 자체를 무시하고 있으므로 부득이 쟁의행위의 일환으로서 신청취지 기재의 행위에 이르게 되었다.

다. 이 사건에서의 쟁점

따라서 우선, 피신청인들이 쟁의행위를 주도할 수 있는 노동조합의 주체인 근로자에 해당하는지 여부가 이 사건에서의 쟁점이다.

3. 피신청인들이 노조법상 근로자인지 여부

가. 고려요소

신청인 회사와 피신청인들을 포함한 신청인 회사의 운송차주들은 민법상 도급형태의 레미콘운반계약을 체결하고 있음은 신청인 주장과 같다.

그러나, 노조법 제2조 제4호는 노동조합의 주체는 근로자임을 명시하고 있고, 같은 조 제1호는 "근로자라 함은 업의 종류를 불문하고 임금·급료 기타 이에 준하는 수입에 의하여 생활하는 자"를 말한다고 규정하고 있는 바, 노조법상 근로자란 타인과의 사용종속관계 하에서 노무에 종사하고 그 대가로 임금 등을 받아 생활하는 자를 의미하는 것으로서 타인과의 사이에 사용종속관계가 인정되는 한 당해 노무공급계약의 형태가 고용, 도급, 위임, 무명계약 등 어느 형태이든 상관없다고 할 것이다.

여기서 말하는 '양 당사자 사이의 사용종속관계'는 사용자와 노무제공자 사이에 지휘·감독관계의 여부, 보수의 노무대가성 여부, 노무의 성질과 내용 등 노무의 실질관계에 의하여 결정하여야 할 것이고, 그 사용종속관계가 인정되는 경우에는 노무공급의 형식에도 불구하고 노조법상의 근로자로 보아야 할 것이다.(대법원 1993. 5. 25. 선고 90누1731 판결 참조)

또한, 양당사자 사이에 사용종속관계가 있는지 여부는 다음과 같은 점을 종합적으로 고려하여 판단하여야 할 것이다.(대법원 1997. 2. 14. 선고 96누1795

판결)

　①　업무의 내용이 사용자에 의하여 정하여지는지 여부

　②　업무수행 과정에 있어서도 사용자로부터 구체적이고 직접적인 지휘 감독을 받는지 여부

　③　사용자에 의하여 근무시간과 근무장소가 지정되고 이에 구속을 받는지 여부

　④　근로자 스스로가 제3자를 고용하여 업무를 대행케 하는 등 업무의 대체성이 있는지 여부

　⑤　비품·원자재·작업도구 등의 소유관계

　⑥　근로제공관계의 계속성과 사용자에의 전속성의 유무와 정도

　⑦　취업규칙·복무규정·인사규정 등의 적용을 받는지 여부

　⑧　보수에 관한 사항(보수가 근로 자체의 대상적(代償的) 성격을 갖고 있는지 여부와 기본급이나 고정급이 정하여져 있는지 여부 및 근로소득세의 원천징수 여부 등)

　⑨　사회보장제도에 관한 법령 등 다른 법령에 의하여 근로자로서의 지위를 인정받는지 여부

　⑩　기타 양 당사자의 경제·사회적 조건

　나아가 현대에 들어와 나타나고 있는 취업·고용형태의 다양화 현상을 노동관계법이 적정하게 규율하기 위하여는 위에서 언급한 여러 가지 요소를 입체적으로 고려하여 사용종속관계의 유무를 판단하여야 할 것인 바, 위 고려요소 중 ①항 내지 ⑥항 기재의 요소는 사용종속관계의 유무를 판단함에 있어 중요한 요소로서 고려하여야 할 실질적 징표라고 할 것이고, ⑦항 내지 ⑨항 기재의 요소는 그 내용이 사용자가 자신의 우월한 경제·사회적 지위를 이용하여 일방적으로 결정하는 것이 가능하다는 점을 감안하여 볼 때 사용종속관계의 유무를 판단함에 있어서 부수적인 요소로서 고려되어도 무방한 형식적 징표라고 할 수 있을 것이며, 이와 같이 실질적 징표와 형식적 징표를 종합하여 고려하여도 사용종속관계의 판단이 어려울 경우에는 나아가 ⑩항의 양당사자의 경제·사회적 조건에 대한 검토도 필요하다고 할 것이다.

나. 피신청인들의 근로자성 판단을 위한 여러 가지 징표들의 검토

(1) 실질적 징표에 관하여

① 업무의 내용이 사용자에 의하여 정하여지는지 여부

피신청인들을 포함한 신청인 회사의 운송차주들은 신청인의 지시에 따라 오로지 신청인이 제조한 레미콘을 신청인이 지정한 장소에 운반하는 업무를 수행하고 있다.

② 업무수행 과정에 있어서 사용자로부터 구체적이고 직접적인 지휘·감독을 받는지 여부

신청인 회사의 운송차주들은 회사마크가 달려있는 근무복을 입고 회사의 로고가 새겨진 레미콘 차량을 운전하여 신청인 회사의 지시에 따라 신청인 회사의 거래처에 신청인 회사가 생산한 레미콘을 공급하고 있다.

그리고 신청인 회사와 피신청인들 사이에 체결된 레미콘운반계약서(소갑 제1호증) 제6조 제6호는 "운송차주는 신청인 회사의 레미콘 공장 신설이나 증설 및 일정공장 레미콘 수요증가로 인하여 신청인 회사의 이동 요청이 있을 경우 즉각 이행하여야 한다."라고 규정하고 있는 바, 피신청인들은 신청인이 지정하는 다른 공장에서 생산한 레미콘을 운반하라는 신청인의 요청에 응하여야 할 의무가 있고 실제로도 피신청인들은 신청인의 요청에 따라 그러한 업무를 수행하였다.

또, 신청인 회사는 다양한 규율을 마련하여 운송차주들의 근무를 통제하고 있다. 즉, 운송차주들은 신청인 회사의 거래처에 성심껏 서비스를 제공하여야 하며, 신청인 회사의 거래처에 불쾌감을 주지 않도록 항상 복장 및 용모를 단정히 하여야 하고(레미콘운반계약서 제6조 제8호), 차량의 예방점검 및 관리를 성실히 하여야 하며, 경조사에는 증빙서류를 제출하고 신청인으로부터 휴무기간을 지정받아야 한다(제13조). 또, 회사의 명예를 훼손하거나, 회사직원 및 동료 사이에 폭언, 폭력, 절도, 사기 등 불미스러운 행위를 하거나, 신체에 문신을 하였을 때를 계약해지사유로 정하고(제16조), 그 위반사실이 경미할 경우에는 회사가 별도로 정하는 바에 따라 경고조치 및 벌칙을 부과할 수

있도록 규정하고 있으며(제17조), 실제로 신청인은 간혹 피신청인들을 비롯한 운송차주들에 대하여 일정기간 운행정지라는 벌칙을 활용하였다.

③ 사용자에 의하여 근무시간과 근무장소가 지정되고 이에 구속을 받는지 여부

레미콘운반계약서 제6조 제10호는 "운송차주는 신청인 회사가 지정하는 시간에 출근하여 공장 내에 대기하여야 하며 신청인 회사의 판단으로 퇴근, 운휴 등을 명할 수 있다."라고 규정하고 있고, 같은 조 제11호는 "운송차주는 원거리 소량운반 또는 조출, 연장 등을 이유로 신청인 회사의 배차지시에 불응해서는 안 되고 불응시 신청인 회사의 제재에 이의를 제기할 수 없다."라고 규정하고 있으며, 같은 계약서 제10조 제1항은 "운송차주의 고의로 신청인 회사의 운행지시 및 대기의무를 위반하거나 제6조를 위반하여 신청인 회사에게 직접 또는 간접으로 손해를 입혔을 경우에는 그 손해를 즉시 배상하여야 한다."라고 규정하고 있다.

실제로도 운송차주들은 출·퇴근 등 근무시간에 관하여 신청인 회사의 지시와 통제를 받아왔다. 즉, 출근시간과 관련하여, 신청인은 운송차주들을 4개조로 편성한 후 전날 저녁 회사구내방송을 통하여 시간대별로 출근하여야 할 차량을 알려주면 운송차주들은 그 시간에 맞추어 회사에 출근하게 되는데 대부분의 출근 시간은 아침 6시 내지 7시이다. 최근에는 운송차주들을 6개조로 나누고 신청인 회사가 설치한 전화자동응답기에 각 조별 출근시간을 입력한 후 운송차주들로 하여금 스스로 확인하도록 하는 방법으로 운송차주들의 출근 시간을 통제하고 있다. 또, 신청인 회사는 운송차주들이 새벽부터 일할 필요가 있을 때에는 전날 저녁 구내방송을 통해서 그 사실을 알리는 방법으로 미리 정해진 시간에 맞추어 출근하도록 하였다.

퇴근시간에 관하여도 운송차주들은 원칙적으로 당일에 출하되어야 할 레미콘 물량이 모두 출하되어야 퇴근할 수 있었다. 신청인 회사는 물량이 많아서 야간이나 철야작업이 필요하다고 판단할 경우 운송차주들에 대하여 그 필요한 차량의 수량만큼 남아서 야간·철야작업을 하도록 지시하였다. 또, 운송차주들은 항상 지정된 시간 내에 회사에 출근하여야 하고 운송업무가

없더라도 회사 내에서 운송준비를 하면서 대기하고 있어야 한다(계약서 제6조 제10호).

④ 근로자 스스로가 제3자를 고용하여 업무를 대행케 하는 등 업무의 대체성이 있는지 여부

운송차주들은 차량을 직접 운전하여야 하며, 부득이한 경우에는 신청인의 허락을 받아 일정기간 대리운전을 할 수 있으나(계약서 제6조 제7호), 피신청인들은 대개 자신이 한 대의 레미콘 운반차량을 소유하고 있으므로 제3자를 고용하여 업무를 대행케 하는 경우는 거의 없는 실정이다.

⑤ 비품·원자재·작업도구 등의 소유관계

운송차주들은 신청인 회사로부터 레미콘 차량을 불하받거나, 제조회사로부터 차량을 구입한 후 이를 운송면허를 소지한 회사에 지입하는 방법으로 레미콘차량을 소유하고 있으며, 차량대금은 할부의 방법으로 변제하고 있다.

그런데 계약서 제6조 제3호는 "운송차주는 신청인 회사의 승인 없이 타인과 본 계약과 유사한 계약을 체결하거나 외부로 반출하여 운행할 수 없다."라고 규정하고 있으며, 실제로도 운송차주들은 자신이 레미콘 차량의 소유자임을 내세워 이를 개인적인 용도로 사용하거나 여가시간을 이용하여 다른 회사로부터 운송을 의뢰받을 수는 없다. 즉, 형식적으로는 운송차주들이 소유하고 있는 레미콘 차량이 오로지 신청인의 사업을 위하여 이용되고 있는 실정이다.

⑥ 근로제공관계의 계속성과 사용자에의 전속성의 유무와 정도

운송차주들은 신청인 회사의 승인 없이 타인과의 사이에 유사한 계약을 체결하거나 운송차주들 소유 레미콘 차량을 외부로 반출하여 운행할 수 없으며(계약서 제6조 제3호), 레미콘 차량이나 계약상의 권리의무를 다른 사람에게 양도하거나 처분할 수 없다(제6조 제2호). 즉 계약된 기간 동안에는 전적으로 신청인 회사에게 노무를 제공하여야 하고 다른 사업장에 노무를 제공할 수 없으며, 또한 특별한 사정이 없는 한 재계약의 형식을 빌어 계약기간이 연장되었다.

(2) 형식적 징표에 관하여

⑦ 취업규칙·복무규정·인사규정 등의 적용을 받는지 여부

운송차주들은 신청인 회사의 취업규칙·복무규정·인사규정 등의 적용을 받지 않는다.

⑧ 보수에 관한 사항(보수가 근로 자체의 대상적(代償的) 성격을 갖고 있는지 여부와 기본급이나 고정급이 정하여져 있는지 여부 및 근로소득세의 원천징수 여부 등)

운송차주들에게는 기본급이나 고정급이 정하여져 있지 않았고, 신청인 회사는 실제 근로시간에 의한 것이 아니라 매월 1일부터 말일까지의 기간 동안 운반거리 및 운반량에 의하여 계산한 운송실적에 기초하여 운송차주들이 제출한 청구서와 신청인이 비치하고 있는 검수량을 대조·확인한 후에 미리 정하여진 요율(신청인은 운송단가를 $1m^3$당 280원씩 산정한 금액을 추가하는 형식으로 미리 정한 후 이를 기준으로 운송료를 산정)에 따라 운송비를 계산하여 다음달 10일에 일률적으로 운송차주들에게 운송비를 지급하였으며, 운송차주들에 대하여는 근로소득세를 원천징수하지 아니하였고, 오히려 운송차주들은 각자 별도의 사업자등록을 하여 사업소득세 및 부가가치세를 납부하였다.

그러나, 결국 운송차주들은 신청인이 거래처로부터 얼마를 받았는가와는 상관없이 신청인이 정한 기준에 의하여 계산된 운송료를 지급받을 뿐이었다. 또한, 신청인은 운송차주들에게 운송비를 지급함에 있어서 차량할부금, 유류비, 차량정비비, 차량부속대금 등을 공제한 나머지만을 운송차주들의 통장으로 입금시켰다.

⑨ 사회보장제도에 관한 법령 등 다른 법령에 의하여 근로자로서의 지위를 인정받는지 여부

운송차주들은 관계법령에 의하여 근로자로서의 지위를 인정받지 못하고 있는 실정이다.

(3) 양 당사자의 경제·사회적 조건의 검토(⑩항)

(가) 노무공급관계의 성립과 종료에 대한 주도권이 누구에게 있는가?

노무공급관계의 성립과 종료에 대한 주도권은 오로지 신청인 회사만이 가지고 있고, 운송차주들은 단지 신청인이 일방적으로 제시하는 계약내용을 받아들일 것인지 아니면 이를 거절한 후 신청인 회사와의 운송계약관계를 종료할 것인지의 여부만을 선택할 수 있었다.

(나) 노무공급자가 사용자의 사업에 어느 정도 결합되어 있는가?

운송차주들이 제공하는 노무는 신청인 회사의 사업을 위한 것이고 신청인의 사업 운영에 있어서 필수적 내지 본질적인 것으로서 그것에 밀접하게 결합되어 있다. 신청인 회사가 생산한 레미콘은 생산된 시점으로부터 1시간 30분 이상이 경과하면 경화되기 시작하여 최상의 품질을 유지할 수 없으며, 생산된 시점으로부터 2시간 이상이 경과하면 이를 사용할 수 없게 되므로 신속하게 수요자에 운반하는 것은 신청인의 사업운영에 필수적이고 본질적인 것이다.

(다) 독자적인 시장접근성의 유무 및 사업자로서의 전문적 능력이나 경제적 능력을 가지고 있는가?

운송차주들은 스스로 거래처를 개발하는 등 자기 책임 하에 창의성과 능력을 발휘하여 사업을 하는 것이 아니라 오로지 신청인 회사가 지시한 곳(건설현장)으로 레미콘물량을 운반하는 단순한 업무를 반복할 뿐이다. 거래처와의 사이에 가격협상을 하는 주체는 신청인 회사이므로 신청인이 거래처로부터 얼마의 운송료를 받든 상관없이 운송차주들은 단지 신청인으로부터 사전에 정한 기준에 따라 계산한 돈을 운송료 명목으로 받을 뿐이며, 신청인 회사에 노무를 공급하는 운송차주들의 계약조건은 모두 동일하게 책정된다. 즉, 운송차주들은 사업자로서의 능력보다는 신청인의 지시에 따라 성실하게 레미콘운반을 하는 것으로 수입을 얻는다.

(라) 보수의 액

신청인은 운송차주들이 정규직원의 월평균 보수 180만원과 비교할 때 월등히 높은 월평균 420만원의 수입을 얻고 있다고 주장하나, 소명자료에 의하면, 운송차주들이 신청인으로부터 수령하는 운송비에서 제비용(관리비용, 연료, 각종 오일, 각종 검사, 타이어, 각종 정비, 차량 감가상각비, 세금)을 공제하면, 운송차주들의 실수입은 월평균 200만원을 넘지 않는 것으로 보인다.

다. 판단

앞에서 본 바와 같은 형식적 징표의 점, 즉 운송차주들은 취업규칙·복무규정·인사규정 등의 적용을 받지 아니하고, 기본급이나 고정급이 정하여져 있지 아니하며, 근로소득세를 원천징수한 것이 아니라 오히려 피신청인들이 각자 사업자등록을 하여 사업소득세 및 부가가치세를 납부하였으며, 관계법령에 의하여 근로자로서의 보호를 받지 못하고 있는 점 등에 비추어 보면, 피신청인들을 비롯한 운송차주들은 근로기준법이나 노조법에서 상정하는 근로자가 아니라 독립된 운송사업자로 볼 수 있는 면이 있음은 부인할 수 없다.

그러나 이러한 요소는 모두 경제·사회적 지위가 우월한 사용자가 그 우월한 지위를 이용하여 일방적으로 결정할 수 있는 사항이므로, 이와 같은 요소는 운송차주들이 근로기준법이나 노조법에서 정한 근로자인지 여부를 판단함에 있어서 부수적이고 한정적으로만 고려되어야 할 것이다.

오히려, 앞에서 본 바와 같은 신청인 회사와 운송차주 사이의 계약관계의 내용 및 노무제공의 태양에 관한 실질적 징표, 즉, 운송차주들의 업무 내용은 오로지 신청인에 의하여 정하여지고, 업무수행 과정에 있어서도 신청인으로부터 구체적이고 직접적인 지휘 감독을 받고 있으며, 신청인에 의하여 정하여진 근무시간과 근무장소에 구속을 받고, 운송차주들 스스로가 제3자를 고용하여 업무를 대행하는 것이 사실상 불가능하며, 레미콘운반차량의 소유권은 비록 운송차주들에게 있으나 실제로 운송차주들이 차량의 소유권을 행사하여 이를 개인적인 용도로 사용하거나 여가시간을 이용하여 다른 회사의 운송업무를 할 수 없으며, 운송차주들은 계약된 기간 동안 계속하여 전적으로 신청인에게 근로를 제공하여야 하고 운송차주들이 스스로 다른 사업장에 근로를 제공할 수 없는 점 등을 종합하여 보면, 신청인 회사의 운송차주들은 신청인에게 종속된 상태에서 근로를 제공하였다고 보아야 할 것이다.

또한, 여기에 덧붙여 앞에서 본 양 당사자의 경제·사회적 조건의 점, 즉 노무공급관계의 성립과 종료는 오로지 신청인에 의하여 정하여지고, 운송차주들이 담당하는 레미콘 운반업무를 신청인의 사업에 필수적 내지 본질적인

것이며, 운송차주들이 사업자로서의 독립성 및 전문성을 가지지 못하여 독자적
으로 시장에 접근할 수 있는 기회가 완전히 봉쇄되어 있으며, 보수의 액에
있어서도 운송차주들의 실수입이 신청인 회사의 정규직원의 보수와 현격한
차이를 보이지 아니하는 점 등에 비추어 보아도, 신청인 회사의 운송차주들은
신청인에게 종속된 상태에서 근로를 제공하는 노조법상의 근로자에 해당한다고
봄이 상당하다고 할 것이다.

4. 노동조합 설립·신고절차의 적법성에 대한 판단

신청인은 이 사건 전국건설운송노동조합과 같은 전국연합의 단위노조는
노동부장관에게 그 설립신고를 하여야 할 것인데도, 위 노동조합의 설립·신고는
영등포구청을 통하여 이루어졌는 바, 영등포구청장의 위 노동조합에 대한 설립
신고의 수리 및 그 설립신고증의 교부는 권한 없는 행정기관에 의하여 이루어진
위법한 행정처분에 해당하며, 위 노동조합의 이순분회는 노동조합으로서 설립
신고서를 행정관청에 제출하거나 설립신고증을 교부받은 적이 없어 노동조합
으로서의 최소한의 형식적 요건을 갖추지 못하였다고 주장한다.

살피건대, 노조법 제5조는 "근로자는 자유로이 노동조합을 조직하거나 이에
가입할 수 있다"라고 규정하고 있는 바, 이는 헌법 제33조가 노동조합의 존립에
관한 제도적 보장과 활동에 관한 기능적 보장을 하고 있는 결과이다. 다만,
노조법 제10조 제1항은, "노동조합을 설립하고자 하는 자는 다음 각호의 사항을
기재한 신고서에 제11조의 규정에 의한 규약을 첨부하여 연합단체인 노동조합
과 2이상의 특별시·광역시·도에 걸치는 단위노동조합은 노동부장관에게, 그
외의 노동조합은 특별시장·광역시장·도지사에게 제출하여야 한다."라고 규정
하고, 노조법 제12조 제1항은 "노동부장관 또는 특별시장·광역시장·도지사는
제10조 제1항의 규정에 의한 설립신고서를 접수한 때에는 제2항 전단 및 제3항의
경우(보완을 요구하거나 노동조합요건을 갖추지 못하여 반려할 경우임)를 제외
하고는 3일 이내에 신고증을 교부하여야 한다."라고 규정하여, 이른바 신고주의
를 채택하고 있고, 이러한 노동조합의 설립신고제도는 노동조합의 자유로운

설립에 대한 제한이 되는 것은 사실이나, 이는 노동조합의 대외적 자주성과 대내적 민주성을 확보하려는 노동행정상의 목적을 위하여 마련된 것에 불과하다고 할 것이다.

이러한 관점에서 먼저 위 노동조합 설립신고절차의 적법성에 관하여 보건대, 노조법 제10조 제1항에서 말하는 '2이상의 특별시·광역시·도에 걸치는 단위노동조합'이라 함은 조합원으로 될 자가 2이상의 시·도에 산재되어 있다거나 노동조합의 규약상 지부, 분회 조직의 설치근거가 있다는 것만으로는 부족하고, 단위노동조합의 조직(지부, 분회)이 현실로 2이상의 시·도에 걸쳐 조직된 경우를 의미한다고 보아야 할 것인 바, 소명자료에 의하면, 위 노동조합 설립 당시에는 전국의 레미콘운송차주 13명이 모여 '서울 영등포구 대림1동 700-4'을 주된 사무소의 소재지로 하여 설립한 후 관할 영등포구청장에게 설립신고를 하였는데 비록 위 노동조합의 규약상 지부, 분회 조직의 설치근거가 있었다고 하더라도 당시에는 실제로 지부, 분회가 조직된 바 없고 단지 소속 조합원이 2개 시·도에 산재되어 있었던 사실이 인정되고, 당시의 서울특별시사무위임조례에 따르면 노동조합의 설립신고 및 제반 노동조합 관련 사항은 관할구청장에게 위임되어 있었으므로, 결국 위 노동조합의 설립신고를 접수하고 신고증을 교부하여야 할 관할 행정관청은 노동조합의 주된 사무소의 소재지를 관할하는 영등포구청장이라고 할 것이어서 위 노동조합의 설립신고절차는 적법하다고 할 것이다.

다음으로 위 노동조합 이순분회의 적법성에 관하여 보면, 적법하게 설립신고된 노동조합의 지부, 분회의 설립은 새로운 노동조합의 설립 또는 노조법 제13조 제1항 소정의 변경신고의 대상[1]이 아니라 '노동조합 조직의 확대로 인하여 관할 행정관청이 변경된 경우'에 불과하여 이러한 경우에는 노조법 제13조, 동법 시행령 제10조, 동법 시행규칙 제5조를 유추적용하여 현 노동조합 관할 행정관청은 직권으로 시행규칙 제5조 제2항 각호의 서류[2]를 새로운 관할 행정관

---

1) 변경신고의 대상은 노동조합의 명칭, 주된 사무소의 소재지, 대표자의 성명, 소속된 연합단체의 명칭이 변경된 경우이다.

2) 노동조합 설립신고시에 제출된 서류(변경신고를 한 경우에는 변경신고시에 제출된 서류를 포함한다), 노동단체카드, 단체협약서, 기타 당해 노동조합에 관련된 서류를 말한다.

청으로 송부하고, 당해 노동조합에도 이러한 사실을 통지함으로써 적정한 노동
행정실현을 꾀하면 족하다고 할 것인 바, 위 노동조합 이순분회가 2000. 11.
17. 조직되어 위 노동조합으로부터 2001. 2. 3. 인준 받은 사실은 앞서본 바와
같고, 소명자료에 의하면, 위 노동조합의 설립신고 후 가입 조합원수가 전국에
2천여 명에 이르게 되고 조직된 지부, 분회가 위 노동조합 이순분회를 비롯하여
5~6개에 달하게 되자 위 노동조합의 조합장은 2001. 3. 7. 영등포구청장에게
조직확대신고를 하였고 이에 영등포구청장은 노조법 시행규칙 제5조 제2항
소정의 서류를 새로운 관할 행정관청인 서울남부지방노동사무소3)로 이송한
사실이 인정되는 바, 그렇다면 위 이순분회의 설립절차 역시 적법하다고 하겠다.
　　따라서, 위 노동조합 및 그 이순분회의 설립절차는 모두 적법하다고 할
것이므로, 결국 신청인의 위 주장은 이유 없어 받아들이지 아니한다.

　5. 소결론(신청인이 금지를 구하는 행위의 태양과 이행강제금에 관하여)

　　앞에서 본 바와 같이 피신청인들은 노조법상 근로자이고, 적법한 절차에
의하여 노동조합 설립신고까지 마쳤으므로, 신청인이 이 사건 신청으로써 금지
를 구하는 행위 중 노동조합활동 및 정당한 쟁의행위 자체의 금지를 구하는
부분은 이유없다고 할 것이다.
　　그러나 다른 한편, 근로자의 행위가 정당한 쟁의행위로서 평가받기 위하여는
그 수단과 방법이 사용자의 재산권과 조화를 이루어야 함은 물론, 폭력이나
파괴행위를 수반하는 등 반사회성을 띤 행위가 아닌 정당한 범위 내의 것이어야
하는 바(대법원 1998. 1. 20. 선고 97도588 판결, 대법원 1999. 6. 25. 선고 99다8377
판결 참조), 소명자료에 의하면 피신청인들을 비롯한 운송차주들이 쟁의행위를
빙자하여 정당한 쟁의행위의 범위를 넘어서는 것임이 명백한 주문 제1항 각
호 기재의 행위를 함으로써 신청인의 정당한 업무수행을 방해하고 있음이

---

3) 노조법 제87조, 동법 시행령 제33조 제1항에 의하여 노동부장관은 연합단체인 노동조합과
　　전국규모의 산업별 단위노동조합 이외의 노동조합에 대한 노동행정권한을 노동조합의
　　주된 사무소의 소재지를 관할하는 지방노동관서의 장에게 위임하고 있다.

인정된다.

　가사 피신청인들이 주장하는 바와 같이, 신청인이 피신청인들에 의하여 결성된 노동조합의 존재 자체를 무시한 채 단체교섭의 요청 등 피신청인들의 정당한 요구에 일체 응하지 않고 있다고 할지라도, 이와 같은 사유만으로 정당한 쟁의행위의 범위를 넘는 위 주문 기재의 행위가 적법한 것으로 평가될 수는 없는 것이다.(피신청인들로서는 그 주장하는 바와 같은 사유를 들어 신청인 회사의 대표자를 상대로 부당노동행위 구제신청을 하는 등의 방법으로 국가와 사회가 정한 규칙과 절차에 따라 자신들의 요구를 관철하기 위한 노력을 하여야 한다는 점을 아울러 지적하는 바이다.)

　다만, 피신청인들에 대하여 이행강제금의 부과를 구하는 신청부분은 그 손해발생의 정도 및 범위에 관하여 소명이 부족할 뿐만 아니라, 본안 및 강제집행 절차가 엄격하게 구분되어 있는 민사소송의 구조에 비추어 볼 때, 가처분 신청사건에서 이를 구함은 적당하지 않다고 보이므로 이 부분 신청은 이를 받아들이지 아니한다.

　6. 결론

　따라서, 이 사건 신청 중 피신청인들에 대하여 주문 제1항 각 호 기재의 행위의 금지를 구하는 부분은 그 피보전권리 및 보전의 필요성이 있다고 인정되므로 이를 인용하고, 나머지 신청 부분은 이유 없으므로 이를 기각하기로 하여 주문과 같이 결정한다.

2001. 4. 13.

재판장	판사	이혁우
	판사	정준영
	판사	김주형

- 별지 : 신청취지 -

1. 신청인과 피신청인들 사이의 노동조합및노동관계조정법상의 근로자지위부존재확인소송의 판결확정시까지 피신청인들의 다음 각 호의 활동을 하여서는 아니된다.

가. 신청인을 상대로 하여 단체교섭요청, 부당노동행위구제신청, 부당노동행위 형사고발, 노동쟁의조정신청행위 등 노동조합상의 권리를 주장하는 일체의 행위.

나. 노동조합활동 등을 이유로 정당한 이유없이 운반의뢰 시간대에 운반을 거절하는 등으로 회사의 업무를 저해하는 행위.

다. 차량 또는 건물 기타 시설에 노동조합활동과 연계된 현수막을 설치하거나 피켓, 머리띠 등을 사용하거나 기타 이와 유사한 방법으로 일반인으로 하여금 신청인 회사가 마치 정당한 노동조합활동을 탄압하고 있다는 부정적인 인상을 줄 수 있는 일체의 행위.

라. 노동조합활동과 연계하여 차량이 소통되는 출입문 또는 도로 등에 차량 및 기타 장애물들을 설치하여 신청인 회사의 물량운반을 방해하는 일체의 행위.

마. 신청인 회사가 레미콘운반계약자들의 정당한 노동조합활동을 방해하거나 탄압하였다는 내용으로 신청인 회사에 대해 부정적인 인상을 갖게 하거나 기타 회사를 비방하는 내용이 기재된 유인물의 배포.

바. 언론, 출판물에의 광고, 인터넷에 게시물 게재, 기타의 방법으로 신청인 회사와 그 소속 임직원의 명예를 훼손하고 모욕하는 행위 또는 정상적인 업무수행을 방해하는 행위.

사. 기타 신청인 회사가 레미콘운반계약자들의 적법하고 정당한 노동조합활동을 방해하거나 탄압하고 있다는 인상을 줄 수 있는 일체의 행위.

2. 피신청인들이 위 제1항 기재 명령을 위반하는 경우, 그 위반행위를 한 피신청인은 신청인에게 매 1회당 금 1,000,000원의 금원을 지급하라. (끝)

대　법　원

제 1 부

판　결

사　　　　　건　2002다57959 근로자지위부존재확인

원고, 피상고인　씨케이인프라시스 주식회사

　　　　　　　　용인시 모현면 갈담리 423-5

　　　　　　　　대표이사 허숭

　　　　　　　　소송대리인 변호사 손수일

피고, 상고인　1. 박정화

　　　　　　　　2. 유제득

　　　　　　　　3. 석원희

　　　　　　　　4. 김동구

　　　　　　　　5. 송용현

　　　　　　　　6. 이상동

　　　　　　　　7. 박선종

　　　　　　　　피고들 소송대리인 법무법인 다산종합법률사무소

　　　　　　　　담당변호사 김칠준, 박태현

원 심 판 결　서울고등법원 2002. 9. 13. 선고 2002나20256 판결

판 결 선 고　2003. 1. 10.

주　　　문

상고를 모두 기각한다.

상고비용은 피고들의 부담으로 한다.

이　　　유

1. 근로기준법상의 근로자에 해당하는지 여부를 판단함에 있어서는 계약이 민법상의 고용계약이든 도급계약이든 계약의 형식에 관계없이 그 실질에 있어 근로자가 사업 또는 사업장에 임금을 목적으로 종속적인 관계에서 사용자에게 근로를 제공하였는지 여부에 따라 판단하여야 할 것이고, 여기서 종속적인 관계가 있는지 여부를 판단함에 있어서는 업무의 내용이 사용자에 의하여 정하여지고 취업규칙·복무규정·인사규정 등의 적용을 받으며, 업무 수행과정에 있어서도 사용자로부터 구체적이고 직접적인 지휘·감독을 받는지 여부, 사용자에 의하여 근무 시간과 근무 장소가 지정되고 이에 구속을 받는지 여부, 근로자 스스로가 제3자를 고용하여 업무를 대행케 하는 등 업무의 대체성이 있는지 여부, 비품·원자재·작업 도구 등의 소유관계, 보수가 근로 자체의 대상적(對償的) 성격을 갖고 있는지 여부와 기본급이나 고정급이 정하여져 있는지 여부 및 근로소득세의 원천징수 여부 등 보수에 관한 사항, 근로제공관계의 계속성과 사용자에의 전속성의 유무와 정도, 사회보장제도에 관한 법령 등 다른 법령에 의하여 근로자로서의 지위를 인정받는지 여부, 양 당사자의 경제·사회적 조건 등을 종합적으로 고려하여 판단하여야 할 것이다(대법원 1995. 6. 30. 선고 94도2122 판결, 1997. 2. 14. 선고 96누1795 판결, 1997. 11. 28. 선고 97다7998 판결 등 참조).

2. 원심은 그 채용한 증거들에 의하여 판시의 사실관계를 인정한 다음, 원고의 운송차주들이 원고의 지시에 따라 원고가 제조한 레미콘을 원고가

지정한 장소에 운송해야 하는 등 그 업무 내용이 원고에 의하여 정해지고, 운반의뢰 불이행이나 구내 도박 및 음주 등의 경우에 배차중지 등의 불이익을 받을 수 있으며, 원고로부터 근무태도에 대하여 교육받는 등 업무수행 과정에 있어서도 원고의 구체적인 지휘·감독을 받아 마치 고용관계에 유사한 외관을 형성한 면이 없지 않지만, 그와 같은 사실만으로 운송차주들이 원고의 근로자라고 단정할 수는 없고, 오히려 원고가 레미콘을 필요로 하는 건설현장으로부터 공급주문을 받는 주체인 이상, 운반도급계약의 상대방인 운송차주들로 하여금 운반장소를 지정하여 운송을 위탁하는 것은 운반도급계약의 기본적인 내용에 속하는 사항이고, 운송차주들이 원고가 제조한 레미콘을 위와 같은 방식으로 운반하는 것은 레미콘의 정확한 강도와 규격에 대한 품질보증이 필요하고 생산 후 90분 이내에 현장에 도착해야 하는 레미콘 자체의 특성에 기인하는 바가 크며, 레미콘 제조사가 레미콘의 타설시간을 조정할 수 있는 것이 아니라 수요자인 건설현장의 공정관리상 원하는 시간에 맞추어 타설하여야 하는데, 운송차주들이 건설현장에서 원하는 시간을 개별적으로 파악하기는 어려우므로 일반적으로 원고가 운송차주들에게 출하시간을 알려줄 수밖에 없는 점, 운송차주들이 원고의 물량을 안정적이고 독점적으로 운반함으로써 자신들의 경제적 이익을 증대시키기 위해 원고와 장기간의 운반도급계약을 체결한 이상 원고의 신용과 영업상의 이익을 위하여 그 업무수행 과정에서 어느 정도 원고의 지휘·감독을 받는 것은 불가피한 점, 운송차주들의 복귀시간이 정해져 있지 않고 그 복귀여부도 자유로운 점, 운송차주들이 스스로 제3자를 고용하여 업무를 대행하는 것이 불가능하지 않은 점, 레미콘 운송차량의 소유권이 운송차주들에게 있고 그 차량의 관리를 운송차주들 스스로 하여 온 점, 근로소득세를 원고가 원천징수한 것이 아니라 운송차주들이 각자 사업자등록을 하여 사업소득세 및 부가가치세를 납부한 점, 운송차주들이 취업규칙·복무규정·인사규정 등의 적용을 받지 아니하고, 기본급이나 고정급이 정하여져 있지 아니한 점 등을 종합하면, 위 운송차주들의 일원인 피고들은 원고에 대하여 종속적인 고용관계에서 노무에 종사하고 그 대가로 임금 등을 받는 원고의 근로자라고 볼 수 없다고 판단하였는 바, 기록 및 앞서 본 법리에 비추어 보면, 원심의 위와 같은 사실인정과 판단은 정당한 것으로 수긍이 가고, 거기에 상고이유 제1점의 주장과 같은 채증법칙 위배나 법리오해 또는 판단유탈 등의 위법이 있다고 할 수 없다.

그리고 기록 및 원심판결 이유에 의하면, 원고와 피고들은 이 사건에서 피고들이 과연 원고를 사용자로 하는 근로자의 지위에 있는지 여부를 쟁점으로 하여 다투었고(특히 피고들은 근로기준법상의 근로자는 물론이고 노동조합및 노동관계조정법상의 근로자인지 여부도 사용종속관계에 의하여 판단된다고 주장하였다), 이에 따라 원심은 이를 부정하는 판단을 하였음이 분명하므로, 그러한 원심판결에 상고이유 제2점의 주장과 같이 근로자의 개념에 관한 법리를 오해한 잘못이 있다고 할 수도 없다.

3. 그러므로 상고를 모두 기각하고 상고비용은 패소자의 부담으로 하기로 하여 주문과 같이 판결한다.

<table>
<tr><td>재판장</td><td>대법관</td><td>이용우</td></tr>
<tr><td></td><td>대법관</td><td>서　성</td></tr>
<tr><td></td><td>대법관</td><td>배기원</td></tr>
<tr><td>주심</td><td>대법관</td><td>박재윤</td></tr>
</table>

전국불안정노동철폐연대는

그동안 자신의 삶을 내던져 투쟁했던 비정규직·이주노동자·장애노동자들의 피와 눈물 속에서 건설되었습니다.

동지들의 투쟁이 헛되지 않도록 철폐연대는 이렇게 실천합니다.

첫째, 비정규직·여성·이주·장애노동자들을 조직하고 불안정노동철폐운동이 민주노조운동 혁신의 과제가 되도록 노력합니다.

둘째, 불안정노동의 실태와 문제점을 고발하고 불안정노동자의 노동권·생활권을 확보하기 위하여 투쟁합니다.

셋째, 불안정노동철폐운동의 교훈과 쟁점을 정리하고 전략과 정책을 만들고자 합니다.

넷째, 빈곤과 불안정노동을 양산하는 신자유주의에 맞선 사회적 투쟁에 함께 합니다.

■ **철폐연대 (후원)회원 가입안내**

　　회원의 자격 불안정노동철폐와 노동권·생활권 확보를 위해 활동하려는 분이면 누구든지 좋습니다.

　　회원의 권리 철폐연대의 활동에 참여하고 활동방향을 결정할 수 있으며, 기관지와 각종 자료를 받아보실 수 있습니다.

　　회원가입 홈페이지에서 회원가입양식을 적어 주십시오. 월 1만원 이상의 회비를 납부하시면 됩니다.

■ **철폐연대 월간지 《질라라비》 정기구독 신청**

　　권당 3,000원 / 1년 30,000원

　　계좌 : 제일은행 359-20-015140 (예금주 : 정지현)

　　홈페이지에서도 신청 가능합니다.

전국불안정노동철폐연대

문의전화　02) 2637-1656

이메일　　work21@jinbo.net

홈페이지　http://workright.jinbo.net